杨简研究

YANGJIAN YANJIU

张实龙 著

ZHEJIANG UNIVERSITY PRESS
浙江大学出版社

目　　录

绪 论

杨简(1141—1226),字敬仲,谥文元,浙江慈溪人,南宋著名哲学家,因筑室于慈湖之畔①,世称慈湖先生。慈湖先生乃陆象山(1139—1193)之高足②,居"甬上四先生"之首③。宋明心学盛行于浙东④,杨慈湖功莫大焉⑤。

---

① 宁波慈溪境内之慈湖,原为唐代县令房琯所凿,方圆150余亩,用以灌溉农田。因县境内有慈溪,故名慈湖。又因三国时吴国阚泽故居在此,后其宅为寺,名普济寺,故此湖亦名普济湖。因阚泽字德润,此湖又名德润湖。

② 清代学者说:"宋儒之学,至陆九渊始以超悟为宗。诸弟子中最号得传者莫如杨简。"(《四库全书总目》(上册)卷96,中华书局1997年版,第1253页)现代学者劳思光说:"象山门人中以杨简最为有名。"(劳思光:《新编中国哲学史》第3卷,广西师范大学出版社2005年版,第302页)

③ "甬上四先生"又称"淳熙四先生"、"四明四先生",分别是杨简、舒璘、沈焕和袁燮。他们同为陆氏弟子,生长、活动于四明山麓、甬江流域。全祖望有诗云:"淳熙正学推四公,慈湖先生为最雄。"([清]全祖望:《全祖望集彙校集注》中册,上海古籍出版社2000年版,第2393页)

④ 全祖望曰:"槐堂之学,莫盛于吾甬上,而江西反不逮。"(《宋元学案·槐堂诸儒学案》,见[清]黄宗羲:《黄宗羲全集》第6册,浙江古籍出版社2005年版,第34页。后文凡是引自《黄宗羲全集》的文字,均只注明册数、页码)又曰:"象山之门,必以甬上四先生为首,盖本乾、淳诸老一辈也。"(《宋元学案·慈湖学案》,见[清]黄宗羲:《黄宗羲全集》第5册,第951页。)

⑤ 全祖望说:"吾乡前辈于朱、吕、陆三家之学,并有传者,而陆学最先,杨、袁、舒、沈,江右弟子莫之或京,杨、袁尤多昌明之功。"(《宋元学案·慈湖学案》,见[清]黄宗羲:《黄宗羲全集》第5册,第980页)学者刘宗贤说:"从心学的发展过程来看,却是杨简发挥了陆九渊心学的核心部分,使陆学在哲学理论上能够独立于朱熹理学,而后才经过明代王守仁学说的接续、发展,完善了心学的理论体系,形成支配一代学术的思想潮流。"(刘宗贤:《陆王心学研究》,山东人民出版社1995年版,第149页)

有学者称:"杨简无疑是四明心学乃至整个中国心学发展史上的一位关键性人物。"①由此可见,杨简是颇值得研究的。宁波市有文化研究工程,其中列有项目"杨简研究"。作为传统文化学习者,我"非曰能之,愿学焉",于是申请并承接了此项研究。

一、研究之现状

按照惯例,在着手研究古人之前,需要对已有的相关研究成果做一番检讨,以便于做更深入的研究。近年来,杨简研究的成果颇丰,现依时间之序,略陈于下。

20 个世纪 30 年代,冯友兰先生的《中国哲学史》第十四章"陆象山、王阳明及明代心学"曾论及杨慈湖。冯先生认为:"象山学说中之主要见解,杨慈湖更为较详细的说明。"②书中引用了杨慈湖的几段文字,用来说明慈湖之"本心"及意。冯先生多是依靠材料说话,对于所引之慈湖材料则没有做出更多的疏解。

崔大华先生的《南宋陆学》(1984 年)讲到陆门弟子时,重点讨论了杨简。崔先生总的观点是:"杨简把陆九渊的主观唯心主义哲学思想又向前推进一步,成为'唯我主义',这是儒学主观唯心主义新的、更彻底的形态。"③崔先生还有一些分论点:其一,杨简的"己易"思想是"用主观的'我'吞没一切,自然和社会和一切,都是我心的产物"④。其二,杨简的"毋意"是用来"否定人的一切认识活动,主张保持无思无虑、凝然不动的'明鉴'(心)之本体状态"⑤。其三,杨简公开引进佛家思想,提倡蒙昧主义。其四,杨简经传的基本思想是认为六经皆是"心"的表现,这是对陆九渊"六经注我"观点的最好印证。以上是崔先生研究杨简的结论。改革开放初期,学术研究尚有许多禁忌,崔先生大胆涉足南宋心学,自是难能可贵。他的有关杨简研究的观点,对后来研究者多有影响。

---

① 张伟等:《宁波通史》(宋代卷),宁波出版社 2009 年版,第 177 页。
② 冯友兰:《中国哲学史》(下册),华东师范大学出版社 2000 年版,第 277 页。
③ 崔大华:《南宋陆学》,中国社会科学出版社 1984 年版,第 136 页。
④ 崔大华:《南宋陆学》,中国社会科学出版社 1984 年版,第 140 页。
⑤ 崔大华:《南宋陆学》,中国社会科学出版社 1984 年版,第 140 页。

陈来先生的《宋明理学》(1991 年)第三章"南宋理学的发展",用一节文字专讲杨简。陈先生的主要观点有三:其一,杨简之"觉"是神秘体验,这些体验的出现与杨简潜意识追求有关。其二,杨简之"意""不仅指私意即一般的私心杂念,更以指深层的意向状态"①;其三,杨简主张天地万物通为一体,统一于人心,这表达的是一种体验和境界,而不是理性的本体思维。陈先生对杨简的议论,大体上是依据杨简本有状态来展开的,对于杨简的三点把握也是比较到位的。只是由于此书体例的缘故,陈先生对于杨简的议论还不能做到明晰和全面。

郑晓江、李承贵二位先生合写的《杨简》(1996 年),实为傅伟勋、韦政通主编的《世界哲学家丛书》中的一种。全书共分为十一章。第一章"心学述要",探讨心学兴起的缘由、心学的特点、心学与理学之间的差别等。第二章"慈湖生平、师承、著述",与书后附录的《杨简年表》相表里,较为详尽地描述杨简的做官经历和求学历程。第三章"慈湖之'一'论",认为杨简将万物、万理、生命归之于"一",杨简之"一"指向世界的本质、宇宙的本源。第四章"慈湖之'心'论",揭示杨简"心"的内涵,并辨析"心"与"意"的区别,指出杨简的"心"论是一个价值确认。第五章"慈湖之'知'论",指出杨简的知识论是由求知到"求放心",由"明心"到"自觉自悟"。第六章"慈湖之'礼'论",探讨杨简的礼之本、礼之用和礼之行,杨简"礼论"始终与"心论"相联结。第七章"慈湖之'人'论"②,认为杨简是主张从生理人到心理人,从个体人到社会人,从自私人到大公人。第八章"慈湖之'治'论",认为杨简有一个"心政"的理念,他所提出的政论是他实践经验的总结,他一生政绩突出。第九章"慈湖之'教'论",揭示杨简的教育思想、教学方法和教学实践。第十章"慈湖后学",考察了杨简的几位弟子及其事迹,并辨析阳明心学对慈湖心学的发展。第十一章"结论:慈湖心学在中国思想史上之价值",指出慈湖心学的学理价值和现代价值。以上是《杨简》一书的内容简介。此书一出,便有两篇推介文章发表:赖虹、傅东平的《〈杨简〉是一本不可多得的脱俗之作——中国哲学史研究的新尝试》(《江西社会科学》1997 年第 6期),赖虹、傅东平的《心学研究的新创获——评〈杨简〉一书的特色》(《南昌大学学报》1997 年第 3 期)。两篇文章肯定《杨简》一书从中国哲学立场观

---

① 陈来:《宋明理学》(第二版),华东师范大学出版社 2004 年版,第 166 页。

② 此一部分内容,郑晓江曾以《慈湖先生之"人"论探微》为题,发表在《南昌大学学报》1997 年第 1 期。

照杨简心学,勇于探索心学研究中遗留的课题。站在杨简研究的角度,我觉得《杨简》具有一定的学术价值:一是引起了学界对杨简研究的关注。此前学界对于杨简的专题研究少之又少,此后便有数十篇专题论文发表,还出现数篇以杨简为题的硕士学位论文,有一些论文是将《杨简》列为参考文献。二是大致确定了杨简研究的范围。此书几乎探讨了杨简的方方面面(除杨简的经学方面),这为后续研究者提供了很好的研究基础。

刘宗贤先生的《陆王心学研究》(1997年)专辟一章论"杨简对心学的理论发展"。该章分为四节。第一节是"杨简其人其说"。刘先生指出古人大多肯定杨简个人的持循践履,而不重视杨简的思想,因为"其思想表现了过于明显的禅学倾向"①。对于杨简的一些政治主张,刘先生同意《四库全书总目》的说法,是"姑为高论以自表其异于俗学霸术",认为杨简的一些政治主张是"书生之见和天真幻想",但文中又表示杨简对社会问题的认识有见地,揭露时弊切中要害。第二节是"杨简与陆九渊"②。首先肯定了杨简在心学史上的地位。"杨简发挥了陆九渊心学的核心部分,使陆学在哲学理论上能够独立于朱熹理学,而后才经过明代王守仁学说的接续、发展,完善了心学的理论体系,形成支配一代学术的思想潮流。"③刘先生认为慈湖心学是"把佛教对于宇宙本体的思辨与儒家道德本体学说结合起来"④,杨简对陆学的发展主要表现在天人关系、心道关系、本体与方法的关系等三方面,"解决了陆九渊心学所没有解决的几个难题"⑤,将此三方面都归向于"一"。第三节是"主观唯心主义的心本论与直觉修养论"。刘先生认为"杨简把宇宙万物归于一己,又把所谓'我'看作即于个体之身,而又超离血肉之躯和感觉认识的清明之性"⑥。在此基础之上,杨简提出要反求诸己,通过"毋意"的直觉方法,来求得自我"本心"。第四节是"对王守仁'良知'说的启迪"。刘先生认为王守仁的"万物一体之仁"观点与杨简的"己易"思想有关,王守仁的"良知"是由杨简的灵明之"心"发展而来,王守仁的"心外无物"、"知行合一"等思想都可以在杨简处找到影子。以上是刘先生对杨简

---

① 刘宗贤:《陆王心学研究》,山东人民出版社2007年版,第144页。
② 此部分内容,作者曾以相同的题目发表在《中国哲学史》1996年第4期。
③ 刘宗贤:《陆王心学研究》,山东人民出版社1997年版,第149页。
④ 刘宗贤:《陆王心学研究》,山东人民出版社1997年版,第151页。
⑤ 刘宗贤:《陆王心学研究》,山东人民出版社1997年版,第153页。
⑥ 刘宗贤:《陆王心学研究》,山东人民出版社1997年版,第163页。

的看法。刘先生对杨简在心学史上的定位是比较恰当的,并且推动了杨简研究的进一步发展。

潘起造先生的《甬上宋明心学史》(2010 年)第二章"两宋时期浙东心学的兴盛及甬上学者对陆学的发展"中,有大量涉及杨简研究的内容。其中第三节"'甬上四先生'的心学思想",先总论"甬上四先生"的行状及对陆学的传承与发展,然后分论四人的生平和心学理论。谈到杨简的心学思想时,潘先生认同张岱年先生的观点,认为杨简在中国哲学史上首创"宇宙唯我论"。书中将杨简心学思想总结出三条:其一,"天地我之天地"的唯我本体论;其二,"以不起意为宗"的道德自觉论;其三,"人心自明,人心自灵"的认识先验论。第四节"慈湖心学对象山心学的超越与对阳明心学的启发",梳理了杨简在心与物的关系、天与人的关系、心与性的关系和格物与致知的关系等四个问题上对象山心学有所超越,指出了杨简心学对王阳明"万物一体之仁"、"良知"说、"意"论和"日用庸常即为道"等思想都有启示意义。总之,潘先生此书的杨简研究有两个特点:一是吸收了近年来杨简研究的最新成果;二是从浙东地域文化和"甬上四先生"群体的背景上,来研究杨简。

近年来发表的研究杨简的论文,约有 40 余篇。其中有些论文是探讨杨简的"心本论"的。如王心竹的《浅析杨简"心本论"思想》(《湖南大学学报》2005 年第 4 期),认为杨简之"本心"具有澄然清明、自然静定、自善自明、知是知非、圆融自足的特点,万物在人心中不过是"镜中像"。在此基础上,杨简提出"举天地万物万化万理皆一"的观点。文章认为杨简之学不是"唯我论",而是"心本论"。再如刘晓梅的《杨简实心思想探微》(《兰州学刊》2006年第 5 期),认为杨简之"心"是宇宙实体,是伦理实体,他赋予"心"以无限的空间,以极大的能动性。文章强调杨简之"心"具有实体达用的本质。再如曾凡朝的《杨简"心"本体阐释》(《孔子研究》2008 年第 6 期),认为杨简抛弃陆九渊"沿袭之累",赋予"本心"6 个特性,即内在性、超越性、神明性、虚明无体性、感通天地万物之性和道德伦理性。

有些论文是研究杨简的"工夫论"的。如刘晓梅的《溯源本心实体,寻找达用工夫——杨简修身问学方法论探讨》(《宁波党校学报》2006 年第 2 期),认为杨简是以"毋意"、"从简"、"省己"等,作为内圣的工夫。再如曾凡朝的《杨简心学工夫论发微》(《理论学刊》2007 年第 6 期),认为杨简以人心自明自灵为前提,提出"不起意"的工夫论。杨简之所谓"意"不仅指私欲和从个体之"小我"出发的意念,而且指游离于本心自然发育流行之外的一切思维,以及一切不合乎道德本能的意识活动或意向状态。"不起意"就是顺循人所固有的灵明良心善性,不勉而中,不思而得。

有些论文是考察杨简的经学方面成就的。如郝桂敏的《杨简〈慈湖诗传〉的阐释特征》(《辽宁教育行政学院学报》2004年第11期)、曾凡朝的《论杨简以阴阳解易及其心学特质》(《山东教育学院学报》2008年第4期)、叶文举的《杨简〈诗经〉研究的心学特色》(《孔子研究》2009年第2期)等。诸位学者指出杨简经学的两个特点:一是用自己的心学理论来解释儒家经典,二是借儒家经典来宣扬自己的心学理论。还有一些论文是讨论杨简的历史地位和学术影响的。如李才栋的《甬上四先生及其后学与书院教育》(《江西教育学院学报》1997年第1期)、赵灿鹏的《杨慈湖与南宋后期的儒学格局》(《湖南大学学报》2009年第4期)等。

另外,还有一些研究杨简的硕士论文也值得关注。湘潭大学徐建勇的硕士论文《杨简哲学思想研究》(2002年)的第二章"杨简的哲学思想",主要议论杨简"心"的本体论,"毋意"、"反观"的理性直觉认识论,道德劝善的目的论,还辨别了杨简与禅的异同。论文的第三章"道德践履——人生实践",探讨杨简的人生修养和政治实践。论文强调要结合杨简的道德实践来研究杨简心学,颇有其合理性。暨南大学於剑山的硕士论文《南宋"甬上四先生"研究》(2007年),将"甬上四先生"作为一个整体加以考察,内容涉及"甬上四先生"对陆九渊心学的继承与发展、四先生之间的学术互动、四先生与其他学者的交流与互动、四先生的政治实践和教育贡献等。论文的学术价值在于第一次将"甬上四先生"作为一个整体来研究,注意到四先生之间的思想异同及互动。华中师范大学曹亚美的硕士论文《杨简四书学思想研究》(2008年),以《慈湖遗书》中有关《论语》、《大学》、《中庸》、《孟子》的论述为研究对象,以此发掘杨简在四书学方面的思想内容和学术价值。山东大学马慧的硕士论文《杨简对"内圣外王"思想的心学阐释》(2009年),首先讨论杨简的心本论,然后按照《大学》中的"八目",从格物致知、正心诚意和修齐治平的架构来分析杨简心学。研究颇具特点。

杨简研究之现状略述于上。总体看来,杨简研究有一逐步加温之过程。不同时期的学者,从不同角度探讨了杨简的各个方面。这将是我们继续研究杨简的基础。但我以为,现有之研究,多是依据杨简的言说,对杨简做一种客观的理论的分析。这与研究对象——杨简本身是不相适应的。

陆门心学一向是排斥议论的。陆象山曾说:"今天下学者有两途,惟朴实与议论耳。"①陆氏所推崇的"朴实",是指发明"本心",反对一切虚说浮词。因此,陆象山的语言"大抵是启发语,指点语,训诫语,遮拨语,非分解地立义语"。牟宗三先生说:"若讲象山学,很可能几句话即完,觉其空洞无物,然亦总觉此似若不能尽其实者。"②杨慈湖亦可作如是观,作为陆门的重要传人,他重于实地用功而轻于言说。虽然杨慈湖的著述比陆象山的要丰富,但是说来说去也就那么几句话。如果只是寻摘杨简的言语而发一通议论,那么肯定不能得杨简之实。在杨简的话语背后,实际上挺立着一个真实的生命。我们应该循着杨慈湖之言语,与其真实生命相呼应。

二、目 的 与 路 径

在翻检现有的研究成果以后,我不禁反问自己:研究杨简的目的是什么? 一般说来,研究者有何等之目的与需求,即有何等之研究法。学术研究的目的受制于两方面因素,一是研究者需要什么,二是研究对象能够提供什么。就研究者而言,我以为研究杨简不能以发表论文或完成科研项目为满足,借慈湖先生之言,不能"徒事文貌为讲说而已"③,我们应从古人处获得社会之指导与人生之启迪。《周易》有言:"君子以多识前贤往行,以畜其德。"④朱子也说:"古人读书将以求道。不然,读作何用?"⑤古代圣贤诸如此类的言语不胜枚举,均可坚定我们的这种信念。放眼今日之社会,物欲横流,个人如洪流中之一叶孤舟,任意西东。我们迫切需要获得定力,提高个人的生命境界。

依研究对象而论,杨慈湖确实可以为后人提供安身立命之启示。冯友

---

① (宋)陆九渊:《陆九渊集》卷 36,中华书局 1980 年版,第 502 页。

② 牟宗三:《从陆象山到刘蕺山》,吉林出版集团有限责任公司 2010 年版,第 3 页。

③ 杨简:《慈湖遗书》卷 2,《乐平县学记》,台湾商务印书馆景印文渊阁《四库全书》本第 1156 册,第 617 页。凡出自《慈湖遗书》的文字,仅注卷数、篇名和页码。

④ 《周易·大畜·象》。《程传》解释说:"人之蕴畜,由学而大,在多闻前古圣贤之言与行,考迹以观其用,察言以求其心,识而得之,以畜成其德。"(程颐:《程氏易传》,见《易学精华》上册,北京出版社 1996 年版,第 622 页)

⑤ (宋)黎靖德:《朱子语类》卷 11,中华书局 1986 年版,第 1 册,第 181 页。

兰先生曾云,中国传统文化对于人类世界在修养方法上"实甚有贡献"①。这就是说,从整体上来看,中国文化可以在修养方法上向当今人类世界提供重要的文化资源。至于陆氏心学,最擅长的就是人生践履。朱子曾说:"陆子静专以尊德性诲人,故游其门者多践履之士,然于道问学处欠了。"②陆门学派在道向学方面是否有欠,姑且不论,但其注重践履则毋庸置疑。具体到杨慈湖,他被人称为"已晤无声无臭之妙"③,自然是已入圣贤之域,是历史上为数不多的大贤之一,他当然也可以为后人修身践行提供一个重要标的。今天若非本着有益于人生的目的来研究杨慈湖,那么我们既不能得慈湖之实,又要遭宝山空回、买椟还珠之讥。

　　指导人生有言传,有身教。对于杨慈湖之践行,人们历来都是礼赞有加④。慈湖弟子袁蒙斋在《记乐平文元遗书阁》中曰:"慈湖先生平生履践无一瑕玷,处闱门如对大宾,在暗室如临上帝,年登耄耋,兢兢敬谨,未尝须臾放逸。学先生者,学此而已。"⑤同时代之朱晦庵(1130—1200),每称杨慈湖"学有为己功夫"⑥,还说:"幸四明多贤士,可以从游,不惟可以咨决疑,至于为学修身,亦皆可以取益。熹所识者杨敬仲,……可从游也。"⑦稍后的陈北溪(1159—1223),于《答陈伯澡书》中说:"杨敬仲持循笃而讲贯略。"⑧南宋末年黄东发(1213—1281)对杨简"实行劲节","朝夕师尊之"⑨。清人全祖望(1705—1755)云:"慈湖之言不可尽从,而行则可师。"⑩由此见之,对于杨慈湖之践行,古代学者已是"无间然也"。考察杨简平生之作为,我们可以确认他之生命真实地达到了很高的境界。此点将是我所要申述的重点之

---

　　①　冯友兰先生说:"不过因中国哲学家注重'内圣'之道,故所讲修养之方法,即所谓'为学之方',极为详尽。此虽或未可以哲学名之,然在此方面中国实甚有贡献也。"(冯友兰:《中国哲学史》,华东师范大学出版社2000年版,第8页)

　　②　(宋)陆九渊:《语录上》,见《陆九渊集》卷34,中华书局1980年版,第400页。

　　③　潘汝桢刻《慈湖先生遗书序》:"吾明王文成公良知一派,固毋起意鼓吹也,称慈湖见解已晤无声无臭之妙。"

　　④　关于此点,刘宗贤先生给予了关注,参看刘宗贤:《陆王心学研究》,山东人民出版社1997年版,第144—145页。

　　⑤　《宋元学案·慈湖学案》,见(清)黄宗羲:《黄宗羲全集》第5册,第967页。

　　⑥　(宋)王应麟:《四明文献集·深宁先生文钞摭余编》卷1,中华书局2010年版,第280页。

　　⑦　(宋)朱熹:《答滕德粹》,见《朱子文集大全类编》卷20,齐鲁书社1997年版,第6册,第83页。

　　⑧　《宋元学案·慈湖学案》,见(清)黄宗羲:《黄宗羲全集》第5册,第967页。

　　⑨　(宋)黄震:《回楼新恩》,见《黄氏日钞》卷85,四库全书本。

　　⑩　《宋元学案·慈湖学案》,见(清)黄宗羲:《黄宗羲全集》第5册,第951页。

一。在此只是提请读者注意，肯认其践行，是我研究杨简的逻辑起点。

孔子曰："有德者必有言。"（《论语·宪问》）孔子所谓"有言"非指能言善辩，而指发合理之言。一般说话，人人皆会，孔子何必只许"有德者"？《论语》记云："鲁人为长府。闵子骞曰：'仍旧贯，如之何？何必改作？'子曰：'夫人不言，言必有中。'"（《论语·先进》）可见孔子所谓"有言"，是指发合理之言。孔子的"有德者必有言"一语可以变形为：只要有德之人，就能发合理之言。在孔子，"有德"是"有言"之充分条件。肯定前者即可肯定后者，但肯定后者不可肯定前者。因此，孔子接言曰："有言者不必有德。"孔子此语既合乎形式逻辑，又契乎人情物理。有德者生命臻于圆满和谐，其所发之言自是合情合理①；反过来，有些人说话偶合情理，不过是误打误中而已，所谓"百姓日用而不知"，其人不一定即是有德之人。依据孔子之言，慈湖先生是"有德者"，那么他必然"有言"。

然而对于慈湖之言（即慈湖心学），史上多有批评之声。朱子称"杨敬仲文字可毁"②。陈北溪直斥慈湖心学为"异端曲学"，批他"不读书，不穷理，专做打坐工夫，求形体之运动知觉者，以为妙诀。又假托圣人之言，牵就释意，以文盖之"③。即便崇奉心学者如明之湛甘泉（1466—1560），也说："杨慈湖岂是圣贤之学？乃真禅也。盖学陆象山而又失之者也。"④再如清人黄梨洲（1610—1695），亦曰："慈湖工夫入细不能如象山，一切经传有所未得处便硬说辟倒，此又学象山而过者也。"⑤《四库全书总目》则直判云："金溪之学以简为大宗，所为文章大抵敷畅其师说。其讲学纯入于禅，先儒论之详矣。"⑥

慈湖之行值得肯定，慈湖之言却遭人非议（这种情形也同样发生在陆

---

①　程伊川说："孔子曰：'有德者必有言。'何也？和顺积于中，英华发于外也。故言则成文，动则成章。"（[宋]程颢、程颐：《二程遗书》卷25，上海古籍出版社2000年版，第378页）

②　《朱子语类》记载："杨敬仲有《易论》，林黄中有《易解》，《春秋解》专主左氏。或曰：'林黄中文字可毁。'先生曰：'却是杨敬仲文字可毁。'"（[宋]黎靖德：《朱子语类》卷124，中华书局1986年版，第8册，第2985页）

③　《宋元学案·慈湖学案》，见（清）黄宗羲：《黄宗羲全集》第5册，第967页。

④　《明儒学案·甘泉学案一》，见（清）黄宗羲：《黄宗羲全集》第8册，第179页。

⑤　《宋元学案·慈湖学案》，见（清）黄宗羲：《黄宗羲全集》第5册，第968页。

⑥　《四库全书总目》卷166，中华书局1997年版，下册，第2137页。

九渊身上①）。慈湖身上似乎存在着一个矛盾。直至如今也没有人能够说得清楚慈湖的这种矛盾。刘宗贤先生给出的答案是：杨简未能受到后来学者的重视，是"其思想表现了过于明显的禅学倾向"②。但是，我们也可以反过来思考：如果禅学真能使人获得像杨慈湖那样的生命境界，那么禅学也没有什么不好。实际上，杨慈湖本身并无矛盾，后人肯定慈湖之行而否定慈湖之言，是后人自身矛盾的折射。

既然慈湖之行是无可置疑的，那么就需要重新审视慈湖之言。审视慈湖之言，必须面对慈湖文本。今日可见之慈湖文本有五：《慈湖遗书》、《杨氏易传》、《慈湖诗传》、《先圣大训》和《五诰解》。③ 社会现实每每如此，一旦对某人某事形成定论，社会上多是人云亦云，反而无人去认真阅读文本。④ 国外有哲人云："那些不去下工夫反复阅读作品文本的人，注定会到处听到同样的故事。"⑤因为不想听到有关慈湖的同样的故事，我想下点工夫研读慈湖之文本。

在阅读慈湖文本的同时，我愿记起古人的一句忠告："夫论人之学，当观其行，不徒以其言。"⑥宋代道学在后世一直被视为"内圣外王之学"⑦，不可概以书生之见斥之。至于对慈湖心学的研究，更应考虑慈湖之践行。现有的研究成果，也曾涉及慈湖言行之两面，但大都就两者之表面联系泛泛而论，并不能与杨慈湖之生命相呼应。我欲立足于慈湖之践行，来看待慈湖之文本。

为求得与杨慈湖真实生命相呼应，我的研究工作将从四个方面来展

---

① 以朱子对陆象山的议论可见一斑。朱子在《给吕伯恭书》中说："子静之病恐未必是看人不看理，自是渠合下有些禅底意思。"又说："然其好处自不可掩覆，可敬服也。"

② 刘宗贤：《陆王心学研究》，山东人民出版社1997年版，第144页。

③ 据《宋史》之《杨简传》和《艺文志》所载，杨简著述共计12种。《慈溪县志》收录其著作24种，现代学者张寿镛《慈湖著述考》则考证出慈湖著作有30余种。目前我之所能见者只有5种，我所据文本，《杨氏易传》由上海古籍出版社1990年影印的文渊阁《四库全书》本，其余四书都是由台湾商务印书馆景印的文渊阁《四库全书》本。

④ 钱穆先生看了《宋元学案》，断言杨慈湖："他生平不作一草字，即此可想其制行之严格。但他的思想却似极放纵。"（钱穆：《宋明理学概述》，九州出版社2010年版，第179页）国学大师尚且不免人云亦云，遑论一般民众。

⑤ 罗兰·巴特(Roland Barthes)语，转引自[意]安贝托·艾柯：《诠释与过度诠释》，三联书店1997年版，第131页。

⑥ （清）全祖望：《全祖望集彙校集注》中册，《碧沚杨文元公书院记》，上海古籍出版社2000年版，第1045页。

⑦ 程明道早年即以此六字赞誉邵雍，载（元）脱脱等：《邵雍传》，见《宋史》卷427，中华书局1985年版，第36册，第12728页。

开。其一,慈湖之心理。通过熟读慈湖文本,达到与其对话之地步,从而进入慈湖内心,去真切地了解慈湖内心之所想,并且由此判定慈湖之思维深度。了解古人的心理是一件极难的工作。陈寅恪先生在给冯友兰先生的《中国哲学史》所写的《审查报告》中说:"所谓真了解者,必神游冥想,与立说之古人,处于同一境界,而对于其持论所以不得不如是之苦心孤诣,表一种之同情,始能批评其学说之是非得失,而无隔阂肤廓之论。"①要与杨慈湖处于同一境界,这是多么令人望而生畏的事情!在此,我借马斯洛的一句话来表达自己的心理:"我只是力图使自己信服并且从中获得教益(这对于个人探索非常合适),而不是对其他人进行论证。"②

其二,慈湖之行为。利用慈湖的自我描述和相关的文献资料,从外部来考察慈湖之行为,以此来印证慈湖之思维深度。人之内在心理与外在行为不可分离。孟子说"见于面,盎于背,施于四体"③,宋儒喜欢观人"气象",均是着眼于此。第一步解析慈湖之心理,即以肯认慈湖之践行作为前提。第二步分析慈湖之行为,自然也要眷顾慈湖之心理。在我看来,慈湖之外在行为不仅是慈湖之心理的验证,同时对慈湖之心性也是一种培育和浇灌。由杨慈湖的内外两面,我们大概可以推断他的生命所达到的境地。

其三,慈湖之社会。个体总是隶属于群体。个体是群体中的个体,只有明晓群体之后,才有可能真正读懂个体。因此,我们要想真正读懂杨慈湖,还必须关照慈湖所隶属的群体。任何一个群体都呈现出内外两面,即外部为社会,内部为文化。接下来考察慈湖之社会。社会的内涵异常丰富,它涵盖生产技术、政治制度、风俗趋向等诸多方面诸多层次。我从杨简研究出发,来搜寻当时的社会资料。慈湖社会包括慈湖之时代、慈湖之地域和慈湖交往之群体。慈湖之社会不仅为说明慈湖其人其学增强力度,也是为解释慈湖之文化提供物质基础。

其四,慈湖之文化。一个群体所具有的文化,是该群体的共同价值观,也是群体的共同心理。要想理解一个群体的文化,就必须进入其文化的内部,去解析人们的共同心理。中国文化为中华民族群体所共有,它经过了

①　冯友兰:《中国哲学史》下册,华东师范大学出版社 2000 年版,第 432 页。

②　[美]马斯洛:《动机与人格》,见万俊人主编:《20 世纪西方伦理学经典》卷 2,中国人民大学出版社 2004 年版,第 443 页。

③　《孟子·尽心上》:"君子所性,仁、义、礼、智根于心,其生色也然,见于面,盎于背,施于四体,四体不言而喻。"

数千年的发展,并且仍在发展之中。任何身处其中的个体,都会潜移默化地受其影响。生活于南宋的慈湖先生是如此,生活于现代的我们也是如此。因此,我们需要反观自身,来把握中国文化,来体会慈湖文化。

系统而全面地阐述中国文化不是本书的任务。我还是基于杨简研究,来把握中国文化精神和中国文化传统,来体会中国文化精神与传统在宋代的特殊表现。以上四个方面互为因果,是一个有机的整体。缺少任一方面,杨简研究都将是不完整的。

总而言之,我之研究将本着从古人处获得人生启迪之目的,并循以上四个方面来接近慈湖先生。

三、研究之提纲

在明确研究目的和路径之后,先让诸位读者知晓我的研究提纲,也许是一个明智之举。研究提纲是研究路径的进一步明晰。在我看来,学术研究其实就是做问答题。换言之,面对研究对象,研究者需要不断地发问,然后不断地寻找答案。因此,我的研究提纲是由一系列的问答组成。

面对慈湖文本,我首先需要发问的是:杨慈湖的平生志向是什么?杨慈湖的志向是成为圣贤。这是慈湖的人生奋斗目标,也是慈湖心学的主旨。慈湖千言万语,就是劝人成圣成贤。杨慈湖有此志向,本身实含有三问题:其一,他为何有此志向?杨慈湖立志成为圣贤,与人人所具有的向上之心有关,与他的家庭熏染有关,与他所面临的社会有关。其二,杨慈湖是如何理解圣贤的?慈湖所理解的圣贤,具有神性思维的意识深度,具有范围天地的意识广度,具有庸言庸行的外在表现。其三,慈湖如此理解圣贤有何价值?杨慈湖对圣贤的理解有其独特性,也有其独特价值。

慈湖既有此人生目标,自然便有第二问:人实现此目标的基础是什么?在杨慈湖看来,人成为圣贤的基础即是人人具有的"本心"。说到"本心",这里又有几个问题。首先,杨慈湖所谓"本心"究为何物?杨慈湖所描述的"本心",内有生命之流,对外能有感有应。其次,慈湖所谓"本心"有何特性?杨慈湖之"本心",不可思,不可言,难以直接描述,但可于作用上识其特征,它可以范围天地,发育万物,知是知非。再次,杨慈湖是如何就事指点"本心"的?杨慈湖更多时候是指点人们于日常生活之中、于自然景物之中,于儒家经典之中去当下逆觉"本心"。最后,如何看待杨简的"本心"?杨慈湖之"本心"是本体的呈现,是他实到境地之所见。

接下来,还有第三问:人如何成圣成贤?杨慈湖的口诀即是"不起意"。这里也有一些问题:其一,杨慈湖"不起意"之"意"是指什么?慈湖所排斥的"意"是就作用义而不是就存有义而言。其二,杨慈湖如何教人做到"不起意"?杨慈湖教人读圣贤书以立大本,觉悟以识"本心",做事中求得合理,改错中提升自我。其三,如何评价杨慈湖的"不起意"?"不起意"是杨慈湖的实践所得。

以上三问,联成一体,如结连环。按杨慈湖的说法,一个人如真能做到"不起意",其"本心"自然呈露,与此同时也就成了圣贤。这是古代圣贤的一贯之道①。我们本此一贯之道,发此三问,从而逼显杨慈湖的内心世界,由此可见他的意识深度。接下来,还应从外部来观察和分析杨慈湖的行为。杨慈湖行为主要表现为进学、为官、讲学和著书等四面,故而需要就此四面展开发问。

第四问:杨慈湖有着怎样的进学之路?回答此一问题,又分为三点:其一,慈湖之进学有哪些先天基础?青少年时期的慈湖表现出孝爱至纯、好学深思之特点,这是他致力于圣学的根基。其二,应如何分析慈湖一生几次大"觉"?慈湖所"觉"之境并不神秘,是他生命实到之处,其中蕴含着一些规律。其三,杨慈湖在平常日用中如何涵养工夫?慈湖的平时涵养,既为他的大"觉"积蓄力量,又可以固持他的大"觉"成果。

宋代理学一向被视为"内圣外王之学",杨慈湖也曾有过做官的经历。不少学者对慈湖心学多有指责,但于慈湖政绩却交口称赞。于是便有第五问:杨慈湖的为官与他的心学有何关联?此问包含三个小问题:其一,杨慈湖是如何看待进学与为官之间的关系的?慈湖反对将求官作为读书之目的,但他认为做官并不妨碍成为圣贤,甚至主张做官前应学习一些做官的专门知识。其二,如何看待杨慈湖的政治主张?他曾提出一些政治主张,如罢科举以复乡举里选、限民田以复井田等。这些主张似乎是迂阔不达时势,但与其心学有关。其三,如何评价杨慈湖的政治行为?杨慈湖的一些政治行为其实是他的"本心"之呈现。

---

① 《论语·里仁》:"子曰:'参乎!吾道一以贯之。'曾子曰:'唯。'子出,门人问曰:'何谓也?'曾子曰:'夫子之道,忠恕而已矣!'"

　　杨慈湖一生讲学不辍。从现存文献中,我们可以了知他的讲学经历、教育目的、教学内容、教学原则、教学方法以及教学效果。那么,我们就有第六问:杨慈湖的教育工作如何体现他的心学思想? 杨慈湖之讲学,也是他"本心"呈现之一面。

　　杨慈湖留下来不少学术著作,最有影响者莫如《杨氏易传》和《慈湖诗传》。这方面可以利用的资料较多,因此需要分开探讨。面对《杨氏易传》,便有第七问:杨慈湖是如何解《易》的? 此问题可转化为如下三问:杨慈湖的"己易"思想应作何解? 他如何做到以"心"解《易》? 慈湖《易》学在学术史上有何价值? 面对《慈湖诗传》,我们有第八问:杨慈湖是如何解读《诗经》的? 此问也可从三方面展开:慈湖先生对于《诗经》有怎样的"前理解"? 他是如何对待《毛诗序》和《诗经》古注的? 他是如何做到以"心"诠《诗》的? 可以说,杨慈湖先生是以自己的心学理论来解读儒家经典,另一方面是借解读儒家经典来阐发自己的心学理论。

　　在对杨慈湖的内在心理与外在行为给予足够关注以后,我们需要将目光转向杨慈湖的背景内容,于是有第九问:杨慈湖所依托的是怎样的一种社会? 社会的范围有大有小,我们只是讨论与杨慈湖相关的社会环境。慈湖之社会至少含有三个层面,即时代、地域和交往的人群。慈湖之时代涉及当时社会的生产力、经济水平、政治制度、社会风气和知识分子的精神面貌等内容,慈湖之地域涉及明州地理环境、民风民俗和人文环境等内容,慈湖之交往人群包括"甬上四先生"以及他们的师友弟子等。总之,可以利用历史文献来考察慈湖之社会。

　　最后还有一个问题:杨慈湖所受浸染的是怎样的一个文化? 文化是一个群体的共同心理。要想理解文化,就必须进入其内部,去解析人们的共同心理。文化内容非常庞杂,我们只是基于杨简研究,来观照中国文化。中国文化最核心内容是中国文化精神和中国文化传统。中国文化精神可概括为:"天行健,君子以自强不息";"地势坤,君子以厚德载物"。中国文化传统即是尊经。当然,中国文化精神与传统在宋代又有特殊的表现。

　　总而言之,本书将从心理、行为、社会和文化等四个方面探讨慈湖先生。这四个方面将内部体认与外部考察(心理和文化是内部体认,行为和社会是外部考察)相渗透,将个体感知与群体观察(心理与行为是个体独有的,社会与文化是群体共有的)相融合,试图建构一个整体,从而还原一个真实而具体的杨慈湖之生命。以上即是杨简研究之提纲,以下的研究将由此而展开。

第一章　圣贤:慈湖之目标

如前所言,我之研究是以肯认杨简的践履持守为前提,本着从古人处获得人生启迪为目的,以求得与杨简真实而具体的生命相呼应。因此,首先我便要发问:杨慈湖的人生志向是什么? 杨慈湖之人生志向,其实也就是慈湖心学的主旨。他一心向往之境界,也就是他千言万语所诉说的内核。黄梨洲说:"大凡学有宗旨,是其人之得力处,亦是学者之入门处。……故讲学而无宗旨,是无头绪之乱丝也。学者而不能得其人之宗旨,亦犹张骞初至大夏,不能得大月氏要领也。"①今人要想从杨慈湖处受益,首先就必须问其人生志向。

杨慈湖的人生志向就是成为圣贤。慈湖学生钱时说:"盖先生之学,以古圣为的。"②其实从原始儒家的孔子、孟子,到新儒家的二程、朱子、陆象山等,他们关注的焦点又何尝离开过"人如何成为圣贤"这一主题呢? 孔子说:"圣则吾不能,我学不厌而教不倦也。"子贡说:"学不厌,智也;教不倦,仁也。仁且智,夫子既圣矣。"(《孟子·公孙丑上》)可见,成为圣人是孔子的目标。孟子说:"乃所愿,则学孔子也。"(《孟子·公孙丑上》)孟子"学孔子",就是要学做圣人。有人问程伊川:"学者须志于大,如何?"伊川先生说:"志无大小。且莫说道将第一等让与别人,且做第二等。才如此说,便是自弃,虽与不能居仁由义者差等不同,其自小一也。言学便以道为志,言

---

① 《明儒学案·凡例》,见(清)黄宗羲:《黄宗羲全集》第7册。
② (宋)钱时:《宝谟阁学士正奉大夫慈湖先生行状》,见《慈湖遗书》附录,第941—942页。

人便以圣为志。自谓不能者，自贼者也；谓其君不能者，贼其君者也。"①依程伊川之意，人如不立志成为圣人，就是自暴自弃。朱子也说："凡人须以圣贤为己任。"②陆象山教育他的学生说："人须是闲时大纲思量：宇宙之间，如此广阔，吾身立于其中，须大做一个人。"③陆象山所谓"大做一个人"，也是要做圣贤。由此可见，真正儒家学者均以成为圣贤作为自己的终生奋斗目标。只是不同的人，对于何谓圣贤及如何成为圣贤有着不同的理解。

本章将首先讨论杨慈湖立志成为圣贤的背景。一个人将成圣成贤作为自己的人生目标，绝不是偶然的，自有他的因缘。这对于今天想要立志成为圣贤的人，也有某种启示价值。接着将探索杨慈湖是如何描述他心目中的圣贤的。我们顺着杨慈湖的描述，既可以进入圣贤的内心世界去探究圣贤的意识深度和意识广度，又可以从外部来观察圣贤的言行举止。最后将讨论杨简如此的圣贤意识有何价值。

1.1　慈湖立志圣贤的背景

在讨论杨慈湖心中圣贤之前，有必要先弄清一个问题，即他为何要立志成为圣贤？古往今来，天南地北，芸芸众生，真正将成圣成贤作为自己人生目标的人并不多见。杨慈湖为何要做出这样的人生选择？看了慈湖文本及相关的文献资料，可以判断出这与三个因素有关。这三个因素分别是：人的向上之心、家庭熏陶及其所面临的社会。

1.1.1　人的向上之心

只要有自我意识的人，都能意识到人在天地间的独特性。《尚书·秦誓》曰："惟天地万物父母，惟人万物之灵。"古人早就理解到人独有的价值和特殊的地位。关于人的自身认知，先哲多有阐述，其中以荀子的一番话最值玩味。他说：

> 水火有气而无生，草木有生而无知，禽兽有知而无义，人有气、有

---

① （宋）程颢、程颐：《二程遗书》卷18，上海古籍出版社2000年版，第237页。
② （宋）黎靖德：《朱子语类》卷8，中华书局1986年版，第1册，第133页。
③ （宋）陆九渊：《陆九渊集》，中华书局1980年版，第439页。

生、有知,亦且有义,故最为天下贵也。①

荀子这段话是横铺着强调人与水火草木禽兽之别,但也纵贯地暗示着天地进化的历程。天地进化的"本质正是超越和涵括"②。天地之初,只是一片物质世界(以水火为代表);后来出现生物世界(包括以草木为代表的植物和以禽兽为代表的动物),生物世界超越并包含了物质世界;再后来出现了人类,人类超越并包含了物质世界和生物世界。人之所以能够实现超越,是因为人有"义"。"义"即是意义或礼仪,表征的是人的意义世界(或者说精神世界)③。人给周围的事物都赋予了一定的意义,这些意义形成一个系统,构成一个意义世界。人生活在一个自己所创造的意义世界里。人凭借着精神世界(或者说意义世界),超越了物质世界和生物世界。"气"、"生"、"知"属于物质世界和生物世界里的东西,"人有气、有生、有知",说明人又包容着物质世界和生物世界。荀子虽无现代人所具有的进化意识,但读了他的这一段话,我们自然可以产生这样的联想。

荀子说人"最为天下贵",实际上是说人站在天地进化的塔尖之上,是说人是天地进化的最高成果。荀子的人"最为天下贵"的观点被后来许多思想家所接受。到了宋代,周濂溪又将此点加以发挥。他说:"惟人也得其秀而最灵,形既生矣,神发知矣,五性感动而善恶分,万事出矣。"④这是在强调人既有形,又有神。神使得人成为最灵者。周濂溪被称为"得孔、孟之本源,大有功于学者"⑤,自然对后来的宋人大有影响。陆象山说:"天地之性人为贵,人为万物之灵。人所以贵与灵,只是这心。"⑥这是直接点明,人之所贵与灵者在于人心。杨慈湖一方面重申"惟民生厚"⑦,另一方面借孔子之口反复申明:

① 《荀子·王制》。郝懿行曰:"《释诂》:'知者匹也。'《诗》曰:'乐子之无知',此草木有生无知之说也。《曲礼》曰:'禽兽无礼,故父子聚麀',此禽兽有知无义之说也。"(引自[清]王先谦:《荀子集解》,诸子集成本,上海书店1986年影印版,第104页)

② [美]肯·威尔伯:《万物简史》,中国人民大学出版社2006年版,第29页。

③ 关于人以精神世界而超越万物,杨慈湖好友袁燮有一段表述:"人生天地间,所以超然独贵于物者,以是心尔。心者,人之大本也。此心存,则虽贱而可贵;不存,则虽贵而可贱。"(《宋元学案·絜斋学案》,见[清]黄宗羲:《黄宗羲全集》第5册,第1017页)人心即是人的精神世界。

④ (宋)周敦颐:《周敦颐集》,岳麓书社2002年版,第7页。

⑤ (元)脱脱等:《周敦颐传》,见《宋史》卷427,中华书局1985年版,第36册,第2712页。

⑥ (宋)黎靖德:《朱子语类》卷124,中华书局1986年版,第8册,第2970页。

⑦ 《申义堂记》,见《慈湖遗书》卷2,第611页。

　　　　人者，天地之心。①

"天地之心"一语最早见于《周易》。《周易·复·象》曰："复，其见天地之心乎?"天地怎么会有"心"? 很显然，"天地之心"是一个比喻的说法。"心"为人身之主，"天地之心"即指天地之主，即指宇宙大精神。《周易》之所言，无非表明《复》卦呈现出了宇宙大精神。《复》卦震下坤上，其卦象初爻为阳，其余五爻皆阴。"天地之心"恰恰就显示在这个初阳之上。在中国文化中，阳即动，即生，即开辟，即创造。因此，张横渠在解释此卦时说："天地之心惟是生物。"②这就是说，宇宙大精神就是"生物"。

　　作为儒学经典之一的《周易》，多番发挥大宇宙的"生物"精神。帛书《要》说："子曰:顺天地之心，此谓易道。"③"易"本身就是"天地之心"，"顺天地之心"就是"易道"。《周易》说："天地之大德曰生。"(《周易·系辞下》)又说："生生之谓易。"(《周易·系辞上》)宇宙大精神即在这个"生"字上。梁漱溟先生曾经说过："这一个'生'字是最重要的观念，知道这个就可以知道所有孔家的话。"④以我的理解，"生"就是生生不已，就是不断创造，就是不断提升，就是不断前进，也就是不断超越并且包容。大宇宙精神也在于创生，也在于不断超越并包容。流行于天地之间的生生之力究从何来，我们不得而知，但它确实存在。先人们不是借助科学的仪器和科学的方法来证实天地之间的生生之力，而是以自己的慧命，直接与天地精神相契合，从而得出自己的感悟。《诗经》说："维天之命，於穆不已。"(《诗经·周颂·维天之命》)子思说："天地之道，其为物不贰，则其生物不测。"(《中庸》)天地之间仿佛有一个推力，是它化生了万事万物。杨慈湖进一步发挥这种思想，他说："大哉，易乎! 天之所以高明者，此;地之所以博厚者，此;人之所以位乎两者之间与夫万物之所以生生而不穷者，此;三才中万变万化至于不可胜纪，无非此。"⑤这也就是说，天地之间的一切，包括天地本身都是大宇宙精神的显现。

　　《周易·乾·象》说："乾道变化，各正性命。""乾道"也是宇宙大精神另

---

① 《申义堂记》，见《慈湖遗书》卷2，第611页。
② (宋)张载:《横渠易说·上经》，见《易学精华》(上)，北京出版社1996年版，第492页。
③ 郭沂:《帛书〈要〉篇考释》，《周易研究》2004年第4期。
④ 梁漱溟:《儒学复兴之路:梁漱溟文选》，上海远东出版社1994年版，第71页。
⑤ 《杨氏易传》卷1，上海古籍出版社1990年版，第5—6页。凡引自《杨氏易传》的文字，均只注明卷数、页码。

一个代称。宇宙大精神化生万物，万物自然也带有宇宙大精神，也就是说万物均可称为"天地之心"。《礼记·礼运》特地拈出"人者，天地之心"，这是说人是宇宙进化的最高成就，最能代表宇宙大精神。这种将天道性命相贯通的观念，可以说是宋明儒者的共识。这层意思在陆象山则表述为："天降衷于人，人受中以生，是道固在人矣。"[①]杨慈湖在复述"人者，天地之心"的同时，还进一步指出：

> 人心，皆天地之心也。[②]
> 人心，即天地之心。[③]

这是在强调：最能显示宇宙大精神的就在于人心，即人的精神世界。杨慈湖说："神者人之精，形者人之粗。"[④]在人的生命之中，精神世界是精深的，肉体生命则是粗浅的。天地进化还将继续。既然人是大宇宙精神的集中体现，那么人还应继续秉持大宇宙那种生生不已的精神。人是依靠精神世界来实现对物质世界和生物世界的超越，人还应该在精神世界里实现再度超越。在精神世界里超越，实际上就是增加人的意识深度，拓宽人的意识广度，也就是通过修身以达到圣贤境地。美国学者肯·威尔伯有一段表述，有助于我们来理解此点。他说："进化有一种神秘的冲动，那就是朝着不断增加的深度，朝着不断增加的内在价值，朝着不断增加的意识这一方向发展。"[⑤]

其实，人人都具有向上之心，并非只有古代圣贤才会有。杨慈湖说："喜君子，恶小人，万古人心如此也。"[⑥]这就是点明了这个道理。俗语说："人往高处走，水向低处流。"这形象地描绘了古今人心的常态。一个人只要稍有"类"的自觉，就自然有向上之心。只是现实生活中，有些人没有意识到人天生具有的这种向上之心，他们自甘堕落，自暴自弃，即便如此，也不能否认人本有的向上之心。中国文化对于人的向上之心的自觉，应自孔子始。徐复观先生说："由孔子开辟了内在的人格世界，以开启人类无限融

---

① （宋）陆九渊：《与冯传之》，见《陆九渊集》卷13，中华书局1980年版，第180页。

② 《慈湖遗书》卷9，《家记三》，第754页。

③ 《杨氏易传》卷12，第134页。

④ 《慈湖遗书》卷9，《家记三》，第740页。

⑤ ［美］肯·威尔伯：《万物简史》，中国人民大学出版社2006年版，第29页。

⑥ 《杨氏易传》卷9，第96页。

合及向上之机。"①有学者说:"在宗教学说里,恶人下地狱,恶有恶报;而在儒家学说里,善恶均无果报。对恶人的惩处,靠的仍然是国家的暴力机器,而不是思想本身的力量。"②其实儒家学说对恶人是有惩处的,那就是直接将不求上进之人划到禽兽之列。在现实生活中,只要稍微有一点人之自觉的人,谁也不乐意被他人称为禽兽。直接将一个人划到禽兽之列,这难道不是最严厉的惩处吗?

总之,人的向上之心是真实存在的。而人本有的这种向上之心,是杨慈湖立志成为圣贤的动力之源。

1.1.2　家庭熏陶

杨慈湖立志成为圣贤,还受到家庭熏陶的影响。慈湖之父杨庭显,字时发,人称通奉公。综合陆九渊《杨承奉墓碣》③、钱时《宝谟阁学士正奉大夫慈湖先生行状》④、黄宗羲的《象山学案》⑤和《慈湖遗书》卷 17 的"纪先训",我们可以约略了解杨庭显其人其学。杨庭显"长不满五尺","而果毅有识量。义所不可,万夫莫回"⑥。年轻时只看到别人过错,而看不到自己的过错。有一天,他忽然想到:"岂其人则有过,而我独无过?"于是反省自我,发现自己许多过错,"乃大恐惧,痛惩力改,刻意为学,程督之严,及于梦寐"⑦。

杨庭显善于向他人学习。他曾说:"如有樵童牧子谓余曰'余诲汝',我亦当敬听之。"⑧杨慈湖曾提到他父亲的一件趣事:"一日闲步到蔬园,顾谓园仆:'吾蔬间为盗者窃取,汝有何计防闲?'园仆姓余者曰:'须拚少分与盗者,乃可。'先公因欣然顾简曰:'余即吾师也。'吾意释然。"⑨如此善于学习,

---

①　徐复观:《中国人性论史》(先秦篇),三联书店 2001 年版,第 61 页。

②　启良:《儒学的革命——〈周敦颐集〉序》,见《周敦颐集》,岳麓书社 2002 年版,第 25 页。

③　(宋)陆九渊:《陆九渊集》卷 28,中华书局 1980 年版,第 325—327 页。

④　《慈湖遗书》附录,第 927 页。

⑤　《宋元学案·象山学案》,见黄宗羲:《黄宗羲全集》第 5 册,第 321 页。

⑥　(宋)钱时:《宝谟阁学士正奉大夫慈湖先生行状》,《慈湖遗书》附录,第 927 页。

⑦　《宋元学案·象山学案》,见黄宗羲:《黄宗羲全集》第 5 册,第 321 页。

⑧　(宋)陆九渊:《杨承奉墓碣》,见《陆九渊集》卷 28,中华书局 1980 年版,第 326 页。

⑨　《纪先训》,见《慈湖遗书》卷 17,第 894 页。此处"先公因顾欣然简曰",读之语气不顺,《宋元学案》为"先公因欣然顾简曰"(《宋元学案·象山学案》,见[清]黄宗羲:《黄宗羲全集》卷 58,第 5 册,第 327 页)。

是古圣贤一贯作风。尧、舜询于刍、荛,孔子以子夏为"起予"①。杨庭显对自己要求极严,"读书听言,必以自省,每见其过,内讼不置","念虑之失,知识之差,毫厘之间,无苟自恕"。

杨庭显如此用功,生命境界得到提升。有几件事可见到他的气象。有一天晚上,他家被盗。第二天他告诉子孙们说:"婢初告有盗,吾心止如此。张灯视箧,告所亡甚多,吾心止如此。今吾心亦止如此。"还有一次,"公尝步行小跌,拱手自若,徐起翛然,殊不少害,从行异之。公曰:'蹉跌未必遽伤,此心不存,或自惊扰,则致伤耳。'"②陆九渊曾称许杨庭显说:"年在耄耋,而其学日进者,当今所识,四明杨公一人而已。"③"甬上四先生"之一的舒璘曾说:"吾学,南轩发端,象山洗涤,老杨先生琢磨。"④"老杨先生"就是指杨庭显。舒璘直接将杨庭显与张南轩、陆象山鼎足而三。

杨庭显教育子女颇有特点。其一,对子女要求既严格,又宽松。他说:"后辈不可呼长上字,虽非当面亦不可。"⑤"虽小儿,不可令观戏玩。"⑥他又说:"儿女不责备他聪明。"⑦"小儿渐长,欲行约束不可遽。明年欲行,今岁先谕之,以宽为贵。"⑧其二,注重言传身教,主张切实用功。杨慈湖说他父亲"尝置小箧,实豆其中,以记过念多少"⑨。杨慈湖从记事时起,就没有见过父亲有什么过错,但杨庭显却常常自责。陆九渊说:"所自责者,类非形见,公每发明以示鉴戒。"⑩杨慈湖曾对其父说:"大人轻财好施惠,乃出于天资。"其父却答道:"不然。吾资吝啬,后知非而改,故然。"⑪其三,为学落在实处,从来不发空言。通奉公嘱咐自己的儿女"学者或未见道,且从实改过"⑫。他还说:"处世取法于贤者,则不费力。一事贤则取法一事,积则成

---

① 《论语·八佾》:子夏问曰:"'巧笑倩兮,美目盼兮,素以为绚兮'何谓也?"子曰:"绘事后素。"曰:"礼后乎?"子曰:"起予者商也,始可与言《诗》已矣。"

② (宋)陆九渊:《杨承奉墓碣》,见《陆九渊集》卷28,中华书局1980年版,第327页。

③ (宋)陆九渊:《杨承奉墓碣》,见《陆九渊集》卷28,中华书局1980年版,第325页。

④ 《宋元学案·象山学案》,见(清)黄宗羲:《黄宗羲全集》第5册,第321页。

⑤ 《纪先训》,见《慈湖遗书》卷17,第895页。

⑥ 《纪先训》,见《慈湖遗书》卷17,第894页。

⑦ 《纪先训》,见《慈湖遗书》卷17,第895页。

⑧ 《纪先训》,见《慈湖遗书》卷17,第895页。

⑨ 《纪先训》,见《慈湖遗书》卷17,第897页。

⑩ (宋)陆九渊:《杨承奉墓碣》,见《陆九渊集》卷28,中华书局1980年版,第326页。

⑪ 《纪先训》,见《慈湖遗书》卷17,第896页。

⑫ 《纪先训》,见《慈湖遗书》卷17,第885页。

功,不必问细大。"①陆九渊曾赞杨庭显的家庭教育,说:"施之家,可移天下。"②

杨庭显如此重视家教,自然大有成效。陆九渊称他:"四明士族,多躬行有闻。公家尤盛,阖家雍雍,相养以道义。"③杨慈湖后来回忆说:"追惟先公实德义训,所以启佑后人,深入潜化。往岁乡里以潜藩蒙赉,举子蠢蠢诡冒,所至而是。而吾家寂然,二弟群侄便力可顾,视之若无,不惟不作于其事,而亦不动于其心。此虽常德细行,不足为言,而俗衰风靡,吾家遂为底柱。某窃自喜先公之流化之效。"④

杨慈湖曾描述他几位兄弟的为人。如伯兄"忠信天成,进德于内而世莫知";仲兄"于方寸之中,作图记过",以"自白其过";叔弟"用改过之力于内,而人未之知";季弟"孝友笃至,讷于外而敏于中"⑤。至于杨慈湖本人,同时代学者真德秀(1178—1235)曾描绘说:"见其齐明盛服,非礼不动。燕私俨恪,如临君师。期功之戚下洎缌麻服制期,一以经礼为则,而容色称之。平居接物,从容和乐,未始苟异于人,而清明高远,自不可及。同僚有过,微讽潜警,初不峻切,而听者常惧然。"⑥由此可见,杨氏兄弟"虽入德先后之序不齐,不可枚数。而其大较,质而不浮",均是受其父的影响所致。

杨慈湖立志成为圣贤,与他自小受到的家教有关。他说:"某自总卯,承先大夫训迪,已知天下无他事,惟有此道而已矣。"⑦这里的"此道",当然是指成圣成贤之道。他父亲还告诫他:"读书意或在名利,则失圣人之意。"⑧读书用意不在名利,那就是在圣贤之道。杨慈湖走上心学之路,最初应是"受之庭训"⑨。杨庭显是陆象山之学侣,《宋元学案》将之系于《象山学案》。杨庭显死后,陆象山为其撰写墓碣。杨庭显所发之言多是心学家话

---

① 《纪先训》,见《慈湖遗书》卷17,第888页。
② (宋)陆九渊:《杨承奉墓碣》,见《陆九渊集》卷28,中华书局1980年版,第327页。
③ (宋)陆九渊:《杨承奉墓碣》,见《陆九渊集》卷28,中华书局1980年版,第326页。
④ 《连理瑞记》,见《慈湖遗书》卷2,第624页。
⑤ 《连理瑞记》,见《慈湖遗书》卷2,第624页。
⑥ (宋)真德秀《文忠西山先生真公跋文元公行状后》,见《慈湖遗书》附录,第942页。
⑦ 《学者请书》,见《慈湖遗书》卷3,第633页。
⑧ 《纪先训》,见《慈湖遗书》卷17,第885页。
⑨ 《慈湖遗书后序》,见《慈湖遗书》附录,第943页。

语。如:"心无所求则乐生,此非亲到者有所不知。"①再如:"心吉则百事吉。"②陆象山称杨庭显"念虑之失,知识之差,毫厘之间,无苟自恕",可见他也是着重在心上用功。

杨慈湖自幼在这样的家庭环境中成长,圣贤之道不知不觉在他的心田生根发芽。这种儿时的家庭熏陶太重要了! 朱子非常重视这一点,他说:"古者小学已自暗养成了,至长来已自有圣贤坯模,只就上面加光饰。"③杨慈湖也意识到这一点。他有一次与赵仲礼谈起进德之序,特地提起赵仲礼"自谓幼时严君朝夕翼翼惟谨,不知岁月之流,久而有乐,融融怡怡,则于今不知始终也"④。杨慈湖经过三番五次的觉悟,生命境界臻于圣贤之域。他常说:人心自神自灵,自明自善,只要做到"不起意",就可以范围天地,发育万物,知是知非。一般人读慈湖文本,觉得他将成圣成贤说得过于容易,有一种纵心恣欲的感觉。但是我们必须知道,这些都是他的境界语,是他的生命达到一定境界之真实所见,"此非亲到者有所不知"。而杨慈湖达到如此境界,与他从小受过夹持分不开。

1.1.3 社会环境

杨慈湖立志成为圣贤,并且致力于宣讲成为圣贤的心学理论,与他所处的社会环境也有莫大的关系。有关南宋的历史现状,历史典籍多有记载。我们所关心的是杨慈湖眼中的社会现实,只有这些的社会现实才会对他发生作用。

有一次杨慈湖抓住与宁宗皇帝见面的机会,陈述了当时的社会现状。他说当时都城内外的人民没有粮食吃,有的人不得不忍心将儿女沉于江中。最悲惨的是"都城之东有妇,闵舅姑之请,鬻身助给。姑闻之,自经死。舅知姑死,又自经死。子归,知父母死,又自死。妇以舅姑及夫俱死,又经死。又有取小儿烹食者"。天子脚下尚且如此,何况江淮之间,更是惨不忍睹,"淮民相食,妻食夫尸,弟食兄尸,以至父子相食其尸"⑤。杨慈湖此言,并非虚辞。同时代的袁燮亦言:"近而京辇,米斗千钱,民无可籴之资,何所

---

① 《纪先训》,见《慈湖遗书》卷17,第888页。

② 《纪先训》,见《慈湖遗书》卷17,第883页。

③ (宋)黎靖德:《朱子语类》卷7,中华书局1986年版,第1册,第125页。

④ 《达庵记》,见《慈湖遗书》卷2,第614页。

⑤ (宋)钱时:《宝谟阁学士正奉大夫慈湖先生行状》,见《慈湖遗书》附录,第932页。

得食,固有饿而死者,有一家而数人毙者。远而两淮荆襄,米斗数千,强者急而为盗,弱者无以自活。官给之粥,幸有存者,而无衣无褐,不堪隆冬,或以冻死。"①

放任如此惨状发生而置之不理,在杨慈湖看来,是"群臣之罪也"。"今之守令多昏而听吏,多怀私而徇利",致使人民处于水深火热之中。官吏之所以会如此,又与当时实行的科举考试选拔人才的制度有关。本来"国家设科目欲求真贤,实能共理天下;设学校亦欲教养真贤,实能使进于科目,非具文而已"。但是当时读书人,"应科目处学校,往往谓取经义诗赋论策耳。善为是,虽士行扫尽,无害于高科"。可以说,当时读书人只求功名利禄,而无视道德品行。面对如此社会困境,杨慈湖深感不安,他说:"筮仕以来,惊世变之不同,嗟流弊之非一日,欲尽革之而难于亟,欲循循焉又于心中不安。"②他提出自己的解决方案,那就是复兴圣贤之道,提升人的道德境界。他认为:"君天下者,厥职辅民彝性而已,无他事也。"③治理天下的人的职责在于培养人民的德性。他的理想就是:"教养兹邑,犹欲使举吾邑人皆为君子。"④

对于圣贤之道的复兴,杨慈湖内心有一种焦虑之感。他说:"诵先圣之言者满天下,领先圣之旨者有几?"⑤天下诵读圣贤之书的人很多,说明"人孰不欲为君子为善人"⑥,但是真正能够理解圣贤之道的人却实在太少。一方面,普通百姓是日用而不知。杨慈湖初到富阳做主簿,时间过去两个月,竟然没有一个读书人来见他。他觉得奇怪,左右的人便告诉他说:"是邑多商人,肥家不利为士,故相观望莫之习也。"⑦人们坠入物欲贪求之中,本有的上进之心被遮蔽。对于这些人,杨慈湖的态度是:"故天下之为小人者,举不可深罪。人孰不欲为君子为善人,不知吾心之本善也。"⑧

---

① (宋)袁燮:《絜斋集》卷1,台湾商务印书馆景印文渊阁《四库全书》本,第1157册,第14页。凡引自《絜斋集》的文字,仅注明卷数、页码。
② 《慈湖遗书》卷4,《先师邹国公》,第642页。
③ (宋)杨简:《五诰解》卷4,台湾商务印书馆景印文渊阁《四库全书》本,第57册,第622—623页。凡引自《五诰解》的文字,均只注明卷数、页码。
④ (宋)钱时:《宝谟阁学士正奉大夫慈湖先生行状》,见《慈湖遗书》附录,第930页。
⑤ 《愤乐记》,见《慈湖遗书》卷1,第628页。
⑥ 《家记八》,见《慈湖遗书》卷14,第835页。
⑦ (宋)钱时:《宝谟阁学士正奉大夫慈湖先生行状》,见《慈湖遗书》附录,第928页。
⑧ 《家记八》,见《慈湖遗书》卷14,第835页。

另一方面,有些学者却"舍平常而求深远,舍我所自有而求诸彼"①。"舍平常而求深远"的如程明道。曾子说过"夫子之道,忠恕而已"(《论语·里仁》),程明道的解释是:"忠譬则流而不息,恕譬则万物散殊。"这在慈湖先生看来,是"似大而小,似通而窒,正道不明,意说陷溺"②。其实忠恕就是不虚伪,不做作,一切顺应"本心",既平实又简易。"舍我所自有而求诸彼"的如朱子。朱子为章句之学,求圣贤之道于典籍之中。这在杨慈湖看来,是极不可取的。古代典籍不过是圣贤"本心"之所发,圣贤之心即我本有之心,人之读书只不过是助我兴发自有之"本心"。更何况古代典籍是弟子们所记,或有误会圣贤之意者,尽信书不如无书。

除了这些"蔽学异说蔓延充塞"以外,"甚者词人墨客,俳语戏论,淫谈秽辞,则相与俎豆,特书大册,溢案充宇"。杨慈湖"深念自孔子没,似是而非、似正而邪之辞,充塞宇宙,其斯人相与沉迷于昏昏之中,而正道不明也"③,他痛心疾首地说:"痛哉,人心安得不胥而入于昏谬熟烂,愈陷愈下之污泞。"④于是,他有一种神圣的使命感,"不知固无责,有知焉而不致其力,非义也"⑤。杨慈湖毕生要做的事就是去践履圣贤之道,就是去宣讲圣贤之道。虽然当时"韩侂胄方用事,时论诬善类曰伪学,举子文字由是大变,不敢为理义之言。如某见谓伪学之尤者"⑥。杨慈湖面对如此环境,仍然矢志不移,他在一首送朋友的诗中写道:"男儿要当追配古圣贤,岂能更与凡卉争春华?"⑦

总之,人本有的向上之心、所受的家庭教育和当时的社会环境,三种因素共同作用于杨慈湖,使他立志成为圣贤。不同的人所受到的家庭教育和所处的社会环境可能千差万别,但是人天生具有向上之心则是相同的。从杨慈湖立志成为圣贤的背景中,今人应该可以受到许多的启发。

---

① 《诗解序》,见《慈湖遗书》卷1,第608页。

② 《曾子序》,见《慈湖遗书》卷1,第609页。

③ 《家记一》,见《慈湖遗书》卷7,第703页。

④ 《曾子序》,见《慈湖遗书》卷1,第609页。

⑤ 《先圣大训序》,见《慈湖遗书》卷1,第609页。

⑥ 《铭张渭叔墓》,见《慈湖遗书》卷5,第653页。

⑦ 《张时可惠示甲乙稿》,见《慈湖遗书》卷2,第675页。

1.2 慈湖心中之圣贤

杨慈湖立志成为圣贤,还因为他对圣贤有自己的理解。颜子说"如有所立卓尔"①,孟子说"跃如也"②,颜子、孟子因为对圣贤见得真切,然后他们才能学做圣贤。程明道曾经说过:"学者须识圣贤之体。"③此处的"学者"当然指那些想成为圣贤的人。想成为圣贤,当然要知道圣贤的内涵。反过来说,不识圣贤之体,如何去学做圣贤?陆象山要求他的学生:"人要有大志。常人汩没于声色富贵间,良心善性都蒙蔽了。今人如何便解有志,须有智识始得。"④也就是说,人有志要做圣贤,不光是看你嘴上如何空喊,还要看你是如何理解圣贤的。杨慈湖作为陆象山门人,他对圣贤的内涵自然是了然如故。后人欲借鉴杨慈湖之修身方法,就必须弄清他心中之圣贤内涵。

郑晓江、李承贵二先生所著《杨简》第七章《慈湖的"人"论》,似乎就是讨论这个问题的。⑤ 书中认为杨慈湖心中的理想人,是关注个体生命的安顿、精神性追求的"心理人",是建立在"类"的存在方式之上的"社会人",是真正立于"无我"基点上思考人类之命运、万物之生存、宇宙之存在的"大公人"⑥。如此看待杨慈湖心中的理想人,自有其理据。但我以为,如此看待杨慈湖心中的圣贤,他们不是活生生的人,而只是一些概念的堆集。我们要想学做这样的圣贤,似乎也无处着手。

我想用另一种方式来接触杨慈湖心中之圣贤。即利用杨慈湖之描述,一方面从内部来看圣贤的精神世界。杨慈湖所说的圣贤,其意识深度是神性思维,是对我们所熟知的理性思维的超越并包容;其意识广度可以范围天地,是对天地之间有形之物的超越并包容。另一方面则从外部来考察圣

---

① 《论语·子罕》:"颜渊喟然叹曰:'仰之弥高,钻之弥坚。瞻之在前,忽焉在后。夫子循循然善诱人,博我以文,约我以礼,欲罢不能。既竭吾才,如有所立卓尔,虽欲从之,未由也已。'"

② 《孟子·尽心上》:"孟子曰:'大匠不为拙工改废绳墨,羿不为拙射变其彀率。君子引而不发,跃如也。中道而立,能者从之。'"

③ (宋)程颢、程颐:《二程遗书》卷11,上海古籍出版社2000年版,第173页。

④ 《宋元学案·象山学案》,见(清)黄宗羲:《黄宗羲全集》第5册,第282页。

⑤ 郑晓江先生将书中的这部分内容整理成论文《慈湖先生之"人"论探微》,发表在《南昌大学学报》1997年第1期。

⑥ 郑晓江、李承贵:《杨简》,台湾东大图书公司1996年版,第127页。

贤的言行举止,圣贤所做的也只是庸言庸行,与百姓日用并没有什么两样,唯一的区别即在于"知"与"不知"。也就是说,圣贤们的言行是对百姓日用的超越并包容。下面将就此展开论述。

1.2.1 圣贤的意识深度:神性思维

意识深度是用来标明意识深浅的。动物凭着本能行事,只关注眼前之物,其意识深度自然没什么好说。人随着年龄的增长,阅历的丰富,意识深度会发生变化。有关人的意识深度,美国学者肯·威尔伯曾描绘出一个意识图谱①,只是太过于复杂,没有必要在此照搬照套,有兴趣的读者自可去翻看。以我的理解,人的意识最初只是表层的,只能进行感性思维;接着进入深层的,能够进行理性思维;甚至可以进一步发展深度,能够运用神性思维。人意识深度上的提升是采取一种超越并包容的方式,即理性思维是对感性思维的超越并包容,神性思维是对感性思维和理性思维的超越并包容。

为了方便读者更好地理解杨慈湖心中的圣贤,我特地提出"神性思维"这一概念。杨慈湖最喜欢借题发挥的一句话是"心之精神是谓圣"②。他曾说:"斯妙也,自古谓之心,又谓之神。"③在中国古代文化中,"阴阳不测之谓神"(《周易·系辞上》),"神也者妙万物而为言者也"(《周易·说卦》)。在杨慈湖看来,圣人与天地大道合二为一,能够发挥人心的神秘莫测之妙用,可惜的是"世皆睹大人(大人即是圣人)之形,不睹大人之神;世皆知大人之思为,不知大人之思为之神"④。因此,杨慈湖虽然没有直接给出"神性思维"这一名称,但是在他的文本中,"神性思维"之意却是呼之欲出。

圣人是儒家理想中的人,圣人之道德可以统摄于"仁"⑤。因此,杨慈湖对圣贤神性思维之描述,具体表现在他对"仁"的解释之上。他说:

---

① 肯·威尔伯认为人的意识深度由低到高分别是:感觉—身体、幻想—情绪、表征—心智、规则/角色心智、形成—反思、洞察力—逻辑、心灵、奥妙、原因等(〔美〕肯·威尔伯:《万物简史》,中国人民大学出版社 2006 年版,第 122 页)。这种分类过于复杂,本文将其简化。

② 有人做过统计,仅《慈湖遗书》就引用 46 次,《杨氏易传》引用 9 次(马慧:《杨简对"内圣外王"思想的心学阐释》,中国优秀硕士学位论文全文数据库,2009 年)。

③ 《昭融记》,见《慈湖遗书》卷 2,第 614 页。

④ 《杨氏易传》卷 1,第 20 页。

⑤ 蔡元培:《蔡元培学术论著》,浙江人民出版社 1998 年版,第 87 页。

仁者,道心常觉常明之称。常觉常明者,常不昏而已,非思也。[1]

"仁"最常见的解释就是"爱人"。《论语》记载,樊迟问"何谓仁?"孔子答曰"爱人"(《论语·颜渊》)。众所周知,孔子在此并非给"仁"下一个确切的定义,而是随事指点,因人提示。我们当然也可以据此将"仁"理解为"爱人"。杨慈湖并不否认"仁"的这层含意,他曾说"发之博爱曰仁"[2],他还说"临民其爱人曰仁"[3]。但是,这毕竟只是"仁"之用,只是"仁"的形下之意,是容易为人们所感知的部分。杨慈湖更多时候是讲"仁"体,是讲"仁"之内在东西。"孔子言仁,岂曰惠而已哉?"[4]在杨慈湖看来,"仁"最重要的特征是"常觉常明"。杨慈湖所谓的"觉",与现代心理学所讲的直觉思维,有相似之处,也有不同之点,我称之为神性思维。依据杨慈湖之描述,我们可知"觉"之特性:

第一,"觉"重在于自觉。杨慈湖说:

> 觉者自觉,觉非外取。[5]

杨慈湖之所谓"自觉",即人"本心"的自我觉知,亦即"本心"的自我朗现。何谓"本心"? 在杨慈湖看来,人心本来就是至神至灵,虚明无体,如光如镜,万物毕照。人平时日用,不假思为,随感而应,莫不中节。依此而行,自然而然,不带一点儿勉强,无非都是天地大道。这就是"本心",它有一个灵明之处,其灵明之处即是道之所在。因此,"本心"亦称"道心"。"本心"自觉并非是要将人心一分为二,拿一个灵明来觉知心中之道,而是人心灵明显露之处即是道的呈现。"心即道",道即是"本心"的自我呈现。但是现实的人,常常心中生起种种意念,作好作恶,百般算计,从而失去人心之本然状态,也就失去人之"本心"。于是人心昏昧不明,如同天上云彩遮住了日月之光,此时之人自然也就失去了正道。圣贤之所以成为圣贤,就在于能够做到消除意念,使"本心"能够恢复本来的清明,能够自然呈露。自觉"道"的过程是言语无法形容的,也是理性思维无法达到的。人的自我"本心"的呈现只能依靠每个人自己,外力强加不得。即便是圣贤,也不能以

---

[1] 《家记五》,见《慈湖遗书》卷 11,第 805 页。

[2] 《家记七》,见《慈湖遗书》卷 13,第 826 页。

[3] 《学者请书》,见《慈湖遗书》卷 2,第 634 页。

[4] 《家记三》,见《慈湖遗书》卷 9,第 746 页。

[5] 《谒宣圣文》,见《慈湖遗书》卷 4,第 640 页。

"道"予人,圣贤只能教人去蔽,教人如何自觉"本心"。这是因为真正"自觉"者,是由着"本心"做主。"本心"呈现处即是道,"本心"自会顺取正道而行。杨慈湖强调"自觉",实际上也是提倡"自得"。孟子曾说:"君子深造之以道,欲其自得之也。自得之,则居之安;居之安则资之深;资之深,则取之左右逢其原,故君子欲其自得之也。"(《孟子·离娄下》)

第二,"觉"的对象是"道"。杨慈湖说:

道非心思所可知,非言语所可及,可觉不可求。①

慈湖所言之"道",不是指一般的规律,而是在究竟意义上而言的。在杨慈湖看来,最早并没有所谓的"道"这一名称。尧说"畴咨,若时登庸",舜说"惟时惟几",他们所说的都是"时"。"时"相当于"是",都是表示"这"的意思,是用来意指宇宙大生命的。后来舜对禹说"道心惟微",才明白地说到"道","言其无所不通而托喻于道,谓如道路之四通人所共由,而非有可执可指之物也"②。用"道"来比喻宇宙大生命,只是形容它无所不通的特性。因此,杨慈湖认为"'道'之为言终不若'时'之为义浑然不分事理"③。杨慈湖郑重其事地强调"时"之浑然义,是因为当时有学者于平常日用之外别求所谓的"道",这实际上是裂事理而为二。慈湖眼中的"道"是宇宙本体,是宇宙大生命,也是宇宙大精神。它是"既存有既活动",不是"只存有而不活动"(借用牟宗三先生语④)。如此之"道",不可以言语求,也不可以思索得。如果用上思索,用上言语,那么就要起分别,这就破坏了宇宙大生命的浑融性。因此,杨慈湖认为人只能依靠"觉",而后才可以整体地把握"道"。杨慈湖说:"此非梏束于形体、沉溺于文义、胶执于意见者所能知也。惟洞觉者自知,未至于洞觉者终疑。"⑤总之,"觉"对"道"的把握,是一种洞知彻解,它不是逻辑推理,没有一个过程,而是当下即知即解。

第三,"觉"具有神秘性。如上所言,杨慈湖所谓的"觉",能"觉"之主体是人之"本心",所"觉"之客体是"道","本心"即"道","道"即"本心",主客

---

① 《炳然记》,见《慈湖遗书》卷2,第630页。
② 《家记五》,见《慈湖遗书》卷11,第804页。
③ 《家记二》,见《慈湖遗书》卷8,第709页。
④ 牟宗三先生在《心体与性体》一书中提出,宋、明学者对于宇宙本体的根本认识,可以分为两种:一是既存有既活动(周廉溪、张横渠、程明道、陆象山、王阳明等),一是只存有而不活动(程伊川、朱子等)。
⑤ 《家记五》,见《慈湖遗书》卷11,第818页。

合一,能所不二,"本心"之"觉"即是"本心"的呈现,也是"道"的朗现。"道"意指宇宙大精神,它内在于人之"本心",沛然而浑然,不可言,不可思。因此,慈湖之"觉"便具有一种神秘性。"觉"不可思,不可言,具有一种不可预测性,甚至连觉者本人也无法说清楚。关于这一点,杨慈湖喜欢现身说法。他在听到陆象山有关扇讼是非的问答以后,突然大"觉"①。对于这次"觉",杨慈湖强调说:

> 岂惟四方之士未知,虽前乎此千万世之已往,后乎此千万世之未来,盈天地两间,皆高识深智之士,竭意悉虑,穷日夜之力,亦将莫知。又岂惟尽古今与后世高识深智之士莫能知,虽某亦不能自知。②

杨慈湖的这次大"觉"似乎太过神秘。四方之士不能知,古往今来之士不能知,就是杨慈湖自己也不能自知。

　　第四,"觉"是对"思"的超越并包容。此为理解神性思维的关键,需要对慈湖之言做详细的疏解。杨慈湖说:

> 思而忽觉,觉非思也。③

"觉非思也",明确地划分了"觉"与"思"的疆界。以我的理解,"思"是指理性思维,是在人的意识掌控之中,而"觉"是神性思维,既不可以思索得,也不可以言语求,是一种超越并包容理性思维的更高级的思维。但是,"思而忽觉",说明"觉"是以"思"作为基础的。人只有经过一番"思"之后,然后才有可能得到"觉"。在现实生活中,我们经常可以获得"思而忽觉"的体验。例如我们在做数学难题的时候,开始是按照一定的数理逻辑来进行推理,这就是"思"。对着题目想了半天也不能解决,仿佛总是在一个固定套子里打转。痛苦的思索之后,也许就在不经意之间,突然来了灵感,于是便有了解题思路,这就是"觉"。当然,在所觉知的内容上来看,杨慈湖所谓的"觉",与我们做数学题时的灵感闪现还是有着本质区别的。但是,两者发生的过程是相似的,表现出来的那种道不清说不明的神秘性是相似的。正是有了前面的"思"作为铺垫,然后才会有后面之"觉","觉"是对"思"的超

---

① 关于这次的点拨,(宋)钱时的《宝谟阁学士正奉大夫慈湖先生行状》有详细描述,可以查看《慈湖遗书》附卷,第928页。

② 《祖象山先生辞》,见《慈湖遗书》卷4,第642页。

③ 《永嘉郡学永堂记》,见《慈湖遗书》卷2,第622页。

越。杨慈湖还说:

> 初学之思即成德之无思,成德之无思即初学之思。①

"成德"就是成为圣人。圣人"常觉常明"。一个人成为圣人,有"觉"而无"思",这便是"成德之无思"。一个人在学做圣贤时,也就是在未成为圣贤时,他的一言一行不能不经过大脑思考,因为"君子道心初明,旧习未释,断不可不用力,未精未熟,岂能遽绝思为?"②孔子曾说过"学而不思则罔"(《论语·为政》),还说过"君子有九思"(《论语·季氏》)。杨慈湖认为:"子曰'学而不思则罔',为未觉者设也;又曰'君子有九思',为未觉及觉而未全者设也。"③由此可见,未觉者是需要"思"的,"思"的目的正是为了呼唤"觉"之到来。已"觉"之人也仍然需要用力于"思",是为了"久而精纯,泯然无际"。这就是"初学之思"。成德以后的圣贤"常觉常明",已然是一个无思无为的状态。特别值得注意的是,圣贤之"无思",是作用义上的"无思",不是存有义上的"无思"。也就是说,"成德之无思"不是取消思维,它只是表现出"无思"状态,其实与"初学之思"同样都是思维,是一种更高级的思维,是一种能够洞察事物之理的思维,是一种神性思维,是超越并包容着理性思维的思维。圣贤的"无为",也不是什么事也不做。有人问邵康节"无为",他回答说:"时然后言,人不厌其言;乐然后笑,人不厌其笑;义然后取,人不厌其取。此所谓无为也。"④圣贤之作为不是有意而作为,而是顺其自然的作为。

周公、孔子都是儒者公认的圣人,他们毋庸置疑都是达到"常明常觉"的境界的。周公是仰而思之,夜以继日;孔子是临事而惧,好谋而成。⑤ 可见周公、孔子不是成了圣人以后,就不思考问题了。只不过他们的思考已属于更高层次的思维,是神性思维,"俨然若有所思而非思也,无思非冥然而昏,如日月无所不照而非思也"⑥。圣贤该思考问题的时候就思考问题,没有刻意地去思索计量,一切都是顺其自然,所以说是"若有所思而非思",即在存有义上是"有所思",而在作用义上是"非思"。圣贤虽然没有刻意去弄懂什么,但他并不是懵懵懂懂的,而是心里像明镜一般,能够灼知万物之

---

① 《家记五》,见《慈湖遗书》卷11,第818页。
② 《家记四》,见《慈湖遗书》卷10,第783页。
③ 《家记一》,见《慈湖遗书》卷7,第705页。
④ 《宋元学案·百源学案上》,见(清)黄宗羲:《黄宗羲全集》第3册,第459页。
⑤ 《王子庸请书》,见《慈湖遗书》卷2,第615页。
⑥ 《家记三》,见《慈湖遗书》卷9,第738页。

理。因此,杨慈湖还说:"虽终日思虑而如不思虑也,虽终日云为而不云为也,似动而未尝迁也,似静而未尝止也。是妙也,惟觉者自知而不可以语人。"①他还说:"自知非意虑之所及,亦非舍意虑之所为。意虑交作,如四时之错行,如日月之代明。"②总之,杨慈湖反复强调"觉"超越并包容着"思"。

第五,"觉"可以获得超强的自信力。虽然"觉"不可思,不可言,也不是有意而为之,然而它是人"本心"的自我呈现,是对"道"实实在在的确证,是一种源于生命本身的洞察彻知。它具有强大的支撑力量,使觉者获得充分的自信力。杨慈湖说:"天者吾之高明,地者吾之博厚,日月四时吾之变化,万物吾之散殊。"③有学者据此认定杨简是信奉"唯我主义"的。其实杨慈湖说出这样的话,只是他亲身实到的境地,这与孟子的"万物皆备于我"④具有同等切身感受,与陆象山的"宇宙内事乃己分内事,己分内事乃宇宙内事"⑤具有同样的心得体会。看慈湖著作,可以呼吸到其中强烈的自信氛围。他对孟子、子思、荀子、二程、朱子等诸位先贤,均有所批评。他怀疑儒学经典《论语》中一些句子的真实性,认为"记《论语》者固不足以知圣人之至言也"⑥。在他眼中,"春秋冬夏,风雨霜露,无非教也;神气风霆,庶物露生,无非教也"⑦,天地间的一切,都是宇宙大精神的呈现。

综上五点,我们可知神性思维的一些特性。"觉"者自觉,说明神性思维的主体性;"觉"者觉"道",说明神性思维的深刻性;"觉"者无思无为而无不思为,说明神性思维的神秘性;"觉"中有"思",说明神性思维的超越并包容性;"觉"者自信,说明神性思维的根源于生命。五点之中,最重要的是"觉"对"思"的超越并包容。我们也可以将神性思维称为"理性的直觉",即是比理性思维更高级的一种思维形式⑧。

值得注意的是,杨慈湖谈到"觉"有两种情形:一是隔离之"觉",一是不

---

① 《家记七》,见《慈湖遗书》卷13,第828页。

② 《孔子闲居解》,见《慈湖遗书》卷19,第924页。

③ 《詹亨甫请书》,见《慈湖遗书》卷3,第637页。

④ 《孟子·尽心上》:"万物皆备于我矣。反身而诚,乐莫大焉。强恕而行,求仁莫近焉。"

⑤ 《象山先生行状》,见《慈湖遗书》卷5,第648页。

⑥ 《家记四》,见《慈湖遗书》卷10,794页。

⑦ 《礼记·孔子闲居》:"天有四时,春秋冬夏,风雨霜露,无非教也;地载神气,神气风霆,风霆流形,庶物露生,无非教也。"杨慈湖经常化用此句。

⑧ 徐建勇《杨简哲学思想研究》曾称杨简的认知方式为"理性的直觉"(中国优秀硕士学位论文全文数据库2007年),可惜他对"理性的直觉"并未根本的理解。

隔离之"觉"。"思而后觉"是不隔离之"觉"，是儒家学者所普遍采用的，也是容易为我们所理解的。然而须知还有隔离之"觉"。朱子曾描绘其师李延平说："讲论之余，危坐终日，以验夫喜怒哀乐未发之前气象为何如，而求所谓中者。"①李延平主张"默坐澄心，体认天理"，实际上是通过暂时的隔离，去作超越的体证②。杨慈湖身上也发生过隔离的"觉"。他平生的第一次大"觉"（29 岁在太学循理斋），即是通过"默自反观"而得。牟宗三先生认为，在儒家，不隔离之"觉"是"儒家实践底定然之则"，而隔离之"觉"则是"一时之权机"③。此言在杨慈湖身上可以得到佐证，他很少言及隔离之"觉"，而更多强调"思而后觉"。他认为"求道多求诸寂静，多差"，因为"静者不动乎意而已，非止于兀坐"④。因此，我重点讨论的是杨慈湖的"思而后觉"。

　　理解了杨慈湖所谓的"觉"，我们再来看"常觉常明"。杨慈湖反复强调"仁"的这一特点，他说："所觉至于纯明曰仁。"⑤"仁者，道心常觉常明之称。"⑥"其虽千变万化而常明曰仁。"⑦所谓"常觉常明"，用杨慈湖的话来说，就是"无一物之不觉，无一事之不觉，无斯须之不觉，如日月中天，如水鉴昭明"⑧。说得通俗一点，"常觉常明"也就是人始终处在神性思维的状态之中，始终让生命之灵光照亮自己的生活。梁漱溟先生说："此敏锐的直觉，就是孔子所谓仁。"⑨徐复观先生说："但就仁的自身而言，它只是一个人的自觉的精神状态。"⑩先生只是说对了一半，还没有将时间因素考虑进去。杨简所说的"常觉常明"，实际上就是让人的生命长时间保持一种敏锐的直觉，始终保持生命活泼泼的本性。杨慈湖说："少读《易大传》，深爱'无思也，无为也，寂然不动，感而遂通天下之故'。窃自念学道必造此妙。"⑪由此

---

① （宋）朱熹：《延平行状》，见《朱文公文集》卷 97。

② 牟宗三：《心体与性体》（下册），上海古籍出版社 1999 年版，第 5 页。

③ 牟宗三：《从陆象山到刘蕺山》，吉林出版集团有限责任公司 2010 年版，第 146 页。

④ 《崀然记》，见《慈湖遗书》卷 2，第 630 页。

⑤ 《临安府学记》，见《慈湖遗书》卷 2，第 618 页。

⑥ 《家记五》，见《慈湖遗书》卷 11，第 805 页。

⑦ 《詹亨甫请书》，见《慈湖遗书》卷 3，第 636 页。

⑧ 《孔子闲居解》，见《慈湖遗书》卷 19，第 924 页。

⑨ 梁漱溟：《儒学复兴之路——梁漱溟文选》，上海远东出版社 1994 年版，第 76 页。

⑩ 徐复观：《中国人性论史》（先秦篇），三联书店 2001 年版，第 81 页。

⑪ 《杨氏易传》卷 20，第 213 页。

可见，这种无思无为而又无不思为的状态，是慈湖先生自小就确立的目标。

要想达到"常觉常明"，就需要"知及仁守"。孔子说："知及之，仁不能守之，虽得之，必失之。"（《论语·卫灵公》）一个人一旦有了"觉"后，也就算知"道"了，对宇宙大精神有了体悟，这是"知及"。然而由于人有一些习性，只有"知及"还不够。现实生活中，有些人不是不明白做儿女应该孝顺父母的道理，只是平时为自己的习性所蔽，在面对自己父母的时候，忍不住还会发出忤逆的言行。尽管他事后也许会后悔，但是毫无用处，以后还是会犯同样的错误。因此，"知及"以后还需要"仁守"。杨慈湖说："知及之后，观过精微，用力于仁守也。"①他还说："知者觉之始，仁者觉之纯。"②仁者的关键是能够做到"觉之纯"，这与孟子的"仁熟"③观点是遥相呼应的。

根据"常觉常明"程度的不同，杨慈湖将圣贤区别开来。孔子死后，孔子学生子张与子夏、子游，因为有若外貌与老师相似，就要用对待孔子的态度来侍奉有若。杨慈湖由此断定子张等人是未觉者。因为他们只是求得迹上相似，并没有理解孔子生命之真精神。也就是说，他们还不能算是知"道"之人，当然也就不在贤者之列。孔门之中有知"道"而"日至"者④，这些人能够"终一日意虑不作，澄然如镜，如日月之光，无所不照"⑤，一日之外则难免为习性所侵；有"月至"者，"终月意虑不作，澄然如镜，如日月之光，无所不照"，一月之外则难免为习性所扰；颜回则是"三月不违"，"三月意虑不作，澄然如镜，如日月之光，无所不照"，三月之外犹有违仁之处，但又能够马上回复自我"本心"，已经实属难得，因此被孔子称为"好学"⑥。所谓"日至"、"月至"、"三月不违"，实际上是指孔门贤者的神性思维所持续的时间。在这些时段之外，他们难免杂有感性思维或者是理性思维。也就是说，他们还不能做到纯粹⑦。

至于周文王的仁德达到了纯粹，能够做到"维天之命，於穆不已"，自然是圣人。至于孔子的仁德纯乎天性，更是做人的终极标准。当然，孔子成

---

① 《敬止》，见《慈湖遗书》卷 2，第 623 页。

② 《愤乐记》，见《慈湖遗书》卷 2，第 628 页。

③ 《孟子·告子上》："夫仁，亦在乎熟之而已矣。"

④ 《论语·雍也》："子曰：'回也，其心三月不违仁，其余则日月至焉而已矣。'"

⑤ 《永堂记》，见《慈湖遗书》卷 2，第 631 页。

⑥ 《论语·雍也》："哀公问：'弟子孰为好学？'孔子对曰：'有颜回者好学，不迁怒，不贰过。不幸短命死矣。今也则亡，未闻好学者也。'"

⑦ 《荀子·劝学》："君子知夫不全不粹之不足以为美也。"

为圣人有一个进学的过程。杨慈湖说孔子:"自十五而志于学,三十而立,四十而不惑,学力进进有次第。志学之初,虽已知天性之本然,而习气间起,未纯乎天,日用应酬,人为未尽释。至五十始知皆天命,无俟乎人为。六十而耳顺,无所不顺,有顺无逆,纯乎天矣。"①孔子到了 70 岁的时候,已经达到了"从心所欲不逾矩"的地步,这在杨慈湖看来,"纯乎纯不足以言之矣。至矣! 尽矣! 不可以有加矣!"②之所以说"纯不足以言之",是因为"纯"毕竟还可以言说,而孔子此时之境已不可以言说。

1.2.2 圣贤的意识广度:范围天地

人的意识有深度,还有广度。所谓意识广度,就是人的意识所覆盖的范围。每个人的日常言行,都有自己所习惯采用的思考背景,这就是我所说的意识广度。人的意识广度虽不能直接测知,然而可以随着人的意识活动而自然呈现出来。从一个人的言行中,我们可以推知他的意识活动,可以看出他的意识广度。

现实生活中,人的意识广度大有差别,有以自我为中心的,有以家庭为中心的,有以社会为中心的,有以国家为中心的,有以人类为中心的,还有以天地万物为中心的。显而易见,在这个序列中,后者总是对前者实现了超越并包容。譬如说,一个以家庭为中心的人,他的意识实际上是超越了以自我为中心,但是他的自我意识并没有泯灭,而是仍得以保留——他是在整个家庭的框架下来考虑自我问题。通常所说的"大公无私",并非真的是一点儿都不考虑自我。如果个体真的不考虑自我,那么个体生命的存在就成了问题。因此,我强调意识广度的发展是超越并包容。

人的意识深度与意识广度总是成正比例的。一个人的意识越深,其所涵盖的范围就越大。《中庸》说:"肫肫其仁,渊渊其渊,浩浩其天。""渊渊其渊"是来形容圣人的思维深度,"浩浩其天"是来形容圣人的思维广度,此两语便是来揭示圣人"肫肫其仁"的一体两面。《中庸》又说"致广大而尽精微",钱穆先生借此发挥说:"若求致广大,则必尽精微。惟有精微之极,始是广大之由。"③这就是说,一个人只有增加意识深度,然后才有可能增加意识广度。我们通常说一个人心胸狭隘,追到根子上还是因为他看得不透。

---

① 《家记四》,见《慈湖遗书》卷 10,第 776 页。
② 《家记四》,见《慈湖遗书》卷 10,第 775 页。
③ 钱穆:《中国思想通俗讲话·自序》,三联书店 2002 年版,第 2 页。

对于人的意识深度与广度之间的相应关系,请允许我列表加以说明:

意识深度	意识广度
浅层思维	以自我为中心
感性思维	以家庭或小团体为中心
理性思维	以社会为中心
神性思维	以天地万物为中心

这只是一个简单的列表,但足以支撑我们的讨论。现对此表做一个简要的说明。以自我为中心的人,眼里只有自我,他们的言行被人生命中的动物性本能所驱使,几乎没有什么意识深度,因此称之为浅层思维。以家庭或小团体为中心的人,多是采用感性思维,他们非常重视小团体内部成员之间的情感。以社会为中心的人,包括以国家为中心和以全人类为中心的人,他们讲究理性,懂得为了大我,可以委屈小我甚至牺牲小我。以天地万物为中心的人,与天地万物融为一体,他们在思维中已泯灭了物我之界限,这与神性思维中的无思无为而无不思为是相呼应的。总之,此表可证张横渠之所言:"见识长得一格,看得又别。"[1]

程明道的《识仁篇》教"学者须先识仁。仁者,浑然与物同体"[2]。"仁者"能够常觉常明,运用的是神性思维。人运用神性思维,自然与物同体,这是由内而发之于外,是从人生命底层发出来的。杨慈湖在界定"仁"是"常觉常明"的同时,他说:"宽即仁,仁即宽。"[3]他还说:"明即远,远即明。"[4]在慈湖先生的心中,圣贤的意识广度是与他们的意识深度相互呼应的。圣贤有了神性思维,同时以天地万物为中心。为论证圣贤的意识广度是以天地为中心,杨慈湖从三个方面展开论述。

圣贤的意识广度首先与人心有关。何谓人心?杨慈湖说:

> 人心非血气,非形体,广大无际,变化无方。倏焉而视,又倏焉而听;倏焉而言,又倏焉而动;倏焉而至千里之外,又倏焉而穷九霄之上。

---

① (宋)陆九渊:《与曹立之二》,见《陆九渊集》卷 3,中华书局 1980 年版,第 42 页。
② 《宋元学案·明道学案上》,见(清)黄宗羲:《黄宗羲全集》第 3 册,第 656 页。
③ 《家记一》,见《慈湖遗书》卷 7,第 697 页。
④ 《家记五》,见《慈湖遗书》卷 11,第 813 页。

不疾而速，不行而至，非神乎？ 不与天地同乎？[①]

这里所讲的人心，实是人的意识。人的意识可以挣脱任何器物的束缚，它无边无际，变化无穷，超越时空。杨慈湖将人心的这种不可思议的神奇妙用，概括为"虚明无体"。因为"虚"，人心可以藏纳万事万物；因为"明"，人心可以是是非非，靡不曲当；因为"无体"，人心无所羁绊，无所限制。人心本来是"虚明无体"，一般人只是拘于习气，放逐了原有的"本心"，从而认物不清，为物所限。而圣贤能够除去自身的习气，恢复人之"本心"。杨慈湖说："一日觉之，此心无体，清明无际，本与天地同，范围无内外，发育无疆界。"[②]圣贤能够让自己本有之心呈露出来，心地自然就广阔无边。

圣贤的意识广度还与认知的对象有关。杨慈湖说："知道之谓知，不知道何足谓之知？"[③]圣贤所要孜孜追求的是"道"，知"道"是一种根本之知。我们平时所要掌握的某物体的物理属性、化学属性等，这些都是"闻见之知"，而并非得其究竟的"本体之知"。他还说：

> 通三才惟有此道而已。天以此道而高明，地以此道而博厚，日月以此道而照临，四时以此道而变通，人物以此道而散殊于天地之间。[④]

如前所言，杨慈湖所谓的"道"，是一个浑融的整体，是宇宙大精神，是宇宙大生命，是天地进化的第一推力。万事万物都是"道"的产物，万事万物都是"道"的显现。"道"内在于人心，即在人心之灵明处呈现，故人心又谓"道心"。圣贤让自我"本心"朗现，从而便是得"道"之人。心中拥有"道"，便得宇宙之全体。正是从这个角度上，杨慈湖说："天者吾之高明，地者吾之博厚，日月四时吾之变化，万物吾之散殊。"[⑤]

圣贤的意识广度还与求"道"的方式有关。如前所言，圣贤是以"觉"的方式来求"道"的。"觉"不可思索，不可言说。如果能思索，那么就会有所偏滞，生命之流也就不顺畅；如果能够言说，那么就会有所限制，生命之境也就不阔大。人在"觉"的时候，无思无为，拥抱着至大至全的宇宙大生命，与万事万物融为一体。杨慈湖描述自己的第一次大"觉"："忽觉天地内外，

① 《二陆先生祠记》，见《慈湖遗书》卷2，第620页。

② 《王子庸请书》，见《慈湖遗书》卷2，第616页。

③ 《家记五》，见《慈湖遗书》卷11，第817页。

④ 《家记五》，见《慈湖遗书》卷11，第800页。

⑤ 《詹亨甫请书》，见《慈湖遗书》卷3，第637页。

森罗万象,幽明变化,有无彼此,通为一体,曰天曰地,曰山川草木,曰彼曰此,简皆名尔。方信范围天地非空言,发育万物非空言。"①这是杨慈湖实到境地之所见。从此以后,他坚信"圣人如天焉,无私好,无私恶"②。他认为:"天地我之天地,变化我之变化,非他物也,私者裂之,私者自小也。"③

杨慈湖正是从这三方面极力向人们证明圣贤的意识广度是以天地万物为中心,圣贤之心可以范围天地。他说:

> 此心未尝不圣。精神无体质,无际畔,无所不在,无所不通。《易》曰范围天地,果足以范围之也;《中庸》曰发育万物,果皆心之所发育也。④

圣贤可以"范围天地",说明圣贤的意识广度比天地还广大。杨慈湖说:"孟子曰:'养而无害,则塞乎天地之间。'此犹未足以尽宽之至大。《传》曰:'范围天地之化。'庶乎其宽矣,然此犹可言而及者,犹有涯畔,未足以尽宽之至。……以人之学道,固有造广大之境。"⑤天地毕竟有形,有形便有际涯,而圣贤之心无边际。圣贤可以"发育万物",说明圣贤的思维具有创造性,能够回顾过去,开创未来。杨慈湖还说:"君子以天下为一家,中国为一人,如日月之光然。日月之光,容光则及,何所取舍?知此则可以知君子之心矣。"⑥圣贤的意识就如日月之光一样无所不照。

1.2.3 圣贤的言行举止:庸言庸行

前文通过阅读杨慈湖之描述,从内部来探究圣贤的意识深度和意识广度,这可算得上是"极高明"。《中庸》说:"极高明而道中庸。"接下来将从外部观察圣贤的言行举止,这就是"道中庸",即看圣贤之道的日常运用。杨慈湖的老师陆象山曾说过:"尧、舜之道,不过如此,此亦非有甚高难行之事。"他还对学者们说:"吾之道,真所谓夫妇之愚,可以与知。"⑦陆象山的这一思想也影响着杨慈湖。在杨慈湖眼中,圣贤的外在言行与众人并无什么

---

① 《家记五》,见《慈湖遗书》卷11,第817页。
② 《家记三》,见《慈湖遗书》卷9,第735页。
③ 《己易》,见《慈湖遗书》卷7,第678页。
④ 《临安府学记》,见《慈湖遗书》卷2,第618页。
⑤ 《家记一》,见《慈湖遗书》卷7,第697页。
⑥ 《家记四》,见《慈湖遗书》卷10,第777页。
⑦ (宋)陆九渊、(明)王阳明:《象山语录·阳明传习录》,上海古籍出版社2000年版,第33页。

不同。圣贤在家孝顺父母尊敬兄长,出门结交朋友讲究信用,在政府部门供职尽职尽责。圣贤所能做的事,是一般人也能做的事。杨慈湖还举例说,禹是历史上公认的大圣人,而孔子称赞禹时也只说了三件事,即"菲饮食而致孝乎鬼神,恶衣服而致美乎黼冕,卑宫室而尽力乎沟洫"(《论语·泰伯》)。禹所做的三件事,在慈湖先生看来,似乎并不难,"苟其志于善,亦皆可能也"①。看《论语》中的"乡党篇",多是记载孔子言行举止的文字,诸如"变色"、"屏气"、"勃如"、"躩如"等,也都是极其平常的举动②。总而言之,圣贤表现在外的是庸言庸行。

圣贤做事的心理也很简单,只是"忠信"而已。杨慈湖看到《大戴礼记》中孔子之言"忠信大道",就说:"某不胜喜乐! 不胜喜乐,乐其深切著明。"③他还说:"忠信者本心之常,即道心也。"④人们对"忠信"二字容易产生两种误解。一种误解认为圣贤之道高深莫测,"仰之弥高,钻之弥深",肯定不是"忠信"二字所能概括。另一种误解认为"忠信"二字必有深解,程明道就将其解释成"忠譬则流而不息,恕譬则万物散殊"。这些理解在杨慈湖看来,都是不正确的。他认为:"忠信,不诈伪妄而已矣!"⑤孔子提倡"忠信",就是让人在日常应酬之中直心而行,不做作,不虚假。杨慈湖还说:"虽日用平常实直之心,无非大道。"⑥圣贤之道,"忠信"而已,如此甚简,如此甚易。

但是,圣贤之庸言庸行,与众人又有着根本区别。杨慈湖说:

> 君子小人之所日用者亦一也,惟有知与不知之分。⑦

有学者将此处的"一"解释为"万物万化万理归'一'"⑧,这是不恰当的。这里的"一"即是"相同"之意。圣贤(或者说君子)与众人(或者说小人)平常日用没有什么不同,而关键就在于"知"与"不知"。圣贤对众人的超越并包容,也在于"知"。这里的"知"指的是知"道",即了知天地之大道。"知道之

---

① 《宋舒子德彰墓碣》,见《慈湖遗书》卷 5,第 656 页。
② 《家记五》,见《慈湖遗书》卷 11,第 809 页。
③ 《学者请书》,见《慈湖遗书》卷 3,第 633 页。
④ 《杨氏易传》卷 1,第 14 页。
⑤ 《知乐亭记》,见《慈湖遗书》卷 2,第 625 页。
⑥ 《乡记序》,见《慈湖遗书》卷 1,第 610 页。
⑦ 《周易解序》,见《慈湖遗书》卷 1,第 607 页。
⑧ 王心竹:《浅析杨简"心本论"思想》,《湖南大学学报(社会科学版)》2005 年第 4 期。

谓知,不知道何足谓之知?"①如前所言,"道"是宇宙大生命,是宇宙大精神。这并不是说,圣贤做每一件事,说每一句话,都要联想到天地之大道。如果是这样,那么做圣贤也太累了。这不是心中所想的事。譬如说,父母与子女虽已分体而实是连心,当父母为子女做这做那时,根本就不是先想到"他们是我们的子女"然后才去做这做那,而是想也不用想就自然而然地做出来了,因为子女就是父母生命的一部分,子女就在父母的心中。同样,天地之大道对于圣贤也是如此。无事时圣贤之心寂然澄然,有事时能够随感而应,平常日用酬酢万变当中,天地之大道也就呈现出来。

总之,"视听言动,圣愚则同;一明一昏,圣愚斯异"②。众人也要吃饭、穿衣、睡觉,众人也会爱自己的父母敬自己的兄长,众人与人交往也会讲信用,为国出力讲尽忠,众人外在的言行与圣贤并没有区别。但是众人做这些事情的时候,一切任由生命的本能驱使。譬如说,众人要吃饭,因为他饿了,不得不吃饭。众人爱父母,因为父母也爱他,人心换人心。圣贤也是听从生命的召唤,也是按照人的本性来生活。在这一点上,可以说圣贤之道与众人之道并无二致。因此,杨慈湖说:

> 然则奚特圣贤之道同,虽愚不肖之道亦同,惟愚不肖由之而昏,贤者由之而明,圣人由之而大明。③

圣贤与众人(即"愚不肖")都是由着生命的本能来做事。这是因为圣贤也好,众人也好,大家都是人。孔子说:"道不远人,人之为道而远人,不可以为道。"(《中庸》)道在人心,只是"百姓日用而不知"(《周易·系辞上》),众人没有真正体察这个生命中的"良知"、"良能"④,没有一种主体上的自觉。虽然也是那般做事,但昏瞑无知,一切靠本能做主。这就像盲人走在盲道上,一切依靠自己的拐杖一样,虽然也是走在路上,但却容易偏离正道。圣贤顺应本性去做事,心里却像明镜一般,是是非非,善善恶恶,一切都清清楚楚。当然,圣贤之间也有区别,贤者是"明",而圣者是"大明"。"大明"则是究竟的了知。

明者与不明者虽是做同样的事,意义却大不相同。杨慈湖举例说:"明

---

① 《家记五》,见《慈湖遗书》卷11,第817页。
② 《家记七》,见《慈湖遗书》卷13,第830页。
③ 《曾子序》,见《慈湖遗书》卷1,第609页。
④ 《孟子·尽心上》:"人之所不学而能者,其良能也;所不虑而知者,其良知也。"

者之事父母孝，异乎未明者之孝。未明者之孝，虽孝而未通。……虽知父母之情，不知父母之正性。人惟不自明己之正性，故亦不明父母之正性，亦不明天地之性。人皆曰：'我惟知父母，不知天地。'此不知道者之言。明者观之，父母即天地。"①不明天地之道的人孝顺父母，有时会陷父母于不义。最典型的例子是民国初期的袁家大公子，掇弄其父袁世凯称帝，致使其父被世人唾弃。由此可见，虽然是做同样的事情，但是明白人与糊涂人之间的差别还是显而易见的。众人因为"不知"，所以没有自信，做事只能误打误撞，或激于内欲，或诱于外物，难免会做出违逆人性的事来。圣贤因为"知"，所以自信自足，始终能保持心境的安宁与祥和。圣贤即便有了过错，也只是改过而已，决不会文过饰非。同样身处陋巷，面对"一箪食，一瓢饮"的生活现实，不知"道"者不堪其忧，而知"道"者如颜回却能不改其乐。② 因此，慈湖先生说："其觉与未觉，自见于动容出处。"③从人的应酬万变之中，可以看出他是"觉"还是不"觉"，可以分辨他是圣贤还是众人。

综上所述，依据杨慈湖的描述，我们可以接近他心中的圣贤。圣贤的意识深度是神性思维，是对理性思维的超越并包容；圣贤的意识广度是范围天地，是对天地有形之物的超越并包容；圣贤的言行举止是庸言庸行，是对百姓的平常日用的超越并包容。此三点密不可分，相互涵摄，共同支撑着圣贤的人格。圣贤有神性思维的意识深度，自然就有范围天地的意识广度；有此深度和广度，圣贤才有可能做到即凡即圣，在平常日用中实现自我超越。

1.3 杨简圣贤意识的意义

通过阅读慈湖文本，我们可以进入慈湖内心，去接近他心中的圣贤。很明显，杨慈湖对圣贤的理解有独到之处，也有存在之价值。

1.3.1 增加意识深度的意义

杨慈湖从"觉"之角度，也就是从思维深度来论圣贤，自有其所本。《尚

---

① 《家记六》，见《慈湖遗书》卷12，第824页。
② 《论语·雍也》："子曰：'贤哉回也！一箪食，一瓢饮，在陋巷，人不堪其忧，回也不改其乐。贤哉回也！'"
③ 《家记二》，见《慈湖遗书》卷8，第733页。

书·洪范》提到"思曰睿"和"睿作圣"①。"思"指理性思维,"睿"指敏锐的直觉。正是由于"思"之蓄积,然后才有可能产生"睿",有"睿"然后才能"作圣"。《尚书》如此表述,为后人思考圣人的思维深度提供了启示。

孟子说:"心之官则思。"(《孟子·尽心上》)又说:"夫仁,亦在乎熟之而已矣。"(《孟子·告子上》)孟子提出"仁熟",就是心官之思熟练地达到无思之境地。在孟子话中,含有"觉"对"思"的超越并包容,只是没有点破而已。到了宋代,周濂溪关注到这个问题,他说:"《洪范》曰:'思曰睿,睿作圣。'无思,本也;思通,用也。几动于彼,诚动于此,无思而无不通为圣人。不思则不能通微,不睿则不能无不通。是则无不通生于通微,通微生于思。故思者圣功之本,而吉凶之几也。《易》曰:'君子见几而作,不俟终日。'又曰:'知几,其神乎!'"②在这里,"无不通"就是神性思维,"思"就是理性思维。"无不通生于通微,通微生于思",这是约略地说出神性思维对理性思维的超越并包容。程伊川对此问题也有自己的看法,他说:"能致知,则思一日愈明一日,久而后有觉也。学而无觉,则何益矣? 又奚学为?"③他还说:"以无思无虑而得者,乃所以深思而得之也。以无思无虑为不思而自以为得者,未之有也。"④程伊川一方面说明"思"而后"觉",另一方面又指出"觉"是一种深度思维。程门弟子谢上蔡曾说:"穷理之至,自然不勉而中,不思而得,从容中道。"⑤这是在描述有思有为之后方能无思无为。慈湖心学虽然与周濂溪、程伊川的理论不尽相同,但杨慈湖对他们的说法有所借鉴,大概是可以确认的。

其实,神性思维并不神秘,它就潜伏在我们每一个人的生命之中。我们在不经意之间,也可以与神性思维不期而遇。有时我们看着夕阳下的村庄,会一下子忘了自己,而沉浸在一种静谧的感觉之中。有时我们听着美妙的音乐,而忘记了周围的一切,仿佛自己就是流淌的音乐本身。乒乓球运动员打球,有时会达到忘我境界,什么也不用想,一切都是凭着本能在做动作。画家创作艺术作品,有时会达到一种疯癫状态,几乎忘记周围的一切,一气呵成完成自己的作品。武侠小说里所描写的一些练武之人,境界

---

① 《尚书·洪范》:"五事:一曰貌,二曰言,三曰视,四曰听,五曰思。貌曰恭,言曰从,视曰明,听曰聪,思曰睿。恭作肃,从作义,明作哲,聪作谋,睿作圣。"
② (宋)周敦颐:《周敦颐集》,岳麓书社 2002 年版,第 27—28 页。
③ (宋)程颢、程颐:《二程遗书》卷 25,上海古籍出版社 2000 年版,第 381 页。
④ (宋)程颢、程颐:《二程遗书》卷 25,上海古籍出版社 2000 年版,第 381 页。
⑤ 《宋元学案·上蔡学案》,见(清)黄宗羲:《黄宗羲全集》第 4 册,第 169 页。

最高者就是人剑合一。从这些体验中,我们都可以看到神性思维的影子。由此可以看出,神性思维有时灵光乍现,我们很难对它加以控制。但是更多迹象表明,依靠理智的探索和艰苦的磨炼,人更容易进入到神性思维之中。我们需要对神性思维表示相当的尊重,它确实是比理性思维更高级的思维。下围棋最能说明这一点。棋手分为两种。一种人精于计算,他们运用理性思维,按照围棋规则可以算到许多的变化。另一种人算路不长,但总能下出出人意料的变化,甚至连他们自己也说不清是怎样想到这些变化的,他们运用的便是神性思维。真正的围棋高手就是后一种人。我们生活中的许多创造发明都来自于奇思妙想,许多重大而英明的决策都源自灵光乍现。

杨慈湖强调圣贤的神性思维,实际上就是将自己的心学与禅学划清了界限。古代有不少学者判定慈湖心学为禅。如明之湛若水说:"杨慈湖岂是圣贤之学?乃真禅也。盖学陆象山而又失之者也。"①《四库全书总目提要》也说杨慈湖"其讲学纯入于禅"②。现代学者为证明慈湖心学与禅有密切关系,最喜欢举出的证据便是杨慈湖说过的一段话:

> 孔子曰"心之精神是谓圣",即达磨谓从上诸佛,惟以心传心,即心是佛,除此之外更无别佛。③

一种学说一旦被判与禅有关,似乎就不值一谈。但是我们要知道,杨慈湖只是在外表上与禅学有一些相似——即在风格上相似。这主要体现在他强调神性思维的"无思无为"。杨慈湖所讲的"无思无为",是作用义上的"无思无为",不是存有义上的"无思无为"。也就是说,神性思维让人察觉不到思和为,而实质上是有思有为。作用义之无思无为既可通于道家之玄智,也可通于佛家之般若与禅。按照杨慈湖的观点,圣贤能让本心真实而具体地呈现,而没有一毫作意与执著,这确实与禅的风格相似。杨慈湖在此不过以达磨之言为例,来比拟这种风格而已。这种风格并非禅家的专利,儒家学者实地用功,也可获此风格。这种风格即是陆象山所谓的"脱洒",他说:"若只管从脱洒等处思之,终不能得其正。"④我们不能因为杨慈

---

① 《明儒学案·甘泉学案一》,见(清)黄宗羲:《黄宗羲全集》第8册,第179页。

② 《四库全书总目》卷166,中华书局1997年版,下册,第2137页。

③ 《炳讲师求训》,见《慈湖遗书》卷18,第898页。

④ (宋)陆九渊:《与曾宅之》,见《陆九渊集》卷1,中华书局1980年版,第7页。

湖具有与禅相同的风格,便直将其判入于禅,而应看其是否违背儒家教义。孔、孟所传下来的儒家,追求的是实事实理。而佛家流派不管如何变化,最终总脱不了一个"空"字。如前所言,杨慈湖所提倡的神性思维,是一种高级思维,它超越并包容了理性思维。圣贤们运用神性思维,是为了获得对"道"(或者说"天理")的洞察彻知。因此,在我看来,慈湖心学与禅是天地悬隔。① 明潘汝桢在《慈湖先生遗书序》中说:"(慈湖)虽言不尽意,而意岂外言哉? 吾明王文成公良知一派,固毋起意鼓吹也,称慈湖见解已晤无声无臭之妙。嗟嗟,读是书者,能潜澈边见,默默证心,其禅耶,非禅耶,亦当有会于声臭外。"

有学者认为:"杨简的思想可以说是一种彻底的自然道德论。"②这种观点大概是受到陈北溪评价的影响。陈北溪说杨慈湖是"求形体之运动知觉者,以为妙诀"③。"自然道德论"或者"求形体之运动知觉",说白一点就是"跟着感觉走",这与杨慈湖所提倡的"常觉常明"有着霄壤之别。"常觉常明"是神性思维,是人的一种深度意识。人在物我两忘的情境当中,生命与宇宙大精神冥契为一,此时的一切都交由人的生命做主。而感觉则是人的一种浅层意识,"跟着感觉走"实际上是对深度意识的放弃。杨慈湖说:"直情而行,戎狄之道也。"④这种放弃意识深度的做法,实际上就是放弃了做人的愿望,想退回到婴儿状态。

刚出生的婴儿无知无识,似乎也是与天地万物融为一体。于是历史上就有一些浪漫主义者,将这种原始的融合状态当做人类应当致力追求的目标。例如老子就很欣赏人生的这个时期,他说:"我魄未兆,若婴儿未孩。"(《老子》第二十章)他还说:"百姓皆注其耳目,圣人皆孩之。"(《老子》第四十九章)他还说:"含德之厚,比于赤子。"(《老子》第五十五章)婴儿的意识深度很浅,几乎接近于物质⑤,他的意识广度不可能真正与万物融合为一,而只是想占万物为己有。而圣贤的思维是神性思维,是对感性思维和理性

---

① 这段文字,由读牟宗三先生对陆象山是否为禅的讨论而来。(牟宗三:《从陆象山到刘蕺山》,吉林出版集团有限责任公司 2010 年版,第 10—11 页)

② 滕复等:《浙江文化史》,浙江人民出版社 1992 年版,第 217 页。

③ 《宋元学案·慈湖学案》,见黄宗羲:《黄宗羲全集》第 5 册,第 967 页。

④ 《家记三》,见《慈湖遗书》卷 9,第 741 页。

⑤ 皮亚杰说:"可以说,在这里自我是物质的。"(转引自[美]肯·威尔伯:《万物简史》,中国人民大学出版社 2006 年版,第 140 页)

思维的超越并包容。杨慈湖有意将圣贤的无思无为与昏者的无知无识区而别之。他说:

> 然则昏者亦不思而遂己,可乎? 曰:正恐不能遂己。诚遂己,则不学之良能,不虑之良知,我所自有也;仁、义、礼、智,我所自有也;万善自备也;百非自绝也;意、必、固、我,无自而生也。虽尧、舜、禹、汤、文、武、周公、孔子,何异于是? 虽然思,亦何害于事? 箕子曰"思"曰"睿",孔子曰"学而不思则罔",周公仰而思之,夜以继日。思亦何害于吾事也? 庸言之信,庸行之谨,不可以精粗论也;警戒无虞,罔失法度,正易道之妙也。①

"昏者"指未觉大道之人,其中当然也包括那些少不更事的婴儿。"遂己"就是实现自我,也就是充分发挥自我的生命潜力,也就是真正实现了自我。马斯洛说:"自我实现也许可大致被描述为充分利用和开发天资、能力、潜能,等等。……这使我们想到尼采的告诫:'成为你自己!'"②在慈湖先生看来,人生命中自有"良知"、"良能",自有仁、义、礼、智,万善自备。能够真正"遂己"的人,就是让自身的这些都能得以自由呈露。圣贤的无思无为,是来描摹生命自由呈露的状态,并不是排斥思为。也就是说,圣贤之无思无为,是在作用义上说的,不是在存有义上说的。圣贤是当思则思,当为则为,一切顺应生命的本然状态,这与婴儿那种无知无识不可同日而语。

杨慈湖重视增加意识深度,与宇宙进化的方向相一致。宇宙总是处于进化之中,宇宙进化大体是朝着一定的方向行进。就整体而言,地球上最初只有物质,后来有了生物,再后来便有了人类。生物世界实现了对物质世界的超越并包容,人类依靠精神世界实现了对物质世界和生物世界的超越并包容。宇宙进化还将继续。既然进化已经进入到精神世界,那么就应该在精神世界里实现再度超越并包容。这就是增加意识深度。正如古人所说:"夫所贵乎圣人之学,以能全天之所以与我者尔。"③

就个体而言,人的生命也是朝着不断增加意识深度的方向而行进。一个人的成长,恰恰是用极短的时间,上演着宇宙进化的所有过程。刚出生

---

① 《家记一》,见《慈湖遗书》卷 7,第 691 页。

② [美]马斯洛:《动机与人格》,见《20 世纪西方伦理学经典》卷 2,中国人民大学出版社 2004 年版,第 444 页。

③ 宋人吴草庐语,见王阳明:《王阳明全集》上册,上海古籍出版社 1992 年版,第 141 页。

的婴儿只是一团肉体,他们的心智几乎等于零,他们甚至不能将自己与周围环境区而别之。正如皮亚杰说:"在这里自我是物质的。"①到后来,婴儿开始分别内外、你我,慢慢建立情绪的自我,此时他只知道吃,将外界的一切都当做他的食物,充分表现出他的生物性。再后来,小孩开始建立心理自我,也有了精神世界。个人的成长是一个不断超越并包容的过程。一人之身也含有多个层次,由细胞分子等组成的肉体是物质层次,由消化系统、神经系统、呼吸系统等组成的生物层次,还有众所周知的精神层次。杨慈湖不离开人之肉体而谈人之精神。他说:"今谓之'己'谓之'己'者,亦非离乎六尺而复有妙己也。"②杨慈湖所谓"己者",是"己易"之"己",是指能体万物的"大我"。有学者认为杨慈湖理想中的人,"最后则完全过渡到心理人,彻底忘怀人的生理性存在"③。这个说法似有不妥。杨慈湖心中的圣贤是一个超越并包容的人,是一个注重精神生命但也不抛弃肉体生命的人。至于人的精神,则又分层级,有感性思维、理性思维和神性思维。譬如孔子"四十而不惑",是处在理性思维之域;"五十而知天命"以后,便进入神性思维之域。因此,个人的成长必将是去增加意识深度,除非个人拒绝成长。

对人而言,增加意识深度是人天生具有的责任。宇宙进化创生天地万物,天地万物是宇宙大精神的显现。杨慈湖说:"全即分也,分即全也。"④"全"是指宇宙大生命,是指宇宙大精神。"分"是指天地万物。既然宇宙大精神是朝着增加意识深度而展开,那么万物也应具有意识。康德曾说:"物质看起来似乎完全是被动的,也谈不上什么形式和组织,但是即便最简单的物质,也有一种动力推动它通过自然的进化,按照更完美的结构来塑造自己。"黑格尔也说:"上帝不是麻木不仁的僵尸,就连石头也会呐喊,要提升到大精神的层次。"⑤从某种意义上可以说,万物均有意识。用中国古人的话来表述,连草木瓦石也有"良知"⑥,"盈天地皆心"⑦。只是草木瓦石的意识太浅,被羁绊住了,不能显现出来。一些动物的意识,可以显现一点。

---

① 转引自[美]肯·威尔伯:《万物简史》,中国人民大学出版社 2006 年版,第 140 页。

② 《家记一》,见《慈湖遗书》卷 7,第 690 页。

③ 郑晓江、李承贵:《杨简》,台湾东大图书公司 1996 年版,第 128 页。

④ 《家记一》,见《慈湖遗书》卷 7,第 687 页。

⑤ [美]肯·威尔伯:《性、生态、灵性》,中国人民大学出版社 2009 年版,第 30 页。

⑥ (明)王阳明:《传习录》,见《王阳明全集》(上),上海古籍出版社 1992 年版,第 107 页。

⑦ (清)黄宗羲:《明儒学案序》,见黄宗羲:《黄宗羲全集》,浙江古籍出版社 2005 年版,第 7 册。

只有人的意识(即人心)是宇宙进化的最高成果,它超越并包容了大宇宙以前的所有进化成果,是宇宙大精神的集中体现。古人说:"人者,天地之心。"(《礼记·礼运》)"天地之心"即是宇宙大精神。杨慈湖说:"在天为乾,在地为坤,在日月为明,在四时为变通,在万物为生,在某为心。"①由此可知,人心即是宇宙大精神本身,宇宙进化需要依靠人的精神超越来体现。杨慈湖说:"自生民以来,未有能识吾之全者。"②人之精神超越没有止境,宇宙进化也没有止境,故而没有人能知宇宙进化之"全"。人既然获得"天地之厚",那就要承担起宇宙进化之责任。如果不在精神领域里耕耘,便有愧于天地之馈赠。《周易》说:"夫大人者,与天地合其德,与日月合其明,与四时合其序,与鬼神合其吉凶。先天而天弗违,后天而奉天时。"(《周易·乾·文言》)这表明"大人"(即圣贤)应与宇宙大精神同在,与天地之道合一。

从另一个角度来说,发展神性思维,实现对理性思维的超越并包容,还因为理性思维有其自身的缺陷。虽然理性思维相对于感性思维而言,是一种高级的思维,但是理性思维本身也有其不可克服的缺陷。杨慈湖说:"有断有续者,思虑也。"③他还说:"有所思焉,思有时而止。"④人的思虑之所以会有断有止,是因为人的思虑只不过是抓住生命之流的碎片来驻足观看。而生命本身是流淌不息,从未间断的,人之思虑明显跟不上生命流淌的脚步。当我们面对某一局面正在思考对策时,局面本身已经发生了变化(这一点在现代社会表现尤为明显)。人之理性思维就是这样,疲于奔命地去追赶着生命,去不停地截取生命之流的横截面。理性思维本身的缺陷,也逼迫着人们去超越它。

杨慈湖曾将"思"与"心"做对比:"可强可弱者血气也,无强无弱者心也。有断有续者思虑也,无断无续者心也。能明此心,则思虑有断续而吾心无断续,血气有强弱而吾心无强弱,有思无思而吾心无二。不能明此心,则以思虑为心,虽欲无断续,不可得矣;以血气为己,虽欲无强弱,不可得矣。虽欲造次于是,颠沛于是,无须臾不于是,勉强从事,不须臾而疲矣!

---

① 《先圣祝文》,见《慈湖遗书》卷4,第641页。
② 《家记一》,见《慈湖遗书》卷7,第687页。
③ 《家记一》,见《慈湖遗书》卷7,第693页。
④ 《乐平县学记》,见《慈湖遗书》卷2,第617页。

况于造次乎？况于颠沛乎？"①这里的"心"是指"本心"。由"本心"去做主，实际上是运用神性思维。"心"无强弱，无断无续，如大化之流行，无往而不通。"血气"则可强可弱，"思"则有断有续，这些都不可长久。

1.3.2 拓宽意识广度的意义

杨慈湖用"常觉常明"来标识圣贤的意识深度，又用"范围天地"来标识圣贤的意识广度。杨慈湖称赞古圣贤能够"范围天地"，实际上就是鼓励人们要拓宽胸襟（或者说拓宽人的生命境界）。通过修身以拓宽胸襟，这是儒家学者致身努力的方向。孔子主张践仁以知天，孟子提出尽心知性知天。孔、孟言语中均含有以道德践履来拓宽自我境界之意。到了宋代，周濂溪、张横渠、程明道等诸儒均极力证明人心与天命流行的不可分离。至于陆象山，更直接道出："宇宙内事乃己分内事，己分内事乃宇宙内事。"②到了杨慈湖，他重视发展意识深度，以此来拓宽意识广度。

在儒家学者，拓宽人的生命境界有两种路向：一是横摄的拓宽，一是纵贯的拓宽。以朱子为代表的学者，重视读书以明理，主张"今日格一物，明日格一物，一旦豁然贯通，众物之表里精粗无不到，吾心之全体大用无不明"，这是一种横摄的拓宽，试图通过拓宽意识广度来达到增加意识深度。今日明一理，明日理一事，这些都只是量的增加，并没有层次的提升，故称之为"横摄"。朱子这种横摄的拓宽，其问题在于：根本不立，却要去弄明白一事一理，所得之事理究竟正确与否无法确知；再说天下具体的事理不可穷尽，又如何能够汇归于一？更重要的是横向的数量的积累，不必然地出现纵向的层次的提升。但是，采用这种横摄的拓宽，其支离与辛苦却是一定的。而杨慈湖采取的是纵贯的拓宽。他重视"觉"，认为一"觉"便与天地同体。也就是说，他强调人的意识深度的发展，人的意识深度更进了一步，其意识广度当下即能拓宽，故称之为"纵贯"。这种纵贯的拓宽，是由内而发之于外，是从心里流出来的，从而显得简易。

对此两种路向，宋人已有明晰的感觉。谢上蔡博闻强识，并以此得意，去见程明道。程对他说："贤却记得许多，可谓玩物丧志。"③博闻强识是横向的拓宽，程明道竟直斥之"玩物丧志"。陆象山也看到了这种路向的不

---

① 《家记一》，见《慈湖遗书》卷7，第693页。
② 《象山先生行状》，见《慈湖遗书》卷4，第648页。
③ 《宋元学案·上蔡学案》，见（清）黄宗羲：《黄宗羲全集》第4册，第176页。

同,如他说:"盖颜、曾从里面出来,他人外面入去。"①后来朱子自己也感到两者路向的不同,他说:"陆子静兄弟,其门人有相访者,气象皆好。此间学者,即与渠相反。初谓只如此讲道渐涵,自能入德,不谓末流之弊,只成说话,至人伦日用最切近处,都不得毫末力气。不可不深惩而痛警之也。"②陆象山自认为是走颜、曾之路。他说:"某平日与兄说话,从天而下,从肝腑中流出来,是自家的物事,何尝硬把提?"③

为了更好地理解横摄与纵贯之不同,我们还可以来看看陆象山的一段资料。他说:

> 夫子问子贡曰:"汝与回也孰愈?"子贡曰:"赐也,何敢望回。回也闻一以知十,赐也闻一以知二。"此又是白著了夫子气力,故夫子复语之曰:"弗与也。"时有姓吴者在坐,遽曰:"为是尚嫌少在。"先生因语坐间有志者曰:"此说与天下士人语,未必能通晓,而吴君通敏如此。虽诸君有志,然于此不能及也。"吴逊谢,谓偶然。④

在陆象山看来,子贡走的是横摄路线,他在比较自己与颜回时,只是着眼于数量的多少,他看不到颜回走的是纵贯路线。孔子向子贡发问,当然是看到子贡身上问题之所在,有意要点拨子贡,让他自我觉知。如果孔子是问二人知识的多少和学力的强弱,那明眼人都能明白,孔子又何必郑重其事地发问?但是子贡终究不明白此点。因此,陆象山说"又白著了夫子气力"。吴君说"为是尚嫌少在",也说明吴君看到了这一点,故陆象山大大表扬了他。我以为,杨慈湖正是因为承接了陆象山的此点,所以能够发扬光大象山心学。从本质上说,子贡与颜回之不同,也就是朱、陆之别。关于此点分别,陆象山是明白的,但他说"与天下士人语,未必能通晓"。确实如此,清人章学诚说朱、陆之争:"宋儒有朱、陆,千古不可合之同异,亦千古不可无之同异也。"⑤从而被牟宗三先生斥为"此真'强不知以为知,故作聪明惊人之语'之谰言也"⑥。

---

① (宋)陆九渊:《语录下》,见《陆九渊集》卷35,中华书局1980年版,第443页。

② (宋)朱熹:《与林择之书》,见(宋)陆九渊:《陆九渊集》卷36,《年谱》,中华书局1980年版,第492页。

③ 《宋元学案·槐堂诸儒学案》,见(清)黄宗羲:《黄宗羲全集》第6册,第49页。

④ (宋)陆九渊:《语录上》,见《陆九渊集》卷34,中华书局1980年版,第396页。

⑤ (清)章学诚:《文史通义校注》卷3,中华书局1985年版,第262页。

⑥ 牟宗三:《从陆象山到刘蕺山》,吉林出版集团有限责任公司2010年版,第12页。

　　总之，杨慈湖认为，圣贤能够"常觉常明"，自然而然地就能"范围天地"。因此，杨慈湖代圣贤立言，说："天地我之天地，变化我之变化。"①又说："天者吾性中之象，地者吾性中之形，故曰在天成象，在地成形，皆我之所为也。"②诸如此类的话语，在慈湖文本中俯拾即是。张岱年先生据此，断定杨慈湖是"宇宙的唯我论"③。崔大华先生说杨简"用主观的'我'吞没一切，自然和社会和一切都是我心的产物"④。还有不少学者认为杨简是以"心"来作为宇宙的本体，天地万物都是由"心"产生。如此议论慈湖心学，与杨慈湖真实之生命皆不相应。我以为陈来先生对此的说法比较妥当，他说："杨简这种把个体的心视为与宇宙同其广大无际的大我（或大己或大心）说，更多的是表达了一种体验与境界，表示一个站在很高精神境界上的人对宇宙、自我的一种看法，一种见解，而不是一种理性的本体思维。"⑤一个人所站的高度决定着他所看的范围，"孔子是登东山而小鲁，登泰山而小天下"（《孟子·尽心下》）。张横渠说："见识长得一格，看得又别。"⑥人所达到的层次不同，其看事物自有不同。孟子说"万物皆备于我"，张横渠说"民胞物与"，陆象山说"宇宙即吾心，吾心即宇宙"，古代圣贤都不是勉强说大话的人。现代心理学的研究似乎也可为此提供参照。马斯洛说："已经自我实现的人对现实看得更清楚：我们的研究对象（指自我实现的人）看见的是人性的本来面目而不是他们希望中的人性。"⑦

　　拓宽人的意识广度当然也有外部的功效。一对刚结婚的青年男女，只有具备以家庭为中心的意识，这个家庭才会和睦与长久。一个社会中的成员只有形成以社会为中心的意识，这个社会才会平安与和谐。历史上有一个时期，人总是以人类自我为中心，为所欲为地摧残大自然，结果造成严重的环境污染和生态破坏。一些环保人士大声疾呼，指出环境污染和生态破坏给人类生存所带来的恶果。这只是在利害得失上计较，并没有从根本上来拓宽人们的意识。试想，如果对人类有利，那就可以随意地屠杀其他生

---

　　①　《家记一》，见《慈湖遗书》卷7，第687页。

　　②　《家记一》，见《慈湖遗书》卷7，第688页。

　　③　张岱年：《中国哲学大纲》，中国社会科学出版社1982年版，第67页。

　　④　崔大华：《南宋陆学》，中国社会科学出版社1984年版，第140页。

　　⑤　陈来：《宋明理学》，华东师范大学出版社2004年版，第168页。

　　⑥　（宋）陆九渊：《与曹立之》，见《陆九渊集》卷3，中华书局1980年版，第42页。

　　⑦　［美］马斯洛：《动机与人格》，见万俊人：《20世纪西方伦理学经典》卷2，中国人民大学出版社2004年版，第449页。

物吗？古代圣贤所具有的以天地为中心的意识,对于今天的环保宣传有启示。如果大家都能具有以天地为中心的意识广度,那就不会滥砍树木,也不会随意屠杀动物,因为树木和动物就如同我们的肢体一样,也是我们生命中的一部分。① 正如美国学者肯·威尔伯所言:"破坏生物圈并不是意味着最终才会从外部危及和损害我们。生物圈就在我们的内部,它们是我们存在的组成部分,我们的复合个体,破坏生物圈就是内在的自毁,而不只是引起外部麻烦。"②

1.3.3　即凡即圣的意义

杨慈湖向人们描述的圣贤言行都是庸言庸行,让人在平凡的生活中去实现自我。杨慈湖的这种即凡即圣的观念有如下的意义:

其一,提振人们成圣成贤的信心。圣贤之心即是众人之心,圣贤之道即是众人之道,圣贤所能做之事也是众人所能做之事。人人都具有圣贤之本心,都可以走上圣贤之道,都可以做圣贤之事。只要有信心,人人都可以成为尧舜。杨慈湖告诫说:

> 徐行后长,服尧之服,行尧之行,即尧已,岂复有深隐不可测识之妙哉?③

"徐行后长",谁人不会?"服尧之服,行尧之行",这有何难? 每个人都应该对自我树立信心,在自我提升(也就是实现自我)的道路上不断前进。有人认为圣贤高不可攀,非一般人所可企及,从而为自我懈怠寻找一种托辞。例如孔子的学生冉求,就曾对孔子说:"非不说子之道也,力不足也。"(《论语·雍也》)杨慈湖对此发表议论说:"夫斯道忠信而已矣! 何思何为,何阻何凝,而曰力不足乎? 足与不足,皆人心自作此见。"④冉求自以为能力不够,给自己画了一道不可逾越的鸿沟,从而使自己的人生裹足不前,这是在逃避自己应该担负的做个大人的责任,是一种自暴自弃⑤的举动。

其二,强调不脱离平常日用。前文说过圣贤区别于众人即在于"知",

---

① 二程说:"若夫至仁,则天地为一身,而天地之间,品物万形为四肢百体。夫人岂有视四肢百体而不爱者哉?"(程颢、程颐:《二程遗书》卷4,上海古籍出版社2000年版,第126页)
② [美]肯·威尔伯:《万物简史》,中国人民大学出版社2006年版,第26页。
③ 《家记二》,见《慈湖遗书》卷8,第719页。
④ 《家记四》,见《慈湖遗书》卷10,第792页。
⑤ 《孟子·离娄上》:"言非礼义,谓之自暴也;吾身不能居仁由义,谓之自弃也。"

即在于圣贤的意识深度和意识广度。但是追求意识的深度和广度,不是一味去求深求远。有些学者提倡通过静坐的方式,来体认天地之大道。杨慈湖认为,"求道多求诸寂静,多差",因为"静者不动乎意而已,非止于兀坐"①。慈湖所说的"静",是指人在平常日用应酬中,一切让人之本心做主。"静"不是端坐不动,心如死灰。端坐不动,息心静虑,易于陷入空寂。杨慈湖指出:"世之学者多溺于空寂,以自讼为非道。"②这种自陷空寂之人,都是一些"不知道者",他们不知道平常日用无非大道之妙用③。由此可知,有学者说慈湖先生"不读书,不穷理,专做打坐工夫,求形体之运动知觉者以为妙诀"④,这是不能令人信服的。

其三,指出一条即凡即圣的人生道路。杨慈湖说:"天下之至深常存乎于浅,天下之至难常存乎至易。"⑤天地之大道,即在于人心,即在于平常日用。脱离平常日用,去求深求远,反而是自寻烦恼,南辕北辙。圣贤即在平常日用中,使自己的本心得到呈露,从而完成自我的成圣成贤之路。杨慈湖特别指出当时学者易犯的两种毛病,他说:

> 学者之蔽二:智与故而已。……故者事故,智者智虑。《易大传》曰:"无思也,无为也。"为即故,思即智。学者之蔽,非思则为,非智则故。言其不出于此,即出于彼,其蔽同,其受病之源同。⑥

孔子自谓"下学而上达"(《论语·宪问》)。在杨慈湖看来,圣人的"下学"与"上达"浑然一体。不是说先"下学"而后"上达",也不是说"上达"比"下学"更重要。但是,世人最容易犯的毛病就是将此二者割裂开来。"故者"只是在那儿闷头做事,只管去做"下学"的功夫,而对于天地之大道却浑然未知;"智者"只是在那儿沉思玄想,只管去做"上达"的功夫,即便是对天地大道有所觉知,也是所得甚浅。在杨慈湖看来,天下学者的毛病大约是逃不脱此两端。此两端的毛病在于有思有为,与天地大道的无思无为相违背。杨慈湖曾举孔子为例,说:"《乡党》一篇皆夫子之变化,如四时之错行,如日月

---

① 《炅然记》,见《慈湖遗书》卷2,第630页。
② 《家记一》,见《慈湖遗书》卷7,第701页。
③ 杨慈湖说:"盖不知道者率求道于寂灭,不知日用交错无非妙用,觉则于日用应酬交错间,自无毫发非礼处。"(《家记七》,见《慈湖遗书》卷13,第827页)
④ (宋)陈淳:《答陈师复》,见《北溪集》第4门,卷14。
⑤ 《家记五》,见《慈湖遗书》卷11,第806页。
⑥ 《家记八》,见《慈湖遗书》卷14,第834页。

之代明。人惟睹其变色、屏气、勃如、躩如,礼节纷然而不知。不可度思,矧可射思?"①孔子将"下学"与"上达"水乳交融。"不可度思,矧可射思",正是说明这种浑然状态。

杨慈湖心中的圣贤,与《论语》、《孟子》里所描绘的圣贤是一脉相承的。《论语》向我们呈现了孔子及其门人的圣贤形象的方方面面:一是外在的功德。他们能够"博施于民而能济众"(《论语·雍也》),能够仁者"爱人"(《论语·颜渊》)。二是内在的修养。他们能够"不忧"、"不惧"、"不惑"(《论语·宪问》),能够"下学而上达"(《论语·宪问》)。三是平时的言行。他们能够守礼,能够做到温、良、恭、俭、让,行为举止符合中庸。杨慈湖所描绘的圣贤也是在这些方面,只是他更突出神性思维这一考量维度。由于圣贤具有神性思维这样的意识深度,相应地就有范围天地的意识广度,他们将自己的生命潜力发挥出来,做任何事都会恰到好处,既可以惠及天下百姓,又可为天下百姓做出表率。在此顺便提及一点,杨慈湖对圣贤的如此认知,也显示出他自己的意识深度和意识广度。

---

① 《家记五》,见《慈湖遗书》卷11,第809页。

第二章 本心:成圣成贤的基础

　　由上一章可知,杨慈湖立志要成为圣贤,也致力于劝人成为圣贤。接下来,就应该问他:人成圣成贤的基础是什么? 明人罗近溪说得好:"欲求希圣希天,不寻思自己有甚么东西可与他打得对同,不差毫发,却如何希得他?"①人只有弄清自己有什么东西可以与那圣贤对接,然后才会坚定信心去成为圣贤。那么,人凭什么可以成为圣贤呢? 杨慈湖的回答是"本心"。这里存有几个疑问:何为"本心"? "本心"有何特性? "本心"如何呈现? 面对这些疑问,我们须回到慈湖文本之中,去实现与先生的对话,然后方可求得确解。

　　据慈湖之描述,可知"本心"分内外两面。"本心"对外有感有应,感应将"本心"与天地万物相连通。"本心"内有生命之流,它具有物质性、生物性和意识性。"本心"外在的有感有应,其实都由内在的生命之流从中做主。"本心"本无可说,杨慈湖也很少直接言及,大多时候他是谈"本心"的特性。"本心"特性不外有三,即范围天地、知是知非、妙用不测。论"本心"特性,也不过是在作用上起意见,杨慈湖更多是随事指点,开示"本心"在平常日用、自然景物、儒家经典中的各种呈现。

---

① 《明儒学案·泰州学案三》,见黄宗羲:《黄宗羲全集》第 8 册,第 6 页。

2.1 本心之内外

毫无疑问，在慈湖心学中，"本心"是一极重要之概念。"本心"乃人本有之心。杨慈湖有时称之为"人心"，有时称之为"道心"，有时又称之为"本心"。为了避免称谓上的混乱，本文一律称为"本心"。之所以做如此选择，理由有二：第一，杨慈湖曾说："舜曰'道心'，明心即道，动乎意则为人心。"① 他还说："起意为人心。"② 据此可知，在杨简的一些话语中，"人心"入了"意"，已不是"本心"。第二，杨慈湖还说过："唐虞而上，道之名未著。惟曰'时'。尧曰：'畴咨若时。'时，是也，以不可得而名，姑曰如是。"③ 如此郑重地强调"古者未有道之名"④，无非是要凸显他所说之"本心"是浑融而"实无名"，用"时"来指代尚可，用"道"来限制则有些勉强，何况"后世于心之外复求道"⑤ 呢。当然，若善于理会实事实理（如慈湖先生），称"本心"亦可，称"人心"亦可，称"道心"亦可，无可无不可，只是称谓不同而已，其实同指一个对象。

杨慈湖所谓"本心"，毫无疑问不是一种物质性的存在。它既不是指人之心脏，也不是指人之大脑。杨慈湖说："人心非气血，非形体。"⑥ 有不少学者将慈湖的"本心"称为"本体"，这原是不错的。但是一说到"本体"，便易于让人想起柏拉图的"理念"，以为是人大脑思维的产物。马斯洛经过调查研究曾得出结论："他们（指那些自我实现的人）更多地生活在自然的真实世界中而非生活在一堆人造的概念、抽象物、期望、信仰和陈规当中。"⑦ 杨慈湖应算得上是自我实现的人，他也应生活于自然真实的世界，而不应在一堆人造概念之中。余英时先生曾指出哲学史研究者对于宋代道学的"两

---

① 《著庭记》，见《慈湖遗书》卷2，第626页。

② 《家记七》，见《慈湖遗书》卷13，第831页。

③ 《咏春堂记》，见《慈湖遗书》卷2，第613页。

④ 《咏春堂记》，见《慈湖遗书》卷2，第631页。

⑤ 《时斋记》，见《慈湖遗书》卷2，第627页。

⑥ 《二陆先生祠记》，见《慈湖遗书》卷2，第620页。

⑦ ［美］马斯洛：《动机与人格》，见《20世纪西方伦理学经典》卷2，中国人民大学出版社2004年版，第448页。

度抽离":"先把道学从儒学中抽离出来,再把'道体'从道学中抽离出来。"①
将慈湖之"本心"说成"本体",也有"两度抽离"的嫌疑。其实慈湖所说的
"本心",从未离人而存在。"本心"就是人的平常日用之心,人人都可以当
下认取。在慈湖先生看来,"乍见孺子将入井,其怵惕恻隐之心即吾之本心
也";"徐行后长者之心,即吾所自有之良心"②。那么,到底何为"本心"呢?
杨慈湖说:

> 人心诚实无他,本体清明,本用神明,刚健中正,纯粹精一,乾元在
> 斯,坤元在斯,有感有应,无不通矣。③

这段话实际上指出"本心"内外两面。"本体清明,本用神明,刚健中正,纯
粹精一",这是描述"本心"之特性(有关"本心"特性,将详论于下一节)。
"乾元在斯,坤元在斯",指出"本心"内在的东西,它是生命之流。"有感有
应,无不通",提示"本心"的外在表现。以下将说明我的理由。

2.1.1 有感有应

人作为一个生命体,对于来自各方面的信息,自然会有所"感"。"感"
的意义非同寻常。《易经》共分为两卷,上卷以"乾"为首,下卷以"咸"开头。
众所周知,"乾"象征着宇宙大生命,整部《易经》实质上都是在演绎着宇宙
大生命的发生与发展,整部《周易》就是"乾"之展开。杨慈湖说:"六十四卦
之义尽备于乾之一卦矣!"④与此同时,"咸"卦也非常重要,它以动人心魄的
新婚男女相互抚摸为象,揭示了万物之间的相互感应之理。其《象》辞曰:

> 咸,感也。柔上而刚下,二气感应以相与。止而说,男下女,是以
> "亨利贞,取女吉"也。天地感而万物化生,圣人感人心而天下和平。
> 观其所感,而天地万物之情可见矣。(《周易·咸·象》)

从这段话里可以看出古人对于生命之"感"的认知。第一,"咸,感也",而且
是无"心"之感。表明"感"是自然而然发生的,不用思索,也不用作为。
第二,"感"是"二气相应以相与",是生命之间的相互交融。因此,在"感"之

---

① 余英时:《朱熹的历史世界:宋代士大夫政治文化的研究》(上),三联书店 2004 年版,第
118 页。
② 《家记八》,见《慈湖遗书》卷 14,第 835 页。
③ 《乐平县重修社坛记》,见《慈湖遗书》卷 2,第 631 页。
④ 《家记一》,见《慈湖遗书》卷 7,第 688 页。

时,人的自我意识无形之中被消解,从而与对象物融为一体。"咸"字本身实含有这层意思。第三,"观其所感,而天地万物之情可见"。"感"是人们认识事物的基础。可以这样说,如果人没有某方面的感觉,就不可能形成某方面的认识。譬如说,视觉方面正常的人当听到"红色"这个词语时,马上就能对它心领神会。但是对于目盲或者色盲的人来说,无论你如何解释"红色",他都无法理解这个概念,因为他的生命之中压根儿就没有关于"红色"的感觉。"感"的观念最初可能源于古人的巫术意识。但是,"当这种神人相感的巫术意识逐渐淡化之后,'感'演化成了人与物、人与人乃至物与物之间的普遍联系,或曰宇宙万有相互关联、相互影响的普遍形式。"①总之,"感"是切身著明的,是与人之生命息息相关的。任何人只要反躬自身,就可以体认到"感"有如此三种特性。

认识到"感"的这些特性,可以方便我们去理解慈湖心学的一些理论要点。慈湖先生反复提倡人在平常日用中要无思无为,他反对起意,反对做作,很明显与"感"的第一特性有关。他说:"日月星辰即是我,四时寒暑即是我,山川人物即是我,风雨霜露即是我,鸢飞鱼跃无非我。"②这里已然是将天地万物视作我之一身,明显与"感"的第二特性有关。他还说:"天地人物尽在吾性量之中,而天地人物变化皆吾性之变化。"③人只要反躬默识,就可以知天下之物,就可以识天下之道,这明显与"感"的第三特性有关。

人之"本心"有"感",还有"应"。"应"即是对"感"所作出的反应。"感"与"应"相即相生,一气呵成。事物给予人之所"感",或喜欢,或厌恶。人在喜欢的同时就会去追求,在厌恶的同时就会去规避。一个人看到孺子将入于井,自然生起恻隐之心,于是施以援手以避免惨案的发生。一个人看到房间里很零乱,自然生起厌恶之心,于是就会动手去整理房间。慈湖先生得知江淮之间人们易子而食的现象,心中感到痛心,于是乘着面见皇帝的时机,向最高统治者直言进谏④。人的生命之"感"与"应",相即不离。因此,有时慈湖先生说到"感",其实也就包含着"应"。

---

① 成复旺:《走向自然生命:中国文化精神的再生》,中国人民大学出版社 2004 年版,第204 页。

② 《炳讲师求训》,见《慈湖遗书》卷 18,第 898 页。

③ 《周易解序》,见《慈湖遗书》卷 1,第 607 页。

④ (宋)钱时:《宝谟阁学士正奉大夫慈湖先生行状》,见《慈湖遗书》附录,第 932 页。

程伊川说:"天地之间,只有一个感与应而已,更有甚事?"①诚哉,斯言!天地万物依靠感应而敛入人心,人心有感有应,然后才可以"无不通",才可以通于万物之情。杨慈湖说:"有所感兴,而曲折万变可也。"②由此可见,有感有应在"本心"中是至关重要的。但是有感有应毕竟是"本心"的外在表现,人人可以当下认取。至于"本心"有感有应是如何发生的,则需要深究到"本心"的内部。

2.1.2 生命之流

杨慈湖说:"乾元在斯,坤元在斯。"③在中国传统文化中,"乾元"和"坤元"意指宇宙大生命。《周易》说:"大哉乾元,万物资始。"(《周易·乾·象》)又说:"至哉坤元,万物资生。"(《周易·坤·象》)天地间的万事万物都是由宇宙大生命而来,但并不是在万事万物之外,另有一个宇宙大生命存在,宇宙大生命就在天地万物中显现。孔子说"人者,天地之心"(《礼记·礼运》),意指人是天地进化的最高成果,人最能显现宇宙大精神。杨慈湖说"乾元在斯,坤元在斯",是指宇宙大生命蕴藏在人的"本心"之中。生命是一个过程,是一种力的流动。"生命"中的"生"字最能表征生命的这一特性,它具有乾健不息的秉性和无穷无尽的创造力,使生命总是流动不息,总是生生不已,总是创新不止④。宇宙大生命通常又被称为"大化流行"。因此,我们说人之"本心"内在的东西就是生命之流。

"本心"内有的生命之流,寂静渊默而又生生不息,杨慈湖形象地将之比作流动之水。他说:

> 日用云为,自为变化,虽动而非动,正犹流水日夜不息,不值石险,流形不露,如澄湛不动,而实流行。⑤

水默默地流淌着,如果不遇上石头险阻,人看不出水的流动之形。与流动之水相类,人心也有内在的生命之流,也是"澄湛不动,而实流行"。《周易》曰:"无思也,无为也,寂然不动,感而遂通天下之故。"(《周易·系辞上》)有

---

① (宋)程颢、程颐:《二程遗书》卷15,上海古籍出版社2000年版,第198页。
② 《诗解序》,见《慈湖遗书》卷1,第608页。
③ 《乐平县重修社坛记》,见《慈湖遗书》卷2,第631页。
④ 关于"生命"的含义,可参看拙著:《董仲舒学说内在理路探析》,浙江大学出版社2007年版,第6—7页。
⑤ 《家记九》,见《慈湖遗书》卷15,第846页。

事时人心"感而遂通"，"本心"得以显现，就像流水遇到"石险"，露出"流形"一样。无事时人心"寂然不动"，但此时生命之流未尝停息，"澄湛不动，而实流行"。杨慈湖有时也会说到"寂"，他说："仁如桃有仁，杏有仁，梅有仁，寂然无思为而发生。"①但更多时候他是反对说"寂"的，他说："盖不知道者，率求道于寂灭，不知日用交错无非妙用。"②他还说："孔子深知学者求道多求诸寂静，多差。"③他还说："世之学者多溺于空寂，以自讼为非道。"④因此，我觉得以"寂"来称杨慈湖所说的"本心"内在的东西，似乎不妥。当然，若能理解"寂"中有活泼泼的生命之流在，称"寂"也未尝不可。

明人罗近溪曾说："殊不知天地无心，以生物为心。今若独取'心'字，则我有心而汝亦有心，人有心而物亦有心，何啻千殊万异。善言'心'者，不如把个'生'字来替了它。则在天之日月星辰，在地之山川民物，在吾身之视听言动，浑然是此生生之机，则同然是此天心之'复'。"⑤罗近溪强调一个"生"字，也就是强调人心内在的生命之流。因此，我们听从古人之言，还是称"本心"内有生命之流为好。

人之生命具备三个层面，即物质层面、生物层面和意识层面。人的生命首先表现为物质性。人是由多种元素组成，具有物理性质和化学性质，必须遵从物质运动的规律和物质变化的规律。人的生命其次表现为生物性。人也必须如其他动物一样，要有生老病死，要有两性生活，要有新陈代谢。人的生命最重要的是意识性，他会思考，有意义世界，有精神家园。正如前文所言，天地间绵延着一种进化。这个进化总是在不断地超越并包容着，它经历了从物质世界到生物世界再到精神世界的过程。人的生命可以说代表着天地间进化的最高成就，超越并包容了以前的所有进化成果。

因此，我以为"本心"中的生命之流汇集了物质流、生物流和意识流。当人所遇到的事物或是物质性的，或是生物性的，或是精神性的，"本心"内在的生命之流都能够与之相感应。一个物体从高空坠落，人可以预测它坠落的轨迹，因为人也有过向下坠落的感受。主人知晓自己所养之狗是饿还是不饿，因为人自己也有饿的体验。人之所以能做到"他人有心，予忖度

---

① 《家记三》，见《慈湖遗书》卷9，第746页。

② 《家记七》，见《慈湖遗书》卷13，第827页。

③ 《岿然记》，见《慈湖遗书》卷2，第630页。

④ 《家记一》，见《慈湖遗书》卷7，第701页。

⑤ 《明儒学案·泰州学案三》，见（清）黄宗羲：《黄宗羲全集》第8册，第50—51页。

之"(《诗经·小雅·巧言》),是因为人同此心,心同此理。庄子说:"鼓宫宫动,鼓角角动,音律同矣。"(《庄子·徐无鬼》)杨慈湖说:"惟同,故通。"①正因为"本心"中的生命之流具有物质流、生物流和意识流,所以人心才可以类通万物之情。在古人看来,万物同是一"气",故而可以相通。

在平常日用之中,人心难免千变万化。杨慈湖说:"或哀焉,或乐焉,哀乐相生,其变万状。"②在接事处物之时,"本心"与事物合二为一。当事物与"本心"中的生命之流相合拍时,人便有喜乐感;当事物与"本心"中的生命之流相违逆时,人便有哀苦感。与此相应的,有喜乐感者,人们就会尽力去追求;有哀苦感者,人们就会尽力去规避。由此可见,"本心"之"感应",实是听命于内在的生命之流,生命之流始终在其中做主。我们觉得流线比直线美,因为流线更符合人心中的生命之流。看到房间零乱,我们就会迫不及待地整理一番,因为零乱之景象违逆人心中的生命之流。

"本心"内有生命之流,对外有感有应,不用思索,不要作为,顺其自然,就能无所不通,无所不善,一切就是这么简单,一切就是这么容易。然而杨慈湖又说:

> 惟民生厚,因物而迁,感于物而昏也。③

"惟民生厚"是指人受到宇宙大生命的特别厚待。这种厚待就是人钟天地之灵气,代表着天地进化的最高成就。"本心"感物之时,生命之流始终在其中做主,但有时候"本心"中的生命之流反而为外物所牵引,出主入奴,人不能役物,反而为物所役,"本心"遭到遮蔽,这就叫"放心",即是放逐了自我"本心"。反过来说,"不随物迁,则不失其厚"④。杨慈湖所说的"刚健中正,纯粹精一",形容的正是人原有的"本心"。因此,我们一直强调"本心"二字。

内有生命之流,对外有感有应,这就构成了"本心"。但是,人心本不可见,本不可闻,只能随事而显。而"本心"显现在外的,更多是它的特性。因此,接下来将讨论"本心"的特性。

---

① 《曾子序》,见《慈湖遗书》卷1,第609页。
② 《孔子闲居解》,见《慈湖遗书》卷19,第920页。
③ 《申义堂记》,见《慈湖遗书》卷2,第611页。
④ 《家记二》,见《慈湖遗书》卷8,第711页。

2.2　本心之妙用

"本心"内有生命之流,对外有感有应。这是从杨慈湖的言论中推断出来的结论。其实慈湖先生很少直接言及"本心",因为"本心"虚明无体,言语本不可及。他说:"心不必言,亦不可言,不得已而有言。"①"不得已而有言",多是谈论"本心"之妙用。他说:"至道在心,奚必远求。人心自善自正,自无邪,自广大,自神明,自无所不通。"②研读先生之书,把玩先生之言,可知"本心"不测之妙用表现在三个方面:一是范围天地,二是发育万物,三是知是知非。

2.2.1　范围天地

在杨慈湖看来,"本心"之不测妙用首先表现为"范围天地"。他说:

　　《易》曰"范围天地",天地在吾心量中也。③

"范围天地",极言"本心"宽大无边,可以将天地包于其中。在中国文化里,"天地"一词本是用来指向极大之物。孟子说"养而无害,则塞乎天地之间",是说人所涵养的精神世界可以充满天地之间。而杨慈湖则认为,"此犹未足以尽宽之至大"④。《孔子闲居》说人之"志气塞乎天下",杨慈湖认为这只是权宜之计,"其曰充塞,乃因人心狭固,井蛙不可以骤语海,姑为是言也"⑤。慈湖先生曾作一篇《广居赋》,其中所描绘的"广居",实即是"本心"。赋曰:"天生其中,地生其中,日月经其中,星辰罗其中,雷霆风雨霜雪变化其中,人与鸟兽虫鱼万汇尽产其中。"⑥"本心"如此广大,而现实中人多是心胸狭窄,目光短浅。杨慈湖认为那是因为"意虑倏起,天地悬隔"⑦。人一旦起意作念,也就失去了自我"本心",自然只能偏执于一隅,固守于一时。但

---

① 《王子庸请书》,见《慈湖遗书》卷2,第615页。
② 《诗解序》,见《慈湖遗书》卷1,第608页。
③ 《孔子闲居解》,见《慈湖遗书》卷19,第923页。
④ 《家记一》,见《慈湖遗书》卷7,第697页。
⑤ 《孔子闲居解》,见《慈湖遗书》卷19,第920页。
⑥ 《广居赋》,见《慈湖遗书》卷6,第665页。
⑦ 《二陆先生祠记》,见《慈湖遗书》卷2,第620页。

是,并不能因此而否认"本心"可以"范围天地"。

　　杨慈湖极力强调一点,即人心本来就如此广大。孟子说:"善养吾浩然之气,养而无害,则塞乎天地之间。"(《孟子·公孙丑上》)在慈湖先生看来,此言微有瑕疵。孟子此言有这样的一种意味,即人的精神世界本来狭小,经过一番善养以后,从而渐变宏大。杨慈湖指出,这与孟子自己所提倡的性善之旨不能一以贯之。他认为"气之实未尝向小而今大也。……范围天地者此也,发育万物者此也,安得向小而今大也? 孟子据其所亲历而言,惟睹向之梏束,诚觉其小,今之开豁,诚见其大。不知浑然一贯之妙,初无形气之殊。"而且他为此打了一个形象的比方:"譬之鉴有尘翳之,乃失其明。渐去其尘,其明浸广,非本明之有小大,由去尘之有次第也。"①

　　对于杨慈湖所说的人心可以"范围天地",应作两个方面来理解。一方面是就人的注意力而言。他说:

　　　　人心非气血,非形体,广大无际,变化无方。倏焉而视,又倏焉而听,倏焉而言,又倏焉而动,倏焉而至千里之外,倏焉而穷九霄之上,不疾而速,不行而至。非神乎? 不与天地同乎?②

人之注意力可以加诸眼前的视听言动,也可以加诸千里之外和九霄之上。杨慈湖说:"人皆有心志,即志即至,无所复至。"③人心所向谓之志。当人将注意力投诸某物时,人的生命就与该物合二为一,实际上人心就已经将对象物包容于其中。我们平时心中想着某人,就称心中有某人。用人的注意力所涉及的范围来说明心体广大,这是一般人都容易理解的,这是杨慈湖为一般人方便设教。

　　另一方面是就人的意识广度而言。慈湖先生说:

　　　　其心通者,洞见天地人物尽在吾性量之中,而天地人物之变化,皆吾性之变化。④

"其心通者"是指那些圣贤。圣贤的意识达到神性思维的深度,能够做到"常觉常明",能够做到无所不通。在圣贤的意识中,天地万物就如同自己

---

① 《家记八》,见《慈湖遗书》卷 14,第 836 页。
② 《二陆先生祠记》,见《慈湖遗书》卷 2,第 620 页。
③ 《孔子闲居解》,见《慈湖遗书》卷 19,第 920 页。
④ 《周易解序》,见《慈湖遗书》卷 1,第 606 页。

的手足,已经与人之生命融为一体。张横渠的《西铭》"认天地为一家"①,杨慈湖的《己易》则更进一步,"悟天地为一己"②。杨慈湖更多时候是在这个层面来谈论"本心"之广大无边。在他看来,圣贤之心与众人之心相同,本来都是如此广大,包容一切。只是众人为习性所拘蔽,从而限制了自己的心量。杨慈湖说:"性体本大,因蔽而小,复因蔽去而大,其实复我本有之大耳"③。圣贤做到了"复我本有之大",因此圣贤之心广大无边。

　　杨慈湖从多方面来证明"本心"的广大无边。其一,他认为:"是心皆虚明无体。无体则无际畔,天地万物尽在吾虚明无体之中。"④他还说:"人心无体,无体则无际,无际则天地在其中,人物生其中,鬼神行其中,万化万变皆在其中。"⑤因为人心"虚明无体",所以它能够广大无边,可以包容天地万物。他还说:"心无质体,无限量,而天地范围其中,万物发育其中矣。"⑥因为人心不是有形之物,所以也就无限量,可以充分发挥人的主观能动性,可以范围天地,可以发育万物。他说:"天地未离乎形,君子足以范围之也。"⑦由于人之心体是无形的,而天地则是有形的,所以人心可以无形来包有形。

　　但是人心不是一个虚空的存在,它能够随事而显,遇物而见。杨慈湖说:"汝问我即是汝心,我答汝即是我心。汝若无心如何解问我? 我若无心如何解答汝?"⑧我们可以推而广之,当我们孝顺父母时,我们的孝顺之心就显现出来;当我们看书学习时,我们的向上之心就显现出来;当我们教育子女时,我们的慈爱之心就显现出来。无事之时,人心是寂然澄然,似乎一无所有。有事之时,人心感而遂通,人心随事物而显现,世间万事万物也都在人心中呈现。因此,慈湖先生才会说"天地范围其中,万物发育其中"。

　　其二,杨慈湖认为人心能够"感而遂通万物之情"。关于"感"的特性,前文已有论述。人的生命之"感"将人心中的生命之流与事物合二为一,从

① 张载的《正蒙·乾称篇》:"乾称父,坤称母;予兹藐焉,乃混然中处。故天地之塞,吾其体;天地之帅,吾其性。民,吾同胞;物,吾与也。"(见[清]王夫之:《张子正蒙注》,中华书局 1975年版,第 316 页)

② 《记曾熠言》,见《慈湖遗书》卷 19《附录》,第 925 页。

③ 《家记八》,见《慈湖遗书》卷 14,第 833 页。

④ 《永堂记》,见《慈湖遗书》卷 2,第 631 页。

⑤ 《杨氏易传》卷 13,第 136 页。

⑥ 《家记七》,见《慈湖遗书》卷 13,第 832 页。

⑦ 《家记七》,见《慈湖遗书》卷 13,第 831 页。

⑧ 《炳讲师求训》,见《慈湖遗书》卷 18,第 898 页。

而使人做到对事物的掌控。当人目视、耳听、体动、心思之时,人的生命都会有所感。人之所以能够感通万物,是因为人心与天地万物是同构的,都是宇宙进化的产物,而且人心是宇宙进化的最高成就,它包容了宇宙进化的一切成果,天地万物本来就在人心之中。只是由于"感"的作用,天地万物即在人心之中呈现。因此可以说,人之"本心"阔大无边,可以"范围天地"。

其三,杨慈湖根据"混然一贯之道",推导出人心广大无边。他"合三《易》而观之",然而获知"八卦之妙,太易之用,混然一贯之道"①。"太易"指的是宇宙大生命。"八卦之妙"指的是事物的千变万化之奥妙。世间的事物千差万别,千变万化,但有一点是相同的,它们都是宇宙大精神的呈现。这就是"混然一贯之道"。宇宙大精神就是不断进化,这种进化就是不断地超越并包容。人心作为天地间生命进化的最高产物,它超越并包容了以前的所有进化成果,故而天地人物及其变化尽在人之性量之中。

其四,杨慈湖还以自己的体验,来实证人心可以"范围天地"。他说:

> 某方反观,忽觉空洞无内外,无际畔,三才、万物、万化、万事、幽明、有无,通为一体,略无缝罅。畴昔意谓万象森罗,一理贯通而已,有象与理之分,有一与万之异。及反观后所见,元来某心体如此广大,天地有象有形,有际畔,乃在某无际畔之中。②

杨慈湖较为详细地描绘了自己的这一次大"觉",其目的是希望得到同道中人的印证。《慈湖遗书》有很多这方面的记载,如说叶元吉"闻更鼓声而觉,全身流汗"③;还说:"比一二十年以来,觉者滋众,逾百人矣!吾道其亨乎?"④《宋元学案》、《明儒学案》中也有大量的类似记录。这种神秘体验也进入现代心理学科学研究的视线。马斯洛说:"在这些神秘体验中都有视野无垠的感觉,从未有过的更加有力但同时又更孤立无助的感觉,巨大的狂喜、惊奇、敬畏,以及失去时空感的感觉。"⑤杨慈湖的这次大"觉",与马斯洛所谓的"神秘体验"是相符合的。因此,我们可以说,慈湖所言是真实的。

---

① 《周易序解》,见《慈湖遗书》卷1,第606页。

② 《炳讲师求训》,见《慈湖遗书》卷18,第898页。

③ 《叶元吉请志姊张氏墓》,见《慈湖遗书》卷5,第659页。

④ 《和孺记》,见《慈湖遗书》卷2,第628页。

⑤ 〔美〕马斯洛:《动机与人格》,见《20世纪西方伦理学经典》卷2,中国人民大学出版社2004年版,第456页。

也就是说,这种万物一体是杨慈湖"觉"中之实见。有所实见,在杨慈湖看来,"本心"可以范围天地是毋庸置疑的了。这也从另一方面说明了杨慈湖为何如此重视"觉"。

2.2.2　发育万物

"本心"不测之妙用,还表现为"发育万物"。杨慈湖说:

> 此心虚明广大,无际畔,范围天地,发育万物。[①]

"发育万物"意指"本心"具有无限之创造力。人心的创造力可以从意识层面说,也可以从本体层面说。从意识层面说,人心的创造性主要表现在两方面:一方面,事物进入人的意识当中,都是经过了人心创造性的加工的。人心目中的事物,绝对没有什么纯客观的事物,而是一个主客观相互作用的产物。杨慈湖说《诗经》中的作品均是"本心"的显现,他所说的这个《诗经》也只是他心目中的《诗经》。另一方面,人心还可以虚构出一些天地间本来就不存在的事物,所谓异想天开即是指此。可以说,人世间的许多发明创造都是人心发挥作用的结果,人类社会的一切创新活动,可以说都是"本心"发育万物。

人心"发育万物"还有一种延续性。人心对于世间事物,并不是一种静止的机械的成像过程,而是对事物进行一种动态的把握。这一方面是由于事物都是发展变化的,世上就没有不变的事物;另一方面是由于人心是活泼泼的,总是流动不息的。因此,杨慈湖所说的"发育万物",其实讲的是人心能够洞察事物的变化趋向,能顺应事物的发展趋势,促进事物合乎自然地发展。如此看来,人类的创新活动也很简单,就是将事物顺势向前推进而已。

从本体层面说,"本心"之自然呈现就是一种创造。杨慈湖说:

> 易者,己也,非有他也。以《易》为书,不以易为己,不可也。以易为天地之变化,不以易为己之变化,不可也。[②]

这里的"易",即《周易》"生生之谓易"的"易",意指宇宙进化,表征的是宇宙大精神。这里的"己",是一个大大的"我",是指那些没有私心杂念之人,也

---

① 《时斋记》,见《慈湖遗书》卷 2,第 627 页。
② 《家记一》,见《慈湖遗书》卷 7,第 687 页。

是指那些本心自然呈露的人。"易者,己也",是说人即宇宙进化,人心最能代表宇宙大精神。换言之,宇宙大精神是通过人来体现,人"本心"之呈露即宇宙进化,即创造发明。

2.2.3　知是知非

在杨慈湖看来,"本心"不测妙用还可以表现为知是知非。也就是说,"本心"天生就具有判断一切是非的能力。杨慈湖说:

> 人心至灵至神,虚明无体,如日如镜,万物毕照。故日用平常,不假思为,靡不中节,是谓大道。①

人心之所以"至灵至神",是因为它内有生命之流,外能有感有应。通过感应的作用,人心能够呈现天地万物之象,所以说"如日如镜";又因为人心有内在的生命之流从中做主,所以能够对万物作出善恶判断,使得"万物毕照"。凡是顺应生命之流的,就是善的;凡是违逆生命之流的,就是恶的。人如能在平常日用之中,不计较,不做作,直心而为,自然能够"靡不中节"。能如此,人便是走在康庄大道上。对于人心的知是知非之特性,杨慈湖曾以镜子作喻:"此心之明,无所不照,昭明如鉴,不假致察,美恶自明,洪纤自辨。……鉴未常有美恶,而亦未常无美恶;鉴未常有洪纤,而亦未常无洪纤。吾心未常有是非利害,而亦未常无是非利害。"②他有此观念,与他的家庭熏染大有关系。杨庭显说:"智我所自有,不患无知。此心不动,日用常情,物至自明,事至自应,如明镜止水,毫发无差。"③

《大学》中有一句经典的话,也可以帮助我们来理解杨慈湖所谓的人心知是知非。《大学》曰:

> 如恶恶臭,如好好色,此之谓自谦。

前一个"恶"与"好"字是动词,是讨厌与喜欢的意思。"恶臭"是指不好的事物,"好色"是指美好的事物。人心天生具有这样的本能:对于丑恶事物讨厌,对于美好事物喜欢。丑恶的事物之所以令人讨厌,是因为它与人之"本心"内在的生命之流相违逆,通常会危害人的生命本身;美好的事物之所以

---

① 《学者请书》,见《慈湖遗书》卷3,第634页。
② 《王子庸请书》,见《慈湖遗书》卷2,第616页。
③ 《纪家训》,见《慈湖遗书》卷17,第895页。

令人喜欢，是因为它与人之"本心"内在的生命之流相合拍，通常会有益于人的生命本身。康德曾说过："在很好地适应生活目的的生物的生理构成中，没有一个用于某一目的的器官不正是最适合、最适应那一目的的器官。"①这都是生物进化的结果。孔子说"人者天地之心"，即说人是天地进化的最高成果。人心不仅具有趋吉避害的本能，而且对这个本能还能够自我觉知。杨慈湖说："万化万物虽自神自灵而不自知，惟圣人自神自灵而又自知。自知则明，明则通，通则无所不通。"②圣人是人类的代表，能够觉知"本心"所喜欢的即是美好事物，"本心"所讨厌的即是丑恶事物。杨慈湖说："鉴未尝有美恶，而亦未尝无美恶；鉴未尝有洪纤，而亦未尝无洪纤；吾心未尝有是非利害，而亦未尝无是非利害。人心之妙，曲折万变，如四时之错行，如日月之代明，何可胜穷？何可形容？"③这就是说，"本心"知是知非，不是有意而为之，但确实可以做到知是知非。也就是说，"本心"有知是知非的本能。这是不虑而知的，是不学而能的，孟子称之曰"良能"，称之曰"良知"（《孟子·尽心上》）。到了王阳明，他表达说："人但得好善如好好色，恶恶如恶恶臭，便是圣人。"④

由"本心"的知是知非，自然可以顺势推出"心即道"。杨慈湖说：

> 道心大同，人自区别。人心自善，人心自灵，人心自明，人心即神，人心即道。⑤

> 孔子又曰："心之精神是谓圣。"某知人人本心，皆与尧、舜、禹、汤、文、武、周公、孔子同，得圣贤之言为证，以告学子，谓吾心即道。⑥

杨慈湖之所谓"道也者，所以明其无所不通之称"，"不通，无以谓之道"⑦。杨慈湖突出"道"最大特点在于"通"。而人心也是无所不通。杨慈湖说："此心之神，无所不通。"正是在此基础上，杨慈湖说"心即道"。他说："虽日

---

① ［德］康德：《道德形而上学的基本原则》，见《康德文集》，改革出版社 1997 年版，第 60 页。
② 《家记九》，见《慈湖遗书》卷 15，第 850 页。
③ 《王子庸请书》，见《慈湖遗书》卷 2，第 616 页。
④ （明）王阳明：《王阳明全集》上册，上海古籍出版社 1992 年版，第 97 页。
⑤ 《二陆先生祠记》，见《慈湖遗书》卷 2，第 620 页。
⑥ 《学者请书》，见《慈湖遗书》卷 3，第 633 页。
⑦ 《曾子序》，见《慈湖遗书》卷 1，第 609 页。

用平常实直之心,无非大道。"①杨慈湖说"心即道",是强调事理浑融,突出人心那活泼泼的本性。

依据"心即道"的观点,杨慈湖认为《中庸》所说的"及其至也,圣人有所不能",这句话有问题。程伊川对此的解释是:"天下之理,圣人岂有不尽者?盖于事有所不遍知,不遍能。至纤息委曲处,如农圃百工之事,孔子亦岂能知哉?"杨慈湖对于程伊川所提倡的"笃行"说是很赞同的,但是对如此解释却表示反对。他说:"何言之浅若此!众人皆能知之。子思之分精粗,裂本末,知者独得议之,正叔不必论矣。"②他认为,子思所作的《中庸》这句话有毛病,程正叔的解释也不对。万事万物本末一贯,精粗一贯。岂有圣人只知其本(所谓的"天下之理")而不知末(所谓的"纤息委曲处")哉?圣人复得"本心"。"本心"自神自明,无所不知。孟子的"万物皆备于我"(《孟子·尽心上》),其实也包含有这层意思。

2.2.4　妙用不测

总之,杨慈湖所说的人心之不测妙用,主要表现在三个方面,即范围天地、发育万物和知是知非。人心在发挥此三项妙用时,表现出不测的特点:一是不费思为,二是不可言说。杨慈湖说:

> 此心至妙,奚庸加损?③

"本心"可以范围天地,可以发育万物,可以知是知非。在平常日用之中,人不需要刻意去思索,也不需要刻意去作为,只要顺应"本心"而行,自然就能够做到"靡不中节",一切就是这么简单,一切就是这么容易。此中之妙,只有实到其境者方能有会于心。本人忝为教师,请以教学为譬。学生有疑问,老师去解答,学生真心地问,老师真心地答,师生问答之间就有一种不可言说的自然之妙。陆九渊学生詹阜民记载:"某方侍坐,先生遽起,某亦起。先生曰:'还用安排否?'"④这不用安排,便是"本心"。如果刻意去思索,刻意去作为,这就是在"本心"之上又有所"加"。陆九渊曾告诫说:"勿

---

① 《乡记序》,见《慈湖遗书》卷1,第610页。

② 《家记七》,见《慈湖遗书》卷13,第831页。

③ 《炳讲师求训》,见《慈湖遗书》卷18,第898页。

④ (宋)陆九渊:《语录下》,见《陆九渊集》卷35,中华书局1980年版,第470页。

无事生事。"①无事生事即是有所"加"。这样做的结果,反而使"本心"中的生命之流遭遇险滩暗礁,人自身辛苦劳累且不说,其结果也总是不尽如人意。这是因为"有所思焉,思有时而止,有所为焉,为有时而已"②,而生命之流本身是从来不间断的。反过来,有人却放逐"本心"而不知求,浑浑噩噩如禽兽一般。这是在"本心"上做减法,是有所"损",是走向另一个极端。

在杨慈湖看来,"圣狂不过一念之间。禹曰:'安汝止。'深明微不安不止,则动而逐物,物蔽之而昏,遂至于知进而不知退,知存而不知亡,知得而不知丧。故古之圣人恐惧兢业,常以克艰相规,不敢怠荒也"③。古人提倡"克艰",强调"兢兢业业",其实就是要求不放逸"本心"。杨慈湖说:"克艰云者,不放逸之谓也。不放逸则不昏,不昏则本善本明本神之心,无所不通,无所不治,无所不化。此道至易至简。"④

"本心"的妙用不测,还在于不可言说。杨慈湖说:

> 此无意无说之妙,虚明纯白。⑤

"本心"之妙用即在于"虚明纯白"。人心"虚明纯白",不杂一点儿尘滓,它自能范围天地,自能发育万物,自能知是知非。如此妙用,不可以思索求得之,更不可以言语加以描述。即便是像杨慈湖这样的觉悟者也是不得而自知。他说:

> 吾两目散日月之光,四体动天地之和,步步欲风生云起,句句若龙吟凤鸣。其间周还中规,折还中矩,珠玑咳唾,兰蕙清芬。此岂人力所能为哉? 天机妙运,道体变通,我犹不得而自知,人又安得而诘我?⑥

"天机"和"道体"同指宇宙大生命,同指宇宙大精神。前文我们曾经说过,人心是宇宙进化的最高成果。人在平常日用之中,感应万物,直心而为,自然而然,不带一点儿勉强。这是宇宙大生命的力量显现,用慈湖先生的话来说,这是"天机妙运,道体变通"。这已经不是人力所能为,就连杨慈湖本人也是"不得而自知",当然更无法用言语来准确地描述。不光杨慈湖"不

---

① (宋)陆九渊:《语录下》,见《陆九渊集》卷35,中华书局1980年版,第454页。
② 《乐平县学记》,见《慈湖遗书》卷2,第617页。
③ 《杨氏易传》卷1,第21页。
④ 《家记二》,见《慈湖遗书》卷8,第715页。
⑤ 《咏春堂记》,见《慈湖遗书》卷2,第613页。
⑥ 《恪请书》,见《慈湖遗书》卷18,第898页。

得而自知",便是孔子也说"吾有知乎哉？无知也"(《论语·子罕》)。周文王所说的"不知不识,顺帝之则"(《诗经·大雅·皇矣》),也是这种自然无为之妙。

虽然其中之妙"不得而自知",但是如能知道其为"不得而自知",这便是一种人生智慧。杨慈湖曾举例说:"画画皆妙,点点皆妙。小学家日用其妙而不自知。毛谊夫克承先志,研精修润,余二十年,比年相亲近,忽自知是知匪思,是知匪知。"①众所周知,从事于书法、绘画等艺术工作,其创作的最高境界是无思无为,忘掉一切,任意泼墨,尽情挥洒。杨慈湖所结识的毛谊夫,浸淫于绘画 20 多年,终于有一天,忽然明白了艺术创作中的"匪思匪知"之妙。毛谊夫艺术上挥洒自如,与杨慈湖之"不起意",有着异曲同工之妙。

总之,"本心"的三种妙用:范围天地,发育万物,知是知非,无不植根于"本心"的内在生命之流与对外的有感有应。也就是说,如能立足于人之生命本身,也就很容易理解杨慈湖对"本心"特性的种种描述。我们这样分而论之,是为了言说上的方便。其实"本心"之妙又何尝能够如此分析？"本心"本不可言,本不可思,杨慈湖更多时候是就事指点,使"本心"全然浑然地呈露出来。

2.3　本心的显现

杨慈湖需要将"本心"明明白白地晓谕他的听众和读者。他深味孔子"深切著明"之旨②,所以更多时候是随事指点,将"本心"指示给我们看。以他的眼光看来,无处不是"本心"之呈露,无时不是"本心"之显现。总括起来,不外乎三个方面:即人的言行、自然景物和儒家典籍。下面就此三个方面,考察人之"本心"如何显现。

2.3.1　"本心"与人之言行

邵康节曾说:"道无形,行之则见之于事矣。"③在杨慈湖看来,人心即

---

① 《赠毛谊夫》,见《慈湖遗书》卷 3,第 639 页。
② 《深明阁记》,见《慈湖遗书》卷 2,第 624 页。
③ 《宋元学案·百源学案上》,见(清)黄宗羲:《黄宗羲全集》第 3 册,第 449 页。

道,"本心"不可见,而见之于人的平常日用。他说:

> 所以事君者,此也;所以从兄者,此也;所以友弟,所以亲夫妇,所以与朋友交者,此也;所以泛应酬酢,出入无时,莫知其向者,此也。人谓之心。①

人生活在世上,总要做事的。在家要侍奉双亲,敬兄爱弟;出门要为国出力,结交朋友。人有许多事需要处理,有许多人需要应酬。所有这一切都需要人秉着"本心"去做。只有秉着"本心"去做,才能将事情做得恰到好处。杨慈湖说:"不动乎意,则日用平庸。以此事亲,事亲纯白;以此事君,事君纯白。利害愈明,是非愈白。"②事亲事君能够做到"纯白",对于善恶是非能够看得清清楚楚,这些都是"本心"的显现。杨慈湖还说:"人孰不爱敬其亲? 有不爱敬其亲者非人也。人孰不知徐行后长? 有不后于长者非人也。此心人所自有也,不学而能也,不虑而知也。"③人的这种爱敬其亲之心,徐行后长之心,天生具有,"不学而能,不虑而知",这就是"本心"。

可以说,"本心"几乎呈现于人的一切言行中。杨慈湖说:

> 君尊臣卑,父慈子孝,兄爱而弟敬,夫妇别,长幼顺,朋友信,无非击磬也。目之视,耳之听,心之思虑,口之言,四体之运动,无非击磬也。④

"击磬"指孔子"击磬"⑤。孔子击磬,承载着孔子之心。孔子之心即是众人之心,即是千万世人之心,也就是人人具有的"本心"。人不仅在处理君臣、父子、兄弟、夫妇、长幼、朋友等社会关系时要用"本心",就是在目视、耳听、心思、口言、四体运动时,用的也是"本心"。"本心"诚实无妄,无思无为。如果失去"本心",人就会视而不见,听而不闻,口是而心非。人的所有举动,都不能离开人之诚实无妄之心。《中庸》说:"诚者物之终始,不诚无物。"

由着"本心"做事,人自然可以不犯错误,由于本心有不测之妙用。但

---

① 《永嘉郡学永堂记》,见《慈湖遗书》卷 2,第 622 页。
② 《循理斋题字》,见《慈湖遗书》卷 2,第 613—614 页。
③ 《申义堂记》,见《慈湖遗书》卷 2,第 611 页。
④ 《磬斋记》,见《慈湖遗书》卷 2,第 621 页。
⑤ 《论语·宪问》:"子击磬于卫,有荷蒉而过孔氏之门者,曰:'有心哉,击磬乎!'既而曰:'鄙哉,硜硜乎,莫己知也,斯己而已矣。深则厉,浅则揭。' 子曰:'果哉! 末之难矣。'"

是现实中的人,难免会犯错误,如能知错即改,这本身也是"本心"的显现。孔子说:"人之过也,各于其党。观过,斯知仁矣!"(《论语·里仁》)杨慈湖解释说,"党"就是"偏",即人有了意欲,人心便偏向一隅,"本心"中的生命之流就会受到阻窒,人就会犯错误。如果能够意识到自己的错误,能够知道犯错的原因,意欲不作,复其"本心"之清明,这就是仁。① 杨慈湖曾经提到他的父亲杨庭显,"某亲见先公自悔自怨,至于泣下,至于自拳,如是者数数"②。他还说到他的二哥,有一个内讼斋,"有大过,则居焉"。对于父兄的这种自讼改过的行为,杨慈湖深情地做出如下的评价:

> 此周公之道成汤之道也,此孟子之道也,此先公之道也。……此天地之道,日月之道,四时之道,万世百圣之道也。③

"万世百圣之道",即"本心",因为心即是道。人只有能够做到不放逸,始终让"本心"常觉常明,才会不犯错误。有时候有些人为习气所蔽,被欲望牵引,难免会头脑发昏,从而犯下过错。但是,人犯下过错之时,"本心"未尝泯灭,常常让人警醒,给人以提示,让人意识到自己的过错,并且督促着人去改正错误。"本心"就在改过之中显现出来。

"本心"人人具有。众人只是习而不察,日用而不知。有些人只有到了特殊时候,其"本心"才会呈现出来。最典型的是遇到亲丧的时候,杨慈湖说:

> 孔子曰:"人未有自致者也,必也亲丧乎?"致之为言至也,人未有自至乎道者,至于丧亲,如天地崩陷,人子不复知有身。此身死亡犹不计,而况于他乎? 百无所思,纯一哀痛。此纯一哀痛即道也。④

现实生活中有这样的一些人,他们整天出入于利益场中,每时每刻都在算计着利害得失,已经习惯于尔虞我诈的生活,根本就不知道"本心"究竟为何物。当遭逢至亲去世之时,他们就仿佛遭受天崩地裂一般,天生的血肉亲情使他们一时不知自己身存何处,一股悲痛哀伤之情油然而生,沛然莫之能御。这种悲哀之情发自于人生命深处,"全体真实,全无计度,全不顾

---

① 《家记四》,见《慈湖遗书》卷10,第784页。
② 《内讼斋记》,见《慈湖遗书》卷2,第611页。
③ 《内讼斋记》,见《慈湖遗书》卷2,第611页。
④ 《王子庸请书》,见《慈湖遗书》卷2,第615页。

利害,全无其他念虑,纯然道心,但人自不觉尔"①。从这里,我们可以看到儒家重视孝道的原因。封建统治者或以孝道来束缚百姓,而儒家以孝"其为仁之本"(《论语·学而》),是人成为圣贤的起点。

2.3.2 "本心"与自然景物

杨慈湖常引用孔子一段话:"天有四时,春秋冬夏,风雨霜露,无非教也;地载神气,神气风霆,风霆流形,庶物露生,无非教也。"②此处之"教"是教人认知"本心",也就是认知宇宙大精神。在杨慈湖眼里,除了发明"本心",人生似乎再无他事。这里的施教者是天地,天地代表着宇宙大精神。天地万物都是宇宙大精神的体现,而人最能代表宇宙大精神。人心之中本来就包容着天地万物。当人看到风雨霜露等自然景物之时,不能不有所感应,"本心"便在这些感应中呈现出来。与此同时,人也在其中受到感化教育。这层意思,在张横渠则表述为:"天道四时行,百物生,无非至教。"③

现代人也喜欢游山玩水,但是许多人只是将自己的身体放在名山大川之上摆几个造型,然后照上几张照片,作为人前炫耀的资本。人之对于山水,因各人境界不同,其所见亦大不相同。古代圣贤并不反对游历山水。有文人笔记记载:"朱文公每经行处,闻有佳山水,虽迂途数十里,必往游焉。携樽酒,一古银杯,大几容半升,时饮一杯。登临竟日,未尝厌倦。……大抵登山临水,足以触发道机,开豁心志,为益不少。"④周辉说:"古人观名山大川,以广其志而成其德,方谓善游。太史公之文,百氏所宗,亦其所历山川有以增发之也。"⑤可见古人之游历山水,是为了"触发道机,开豁心志",是为了"广其志而成其德"。孔子又云:

> 知者乐水,仁者乐山。(《论语·雍也》)

对于孔子这段话,杨慈湖有自己的解释。"知者"是指能够觉知天地之道的人,不知大道不可以称作"知"。"知者"能够觉知大道,但只是"知及之",未能"仁守之",有时被纷繁事物所牵引,会背弃天地之大道。只有"仁者",不

① 《家记五》,见《慈湖遗书》卷11,第819页。

② 《深明阁记》,见《慈湖遗书》卷2,第624页。

③ (宋)张载:《正蒙·天道篇》,见王夫之:《张子正蒙注》,中华书局1975年版,第49页。

④ (宋)罗大经:《鹤林玉露》,丙编卷3。

⑤ (宋)周辉:《知和权》,见《清波杂志》卷8。

仅"知及之",而且"仁守之",能够做到"常觉常明"。"知者"能够觉知大道,明了大道之妙用,并获得大道之乐趣。但是这妙用和乐趣不可以思索而求得,不可以言语来描述。《周易》说"圣人立象以尽意","知者"只得托象于水。"水流行汩汩不息,至虚而无实体,至动而非思虑",但这些解释并没有穷尽水之妙趣。水最大的特性在于动,"知者"深得动中之妙,所以"知者乐水"。但是人在"酬应万物,扰扰胶胶,而未始不寂然"。"知者"明了事物的动中之妙,但不能做到"常觉常明",不能做到寂然不动。只有"仁者"可以体会静中之妙和静中之乐,"仁者"托象于山。山不只是静而已,"草木生焉,水泉发焉,宝藏兴焉"。山"未尝无用而常静",所以"仁者乐山"①。从杨慈湖的这番解释中,我们可以看出,儒家学者喜欢观山观水,其实是将自然景物当做一面修身养性的镜子,来反观自己的人心。

到了杨慈湖这里,不仅是山水,自然界中的万物都被他用来指示"本心"。例如他曾写过一篇《月赋》,其中写道:

> 虚明之妙,弥满六合。拟揽之而无得,姑触之而莫零。入竹则与之为竹,入松则与之为松,到几盈几,透窗可棍,彻酒涵杯,跨弦诣琴。大巧造微至于此,而无所用其力;至洁非染,而如留若凝。却之似止而非止,进之似临而非临。……广寒宫殿近在吾方寸之地,而有目者无睹,有耳者未聆。②

对于月亮,古往今来,"幽人雅士,莫不仰止玩止,乐之咏之,不知其几千万语矣"。但是没有人像杨慈湖这样来写月亮之赋,他这分明是在写"本心"。月亮"虚明之妙,弥满六合","本心"不也是虚明广大吗?月亮"拟揽之而无得,姑触之而莫零","本心"不也是不可为、不可言吗?月亮"入竹则与之为竹,入松则与之为松","本心"不也是随物而曲应吗?最后慈湖先生直接说"广寒宫殿近在吾方寸之地",仿佛那些月亮之光,不是发自广寒宫,而是发自"本心"。

即便是那些平常之景,在慈湖先生看来,也无不显示着"本心"。如他曾写一首诗,名曰《石鱼楼》,其辞曰:

> 多谢天工意已勤,四时换样示吾人。碧桃丹杏分明了,绿艾红榴

---

① 《家记五》,见《慈湖遗书》卷11,第795—797页。
② 《月赋》,见《慈湖遗书》卷6,第667页。

次第陈。秋雁声中休鲁莽,雪梅枝上莫因循。机关踏著元非彼,正是吾家固有身。①

这是一首较好的融理入景的诗。首联总说一句,点明天工勤换四时景。颔联和颈联写四个时节里有代表性的景物,用来说明四时景物的变换。尾联得出自己的感悟,四时景物的变化正是人心中所固有。碧桃丹杏、绿艾红榴、秋雁雪梅,在慈湖先生看来,无一不是昭示着天地之大道。《诗经》说"鸢飞戾天,鱼跃于渊"(《诗经·大雅·旱麓》),是说自然之物无一不是"道"的显现。慈湖先生创作了不少诸如此类的写景诗。他常常借眼前之景,来表达自己的哲理性思考。像这类的哲理写景诗,以宣讲哲理为鹄的,从文学角度来说,算不得上乘之作,但它们确实是杨慈湖自我"本心"的表露。

有些自然之物,在一般人看来,几乎不堪入眼,但是杨慈湖却化腐朽为神奇,从中看出天机之妙。蛙的鼓噪之声,常常令人厌烦,但是他曾作《蛙乐赋》,称其音声之妙,"不可以言道,不可以意传"②。人们对于叮吸人血的蚊子是避之唯恐不及,而杨慈湖却作诗《夜蚊》,其中语道:"夜蚊告教一何奇,妙语都捐是与非。偏向耳旁呈雅奏,直来面上发深机。惜哉顽固终难入,多是声迷听者希。费尽谆谆无领略,更烦明月到窗扉。"③读慈湖之诗文,使我们想起孔子所说的"见贤思齐焉,见不贤而内自省也"(《论语·里仁》)。"贤"可以作为老师,"不贤"也可以作为老师,关键在乎人之一心。只要心相通则道相通,那么天地之间的一切都是"本心"的自然呈现。

有时候我们会赞美那从石缝中曲曲折折生长的小草,会惊叹那傲立风雪中的松柏;有时候我们会为那刚出生的小羊跪乳而称奇,会为那能够自觉反哺的乌鸦而倾倒。其实自然界的动植物只是那样我行我素地生长着,它们身上所有的"坚强"、"孝顺"等一些美丽的词眼,都是人类赋予的。当人之"本心"内在的生命之流,与那些动植物合为一体时,那些自然景物就在人心中呈现出来。而且人还将这些景物当做观照之物,以此来激励自我,提升自我。这大概就是杨慈湖常借自然景物来昭示"本心"的原因吧。

---

① 《石鱼楼》,见《慈湖遗书》卷6,第669页。
② 《蛙乐赋》,见《慈湖遗书》卷6,第667页。
③ 《夜蚊》,见《慈湖遗书》卷6,第675页。

程明道曾说:"周茂叔窗前草不除去,问之,云'与自家意思一般'。"①"自家意思"究是何意,真是说不清、道不明,唯有自家理会。

孔子说:"天有四时,春秋冬夏,风雨霜露,无非教也;地载神气,神气风霆,风霆流形,庶物露生,无非教也。"这是要求人保持自我"本心"不放逸,那么自然万物便无不可以作为人的观照自我之用。袁甫曾问学于杨慈湖。他说:"吾观草木之发生,听禽鸟之和鸣,与我心契,其乐无涯云。"②这句话形象化地描绘了自然万物对人心的教化作用。对于自然万物的这种教化作用,杨慈湖曾说:"此教不可见不可闻,即可见可闻。言即无言,无言即言。此非梏束于形体、沉溺于文义、胶执于意见者所能知也,惟洞觉者自知,未至于洞觉者终疑。"③

2.3.3　"本心"与儒家典籍

在杨慈湖看来,儒家典籍是古代圣贤心血之凝结。众人之心与圣贤之心相同,今人之心与古人之心相同。人人都具有至灵至神至明的"本心",只是百姓日用而不知,而圣贤能够先知先觉"我心之所同然"。圣贤觉知此心妙用不测,知众人具有此心而不自知,于是通过收徒传道或者著书立说,特地揭示人心之妙用,切近诏告于典籍。杨慈湖说:"先圣之大道,广大昭明,无所不包统,无所不贯通,在天为乾,在地为坤,在日月为明,在四时为变通,在万物为生,在某为心。"④

杨慈湖认为,在儒家典籍里,触目所及都是"本心"。"直而达之,则《关雎》求淑女以事君子,本心也;《鹊巢》昏礼天地之大义,本心也;《柏舟》忧郁而不失其正,本心也;鄘《柏舟》之矢言靡它,本心也。由是心而品节焉,《礼》也;其和乐,《乐》也;得失吉凶,《易》也;是非,《春秋》也;达之于政事,《书》也。"⑤如此看来,儒家的经典《诗》、《书》、《礼》、《易》、《春秋》、《乐》,可以一以贯之,都是"本心"的载体。具体到《诗经》中的各篇,也都是"本心"的表露。

人人俱有"本心",可惜众人不自知,不自信,放逐自己的"本心"而不知

---

① 《宋元学案·明道学案上》,见(清)黄宗羲:《黄宗羲全集》第3册,第633页。
② 《宋元学案·契斋学案》,见(清)黄宗羲:《黄宗羲全集》第5册,第1021页。
③ 《家记五》,见《慈湖遗书》卷11,第818页。
④ 《先圣祝文》,见《慈湖遗书》卷4,第641页。
⑤ 《诗解序》,见《慈湖遗书》卷1,第608页。

求,从而心中起意,对本来自明自神之心造成了遮蔽,于是行为乖违,错误百出。有人陷入困境以后,去学古代圣贤所留下的典籍。圣贤典籍还只是教人求其放心。当众人读儒家典籍时,本身自有的"本心"与典籍中的圣贤之"本心"相呼应,于是众人也可以发现自己的本有之心。杨慈湖说:"逮夫动乎意而昏,昏而困,困而学,学都取三百篇中之诗,歌之咏之,其本有之善心,亦未始不兴起也。"①

虽然俗语说开卷有益,但是杨慈湖还是建议学者先读孔子之书。他说:"学者当先读孔子之书,俟心通德纯而后,以观于史。学者道心未明,而读非圣之书,溺心于似是而非之言,终其身汩汩,良可念也。"②孔子之书即是孔子"本心"之呈现,读孔子之书即可识认圣人之"本心",也可识认自我之"本心"。识得自我"本心",便是立大根大本。"本立而道生"(《论语·学而》),根本已立,人生道路就在脚下。有此根本,博览群书,书中所记无不可为我"本心"所用,就不会被那些似是而非的书引入歧途。

在杨慈湖看来,儒家典籍虽然昭示"本心",但是圣贤也只能教人除去"本心"上的遮蔽,却不能直接予人以"本心"。人要想识认自我之"本心",只能依靠自我之觉悟。这是因为:其一,"本心"不可思,不可为,有所思为即不是"本心",故而不可以言语求得。其二,"本心"可以范围天地,发育万物,知是知非,具有不测妙用,相形之下,任何语言都显得苍白无力。其三,儒家经典中的圣贤"本心",只能起到兴感作用,引发读书之人自有的"本心"。

杨慈湖就人的言行、自然景物和儒学典籍之中,向人们指点"本心"。可以说,人只要有心,随时随地都可见"本心"。杨慈湖有一套自己的"本心"理论,但是"本心"本不可思,本不可言。孔子说"吾有知乎哉,无知也"(《论语·子罕》);文王说"不知不识,顺帝之则"(《诗经·大雅·皇矣》)。理论上宣讲得再多,不如事物上指点来得深切著明。"觉者自觉,觉非外取。"③一心上进的人自可以从诸般事物中觉悟到"本心"之存在。

① 《诗解序》,见《慈湖遗书》卷1,第608页。
② 《慈湖遗书》卷19,第918页。
③ 《谒宣圣文》,见《慈湖遗书》卷4,第640页。

2.4　慈湖"本心"说的价值

"本心"之说,肇端于孟子,经周濂溪、程明道之提倡,到陆象山始将"本心"作为立说之本。慈湖心学承接陆象山而来,但其议论"本心"却自有特点。综括起来,有两点值得我们注意,一是他提出"心即道"之观点,二是他以"本心"来解释孟子的性善论。

2.4.1　"心即道"

关于杨慈湖对象山心学的发展,已有不少学者做过研究。刘宗贤先生从天人关系、心道关系、本体与方法的关系等三个方面,来讨论杨慈湖对陆象山的发展。[①] 潘起造先生则是从心与物的关系、天与人的关系、心与性的关系、格物与致知的关系等四个方面,来分析慈湖心学对象山心学的发展。[②] 我以为从象山心学到慈湖心学的变化,即是从"心即理"到"心即道"的变化。

众所周知,陆象山是主张"心即理"的。他说:"仁即此心也,此理也。求则得之,得此理也;先知者,知此理也;先觉者,觉此理也;爱其亲者,此理也;敬其兄者,此理也;见孺子将入井而有怵惕恻隐之心者,此理也;可羞之事则羞之,可恶之事则恶之者,此理也;是知其为是,非知其为非,此理也;宜辞而辞,宜逊而逊者,此理也;敬此理也,义亦此理也;内此理也,外亦此理也。"[③]他还说:"人皆有是心,心皆具是理,心即理也。"[④]慈湖心学虽承象山而来,但翻检《慈湖遗书》,我们发现杨慈湖很少讲"理",几乎不讲"心即理",更多是讲"道",讲"心即道"。例如他说:"人皆有道心,皆有爱人利物之心,如天地之春,乃变化之神用。"[⑤]"至道在心,奚必远求?"[⑥]"舜曰道心,

---

①　刘宗贤:《陆王心学研究》,山东人民出版社1997年版,第153—160页。

②　潘起造:《甬上宋明心学史》,宁波出版社2010年版,第166—173页。

③　(宋)陆九渊:《与曾宅之》,见《陆九渊集》卷1,中华书局1980年版,第5页。

④　(宋)陆九渊:《与李宰》,见《陆九渊集》卷11,中华书局1980年版,第149页。

⑤　《家记八》,见《慈湖遗书》卷14,第837页。

⑥　《诗解序》,见《慈湖遗书》卷1,第608页。

明此心即道也。"①从陆象山到杨慈湖的这一点变化，引起了我们的注意，由此切入，恰恰可以较好地把握心学从陆象山到杨慈湖的发展。

杨慈湖不说"心即理"，似乎是与朱子学派有关。杨慈湖说："近世学者沉溺乎义理之意，说胸中常存一理，不能忘舍，舍是则豁焉，无所凭依，故必置理字于其中，不知圣人胸中，初无如许意度，此曰博文约礼，正谓三百三千之礼，岂不易简？岂不中庸？岂非天下之至理？若必舍礼而言理，乃不知理。"②显而易见，这里的"义理之学"，虽然没有点朱子之名③，但明显是针对朱子学派而发。也许是朱子学派过分突出一个"理"字，故杨慈湖有意避开说"心即理"，而更多说"心即道"。这只是一个推测，只能算是一个表面的理由。陆象山也是同样面对朱子，他为何没有避开说"理"呢？

中国人通常都是"道理"连称，这说明"道"与"理"自有相通之处。但是仔细追究起来，"道"与"理"是有区别的。其区别有四：

其一，"道"是关联着行走的。庄子说："道行之而成。"（《庄子·齐物论》）韩愈说："由是而之焉之谓道。"④杨慈湖说："自人物万化莫不由之而言谓之道。"⑤他又说："某愿与四邑之士夫军民共由斯道。"⑥"由"者，行走之意。"道"是依行走而产生，也是供行走而显用。因行走主体不同，便有"人道"、"天道"等。"理"与人的思索有关。"理"本指玉内的纹路，后指事物之所以然，是事物存在的依据，是藏在事物背后的东西。人必须透过现象，然后才能认识"理"。人们求"理"不得不假思索之功。因此，"道"是教人如何行动，"理"是告诉人必须如此。

其二，"道"须依赖人的行为而后完成，故人对于"道"是主动的，人可以弘扬"道"。孔子说："人能弘道，非道弘人。"（《论语·卫灵公》）孔子也是在强调人对于"道"的主动性。再高明的玉匠，治玉也只能根据玉石本有的纹理来进行。"理"是先于事物而存在的，所有的事物（包括人在内）都是被"理"所规定，人们只能去发现"理"，循"理"而行，而不能创造"理"，故人

---

① 《申义堂记》，见《慈湖遗书》卷 2，第 611 页。
② 《家记五》，见《慈湖遗书》卷 11，第 798 页。
③ 杨慈湖曾点名批评程明道（《曾子序》，见《慈湖遗书》卷 1，第 609 页）、程伊川（《家记七》，见《慈湖遗书》卷 13，第 831 页），但从来没有点名批评朱子，但他的许多言语明显是针对朱子而发。
④ （唐）韩愈：《原道》，见《韩昌黎全集》卷 11，中国书店 1991 年版，第 172 页。
⑤ 《家记八》，见《慈湖遗书》卷 14，第 833 页。
⑥ 《乡记序》，见《慈湖遗书》卷 1，第 610 页。

对于"理"是被动的。钱穆先生说:"道是待人来创辟来完成的,其主动在于人。而理则先事物而存在,不待于人之创,其主动不在人。"①此言极是。

其三,"道"是直贯的,生成的,有一个不断呈现的动态过程。生命之道是陪伴着整个生命过程的,孝顺之"道"也是伴随着整个孝顺活动的。人在平常日用中,都有一个"道"相始终,只是人有知与不知之分别。而"理"则是平铺的、现成的,是一个本体思辨所织结的静态关系网络。程伊川、朱子最爱讲的"理一分殊",其实就是在描绘一个静态的关系网络。

其四,"道"具有浑融性、贯通性、共一性。"道"的这三个特性是紧密相连的。事物各有其"道",但从根本意义上说,"道"意指宇宙大生命,无穷无方,不可以思索得,也不可以言语求,故"道"是"浑然"、"混然",没有本末精粗之分。"道"具有浑融性,自然也就无所不通。因为通,所以也可以一以贯之。而"理"则具有明晰性,意指天地万物之所以然,有一个本末精粗之分别。

以上是"道"与"理"两个词在词义上的分别,本无所谓好与坏,但是在心学的具体语境之中,其表达效果是有分别的。接下来让我们看看陆象山所确立的心学流派具有怎样的特征。关于象山心学的内容,议论的文字已有很多,故我这里只是谈论他所确立的心学有哪些外在特征。

其一,弘扬人之主体精神。心学之所以叫心学,首在于凸显"心"之地位。陆九渊说:"万物森然于方寸之间,满心而发,充塞宇宙,无非此理。"②他说:"此理本天所以与我,非由外铄。明得此理,即是主宰。"③他还说:"为仁由己,而由人乎哉?奋拔植立,岂不在我?"④如此强调人心的作用,目的还是弘扬人的主体精神。陆象山说"六经皆我注脚",无疑也是他主体精神的外溢。

其二,强调道德践履。陆象山反复申述要"明实理,做实事"⑤,他认为学者的最大忌讳就是"师心自用"⑥。他说:"今天下学者有两途:惟朴实与

---

① 钱穆:《中国思想通俗讲话》,三联书店 2002 年版,第 9 页。
② (宋)陆九渊:《语录上》,见《陆九渊集》卷 34,中华书局 1980 年版,第 423 页。
③ (宋)陆九渊:《与曾宅之》,见《陆九渊集》卷 1,中华书局 1980 年版,第 483 页。
④ (宋)陆九渊:《与李成之》二,见《陆九渊集》卷 10,中华书局 1980 年版,第 129—130 页。
⑤ (宋)陆九渊:《语录上》,见《陆九渊集》卷 34,中华书局 1980 年版,第 396 页。
⑥ 陆九渊说:"学者大病,在于师心自用。"([宋]陆九渊:《与张辅之》,见《陆九渊集》卷 3,中华书局 1980 年版,第 36 页)

议论耳。"①他自然是推崇"朴实"，而反对"闲议论"。他说："不曾行得，说这般闲言长语则甚？"②当时朱子也看到陆门重实践的特点，并表示要在此点上要"去短集长"③。心学既然是要弘扬人的主体精神，那么必然就要以提倡道德践履来加以平衡。否则，主体之"心"也就悬空没有着落。

其三，侧重立体的直贯。心学发端于孟子。孟子强调扩充"本心"，他说："源泉混混，不舍昼夜，盈科而后进，放乎四海，有本者若是。"（《孟子·离娄下》）由此可见，心学讲究明体以达用，是一种立体的直贯。陆九渊自认孟子之学的承继者④，自然也要走这种立体的直贯之路，他多从"血脉"上来说话。他说："当宽裕温柔，自宽裕温柔；当发强刚毅，自发强刚毅。所谓'溥博渊泉，而时出之。'"⑤很明显，陆象山这是在描述由内而外的呈现。牟宗三先生曾郑重地指出象山心学是"本体论的，动态的，立体的直贯"⑥。

其四，强调浑融贯通。陆象山是提倡"混然一片"的，他说："事外无道，道外无事。"⑦这实际上是说"事"与"道"融合无间，不可分离。他还说："夫子以仁发明斯道，其言浑无罅缝。"⑧这是说孔子发明儒道是浑然、廓然，无一点缝隙的。心学主张人以心去主宰万物，心自然要与万物浑融贯通。心学强调"本心"的活泼泼地如如地呈现，自然反对留滞，也反对过分地强调本末精粗。

以上是依据陆象山之言论，而概括出心学之特征。将此心学特征，对照前文对"道"与"理"两词内涵的辨析，我们就可以得出这样的结论，即从心学的立场上来说，"心即道"的表述要比"心即理"的表述优越。心学的规模是陆象山确立的，而他自己却没有选择"心即道"的表述，这说明他在心学草创时期，有些认识还是模糊的。例如他要弘扬人的主体精神，却又说：

① （宋）陆九渊：《年谱》，见《陆九渊集》卷36，中华书局1980年版，第502页。

② （宋）陆九渊：《语录下》，见《陆九渊集》卷35，中华书局1980年版，第437页。

③ 朱熹《答平甫》："大抵子思以来教人之法，尊德性道问学两事，为用力之要。今子静所说尊德性，而某平日所闻，却是道问学上多。所以为彼学者，多持守可观，而看道理全不仔细。而熹自觉于义理上不乱说，却于紧要事上多不得力。今当反身用力，去短集长，庶不堕一边耳。"（[宋]陆九渊：《年谱》，见《陆九渊集》卷36，中华书局1980年版，第494页）

④ 陆九渊："窃不自抢揆，区区之学，自谓孟子之后，至是而始一明也。"（[宋]陆九渊：《与路彦彬》，见《陆九渊集》卷10，中华书局1980年版，第134页）

⑤ （宋）陆九渊：《语录上》，见《陆九渊集》卷34，中华书局1980年版，第396页。

⑥ 牟宗三：《从陆象山到刘蕺山》，吉林出版集团有限责任公司2010年版，第56页。

⑦ （宋）陆九渊：《语录下》，见《陆九渊集》卷35，中华书局1980年版，第458页。

⑧ （宋）陆九渊：《语录上》，见《陆九渊集》卷34，中华书局1980年版，第398页。

"此理充塞宇宙,天地鬼神,且不能违异,况于人乎?"①这句话分明是要以"理"来制约人。我们看象山文本,他是"理"与"道"混着说的。一强调"理"字,自然就有对人的束缚之意,尽管象山内心的本意也许并非如此。这说明陆象山对"理"与"道"的分别没有一个清醒的意识,也难怪王阳明说他有"沿习之累"②。

杨慈湖发展了陆象山心学,就在于他意识到这一点,故而他有意地避说"心即理",而改说"心即道"。陆象山曾说:"我不说一,杨敬仲说一。"③陆象山说"心即理",一讲到"理",自然就要分内外,故他说"内此理也,外亦此理也"④。陆象山不能做到一本,他也不说"一"。杨慈湖说"心即道","道"是浑融的、相通的,故他说"一"。杨慈湖所说的"一",不是宇宙之本原,也不是预设之本体,而是强调"道"(也就是"本心")的浑然相通,一以贯之。从这里我们也可以看出,杨慈湖说"心即道",与他大讲而特讲"觉",与他提倡"不起意",都是相互呼应的。

其实在慈湖眼中,"道"只是一个勉强的称名。他说:"唐虞而上,'道'之名未著。惟曰'时'。尧曰'畴咨若时'。'时',是也,以不可得而名,姑曰如是。"⑤"舜命禹始曰'道心',明此无所不通之心,后世去古浸远,不曰'时'而曰'道',此'道'所以不明于天下也。'道'不可思,不可名。舜曰'若不在时',此'时'即后世所谓'道',而不曰'道'。后世于心之外复求'道',不知此心虚明广大,无际畔,范围天地,发育万物,即'道'也。"⑥如果一个人真能极大发挥自我心力,那么任何言语都会显得苍白无力。正如老子所言:"道可道,非常道。"(《老子》第一章)也许正是看到这一点,到了王阳明,他既不用"理"来定义"心",也不用"道"来定义"心",而直接说"良知",直指"本心"。

总之,从心学的立场来看,慈湖心学比象山心学显得更为纯正一些。但是如果站在理学家的立场上,可能就有另一种说法。中国文化既讲"道",也讲"理"。讲"道"侧重于发挥人的主观能动性,讲"理"侧重于对客

---

① (宋)陆九渊:《与吴子嗣八》,见《陆九渊集》卷 11,中华书局 1980 年版,第 147 页。

② (明)王守仁:《王阳明全集》上册,上海古籍出版社 1992 年版,第 180 页。

③ (宋)陆九渊:《语录下》,见《陆九渊集》卷 35,中华书局 1980 年版,第 459 页。

④ (宋)陆九渊:《与曾宅之》,见《陆九渊集》卷 1,中华书局 1980 年版,第 5 页。

⑤ 《咏春堂记》,见《慈湖遗书》卷 2,第 613 页。

⑥ 《时斋记》,见《慈湖遗书》卷 2,第 627 页。

观规律的尊重。杨慈湖只讲"道"少讲"理",其实也是一偏。陆象山说"心即理",也许就是避其偏执。因此,全祖望说:"象山之门,必以甬上四先生为首,盖本乾、淳诸老一辈也,而坏其教者,实慈湖。"①在中国文化典籍中,"道"与"理"有时是相通的,互诠的。"道"与"理"只不过是两个名词而已,如果达到了一定的境地,那么说"心即理"亦可,说"心即道"亦可,说"良知"亦可。

2.4.2　以"心"释性善

杨慈湖提倡学做圣贤,他自然要讲人性问题。古人对于人性的讨论可谓意见纷纭。有说人性善,有说人性恶,有说人性无善无恶,有说人性可善可恶,有说性三品,有说天理之性纯善无恶、气质之性可善可恶……等等。古人讲人性问题,大约有三种类型:一是从文字训诂上来讲,二是从思想史上来讲,三是从自家工夫上来讲。前两种讲法,与自家生命均无交涉,只是言说而已,对于提升人之生命境界无实际用处。我们所应关注的是那些以自家工夫来讲的人性论。

以自家工夫来讲人性,所讲可谓人人不同。黄百家说:"嗟乎! 性道难言也。孔子明言'求诸己',孟子明言'性善'、'万物皆备',程子明言'性即理也',朱子明言'虚灵不昧,具众理而应万事'。"②之所以人人言殊,按徐复观的说法,"人性"是一个"质地名词"。徐先生解释说:"'质地名词'的特性,在于由同一名词所表征的内容,常相对应于人格的'层级性'而有其'层级性'。"③也就是说,各人工夫不同,其对人性的体悟自有不同。杨慈湖以人心说人性,与其独特人格和修身工夫是相对应的。

杨慈湖说:"人性自善,人性自明,人性自具仁义礼智,自具万善,何必他求? 何必更思? 何必更为?"④讲到"思",讲到"为",都是在人心上着眼。人心本是有"思"有"为"的,人不能"更思"、"更为"。也就是说,人应顺应本心之思为,不应再添加多余的思为。杨慈湖以大禹治水为例,大禹"涤九川,疏万水,八年于外,三过家门而不入"。大禹治水可谓事务繁忙,但孟子却说"行其所无事"。这是因为大禹"虽思而不支,虽为而不离也,是以日应

---

① 《宋元学案·慈湖学案》,见(清)黄宗羲:《黄宗羲全集》第 5 册,第 951 页。

② 《宋元学案·安定学案》,见(清)黄宗羲:《黄宗羲全集》第 3 册,第 69 页。

③ 徐复观:《中国人性论史(先秦篇)·再版序》,三联书店 2001 年版。

④ 《家记八》,见《慈湖遗书》卷 14,第 834 页。

无穷之事，如无一事"。也就是说，大禹治水虽有"思"有"为"，但不"更思""更为"。因此，杨慈湖说："自善性流出，顺达而无阻滞，无支离则无思也。"①由此可见，杨慈湖所理解的人之本性，即是指人心内在的生命之流。

其实孟子也是从心上来论人性善的。孟子说："所以谓人皆有不忍人之心者，今人乍见孺子将入于井，皆有怵惕恻隐之心。"（《孟子·公孙丑上》）当看到孺子将入于井，生命与那孺子合二为一，仿佛自己也身处险境当中。险境中的生命自会有所警觉，于是心中生起紧张与恐惧，便有了恻隐之心。由上可知，"本心"之感应是生命的本能，无所谓善与恶。但这种感应是以顺应生命之流、有利于生命成长作为基础，从这个方面来说，"本心"是有善而无恶的。这就是孟子性善论的本义。但是，孟子和杨慈湖都不是从心理学上来论人性的善恶，而是从自己实到工夫上来体悟的。

在杨慈湖看来，有些人不理解人性本善，是因为他不懂人心本善，是因为有"智"与"故"遮住了他的本心之明。所谓"智"，就是"更思"；所谓"故"，就是"更为"。"更思"就是舍近而求之远，舍平常日用而求之深；"更为"就是有所作为。两者都是落于一偏。天下人不明"本心"，不是因为"故"，就是因为"智"。由"本心"不明，故而不知性。如能知"本心"可以范围天地，可以发育万物，可以知是知非，自然就知道人性本善。

人们难免会问：人心真的天生可以范围天地、发育万物、知是知非吗？刚出生的婴儿几乎毫无所知，随着年龄的增长，人的认识能力不断增强，人的眼界也不断增广。孔子成为圣人也有一个循序渐进的过程，夫子自道："吾十有五而志于学，三十而立，四十而不惑，五十而知天命，六十而耳顺，七十而从心所欲，不逾矩。"（《论语·为政》）由此可见，圣贤所能达到的意识深度和意识广度，应是后天获得的，如何说是本来具有呢？

这里存在一个工夫问题。宋明理学家经常讨论工夫问题。何为工夫？徐复观先生说："以自身为对象，尤其是以自身内在的精神为对象，为了达到某种目的的人性论，则是为了达到潜伏着的生命根源、道德根源的呈现——而加内在的精神以处理、操运的，这才可谓之工夫。"②以我的理解，工夫就是为了使自我潜伏的生命根源、道德根源呈现出来的程度。杨慈湖说"本心"自灵自明，妙用不测，这是他进入圣贤境地后说的话。此时他已

---

① 《家记八》，见《慈湖遗书》卷14，第834页。
② 徐复观：《中国人性论史》（先秦篇），三联书店2001年版，第409页。

经在平常日用之中,切实领略到人心的种种妙用,故而才能说出这般话。陆象山说:"做得工夫实,则所说即实事,不说闲话。"①陆象山是做得工夫实的人,他之所言自然不虚。徐复观先生说:"中国的先哲们,则常把他们所体认到的,当做一种现成事实,用很简单的语句说了出来,并不曾用心去组成一个理论系统。"②如果我们能够按照杨慈湖所指导的方法去下工夫,达到或者接近他那样的境地,自会觉得先生"不吾欺也"。

杨慈湖说"本心"妙用不测,其实是说出了一种真实。只是需要补充说明一下,人心之种种妙用是潜在的,而不是现成具足的,有待于每一个人自己去发明(开启和显明)。正如熊十力先生所言:"所谓天性者恰是由人创出来的。"③刚出生的婴儿确实无知,他们梏束于气血形骸之中,"本心"被完全蒙住,需要后天不断"启蒙",去发明(开启和显明)"本心"。前文我说到"本心"内在的生命之流,融合着物质流、生物流和意识流。物质流、生物流是人天生具有的,而意识流则是有许多社会因素的,这正是人所能创之领地。

杨慈湖大讲人心自神自明,大讲人性本善。这不仅成为他立论的依据或者原理,更重要的是在精神的形成过程中,他得到了一种来自生命深处的内动力——一种与宇宙大精神相合拍的力量源泉。

---

①　(宋)陆九渊:《语录下》,见《陆九渊集》卷35,中华书局1980年版,第457页。

②　徐复观:《中国人性论史(先秦篇)·再版序》,三联书店2001年版。

③　熊十力:《十力语要》,中华书局1996年版,第388页。

第三章　不起意:成为圣贤之方法

　　人有一个终生奋斗的目标——成为圣贤,人天生具有成为圣贤的基础——"本心",接下来应考虑由此基础达到此目标的路径和方法,也就是考虑如何下工夫的问题。孔子说:"行有余力,则以学文。"(《论语·学而》)朱子说:"今读书紧要,是要看圣人教人做工夫处是如何。"①儒家圣贤首要的是道德践行,然后才谈得上理论。宋儒教人成圣成贤的方法很多,有提倡静坐默想的,有提倡读书明理的,有提倡静观动察的……等等,这是古代圣贤们修身之得力处。杨慈湖提出"不起意",在儒学史上很独特,值得研究。

　　研究"不起意",有几个问题需要参详清楚。首先,"意"为何物? 只有弄清"意"是什么,然后才能理解"不起意"。其次,为何要"不起意"? 这实际上是要回答"起意"有哪些危害。再次,如何做到"不起意"? 这是重点所在,道理说得再多,还是要落在怎样去做。最后,如何看待"不起意"? 对于"不起意"这种修身方法的可行性要作出一个判断。

3.1　"意"是违逆生命之流的意识

　　上章讨论"本心",经常提到"意"。在杨慈湖看来,"意"是不好的东西。

---

　　①　(宋)黎靖德:《朱子语类》卷10,中华书局1986年版,第1册,第162页。

"本心"虚明无体,自神自灵,可以范围天地,发育万物,知是知非。只是人心中"起意","本心"便遭遮蔽,人由此而昏,于是出现千差万错。"若不起意,妙不可言。若不起意,则变化云为,如四时之错行,如日月之代明。"①那么,究竟"意"为何物?

讨论"意"离不开"心",因为"意"由"心"生。本节首先讨论"意"与"心"之间的关系,在比较与辨析之中,可以突显"意"之真实内涵。紧接着需要考察"意"有哪些表现,在杨慈湖对"意"的形象化描述中,可以领会"意"究为何物。另外还要探寻"意"产生的根源。只有做到追根求源,然后才好做下手工夫;只有从根子上理解,然后才可以看得更加透彻。

3.1.1　"意"与"心"的关系

在杨慈湖先生的言论中,"意"与"心"似乎冰炭不同炉。如他说:"此心无体虚明,洞照如鉴,万象毕见其中而无所藏。惟动乎意则始昏,作好作恶,物我樊墙,是非短长。"②他还说:"人心本正,起而为意而后昏,不起不昏。"③他还说:"孟子明心,孔子毋意,意毋则此心明矣。"④如此这般的表述,在《慈湖遗书》中几乎是俯拾即是。由此可见,"本心"与"意"似乎两不相容,有"心"便无"意",有"意"便不见"心"。但是,值得注意的是,有时候杨慈湖又指出"心"与"意"相通之处。他说:

> 然而心与意奚辨?是二者未始不一,蔽者自不一。一则为心,二则为意;直则为心,支则为意。通则事事有条理,得己即已,不得己则知微知彰,知柔知刚,一一中节矣。⑤

须知"本心"虚明无体,它不可思,不可言,但可随事而显,无时不在。读书之时,人的进取之心即在看书中显现;问候父母之时,人的孝敬之心即在昏定晨省中呈露。"本心"内有生命之流,对外有感有应。当人遇事接物时,人的生命与事物融合为一。事物的形式如能与生命之流相合拍,人便有喜乐感,人有喜乐感便去追求。当能为父母做点什么的时候,人就有发自内

---

① 《家记四》,见《慈湖遗书》卷10,第793页。
② 《昭融记》,见《慈湖遗书》卷2,第614页。
③ 《诗解序》,见《慈湖遗书》卷2,第608页。
④ 《王子庸请书》,见《慈湖遗书》卷3,第615页。
⑤ 《绝四记》,见《慈湖遗书》卷3,第637—638页。

心的快乐。在这种情况下，一切只管去做即可，这在《周易》叫"乐则行之"（《周易·乾·文言》），这就是杨慈湖所说的"得己即已"。事物的形式如不能与生命之流相合拍，人便有哀苦感，人有哀苦感便去规避。当看见环境被严重污染，周围见不到一点生命迹象，我们内心生起恐惧紧张，这是"不得己"。我们知道这种环境污染是人为因素造成的，就应该尽量避免这种状况的发生，这在《周易》叫"忧则违之"（《周易·乾·文言》），这便是杨慈湖所说的"不得己则知微知彰，知柔知刚，一一中节"。人心的"得己"与"不得己"，可以用山涧的溪水来加以描摹。水流于山涧，不遇阻挡时，便奔泻直下；遇到巨石时，便绕过而行。程明道论人心的这两种情形时，说："乐与忧皆道也，非己之私也。"①人心中的"乐"与"忧"都是生命之道的显现。

由此可知，"本心"表现出来的特性可以概括成两个字，即"直"与"通"。"直"意味着直接，也就是不思索，不做作，不言语，一切都是生命的本然状态。慈湖先生说"直则为心"，就是点明这层意思。他还说："直亦道之异名。人之所以违道者，以其不直也。直心而往，不支不离，无非道者。人心即道。"②"通"是指人心始终处在流淌之中，一切依靠内在的生命之流做主。所谓"通则事事有条理"，人如能"常觉常明"，时刻做到让"本心"做主，生命之"道"即在"本心"自觉处显露，事物之条理也一一呈现出来。这"直"与"通"二字之意，也可以用一个"顺"字统之。杨慈湖说："人心即易之道也。君子虽为人心之所喜，虽已反复于内，苟动而不以顺行，即失人心，即转而为小人矣。"③所谓"顺"，即是顺应人心而行，听从来自生命内部的呼唤。

人心"觉"而后有"知"，"知"而后有"意"。"意"是人心所生起之意念。人心的主体自觉本身也是一种"意"。"意"方起之时，与生命之流本是一致。因此，杨慈湖说"二者未始不一"。他还说："方意念未作时，洞焉寂焉，无尚不立，何者为我？虽意念既作，至于深切时，亦未尝不洞焉寂焉，无尚不立，何者为我？"④意念至于"深切"，是指"意"与"本心"内在的生命之流相契合，故而才有可能"未尝不洞焉寂焉"。这种"深切"之"意"，与《大学》中的"诚其意"之"意"相当，它是第一义上的"意"。

但是，意念毕竟只是生命之流的横截面，只是生命之流的某一时刻的

---

① （宋）程颢、程颐：《二程遗书》卷14，上海古籍出版社2000年版，第188页。
② 《杨氏易传》卷13，第142页。
③ 《杨氏易传》卷9，第96页。
④ 《王子庸请书》，见《慈湖遗书》卷2，第616页。

碎片。人心生起意念以后,意念便与人心内在的生命之流发生了偏离。比方说,人三岁时所摄照片,确实与他此时外貌相一致。但人在不断变化,而照片却没有变化。慢慢地,这照片与人之外貌有了差距。人心中的意念与人心中的生命之流亦是如此。譬如说,张三做了对不起我的事,我很生气。生气本身并没有错,古代圣贤当怒则怒,当喜则喜,孔子也说"以直报怨,以德报德"(《论语·宪问》)。只是转而面对李四的时候,我的这个生气的意念可能还在,从而迁怒于李四。迁怒就不对了,这是心中"起意",对"本心"造成了遮蔽。孔子称赞颜回善学时,就说到"不迁怒"①。孔子还反复强调既往不咎之意②。这些都说明孔子是反对人心中起"意"的。因此,杨慈湖说"蔽者自不一"。"蔽者"是"意"对人心的遮蔽。此时"意"与"本心"不一,是背道而驰的。

与"心"相比较,"意"则表现为"不直"和"不通"。"不直"是指不直接,不是顺应着生命之流,而是又多出来的一些支流,杨慈湖说"支则为意",指的即是此意。谢上蔡也曾说:"心本一,支离而去者乃意耳。"③譬如说,看见孺子将入于井,我们动了恻隐之心,想尽一切办法去阻止惨案发生。这一切就像小河流水一样,是自然而然发生的,直截了当,不带一点儿勉强。如果此时心中想要"内交于孺子之父母","要誉于乡党朋友",或者"恶其声",这些都是"意"。一方面,此三者是慑于外在的权力④,而不是倾听发自"本心"的召唤;另一方面,此三者迂回缠绕,多生枝节,失去"本心"无思无为之妙。

"不通"即是"阻",即是停滞下来,使生命之流受到遏阻。杨慈湖说:"其处家应物为心,阻则为意,直心直用,不识不知,变化云为,岂支岂离?感通无穷,匪思匪为。"⑤譬如说,看到房间里很乱,自然会感到不舒服,由此

---

①　《论语·雍也》:"哀公问:'弟子孰为好学?'孔子对曰:'有颜回者好学,不迁怒,不贰过。不幸短命死矣。今也则亡,未闻好学者也。'"

②　《论语·八佾》:"哀公问社于宰我。宰我对曰:'夏后氏以松,殷人以柏,周人以栗。'曰:'使民战栗。'子闻之曰:'成事不说,遂事不谏,既往不咎。'"《论语·述而》:"互乡难与言,童子见,门人惑。子曰:'与其进也,不与其退也,唯何甚? 人洁己以进,与其洁也,不保其往也。'"

③　《宋元学案·上蔡学案》,见(清)黄宗羲:《黄宗羲全集》第4册,第171页。

④　美国学者弗洛姆在《自为的人》中提出"权力主义的良心"和"人道主义的良心"两个概念,将此类情形归之权力声音。可参看弗洛姆:《自为的人》,见万俊人:《20世纪西方伦理学经典》卷2,中国人民大学出版社2004年版,第424—432页。

⑤　《王子庸请书》,见《慈湖遗书》卷2,第615页。

心而发,顺手就要去整理一下。但是如果此时转念一想,反正还有别人去做这件事,我又何必去劳累自身呢? 如此这般,"本心"的发露便受到了"意"的阻碍。在募捐大会上,一些富豪们慷慨激昂,在现场积极认捐,我们不能说他们此时的表现不是"本心"呈现。只是认捐以后,有些人又坠入利欲胶漆之中,不愿意拿出真金白银,原有的善心便被阻挡住而发不出来。

综上所述,可以得出这样的结论:"本心"是一种顺应生命之流的思维,而"意"是一种违逆生命之流的意识。因为是顺应生命之流的,所以"本心"不可思,不可为,几乎不进入人的意识之域,但其本身也是一种思维方式,是超越并包容理性思维的神性思维。杨慈湖说:"周公仰而思之,夜以继日,非意也;孔子临事而惧,好谋而成,非意也。"①可见周公、孔子之所思,正是"本心"之运用。孟子说"心之官则思"(《孟子·告子上》),杨慈湖也肯认"以吾之思虑为心"②,人心的最主要官能就是思考。"本心"在思考时,将一切托付给内在的生命之流,一切任凭内心的生命之流来做主。因此,它的妙用不可思,不可为,却能使人"常觉常明"。总之,"本心"是依靠生命之流做主。反过来,"意"虽是由"本心"所生,但它生成以后就违逆生命之流,反过来将"本心"遮蔽起来,从而阻遏了生命之流。由于"意"的作用,"本心"中的生命之流不能做主,人心由此而昏,人也因此而失去主体性。

今人对于慈湖之"意"多有误读。有学者认为:

> 杨简所谓"意",实为人们对事与物的分辨、区别。③

如此解释杨慈湖之"意",我不敢苟同,因为它经不住一番诘问。试问:杨慈湖反复强调,"经礼三百,曲礼三千,皆吾心之所自有"④。众所周知,礼之本质即在于分别,那么杨慈湖不是认为"本心"也是要讲究分辨与区别的吗? 孔子说:"今之孝者,是谓能养。至于犬马,皆能有养。不敬,何以别乎?"(《论语·为政》)孔子不也是很注意人与兽之间的分辨与区别吗? 如果杨慈湖之"意"即是对事与物的分辨、区别,那么孔子不也是坠入"意"中了吗?因此,我们认为慈湖之"心"与"意"的差别并非在于有无"分辨、区别",而是在于是否违逆生命之流。其实,人们为人处世时,当分辨时还是要分辨的,

---

① 《王子庸请书》,见《慈湖遗书》卷2,第615页。
② 《家记一》,见《慈湖遗书》卷8,第689页。
③ 郑晓江、李承贵:《杨简》,台湾东大图书公司1996年版,第70页。
④ 《复礼斋记》,见《慈湖遗书》卷2,第629页。

此时不分辨反而是一种"意"的表现。

还有学者在讨论慈湖先生时，说道：

> 如《大学》"有所恐惧则不得其正，有所好乐则不得其正，有所忧患则不得其正"正与其"毋意"思想相合，杨简提出的恐惧君父、好乐善学、忧患国家则正是他要反驳的"意"，是"掩其不善而著其善"的"小人情状"，他于此反驳《大学》不但是"明于烛人而暗于自照"，而且也与自己理论不合。[①]

恐惧、好乐、忧患，人生命中本有之情感。《大学》提出"有所恐惧则不得其正，有所好乐则不得其正，有所忧患则不得其正"，这是主张人为了求"正"，需要强忍着不恐惧，不好乐，不忧患。这是对生命的一种抑制。在杨慈湖看来，当恐惧时便恐惧，当好乐时便好乐，当忧患时便忧患，这正是"本心"的显现。明代的王阳明也曾说过："戒惧之念是活泼泼地，此是天机不息处，所谓'维天之命，於穆不已'，一息便是死。"[②]因此，杨慈湖反驳《大学》云："孔子临事而惧，作《易》者其有忧患，好贤乐善，何所不可？而恶之也，是安知夫恐惧好恶忧患，乃正性之变化，而未始或动也。"[③]说《大学》之言正与"毋意"相合，而慈湖之所说恰恰是"意"。以我看来，这是误会慈湖之"意"所致。

陈来先生著《宋明理学》，其中谈到杨慈湖之"意"。他说：

> 意不仅指私意即一般的私心杂念，更以指深层的意向状态。[④]

陈先生所言大致不差，但还需要分疏。一般意义上的私心杂念是"意"，这是毫无疑问的。至于说"深层的意向状态"是"意"，"不起意"是指"心境的静定，也就是寂然不动"，这样说是比较含糊的。如前所言，"本心"也是一种思维方式，是一种深层的意向状态，只是没有进入人的意识领域而已。以顺应还是违逆人内心的生命之流，较易于判别"本心"与"意"。在此试举一例，加以说明。两个熟人在路上不期相遇，双方一边相互问候，一边相向而过。一切都是那么自然，彼此心情都是那么愉快。这就是"本心"的呈

---

① 杨勋新：《宋代疑经研究》，中华书局 2007 年版，第 244 页。

② （明）王守仁：《王阳明全集》上册，上海古籍出版社 1992 年版，第 91 页。

③ 《家记七》，见《慈湖遗书》卷 13，第 826 页。

④ 陈来：《宋明理学》，华东师范大学出版社 2004 年版，第 166 页。

露。就在这相互问候之中,两人的生命之流进行了一次短暂的交融,相互印证了彼此于对方生命中的存在。如果其中一人自以为是个当官的,或者自以为是个有钱人,或者自认为对方将有求于自己,于是就昂着头来摆出架子,等着对方主动向自己示好,这就是"起意"。起意以后,双方的生命之流都受到阻碍,弄得彼此都很郁闷。或者其中有一人担心自己主动招呼对方,怕对方不予理睬,自己从此失了面子。胸中横亘着如此的一个念头,与人见面打招呼时就会显得扭扭捏捏,这也是"起意"。是发自"本心",还是心中起意,人当下即知。

　　以我们对慈湖之"意"的理解,来看看周围的世界,就可以发现现实中的人大多处在意虑胶漆之中。例如,因为社会上欺诈行为很多,于是有人提出"不与陌生人说话"。这是典型的"起意"。孔子说:"不逆诈,不亿不信,抑亦先觉者,是贤乎!"(《论语·宪问》)杨慈湖对此解释说:"夫彼之施诈于我,常情不作意以应,而作意每差。彼施诈不信于我,我无劳逆亿,而此心之灵亦能先觉。……此心先觉乃人心自灵自神自明,不学而能,不虑而知,可谓贤矣。"①依照慈湖先生的意思,当我们与陌生人接触时,不要带有任何先入之见。任何先入之见都是"意",有"意"便往往使人们失去对事物的正确判断。如果对方真有什么欺骗企图,假的就是假的,总会露出一些破绽。人心自明自灵,自然可以觉察到其中的蛛丝马迹。现实生活中,有些人正是因为意虑太多,才会上当受骗。陆象山也曾说过:"才有推测,即是心害,与声色、臭味、利害、得丧等耳。"②

　　总之,何者为"心",何者为"意",只有返回到自家生命上来,让自身的生命之流做主,两者之间的区别自是泾渭分明。这是从根子处来判别。当然,"意"还有种种表现,也可以从现象上来认知。

3.1.2　"意"的种种表现

　　如上所言,"心"与"意"既有联系,又有区别。因此,如何分辨两者确实不易。直接去判别何者为"意"有些困难,于是杨慈湖又向我们揭示"意"之种种表现。"意"之表现可谓不可胜穷。他说:

　　　　意之为状不可胜穷,有利有害,有是有非,有进有退,有虚有实,有

---

① 《贤觉斋记》,见《慈湖遗书》卷2,第625页。
② (宋)陆九渊:《与胡达才》,见《陆九渊集》卷4,中华书局1980年版,第56页。

多有寡，有散有合，有依有违，有前有后，有上有下，有体有用，有本有末，有此有彼，有动有静，有今有古……若此之类，虽穷日之力，穷年之力，纵说横说，广说备说，不可得而尽。[①]

这段话的中心意思是说"意之为状不可胜穷"，但其中有些话需要我们花一点力气加以疏解。照杨慈湖的意思，人心本明，有"意"而昏，那么"意"应该都是有害的，而这里却说"有利有害"，这该如何理解？人之意念就其本身而言，是"有利有害"的。请允许我举例说明，贪心的念头、自私的念头都是有害的；为国争光的念头、无私奉献的念头都是有利的。有害念头的坏处不言自明，"有利"念头何以会有坏处呢？

当年朱子曾对这个问题提出自己的意见："除去不好底意见则可，若好底意见须是存留。毕竟欲除意见，则所行之事皆不得已去做，才做便忘所以，目视霄汉，悠悠过日下梢，只成得个狂妄也。"[②]朱子的意思是说，人应该时刻要有一个好的意念支配着自己的行动。朱子此说，可上溯至杨龟山，他说："'毋意'云者，谓无私意尔。若诚意则不可无也。"[③]"私意"当然是"不好底意见"，而"诚意"是"好底意见"。但是，当年有人问司马温公："无意于恶，既闻矣。敢问圣人亦无意于善乎？"司马温公回答说："不然！圣人之为善，岂有意乎其间哉！事至而应之以礼义耳。礼者，履也。循礼则事无不行。义者，宜也。守义则事无不得。圣人执礼义以待事，不为善而善矣。圣人岂有意乎其间哉！"[④]司马温公的意思是说，圣人并没有要行善的念头，但他们之所行都是善的。在这一点上，杨慈湖的意思与司马温公是一致的。以我的理解，一个人在进学之初，当然要按照朱子说的去做，即持有"好底意见"；当他有了一定的圣学根基之时，则应如司马温公、杨慈湖说的去做，做到"不为善而善"。前者是"行仁义"，而后者才是"由仁义行"[⑤]。

以我们现实中的经验可知，人心中一旦有了意念，不管是好的意念还是不好的意念，都常常会分散掉一些精力，影响能力的正常发挥。譬如说，为国争光的意念可以激励一个运动员在训练和比赛中去战胜一切困难，这

①　《绝四记》，见《慈湖遗书》卷3，第637—638页。

②　《宋元学案·慈湖学案》，见（清）黄宗羲：《黄宗羲全集》第5册，第968页。

③　《宋元学案·龟山学案》，见（清）黄宗羲：《黄宗羲全集》第4册，第200页。

④　《宋元学案·涑水学案上》，见（清）黄宗羲：《黄宗羲全集》第3册，第348页。

⑤　《孟子·离娄上》："孟子曰：'人之所以异于禽兽者几希，庶民去之，君子存之。舜明于庶物，察于人伦，由仁义行，非行仁义也。'"

是有利的意念。但是,如果在训练和比赛之中,运动员心里总是萦绕着这样一个意念,那么他的训练和比赛就不可能达到预期目的。杨慈湖说:"作好焉,作恶焉,凡有所不安于心焉皆差。"①所谓"不安于心",是指人心"作好"或"作恶",从而不安于眼前当做之事,这样的结果只能是"皆差"。因此,尽管"意"之表现"有利有害",但并不妨碍杨慈湖所说的"起意而昏"。

虽然"意"之表现"不可得而尽",但是杨慈湖认为不出四种,即孔子所止绝的那四种情形,具体说来即是"意"、"必"、"固"、"我"(《论语·子罕》)。杨慈湖说:"学者喜动喜进,喜作喜有,不堕于意则堕于必,不堕于固则堕于我。堕此四者之中,不胜其多。"②在这四者之中,最重要的是"意",其他三种也是"意"的某种变形。因此,慈湖先生重点提倡"不起意"。有关"意",上文言之甚详。至于"必",杨慈湖说:

> 何谓必? 必亦意之必。必如此,必不如彼;必欲如此,必不欲如此。大道无方,奚可指定以为道在此则不在彼乎? 以为道在彼则不在此乎? 必信必果,无乃不可。断断必必,自离自失。③

"必"实际上是一种独断的意念,认为事物一定会怎么样,或者一定不会怎么样,将事物说成是绝对的、静止的,明显与"大道无方"相矛盾。众所周知,天下的真理都只是相对的,没有绝对的。宇宙大生命衍生万事万物,其中的种种妙用不可穷尽。这是一个无止境的过程,总是有新的事物不断涌现,也总是有新的"道"不断呈现。因此,杨慈湖说"大道无方"。人一旦有了"必"的意念,自然与真正的生命之道相去甚远。

至于"固",杨慈湖说:

> 何为固? 固亦意之固。固守而不通,其道必穷;固守而不化,其道亦下。孔子尝曰:"我则异于是,无可无不可。"又曰:"吾有知哉? 无知也。"可不可尚无,而况于固乎? 尚无所知,而况于固乎?④

前文我们说过,"意"不过是生命之流的一个横截面。"固"是固守某一个意念,即抓住一个意识的碎片而不通不化。在杨慈湖看来,"无所不通谓之

---

① (宋)钱时:《宝谟阁学士正奉大夫慈湖先生行状》,见《慈湖遗书·附录》,第931页。
② 《王子庸请书》,见《慈湖遗书》卷2,第616页。
③ 《王子庸请书》,见《慈湖遗书》卷3,第616页。
④ 《王子庸请书》,见《慈湖遗书》卷3,第616页。

道"①，人心即是道心，人心也应无所不通，也就是说人心应随着内在的生命之流而"常觉常明"。孔子"无可无不可"（《论语·微子》），不是说孔子说话做事不讲原则，而是说孔子不拘泥于一隅，能够顺应生命之本能而有主体的自觉。人在为人处事之中，就应如舟行水中，虽行进不止，而方向未尝偏失。此时没有所谓的"可与不可"，甚至连意识也没有，自然也就无所执守。

至于"我"，杨慈湖说：

> 何为我？我亦意之我。意生故我立，意不生我亦不立。自幼而乳曰我乳，长而食曰我食，衣曰我衣，行曰我行，坐我坐，读书我读书，仕官我仕官，名声我名声，行艺我行艺。牢坚如铁，不亦如块，不亦如气，不亦如虚。不知方意未作时，洞焉寂焉，无尚不立，何者为我？虽意念既作，至于深切时，亦未尝不洞焉寂焉，无尚不立，何者为我？②

刚出生的婴儿几乎没有什么自我意识，他将自己身体与周围事物混为一体。随着年龄的增长，人逐渐将自己与其他事物区分开来，于是出现自我意识。无论说话做事，还是思考问题，都会打上"我"的烙印，自我意识"牢坚如铁"。"我"意一立，人就显得自私自利，于是人与人之间不可避免相互抢夺，社会不得安宁，到最后大家都不能自保。因此，从外部的功利角度考虑，人类社会赞美那些无私忘我的人。但是，杨慈湖是从内在的生命之道来肯定"无我"。当人接物处事时，由于感应的作用，人的生命与事物融为一体，人心不用思索，不用作为，自能知是知非，哪有什么"我"之意念？此时人心并非懵然无知，而是常觉常明。虽无思无为，但始终让人心中的生命之流做主，能够洞达事物之理。因此，"我"的念头也就无法立得住脚。

总之，"意"、"必"、"固"、"我"虽然表现不同，但是都可以归之于"意"，即人心所生起的违逆生命之流的意念。因此，杨慈湖常常以"意"来统领其他三者，总说为"不起意"。对于四者之间的关系，朱子也有自己的说法："四者相为终始，起于意，遂于必，留于固，而成于我也。盖意必常在事前，固我常在事后，至于我又生意，则物欲牵引，循环无穷矣。"③朱子将四者贯穿起来，论之可谓精细，也是朱子之所见。

---

① 《家记一》，见《慈湖遗书》卷7，第689页。

② 《王子庸请书》，见《慈湖遗书》卷3，第616页。

③ （宋）朱熹：《四书集注·论语集注》卷5，见《儒学精华》（上），北京出版社1996年版，第29页。

　　杨慈湖还指出一种"无意之意"。有些人认识到"意"对人心造成遮蔽，于是下决心要止绝心中之"意"，于是心中存有一个"毋意"的念头。这在慈湖先生看来，也是一种"意"，是"无意之意"。他说：

　　　　圣人尚不欲言，恐学者又起无意之意也。离意求心，未脱乎意。直心直意，匪合匪离，诚实无他，道心独妙。①

"无意之意"即是存心要止绝心中之"意"，从而去求得"本心"。但是，这是立一个"毋意"的念头去求"心"，本身也是一种意念，仍然会对"本心"造成遮蔽。正如程伊川所说："要息思虑，便是不息思虑。"②同样如此，《周易》中的"洗心"之说③，《大学》中的"正心"之论④，在杨慈湖看来，都不是孔子之旨，都是意说⑤。人之本心自神自灵，自清自明，哪里还用得着去"正心"、"洗心"？人之所以会产生"洗心"、"正心"的想法，还是因为不能弄清"本心"与"意"的分别。杨慈湖说："人心何尝不正？但要改过，不必正心，一欲正心，便是起意。"⑥人在平常日用之中，"本心"只是诚实无妄而已。当"本心"呈露出来，"意"也就烟消云散，犹如天上出来太阳，云彩也就四散。

　　学者张元度笃志于为己之学，"夜则收拾精神，使之于静"。杨慈湖认为：

　　　　收之拾之，乃成造意。休之静之，犹是放心。……吾心本无妄，舍无妄而更求，乃成有妄。⑦

白天忙于接人待物，人心在接人待物之上，此时一般不会再有私心杂念。到了夜晚无事之时，人之精神似乎无所着落，意虑就会纷至沓来。于是张元度"夜则收拾精神"，有意识地去控制自己的意识活动，使之归之于"静"。这里的"静"就是无念，即是万念俱灭，做到内心的"空寂"。这在杨慈湖看来，也是一种"意"。"本心"诚实无妄，只要让人的诚实无妄之心呈露出来

---

① 《王子庸请求》，见《慈湖遗书》卷2，第615页。

② (宋)程颢、程颐：《二程遗书》卷15，上海古籍出版社2000年版，第191页。

③ 《周易·系辞上》："圣人以此洗心，退藏于密，吉凶与民同患。"

④ 《大学》："古之欲明明德于天下者，先治其国。欲治其国者，先齐其家，欲齐其家者，先修其身。欲修其身者，先正其心。欲正其心者，先诚其意。欲诚其意者，先致其知。致知在格物。"

⑤ 《永嘉郡治更堂亭名》，见《慈湖遗书》卷2，第622页。

⑥ 《家记九》，见《慈湖遗书》卷15，第851页。

⑦ 《与张元度》，见《慈湖遗书》卷3，第639页。

即可,用不着另外起意去寻找"本心"。

其实把捉也是一种"意"的表现。程明道身上发生一件事,足以说明这个问题。"伯淳昔在长安仓中闲坐,后见长廊柱,以意数之,已尚不疑,再数之不合,不免令人一一声言而数之,乃与初数者无差,则知越著心把捉越不定。"①程明道第一次数廊柱,他的心全在数廊柱之上,顺其自然,全是"本心"在发用。后来他"再数之",便是着"意"去数廊柱,结果与第一次不合。最后情况证明,反是最初的自然而为所得到的结果是正确的。我们平时均将"三思而后行"作为好话来劝导他人,但孔子是不赞成"三思而后行"的。《论语》记载:"季文子三思而后行。子闻之,曰:'再,斯可矣。'"(《论语·公冶长》)"三思"者,未免有把捉之意味,也就是于心上起"意",故孔子反对之。下棋之人大都知道这样的一句俗语,即"长考出臭棋",这也是警诫不要把捉太过。

"意"的种种表现不可胜穷,杨慈湖也只是略举数例以示说明而已。我们用不着一一地去理会"意"的各种表现(想要去理会也无法穷尽),关键是要让自己的"本心"呈现。只要"本心"呈现,各种意态自然遁形。

3.1.3　"意"产生的原因

在杨慈湖看来,"意"之表现虽举不胜举,但只是起于两方面原因。他说:"何谓意? 微起焉皆谓之意,微止焉皆谓之意。"②人心"微起"或"微止",从而产生"意"。为了更好解释人心的"微起"和"微止",我们还是要回到"本心"上来。正如前文反复申述,"本心"表现出两种特性,即无思无为和常觉常明。"微起"正好与无思无为相反,是有思有为,即是在生命之流之外又多出了许多的支流;"微止"正好与常觉常明相反,是心行路绝,即阻止了人心的自然发露。人心"微起"、"微止"而有"意"。然而,引起人心"微起"、"微止"则另有原因。

引起人心"微起"的是外在的事物引诱和内在的欲望驱使。杨慈湖说:

> 惟民生厚,因物有迁,感于物而昏也。③

"惟民生厚"是说人是天地进化的最高成果,造物主几乎将所有的钟爱都集

---

① (宋)程颢、程颐:《二程遗书》卷2上,上海古籍出版社2000年版,第97页。
② 《绝四记》,见《慈湖遗书》卷3,第637—638页。
③ 《申义堂记》,见《慈湖遗书》卷2,第611页。

于人的生命之中。人生命之"厚"在于人心，人心天生具有"良知"、"良能"，只要自然发露，就会妙用无穷。但是，现实生活中人心常常"因物有迁"。"物"是指外在事物和内在的欲望。杨慈湖说："意动于爱恶故有过，意动于声色故有过，意动于云为故有过。意无所动，本亦无过。"[①]"爱恶"是内在的欲望，"声色"和"云为"是外在的事物。这些"物"使人心发生了迁移。人在处事接物时，由于感应的作用，人心内在的生命之流与事物融合为一。此时本应是人的生命之流从中做主，这样人就保持了自己的主体性。但是在现实生活中，许多人却被"物"所牵引，人心中生出许多物欲来，从而失去人心之灵明，这就是"感于物而昏"。

引起人心"微止"的是人的习气。当时学者王子庸真心向往圣贤之学，他向杨慈湖请教。慈湖先生从与他的交谈中，知道他"犹有未尽"，于是告诉他说：

> 习气之未易消释也，如此犹有未尽者。意也，先圣之所止绝也。止绝此意，又意也，先圣之所止绝也。[②]

"习气"即是习惯，即习惯养成的一种行为趋向。我们每个人的身上都有许多习惯，有些是无意中形成的，有些是有意培养的。坏习惯诸如抽烟酗酒、动辄生气等，是违背了人的生命之道的，这是我们在无意中养成的，也是我们所要极力避免的。否弃坏的习惯，这是容易为大家所理解的。至于一般人所认可的好习惯，诸如早睡早起、注意节约等，应该说对人的生活是有好处的，这是我们从小就注意培养的。为什么好的习惯也不可取呢？

好的行为习惯，对于人生是有其积极意义的。刚出生的小孩子，几乎是一张白纸。他们身上没有任何的行为习惯，有的只是生命能量。人生命中本有的能量，如果不受任何约束，就会横冲直撞，具有巨大的破坏力。就像《西游记》中的孙猴子，刚从石头中蹦出来，无法无天，大闹天宫，破坏了天上地下的一切秩序。只有被戴上紧箍以后，孙猴子才将自己的聪明才智用于正途，用来保护唐僧西天取经。中国古人从小接受礼仪教育，实际上就是要他们养成良好的行为习惯。有了良好的行为习惯，人的生命能量才能得到正常发挥。

习惯是人们处事待人的套路。有了习惯以后，人们遇到什么事情，常

---

① 《乐平县学记》，见《慈湖遗书》卷2，第617页。
② 《王子庸请书》，见《慈湖遗书》卷2，第615页。

常就交由习惯去处理，这样就可以节省很多的心力。这也是人们注意培养习惯的初衷。因此，古人 8 岁入小学，教之以洒扫、应对、进退之礼，目的就是为了培养良好的行为习惯。孔子说："不学礼，无以立。"（《论语·季氏》）一个人不懂礼，没有良好的行为习惯，就无法立足于社会。古代有成人之礼，《礼记·冠义》说："成人之者，将责成人礼焉，将责为人子、为人弟、为人臣、为人少者之礼行焉。将责成四者之行于人，其礼可不重与?"总之，古代礼乐教化就是要培养人的良好行为习惯。

但是，儒家有"成人"与"成德"之别。礼乐教化只是"成人"之教，即是先从外部规范人的言行举止，然后内化到人的生命之中，从而做到习惯成自然。可见，哪怕是良好的行为习惯，也会对人的生命产生束缚，使人习而不察，日用而不知。儒家理想人生是追求"成德"的。孔子自言"三十而立"（《论语·为政》），即是说他 30 岁就做到了"立于礼"。孔子 30 岁达到"成人"目标，30 岁以后他的所有努力都是为了"成德"。牟宗三先生说："故儒之为儒必须从王者尽制之外部的礼乐人伦处规定者进而至于由圣者尽伦之'成德之教'来规定，方能得其本质，尽其生命智慧方向之实。"①儒家的生命智慧恰恰是在于由"成人"而进至于"成德"。如以"成德"为目标，就必须超越并包容良好的行为习惯。

慈湖心学是以"成德"为鹄的。他说："本心虽明，故习尚熟，微蔽尚有，意虑萌蘖，即与道违。道不我违，我自违道。"②人心即道，顺应人心的自然发露，就是天地之大道。人有了习惯以后，也就有了行为定式。我们都知道，事物总是千变万化的。世上没有两片相同的树叶，人们所遇到的境遇从来就没有完全相同的。这就需要人们在处理事情时，要将全副生命融入其中，让生命之流从中做主，这样才有可能"靡不中节"。如果任由个人的习惯做主，事实上人就不可能做到"常觉常明"，也失去了独立思考的能力。这时人之"本心"也就遭到扼制，也就不能顺其自然地流行开来。因此，《周易·坤·六二》说："直、方、大，不习，无不利。"在杨慈湖看来，这里的"不习"，就是指摒除习气的意思。

以杨慈湖的观点，凡是习惯都是"意"，都会对人之"本心"造成遮蔽，都是违背人的生命之道的。根据此点，我们对良好的行为习惯有了新的认

---

① 牟宗三：《心性与性体》（上），上海古籍出版社 1999 年版，第 13 页。
② 《乐平县学记》，见《慈湖遗书》卷 2，第 618 页。

识:其一,所谓好的习惯也只是相对而言,未必就一定好,因为从根本上无法认定。譬如说,锻炼身体一般对于人是有好处的,但是感冒的时候,大量运动对人不仅无益,反而有害。有锻炼身体习惯的人有可能只是听从习惯的支配,而忽略了自己身体当下的感受。再如有些父母关爱自己的孩子已经习惯成自然,他们几乎包办了孩子的一切,而没有从孩子的角度去着想,不知道自己的过分溺爱对孩子的生命是一种束缚,不利于孩子的健康成长。

其二,就是好习惯,也无道德培养上的意义。人的美德养成,需要依靠不断的发自内心的善行来培土、浇灌。人一有了习惯,就有了行为上的定势,为人处世时便排斥人心参与其中。孔子说:"君子去仁,恶乎成名?君子无终食之间违仁,造次必于是,颠沛必于是。"(《论语·里仁》)君子要培养自己的仁德,就必须时时处处全身心投入其中。

其三,习惯还会窒息人之生机。人一有了习惯,就落于一偏,拘泥于一隅,而人心本是无所不通的,是活泼泼的,是流动不息的。人一有了习惯,就会拘碍流行,淹滞生机。人心本有的敏锐直觉,一有了习惯,也就趋向麻木。关于此点,梁漱溟先生有过精辟论述。[①] 总之,在成人阶段,良好的习惯有助于人的道德培养,而在成德阶段,习惯无论好坏都有碍于道德提升。杨慈湖自然是重在成德,故他多说习气的坏处。陆象山曾说:"恶能害心,善亦能害心。"[②]大约也是从这个角度上说的。

杨慈湖认定人习心之不可取,是从人"本心"之发露上来言说。只要人之"本心"发露,人的习心便消除。反过来,人没有了习心,那他的"本心"也就有了。程明道也曾强调这一点,他说:"盖良知良能元不丧失,以昔日习心未除,却须存习此心,久则可夺旧习。"[③]当然,要改变一个人的习气是不容易的。程明道说:"猎,自谓今无此好。"周茂叔说:"何言之易也!但此心潜隐未发,一日萌动,复如前矣。"有资料记载:"明道年十六七时好田猎,十二年暮归,在田野间见田猎者,不觉有喜心。"[④]程明道年轻时喜爱田猎,经过多年涵养性情,他自认为已改掉了这个习惯。但是,当他在田间看见田猎者,还是忍不住心中激动。由此可见,一个人要改变习气确实不易。

① 可参看梁漱溟:《儒学的复兴——梁漱溟文选》,上海远东出版社1996年版,第81页。

② (宋)陆九渊:《语录下》,见《陆九渊集》卷35,中华书局,1980年,第456页。

③ 《宋元学案·明道学案上》,见(清)黄宗羲:《黄宗羲全集》第3册,第657页。

④ (宋)程颢、程颐:《二程遗书》卷7,上海古籍出版社2000年版,第145页。

总之,物欲引起人心"微起",习气引起人心"微止"。此两者几乎可以概括"意"的所有来源。相较于"本心"而言,"微起"即有所增加,"微止"即是有所减少。两者都是有所偏颇。《中庸》有言:"道之不行也,我知之矣。智者过之,愚者不及也。道之不明也,我知之矣,贤者过之,不肖者不及也。"杨慈湖解释说:"愚不肖罔然不自知,固为不及;贤知,又加之意,故又过之。圣人历观天下自古人心不失之不及,即失之过。"[①]在他看来,圣人之心无过不及,不损不益,他说:"吾之本心无他妙也,甚简也,甚易也,不损不益,不作不为,感而遂通,以直而动,出乎自然者是也。"[②]

本节主要回答一个问题:"意"为何物?本人认为,杨慈湖所说的"意"是违逆生命之流的意念。"意"有种种表现,如"意"、"必"、"固"、"我"等,还有"无意之意",还有"抑止之意"。"意"之表现不可穷尽,但产生"意"的根源只有两方面,一是物欲,二是习气。理解了"意"为何物,接下来讨论杨慈湖为何提出"不起意"的。

3.2 提出"不起意"的缘由

杨慈湖为何提出"不起意"? 此问题实含两个方面:其一,提出"不起意"的理论依据何在? 中国文化崇古尊经,任何人提出任何一个观点,最好都要"古亦有之"。杨慈湖提出"不起意",需于古代圣贤处找到理论依据。其二,"意"对于人会有哪些妨碍? 只有理会起意的害处,然后方能顺理成章地提出"不起意"。

3.2.1 "不起意"的理论依据

杨慈湖提出"不起意",其理论源于《论语》中的一句话。《论语·子罕》记载:"子绝四:毋意,毋必,毋固,毋我。"《论语》只此一处谈到"意",要想借题发挥,必须解决两个问题。一是必须解释《论语》的记录为何如此简单。如果孔子重视"不起意",那么他就应该反复强调之,《论语》中就不应该只此一处。杨慈湖解释说:"学者喜动喜进,喜作喜有,不堕于意则堕于必,不

---

① 《家记七》,见《慈湖遗书》卷 13,第 830 页。
② 《家记八》,见《慈湖遗书》卷 14,第 835 页。

堕于固则堕于我，堕此四者之中不胜其多。故先圣随其所堕而正救之，止绝之，其诲亦随以多。他日门弟子欲记其事，每事而书则不胜其书，总而记于此。"①这意思是说，不是圣人不重视"毋意"，而是圣人说得太多，门人弟子不胜其书，只好总括说了这么一句话。

二是必须给"毋"字一个合理的解释。过去有人将"毋"解释成"无"，这样"子绝四"就变成孔子断绝了四种毛病。例如朱子的《论语集注》说："'毋'，《史记》作'无'是也。"其中还引程子之言："此毋字，非禁止之辞。圣人绝此四者，何用禁止？"②这样，"绝四"就是一种很高的人生境界，不是一般人所能达到，只有孔子能够做到。杨慈湖指出这样的解释，是"不自明己之心，不自信己之心，故亦不信学者之心"，这是"贼天下万世之良心，迷惑天下万世至灵至明之心，其罪为大"，"使后学意态滋蔓，荆棘滋植，塞万世入道之门"③。杨慈湖将"绝"解释成"止绝"，将"毋"解释成"不要"，他认为这是圣人谆谆劝诫人们不要犯此四种毛病，这才是"先圣朝夕告诫切至之本旨"。

杨慈湖提倡"不起意"，还需要直面《大学》的"诚意"之说。《大学》本只是《礼记》中的一篇论说文，被程伊川、朱子大力提倡以后，升格为儒家经典《四书》中的一种。程伊川说："入德之门，无如《大学》。今之学者，赖有此一篇书存，其他莫如《论》、《孟》。"④可见，程伊川是非常看重《大学》的。《大学》有言："古之欲明明德于天下者，先治其国。欲治其国者，先齐其家。欲齐其家者，先修其身。欲修其身者，先正其心。欲正其心者，先诚其意。欲诚其意者，先致其知。致知在格物。物格而后知至，知至而后意诚，意诚而后心正，心正而后身修，身修而后家齐，家齐而后国治，国治而后天下平。"这就是被程伊川、朱子所津津乐道的"内圣外王"的"八条目"。但是在杨慈湖看来，这些话"似是而非也，似深而浅也，似精而粗也"。这段话的毛病首先是"判身与心而离之"；其次是于"心"之外又有诚意、致知、格物，这是"何其支也"；再次人心自清自明自正，"正心"便是"心"外生"意"。杨慈湖认为孔子、曾子、孟子等"未尝于心之外，起故作意"，他断定"作《大学》者其学亦

---

① 《王子庸请书》，见《慈湖遗书》卷2，第616页。
② （宋）朱熹：《四书集注·论语集注》卷5，见《儒学精华》（上），北京出版社1996年版，第29页。
③ 《王子庸请书》，见《慈湖遗书》卷2，第617页。
④ （宋）程颢、程颐：《二程遗书》卷22上，上海古籍出版社2000年版，第332页。

陋矣","非知道者所作"。他还指出:"作是书者固将以启佑后学,非欲以乱后学。而学者读之,愈积其意,愈植其山径之茅,愈丧其正也。"①杨慈湖基本上否定了《大学》的修身学价值,自然也就搬开了这块绊脚石。②

因为流行之《论语》,"为文简短,多失当日语话本真",所以孔子"毋意"到底应作何解,"后学不克遽明,众说殽乱"③。《论语》的记录简单,同时也给后人的发挥提供了巨大空间。后人不妨对"毋意"做出自己的解释,以服务于自己的理论建构。在张横渠的话语中,就含有"不起意"的主张。他说:"成心忘,然后可与进于道。化则无成心矣。成心者,意之谓与。"④"成心"即是"意","成心忘"就是"不起意",然后可以"进于道"。谢上蔡也是反对"起意"的。他说:"意、必、固、我有一焉,则与天地不相似矣。"⑤他还说:"循天之理便是性,不可容些私意。才有意,便不能与天为一。"⑥从这里,我们可以看出谢上蔡对陆象山的影响。陆象山自然也是反对"起意"的。《朱子语类》记载:"陆子静说颜子克己之学,非如常人克去一切忿欲利害之私,盖欲于意念所起处,将来克去。"⑦说明慈湖之"不起意"与陆象山对颜子的克己之学解释也有关系。总之,杨慈湖为自己的"不起意"寻找到了理论依据。

3.2.2　"起意"的危害

只是有了理论依据还不够,还必须指出心中起意的种种危害。杨慈湖说:"盖人心即道,作好焉始失其道,作恶焉始失其道,微作意焉辄偏辄党,始为非道。所以明人心之本善,所以明起意之为害。"⑧人心本明,人心即道,只因起意,而后失明,而后非道。起意之害有种种表现,具体有以下几种:

---

① 《家记七》,见《慈湖遗书》卷13,第827页。

② 牟宗三先生在《心体与性体》一书中,提出宋明儒学两大传系:一是以周廉溪、张横渠、程明道、陆象山、王阳明等为一系,这是孔、孟儒学的嫡传,他们主要是发挥《论语》、《孟子》、《易传》、《中庸》中的本有之义,强调道体是既存有既活动;一是以程伊川、朱子等为一系,这是儒学的旁枝,他们主要发挥《大学》中的本有之义,强调道体是只存有不活动。

③ 《家记五》,见《慈湖遗书》卷11,第820页。

④ (宋)张载:《正蒙·大心篇》,见(清)王夫之:《张子正蒙注》,中华书局1975年版,第127页。

⑤ 《宋元学案·上蔡学案》,见(清)黄宗羲:《黄宗羲全集》第4册,第169页。

⑥ 《宋元学案·上蔡学案》,见(清)黄宗羲:《黄宗羲全集》第4册,第170页

⑦ (宋)黎靖德:《朱子语类》卷124,中华书局1986年版,第8册,第2972页。

⑧ 《家记七》,见《慈湖遗书》卷13,第826页。

其一，"意"使人失去本有的睿智。人人具有"本心"，此心自神自灵，自清自明，自本自根，不假外求，如同日月之光，无思无为，万象森罗，莫不毕照。接人待物时，人心自然能够随感而应，莫不中节。这就是孟子所说的"良知"、"良能"。但是，杨慈湖说："人咸有良性，清明未尝不在躬。人欲蔽之，如云翳日。"①如果人心起了意念，着意去算计如何如何去做事，用心去比较利害与得失，那么人心也就失去本来的自然状态，人生命中本来具有的"良知"、"良能"反而发挥不出来。这就好像天上的云气，遮住了日月之光明。

由于被"意"所遮蔽，人心的本有之明发不出来，于是人就头脑发昏。杨慈湖对此打了一个形象的比喻："所以昏者，动乎意也。如水焉，挠之斯浊矣。"②人心就像水，本来是清澈见底的，里面的东西也可以看得清清楚楚。但是当被搅动起来，水就变混浊，水中之物也就看不清楚。当人心发昏的时候，也就会"千失万过，朋然而至"③。因此，可以说人"千失万过，皆由意动而生"④。杨慈湖还强调说："过失皆起乎意。不动乎意，澄然虚明，过失何从而有？"⑤

有些人对于"本心"茫茫然无所知，但有时候接人待物似乎也能做得很好。杨慈湖说："其有虽晓达事情，亦或知进退存亡，而不本于道心，则不保其不流而入于邪。惟圣明白四达，道心不动，故常不失正。"⑥不由着"本心"而行，毕竟是误打误撞，虽然有时做事说话也在情理之中，但是不能保证永久的睿智。

其二，"意"使人失去本有的圆融。杨慈湖说："学者学道，奚必一一皆同，而欲以律天下万世？"⑦这是在表明人要有一种圆融的人生态度。人之生命如同那流水一般，自然要走自己那最正确、最妥帖、最适合的路。每个人的资质不同，所走的路自然也就不一样，就如同那黄河要走黄河的道，长江要走长江的路，一切都应该顺其自然。人生的选择没绝对的正确，也

---

① 《乐平县学记》，见《慈湖遗书》卷 2，第 617 页。

② 《家记七》，见《慈湖遗书》卷 13，第 832 页。

③ 《永嘉郡治更堂亭名》，见《慈湖遗书》卷 2，第 622 页。

④ 《临安府学记》，见《慈湖遗书》卷 2，第 618 页。

⑤ 《永嘉郡治更堂亭名》，见《慈湖遗书》卷 2，第 622 页。

⑥ 《杨氏易传》卷 1，上海古籍出版社 1990 年版，第 21 页。

⑦ 《家记七》，见《慈湖遗书》卷 13，第 827 页。

没有绝对的错误。只看是不是合适的妥帖的，凡合适妥帖的也就是正确的。因此，孔子说："虞仲、夷逸，隐居放言，身中清，废中权。我则异于是，无可无不可。"（《论语·微子》）"无可无不可"不是不讲原则，而是一种圆融的人生态度，是一种变通的生活方式，其中自有活泼泼的生命存在。陆象山说："人各有所长，就其所长而成就之，亦是一事。此非拘儒曲士之所能知，惟明道君子无所陷溺者能达此耳。"①陆象山也主张人有一种圆融的态度，不拘于一隅。如果人心中起意，就丧失了这种圆融。杨慈湖说："意则倚也，碍也，窒矣，非通也。"②如果人心中有了意念，就会落于一偏，就会执于一见，就不能够变通，人生命的流动就会窒碍于一隅。

"道"是无所不通的，人心也是无所不通的，人心本是与天地万物融为一体的，人心可以范围天地，可以发育万物。《诗经》说"昭明有融"（《诗经·大雅·既醉》），人有昭明，自然能够知是知非，也就可以无所不融。孔子"六十而耳顺"（《论语·为政》），这就是一种圆融。但是，人心之中一旦有了意念，便有了计较是非之心，就会指那清轻而高者曰天，指那重浊而下者曰地，"意虑倏起，天地悬隔"③。人往往只看到天地分隔，物我乖离，人与人之间就避免不了争斗，正如杨慈湖所说："意起而私立，物我裂而怨咎交作矣。"④人心有了意虑以后，就会处处堵塞，处处走不通，如同面墙一般。杨慈湖说："人心自明，人心自灵，意起我立，必固碍塞，始丧其明，始失其灵。"⑤

其三，"意"使人失去本有的安乐。孔子"发愤忘食，乐以忘忧，不知老之将至"（《论语·述而》）；颜回"一箪食，一瓢饮，在陋巷，人不堪其忧，回也不改其乐"（《论语·雍也》）。宋代学者一直致力于探寻孔、颜之乐。程明道说："昔受学于周茂叔，每令寻颜子、仲尼乐处，所乐何事。"⑥但是孔、颜所乐究为何事，周濂溪当时并没有提供现成的答案。程明道曾提醒他的学生说："颜子在陋巷，'人不堪其忧，回也不改其乐'。箪瓢陋巷非可乐，盖自有其乐耳。'其'字当玩味，自有深意。"⑦明道也是含而不露。有人说孔、颜所

---

①　（宋）陆九渊：《语录下》，见《陆九渊集》卷 35，中华书局 1980 年版，第 475 页。

②　《永堂记》，见《慈湖遗书》卷 2，第 631 页。

③　《二陆先生祠记》，见《慈湖遗书》卷 2，第 620 页。

④　《家记一》，见《慈湖遗书》卷 7，第 703 页。

⑤　《绝四记》，见《慈湖遗书》卷 3，第 637 页。

⑥　（宋）程颢、程颐：《二程遗书》卷 2（上），上海古籍出版社 2000 年版，第 66 页。

⑦　（宋）程颢、程颐：《二程遗书》卷 12，上海古籍出版社 2000 年版，第 182 页。

乐者道而已,但是真德秀却说:"盖道只是当然之理而已,非有一物可以玩弄而娱悦也。若云'所乐者道',则吾身与道各为一物,未到浑融无间之地,岂足以语圣贤之乐哉?"①可见,"道"本身并不是快乐的来源。程伊川说颜子不是乐道,而是自乐②。也就是说,孔、颜之乐来源于他们生命本身。

杨慈湖说:"是心有安有说,无劳无苦。"③他又说:"正吾此心,万理毕见,顺理而出,万事自行,不假调停,了无滞凝,日进而久,愈熟以安。"④如果能够顺应人心的本然状态,那么其中自有安乐,自有喜悦,无所谓劳苦。反过来说,"彼苦涩不易乐者,必无成效"⑤,自然也不是走在正道之上。佛家说"众生皆苦",这是意说所致,是将人生看差了的缘故。孔、颜之乐就在于顺应生命之本然,一切听从"本心"之呼唤。儒家学者看到了人生的终极快乐,从而奠定了中国传统文化的基础——"乐感"文化⑥。《大学》说"如恶恶臭,如好好色",也是指出人心中自有安乐。美好的事物给人以快乐之感,顺此快乐之感去追求它,自然会得到更大的快乐。丑恶的事物让人心中生起厌恶之感,顺此厌恶之感去规避它,人同样也可以获得快乐。关于此点,王阳明说得更明白透彻,他说:"尔那一点良知,是尔自家底准则。尔意念着处,他是便知是,非便知非,更瞒他一些不得。尔只不要欺他,实实落落依着他做去,善便存,恶便去,他这里何等稳当快乐。"⑦

但是,如果人心中起意,就丧失了人本有之安乐。首先是劳累。既要打量着这样去做,又要计算着那样去做;一会儿想到东,一会儿想到西,整天陷入利益胶漆之中,总是患得患失,既劳心又劳力,内心没有一刻安闲。陆象山说:"作德便心怡日休,作伪便心劳日拙。"⑧其次是心烦。由于心中意欲太多,反而丧失人心本有之明,千差万错,纷纷扰扰,朋然而至。一天到晚都穷于应付,所做之事总是不能称心如意,心里自然有无限的烦恼。孔子说:"君子坦荡荡,小人长戚戚。"(《论语·述而》)小人之所以长戚戚,

---

① 《宋元学案·西山真氏学案》,见(清)黄宗羲:《黄宗羲全集》第 6 册,第 184 页。

② (宋)程颢、程颐:《二程遗书》卷 2 上,上海古籍出版社 2000 年版,第 65 页。

③ 《家记四》,见《慈湖遗书》卷 10,第 767 页。

④ 《邹德祥尊人墓铭》,见《慈湖遗书》卷 5,第 658 页。

⑤ 《家记九》,见《慈湖遗书》卷 15,第 852 页。

⑥ "乐感文化"一说,最早由李泽厚先生于 1985 年春在一次题为"中国的智慧"讲演中提出的(此文收录在《中国古代思想史论》一书中),后来在《华夏美学》中又有所发挥。

⑦ (明)王阳明:《王阳明全集》(上册),上海古籍出版社 1992 年版,第 92 页。

⑧ (宋)陆九渊:《语录下》,见《陆九渊集》,中华书局 1980 年版,第 433 页。

就是因为私意太多，纠结于心，始终不能得到开解。再次是痛苦。心中意虑太多，遮住了本有之明，只看到眼前利益，而没有长远的规划。付出的很多，却总是达不到理想的结果，这样的人自然要怨天尤人。

总而言之，人心中起意便有多种危害。陆象山说："内无所累，外无所累，自然自在。才有一些子意，便沉重了。彻骨彻髓，见得超然于一身，自然轻清，自然灵大。"①杨慈湖说："动意焉则支则离，则放逸，则怠荒，则为，则欺；不动乎意，则日用平庸，以此事亲，事亲纯白；以此事君，事君纯白；利害愈明，是非愈白。"②既然"动意"有如此之害，"不起意"有如此之妙，那么，如何才能做到"不起意"呢？

3.3　达到"不起意"的路径

如何做到"不起意"？杨慈湖教人们从两个层次来用功：一是"知及"；二是"仁守"。"知及"便是知其大根大本，也就是认知"本心"。"知及"可以从两方面努力：一是读圣贤书以明大本；二是从"觉"中识得"本心"。此两者中，慈湖最看重的是人之"觉"。只是他自己到 28 岁方始有第一次大"觉"，在此之前，他主要是读圣贤书以明大本。故我是先说读圣贤书，再说觉知"本心"。"仁守"便是守住所知的大根大本，也就是让"本心"时时呈现。"仁守"也可以从两方面努力：一是从做事中求得合理；二是在改错中自我完善。

3.3.1　读圣人书以明大本

一个人想要活得有意义，就必须不断地提升自我。一个要提升自我的人，必须明了自己的大根大本。《论语·学而》曰："君子务本，本立而道生。"一个人的大根大本一立，那么人生之路就在自己的脚下。陆象山曾说："近有议吾者云：'除了"先立乎其大者"一句，全无伎俩。'吾闻之曰：'诚然。'"③作为"甬上四先生"之一的沈焕也说："吾儒急务，立大本，明大义耳。

---

① 《宋元学案·象山学案》，见（清）黄宗羲：《黄宗羲全集》第 5 册，第 289 页。
② 《咏春堂记》，见《慈湖遗书》卷 2，第 613—614 页。
③ （宋）陆九渊：《陆象山全集》卷 34，中国书店 1992 年版，第 255 页。

本不立，义不明，虽讨论时务条目何为？"①可见，立其大本是陆门心学之不二法门。

如前所言，圣贤之道就是天地之道，也是宇宙大精神，也是"本心"的完完全全呈现。将成圣成贤作为自己人生目标的人们，必须对于"本心"有一个了知并且确信，然后才有可能去践履圣贤之道。人是先知道某一真理的存在而后去相信它，还是先相信某一真理存在而去知道它呢？在杨慈湖看来，此两者本不可分。他说："信者必默识，默识者必信，自不当分裂。"②熊十力先生也曾说："穷理至极，存乎信念。真知与正信常相伴，穷到最上之理，推论与索证均用不着，只自明，自信。"③了知并确信"本心"，这是孔子所说的"知及"，这是人立身的大根大本。

在杨慈湖看来，要想了知并确信"本心"，可从两方面着手，一是读圣人书以立大本，二是从"觉"中识得大体。我们首先来讨论前者。杨慈湖说：

> 学者当先读孔子之书，俟心通德纯而后可以观子史。学者道心未明而读非圣之书，溺心于似是而非之言，终其身汩汩，良可念也。④

杨慈湖对于孔子有无限的崇敬。孔子是中国古代公认的圣人，他能够做到"从心所欲不逾矩"，自然是臻于"常觉常明"之境地，孔子的言行无不是他的"本心"之发露。那么凡是记载孔子言行之书，其中承载的都是孔子的"本心"。孔子之心，即千万人之心⑤，圣人只不过说出了众人之心之所相同的东西。后人读孔子之书，从而感发自己之"本心"，这就是"心通"，即读者之心与圣人之心相通。人能如此涵泳孔子之书，对孔子所言有一个根本的透彻的理解，从而做到得之于心而用之于平常，这就是"德纯"。诚能做到"心通德纯"，人之道心已明，心中自有了一个大纲，然后再去读其他之书，良莠自能分辨，精粗自能分晓。如果不先读孔子之书，心中一无所主，人云亦云，亦步亦趋，读这本书觉得这本书有道理，读那本书又觉得那本书有道理，总是被别人牵着鼻子走，即便读书很勤奋很辛苦，最终结果也只能是一无所获，"终其身汩汩"。

---

①　《宋元学案·广平定川学案》，见（清）黄宗羲：《黄宗羲全集》第 6 册，第 17 页。
②　《家记九》，见《慈湖遗书》卷 15，第 847 页。
③　熊十力：《十力语要》，中华书局 1996 年版，第 346 页。
④　《家记九》，见《慈湖遗书》卷 15，第 845 页。
⑤　杨慈湖说："某知人人本心，皆与尧、舜、禹、汤、文、武、周公、孔子同。"（《学者请书》，见《慈湖遗书》卷 3，第 633 页）

　　在杨慈湖看来，所谓的孔子之书也不可全信，需要读者用自己的"本心"去甄别。众所周知，《论语》是孔子弟子及再传弟子记录孔子平时言行的文字。考察孔子思想，《论语》最具有权威性。但是杨慈湖却说："《论语》乃有子之徒所记，首篇首记有子之言，又不止于一二章。有子尚为曾子所不可，而况其徒乎？其所记亦难尽信。'子以四教：文行忠信。'此记者之辞耳，非孔子之言也。"①他之所以敢断言"子行四教"不是孔子之语，是因为从自己的"本心"出发，认为不符合孔子的一贯之道。他认为这都是记《论语》者的过错。尽管《论语》不可全信，但是"所幸圣言本无瑕，故记者虽差，亦可默会"②。学者还是可以通过《论语》来领会孔学的真精神，感受儒学的生命智慧的。杨慈湖对于《大学》、《中庸》、《易大传》等书，采取同样的态度。

　　杨慈湖认为，《论语》中那些不是孔子所言的要剔除，而那些散落于各种典籍之中的是孔子所言的却要加以聚集。"心之精神是为圣"一语，最早出现在《尚书大传》中，原文并没有将其归诸孔子。《孔丛子》抄录了这句话，并冠之为"孔子曰"③。于是杨慈湖便认定这是圣人之言，并反复引申加以发挥。《礼记》中的《孔子闲居》，此前并没有受到学者重视，慈湖先生特地为之注解，借以发挥自己的观点。④ 杨慈湖先生发现，除《论语》、《孝经》、《周易》、《春秋》而外，还有许多孔子之言散落隐伏于各种杂记之中，以致"夜光之珠久混沙砾，日月之明出没云气"。于是他"参证群记，聚而为一书。刊诬阙疑，发幽出隐，庶乎不至滋人心之惑"⑤。这便是杨慈湖所编写的《先圣大训》。

　　如何读孔子之书？杨慈湖说："诚虽读孔子之言，奚可不精而思之，熟而复之？"⑥"精而思之"是为了准确地把握孔子之道，"熟而复之"是要将孔子之道熟练地运用于自己的实践之中。读孔子之书，需要将自己的生命投入其中，要全身心地去读书，要全身心地去实践，这样才会做到"心通德纯"。

　　杨慈湖虽然提倡读孔子之书，但他更重视自我"本心"。有人问仁，程

---

① 《家记五》，见《慈湖遗书》卷 11，第 820 页。
② 《家记五》，见《慈湖遗书》卷 11，第 820 页。
③ 《四库全书总目》卷 92，中华书局 1997 年版，上册，第 1218 页。
④ 《孔子闲居解》，见《慈湖遗书》卷 19，第 918—924 页。
⑤ 《四库全书总目》卷 92，中华书局 1997 年版，上册，第 1218 页。
⑥ 《家记九》，见《慈湖遗书》卷 15，第 845 页。

伊川答曰："此在诸公自思之,将圣贤之所言仁处,类聚观之,体认出来。"①
杨慈湖认为:"虽然,使未有《论语》、《孟子》时,无可类聚,又将若之何?孔
子未尝教人类聚。类聚体认,无非意路。"②程伊川所谓"类聚体认",还是从
书本文字上下手,从分析概念切入,而不是直契人之"本心"。杨慈湖认为:
"夫子之道,忠恕而已矣。善求夫子之道者,不求诸夫子,而求诸吾之心。"③
杨慈湖还说:"善学《易》者求诸己,不求诸书。古圣作《易》,凡以开吾心之
明而已。"④他极力强调"本心"的优先地位,强调人的主体性,要求人独立思
考,解放思想,不能受制于权威。这种观念明显受他老师的影响,陆象山
说:"学苟知本,《六经》皆我注脚。"⑤这种观念对明代余姚王阳明影响颇深,
王阳明说:"夫学贵得之于心。求之于心而非也,虽其言之出于孔子,不敢
以为是也,而况未及孔子者乎!求之于心而是也,虽其言之出于庸常,不敢
以为非也,而况其出于孔子者乎!"⑥

　　读孔子之书,心中有了主见以后,还应去看那些非圣人之书。历史著
作可以拓宽人之视野,增加人之阅历,对于发明"本心"有助缘作用。杨慈
湖在议论之中,经常借用历史以佐证自己的观点。杨慈湖说:"俟心通德纯
而后,可以观于史。"⑦在他看来,"自古人之知道者寡,是以其言之害道者
多。……害道之言满天下,不害道之言甚无几"⑧。其他诸子之书,大多似
是而非,杨慈湖的观点是"学者诚不宜泛观,必遭眩惑"⑨。但是当"心通德
纯"以后,也可以"观子史"。其他诸子虽不完全合于大道,但毕竟也有一孔
之见,学者尽可以拿来借鉴。《慈湖遗书》第 15 卷对史上多位学者均有品
评,可见慈湖本人对于诸子之书是看的。我们细检《慈湖诗传》、《慈湖易
传》等书,其中引用了大量的文献,可见杨慈湖并不拒绝读书。全谢山在
《淳熙四先生祠堂碑文》中说:"慈湖于诸经俱有所著,垂老更欲修群书以屏

---

① (宋)程颢、程颐:《二程遗书》卷 18,上海古籍出版社 2000 年版,第 230 页。
② 《家记九》,见《慈湖遗书》卷 15,第 847—848 页。
③ 《家记四》,见《慈湖遗书》卷 10,第 786 页。
④ 《家记一》,见《慈湖遗书》卷 7,第 691 页。
⑤ 《宋元学案·象山学案》,见(清)黄宗羲:《黄宗羲全集》第 5 册,第 284 页。
⑥ (明)王阳明:《王阳明全集》(上册),上海古籍出版社 1992 年版,第 76 页。
⑦ 《慈湖遗书》卷 19,第 918 页。
⑧ 《家记九》,见《慈湖遗书》卷 15,第 845—846 页。
⑨ 《家记九》,见《慈湖遗书》卷 15,第 846 页。

邪说而未就。"①

总而言之，杨慈湖并不反对读书。他曾说过："学能治己，材可及人，岂有不读书而能治己及人者乎？"②与慈湖同为"甬上四先生"之一的袁燮，曾写信给舒璘(也是"甬上四先生"之一)的大儿子舒钘说："更宜日课一经一史尤佳。学者但慕高远，不览古今，最为害事。子路曰：'何必读书，然后为学？'夫子曰：'是故恶夫佞者。'是虽圣人，于书不敢废，况他人乎！"③因此，全谢山说："深戒学者骛高远而不览古今，此是当时为陆学者之习气，正献及之，不一而足。可以知陆学本不如此，及其流弊至于如此，则是傅子渊、包显道之徒有以致之，而杨、袁不尔也。故延祐《志》所载帖，极称慈湖之读书。此帖正可彼此互相证明，陆学精处，正在戒学者之束书不观，游谈无根。"④我们看《慈湖遗书》其对四书、五经、秦汉诸子均有品评。《慈湖诗传》："其于一名一物，一字一句，必斟酌去取，旁征远引，曲畅其说；其考核六书，则自《说文》、《尔雅》、《释文》以及史传之音注，无不悉搜；其订正训诂则自齐、鲁、毛、韩以下，至于方言杂说，无不博引。可谓折衷同异，自成一家之言。"⑤可见，杨慈湖并非束书不观。

杨慈湖强调应先读孔子之书，当心中有了根底以后，才可涉猎子史，如此这般才不至于陷入狂惑。这是杨慈湖个人进学的经验教训。他曾告诫学生说："勿尽信非圣人之书。某少不明于是非，为非圣之言所误惑，不知其几年，后乃知非大圣人，终未全明。戒之哉！"⑥杨慈湖的父亲杨庭显曾经"尽焚其所藏异教之书"⑦，也可见出对非圣贤之书的排斥。人生在世，多希望得他人指点，这样可以避免少走弯路。杨慈湖作为一个过来者，说出自己的肺腑之言，建议学者先读孔子之书。

3.3.2　"觉"中识得本心

圣人之书可以兴感读者"本心"，但纸上得来终为浅，最重要的是要对

---

① 《宋元学案·慈湖学案》，见(清)黄宗羲：《黄宗羲全集》第 5 册，第 969 页。

② 《慈湖遗书》附录，见《慈湖先生年谱》卷 1。

③ 《宋元学案·广平定川学案》，见(清)黄宗羲：《黄宗羲全集》第 6 册，第 21 页。

④ 《宋元学案·广平定川学案》，见(清)黄宗羲：《黄宗羲全集》第 6 册，第 21—22 页。

⑤ 《四库全书总目》(整理本)，中华书局 1997 年版，第 194 页。

⑥ 《慈湖遗书》卷 19，第 918 页。

⑦ (宋)陆九渊：《杨承奉墓碣》，见《陆九渊集》卷 28，中华书局 1980 年版，第 326 页。

"本心"有切实的观照。因此,慈湖特别重视人之"觉"。陆象山有过多次"觉"之经历。他8岁时,"尝闻鼓声振动窗棂,亦豁然有觉"①。13岁时,"因读古书至宇宙二字,解者曰:'四方上下曰宇,往古来今曰宙。'忽大省"②。看《慈湖遗书》我们知道,"觉"也为慈湖所津津乐道。他所描绘的这些切身感受,绝不是一种虚幻的心理体验,而是当时学者所致力追求的一种境地③。慈湖说:"比二十年以来,觉者滋众,逾百人矣。"④他还说:"比来觉者何其多也。"⑤可见当时有过这种觉悟体验的人不在少数。一个人是否有过觉悟,从其言行举止之中即可看出。慈湖听到自己兄长说起同一宿舍的蒋秉信⑥,"因闻歌朝中措之词而忽有觉",后来他与蒋秉信有所接触,"屡奉秉信周旋,灼见秉信之果有觉"⑦。我们看《宋元学案》、《明儒学案》,其中也有许多这方面的记载,可见这不是空言戏语。慈湖多次谈及自己的这种体验,除了用来证明他的"本心"理论以外,更重要的是要在同道中人里得到印证。

杨慈湖所描绘的"觉"约分两种情况:一是触机而有觉悟;二是反观而有觉悟。所谓触机而有觉悟,是指受到外来的言语或者别物的刺激,人的意识突然进入一个新的境地,从而对于天地万物有了新的认识。如杨慈湖听到陆象山有关扇讼的是非之论时,他说:"某积疑二十年,先生一语触其机,某始信其心之即道而非有二物,始信天下之人心,皆与尧、舜、禹、汤、文、武、周公、孔子同,皆与天地日月四时鬼神同。"⑧再如前文所说到的蒋秉信,是"因闻歌朝中措之词而忽有觉"⑨。再如慈湖先生的叔兄机仲"闻钟发

---

① （宋）陆九渊:《年谱》,见《陆九渊集》卷36,中华书局1980年版,第482页。

② （宋）陆九渊:《年谱》,见《陆九渊集》卷36,中华书局1980年版,第482—483页。

③ 《宋元学案》记载,作为"甬上四先生"之一的舒璘,"与其兄琥、弟琪同受业陆子之门,兄弟皆顿有省悟。先生则曰:'吾非能一蹴而至其域也,吾惟朝夕于斯,刻苦磨厉,改过迁善,日有新功,亦可以弗畔云尔。'"(《宋元学案·广平定川学案》,见[清]黄宗羲:《黄宗羲全集》第6册,第4页)舒璘的兄与弟"皆顿有省悟",他却没有,从他言语中可以看出他是希望有"觉"的。

④ 《愤乐记》,见《慈湖遗书》卷2,第628页。

⑤ 《默斋记》,见《慈湖遗书》卷2,第630页。

⑥ 《慈湖学案》:"蒋存诚字秉信,鄞县人。金紫少子琚之孙也。为慈湖先生讲学之友。闻歌有省,德性清明。其卒也,慈湖为志其墓。"([清]黄宗羲:《黄宗羲全集》第5册,第969页)

⑦ 《蒋秉信墓铭》,见《慈湖遗书》卷5,第655页。

⑧ 《二陆先生祠记》,见《慈湖遗书》卷2,第621页。

⑨ 《蒋秉信墓铭》,见《慈湖遗书》卷5,第655页。

省,自此吐论超越"①。再如陆象山因为听到有关"宇宙"二字的训诂,"忽大
省曰:'宇宙内事,乃己分内事;己分内事,乃宇宙事。'"②还有杨慈湖的外甥
子方"始以梦中而觉"③。这种"觉"具有不可预测性,连觉者本人也不知自
己何时能够"觉"。但是为了迎接"觉"的到来,本人必是做出艰辛的准备。
杨慈湖是"积疑二十年",慈湖的叔兄机仲是"用改过之力于内"。慈湖学生
王子庸,"所志唯在道,所问未尝不疑,盖曰积十八九年矣。忽二月之二十
三,因见阳辉耀然,如脱如释,于是乎洞然,自是不复如前之疑矣"④。正是
由于他们前期的苦苦追索,后来受到某种机缘的触动,终于对天地之大道
有所感悟,对人之"本心"有了真切的观照。

　　所谓反观而有觉悟,是指通过默想的方法,让人的身心与大道合一,使
自我"本心"呈现出来。杨慈湖记载:

　　　　某之行年二十有八也,居太学之循理斋,时首秋入夜,斋仆以灯
　　至。某坐于床,思先大夫尝曰"时复反观",某方反观,忽觉空洞无内
　　外,无际畔,三才、万物、万化、万事、幽明、有无,通为一体,略无缝罅。
　　畴昔意谓万象森罗,一理贯通而已,有象与理之分,有一与万之异。及
　　反观后所见,元来某心体如此广大,天地有象有形,有际畔,乃在某无
　　际畔之中。⑤

杨慈湖所说的"反观",究竟应该如何操作,《慈湖遗书》并没有详细介绍。
以本人的理解,"反观"不同于以下几种情况:首先,"反观"不同于"无念"。
佛家认为"一切皆空",修行中追求"无念",最后归之于枯寂。杨慈湖强烈
反对求道于寂灭。他说:"盖不知道者,率求道于寂灭,不知日用交错无非
妙用。"⑥其次,"反观"不同于反省。反省是面对具体事件而进行,如曾子
"一日三省"(《论语·学而》),都是不脱离具体事像。慈湖先生这里所讲的
"反观",明显不是针对具体事件。再次,"反观"不同于"主一"。程伊川持

<hr />

① 《连理瑞记》,见《慈湖遗书》卷2,第624页。
② 《宋元学案·象山学案》,见(清)黄宗羲:《黄宗羲全集》第5册,第277页。
③ 《奠孙甥子方》,见《慈湖遗书》卷15,第911页。
④ 《王子庸请书》,见《慈湖遗书》卷2,第615页。引文之中,"未尝不疑",景印本为"来尝
不疑","来"是"未"形之误,故改。"阳辉",景印本为"杨辉","杨"是"阳"形之误,故改。
⑤ 《炳讲师求训》,见《慈湖遗书》卷18,第898页。
⑥ 《家记八》,见《慈湖遗书》卷13,第827页。

"主一"之说,"主一则既不之东,又不之西,是则只是中"①。"主一"时心里始终保持一个"敬"的状态。慈湖先生认为若如此,则"苦也。人性自善,何必如此拘束?"②

以本人理解,杨慈湖的"反观"是采取一种隔离的方法,就是主体将自己的身心暂时与周围世界完全隔离开来,从而做到内外俱静,即外部环境要安静,内心世界要宁静。在此情形下,人摄住自己的注意力,使其向内专注于自我内心。如前所言,人心内有生命之流。通过如此"反观",人就有可能"觉",从而体验到宇宙的生生不息之力。之所以说是"有可能",是因为"觉"的发生,既取决于主观努力的程度,还取决于当下的心境,是多方面因缘合和而成。有过"觉"之体验的人,对天地大道便有了切身感知,对"本心"充满着自信。即便是不能"觉","反观"也可以使人精神焕发,思维敏锐。这就难怪杨慈湖之父强调"时复反观",朱子的老师李延平也提倡这种静坐默识。

值得注意的是,人之觉悟只是对天地之道有所体认,这仅仅是"知及",还需要"仁守"。黄梨洲曾指出杨慈湖:"夫所谓觉者,识得本体之谓也。"③"觉"只是识得本体,不能以此为究竟,还必须乘胜前进。杨慈湖指出此时的学者最容易犯两种毛病:其一,目空一切,眼高手低。他说:"后世学道之士,乍有所闻,忽睹高明广大,往往下视舜、禹所为。过矣!气质曾未及古中贤,而遽抹略小节,不复退思舜、禹、益用心之如何,多见其不知量也。"④这种人自以为,既然人人具有"本心",那么我平常所发之心即是舜、禹、益之心,舜、禹、益等古代的圣贤也没有什么了不起的。他不知道舜、禹、益如何保持自我"本心"的纯粹中正,并且将其中的无穷妙用发挥到极致。

其二,自我满足,不思进取。杨慈湖说:"学者初觉,纵心所之,无不元妙,往往遂足,不知进学,而旧习难遽消,未能念念不动,但谓此道无所复用其思为,虽自觉有过,而不用其力,虚度岁月,终未造精一之地。"⑤这种人领会过人心之妙用,自以为人心既然能够知是知非,便可以放纵自己,一切纵

---

① (宋)程颢、程颐:《二程遗书》卷15,上海古籍出版社2000年版,第195页。
② 《家记九》,见《慈湖遗书》卷15,第848页。
③ 《宋元学案·慈湖学案》,见(清)黄宗羲:《黄宗羲全集》第5册,第996页。
④ 《家记二》,见《慈湖遗书》卷8,第716页。
⑤ 《家记九》,见《慈湖遗书》卷15,第846页。

心所为,实是坠入无忌惮之中庸①。他不知道人心易于被旧习所遮蔽,不经过一番磨炼工夫,"本心"不能完全呈露。顾諟曾提出这种人的危害:"然无仁守之功,徒凭借虚见,侈然自足,将所谓知及之者,虽得亦失矣。此种之患,更易染人。苟不知洗涤湔刷,其始也,望空捉影,画饼不可以充饥;其究也,鲁莽猖狂,认野葛为滋味,流毒可胜道哉!"②杨慈湖指出学者容易犯的两种毛病,然后他又教我们如何做到"仁守"。

3.3.3 做事只求合理

读圣贤之书可以兴起"本心",自我觉悟可以识得"本心",这便是立得大本大根。"知及"以后,还要"仁守",也就是要保持"本心"时时呈现,最终做到"常觉常明"。要想"仁守",还需要做入细工夫。陆象山说:"学问于大本既正,而万微不可不察。"③"万微"即是具体人事。人之"大本"不是悬空的,必须贯注于"万微"之中。慈湖的父亲杨庭显说:"事即学也,事学有二,则学亦劳矣。"④在孔门,"事"与"学"本是合一⑤。因此,杨慈湖之学最看重的是做事,在做事中明晓事理。他说:

> 不起意非谓不理事,凡作事只要合理,若起私意则不可。⑥

这句话点出"不起意"的两个要点:其一是要理事,其二是求合理。所谓理事,也就是人的平常日用。人活着总是要做事的。首先,人作为一个生命机体,要吃饭、穿衣、睡觉,那么为满足这些生理上的需求,人必须去劳作。其次,人还要过群体生活,在家要孝顺父母、尊敬兄长、疼爱妻儿,出门要结交朋友、服务社会、为国出力。杨慈湖所说的"不起意",不同于佛家所倡导的"无念"。佛家为达到"无念",通常采用内外双修的方法。即从内部通过各种工夫来抑制人心的意念活动,从而达到心行路绝;从外部则是斩断俗缘,尽可能地不与世俗世界发生联系。有些儒家学者受此影响,比较推崇"静坐"的功夫。慈湖先生说:"盖不知道者,率求道于寂灭,不知日用交错

---

① 《中庸》:"小人之中庸也,小人而无忌惮也。"
② 《宋元学案·象山学案》,见(清)黄宗羲:《黄宗羲全集》第5册,第290页。
③ (宋)陆九渊:《语录下》,见《陆九渊集》卷35,中华书局1980年版,第478页。
④ 《纪先训》,见《慈湖遗书》卷17,第891页。
⑤ 《论语·学而》:"子夏曰:'贤贤易色;事父母,能竭其力,事君,能致其身;与朋友交,言而有信。虽曰未学,吾必谓之学矣。'"
⑥ 《家记七》,见《慈湖遗书》卷13,第831页。

无非妙用。觉则于日用应酬交错间，自无毫发非礼处。"①杨慈湖明确地反对"求道于寂灭"，他认为平常日用无非"本心"妙用。也有学者视平常日用为"胶扰"，认为只有"待其胶扰之暂息，清明之复还，然后良心之苗裔，善端之萌蘖，时时发见焉"。杨慈湖认为："日用岂无胶扰？《易》曰'变化云为'，胶扰乃变化，即天地之风雨。"②因此，人不能为日常琐事而烦恼，日常琐事也可以看出"本心"之妙用。还需要注意的是，慈湖先生所讲的"作事"，其中也包括了人对外貌的注意。他说："学问之道，虽曰求放心而已，不在于外貌。然外貌斯须不庄不敬，即失其所谓帝则，岂有措身于淫逸非僻之地而曰吾求放心足矣？难哉！"③

杨慈湖提倡"作事"，是希望人们要积极地主动地去有所作为。这与生命的刚健不息本性是相契合的。生命之义即在于生生不已，即在于创新不止，如同四时之交替，日月之代明。人作为"天地之心"，是天地进化的最高成果，更应该自强不息，刚健有为，以此来充分体现宇宙大精神。佛家的"无念"，道家的"无为"，都是要窒息人之生机。人最容易犯懈怠的毛病，最喜欢安于现有的状况，杨慈湖提倡"作事"，恰是对症下药。有学者认定杨简"纯入于禅"④，真是误会了慈湖之学。熊十力先生曾论及儒、佛之别。他说："儒者即心见性。尼父'五十知天命'，而其功效所极，则曰'七十从心所欲不逾矩'。心即是性也，于此徵矣。孟子曰'尽心则知性知天'，犹孔子之旨也。佛氏亦何能于心外觅性？然其言性终偏于寂静，则宗门作用见性，似犹是权词。而性体真寂，不即是虚灵知觉之心也。"⑤以我们的理解，虽然儒、佛皆曰"明心见性"，但儒之所谓心、性不同于佛之所谓心、性。佛之性"偏于寂静"，以致心行路绝，佛之心只剩下一个虚灵知觉。而儒之"性体真寂"是指人"本心"中的生命之流，它是既存有既活动的，在存有活动之中还有一个"道理"在。杨慈湖称圣贤之心"常觉常明"，"觉"与"明"的对象是"道"。因此，慈湖心学与禅学之别如同霄壤。

杨慈湖提倡"作事"，但人不能只管懵懵懂懂地去作事，还要于做事中求得一个合理。如何去求一个合理？首先求一个心诚。杨慈湖说："邪正

① 《家记七》，见《慈湖遗书》卷13，第827页。
② 《慈湖遗书》卷19，第926页。
③ 《家记二》，见《慈湖遗书》卷8，第716页。
④ 《四库全书总目》卷166(下)，中华书局1997年版，第2137页。
⑤ 熊十力：《十力语要》，中华书局1996年版，第115页。

之分,率于诚不诚见之。"①"邪"是不合理,"正"是合理,"诚"是真实无妄。在杨慈湖看来,人心本神本灵,本清本明,无思无为,随感而应,无所不通。"本心"自有无穷之妙用,自能范围天地、发育万物、知是知非。那么人在平常日用中,一切交由"本心"做主,所作所为自能无不合理。杨慈湖说:"不明乎善,不诚其身矣。"②因此,我们做事合理与否,就看是不是真实地发自于我们的"本心"。

人做事是否心诚,可以通过反省得知。反省即是"反求诸己",这对于儒家真是太重要了! 熊十力先生说:"先圣贤之学,广大悉备,而一点血脉,只是'反求诸己'四字。"③此可谓的论。儒家反省约分为三,即比德反省、灾异反省和实践反省。④ 所谓比德反省,就是认定某物具有某种品德,人以物为镜,反照自身。《礼记·玉藻》曰:"古之君子必佩玉,右徵、角,左宫、羽。趋以《采齐》,行以《肆夏》,周还中规,折还中矩,进则揖之,退则扬之,然后玉锵鸣也。……君子无故玉不去身,君子于玉,比德焉。"古人看到玉石有许多的优点,于是时时佩戴着玉,以此提醒自己,磨砺自我品德。

所谓灾异反省,是指出现灾害或者怪异现象,如地震、日食、雷电等,人(尤其是当权者)要想到这是上天发出的警戒,应该借机反省自己的往言往行。《周易·震·象》曰:"洊雷,震;君子以恐惧修省。"《礼记·玉藻》更具体规定:"若有疾风,迅雷,甚雨,则必变,虽夜必兴,衣服、冠而坐。"比德反省和灾异反省都是采用类比的方法,来达到求得合理的目的,中间毕竟还是转了一层。杨慈湖所谓反省,更多是侧重于实践反省。

实践反省离不开人之实践。人总是处在实践之中,只有"阖棺兮乃止播耳"(《韩诗外传》卷八)。人的反省活动涉及三个方面,即反省的主体、反省的对象和反省的尺度。反省的主体是人。一般动物是不会反省的,而人天生就是一个"内省的动物有机体"⑤,这是造化给予人的一种恩赐。但是,在现实生活中,并不是人人都能够接受并发扬光大上天所给予的这样恩赐,许多人只是闷头闷脑地做事,不能做到及时反省。人如果不能充分地利用自己本有的反省能力,也就是放弃了自己的主体地位,也就是成了孟

① 《五诰解》卷4,第622页。
② 《家记八》,见《慈湖遗书》卷14,第835页。
③ 熊十力:《十力语要》,中华书局1996年版,第333页。
④ 请参看拙文:《儒家实践反省的理性分析》,《学术探索》2004年第2期。
⑤ 《十一至十八世纪西欧各国哲学》,商务印书馆1957年版,第368页。

子所说的"自暴"、"自弃"之人①。

反省的对象是人的生命所感。人在社会实践时,将自己的生命投入其中,生命自然会有所感。如果毫无所感或者感觉迟钝,那就是生命力衰弱的表征。这种生命之感成为儒家反省的对象。宰我向孔子建议缩短人们服丧守孝的期限,孔子直接问他心中安还是不安②,孔子教人们直接切入自己的生命之中。从这里我们可以看出,中西方智者对于反省的理解是有差异的。洛克提到反省时说:"我的意思是指,心灵对它自己的各种活动以及活动方式的那种注意。"③西方注重逻辑思维,他们反省的是思维本身。

人在实践反省过程中,内心还持有一把尺子,这把尺子就是人之"本心"内在的生命之流。西方学者普罗泰戈拉说:"人是万物的尺度,是存在者存在的尺度,也是不存在者不存在的尺度。"④此言可证反省的尺度就在人的生命之中。人的生命本身就能对事物做出善恶是非的判断。凡是适合于生命的,就是善的好的;凡是不适合于生命的,就是恶的不好的。因此,《大学》说:"如恶恶臭,如好好色,此之谓自谦。"

以上谈到反省的主体、反省的对象和反省的尺度,其实反省是瞬间生成的。人在反省过程中,直接切入自我生命本身的感受,利害的考量和得失的计算并没有参与其中。是真情实感,还是虚情假意,每个人心中当下即能明白。《大学》说:"人之视己,如见其肺肝然,则何益矣。"人看自己看得最为真切,根本用不着再增加什么。显而易见,每一次反省其实就是对"本心"的一次确证。

但是,并非所有的反省都能够求得一个心诚,求得一个合理,因为在现实生活中,有些出自真心的行为却是不合理的。譬如说,有些家教失败的父母,常常反省自己的行为,他们谁也不会承认自己的爱不是发自真心的,但是他们的溺爱确实害了自己的孩子。之所以会出现这种情况,是由于习气的缘故,这些人的"本心"已遭到了遮蔽。父母的溺爱不利于孩子的成

① 《孟子·离娄上》:"言非礼义,谓之自暴也;吾身不能居仁由义,谓之自弃也。"
② 《论语·阳货》:"宰我问:'三年之丧,期已久矣。君子三年不为礼,礼必坏;三年不为乐,乐必崩。旧谷既没,新谷既升,钻燧改火,期可已矣。'子曰:'食夫稻,衣夫锦,于女安乎?'曰:'安!'女安则为之。夫君子之居丧,食旨不甘,闻乐不乐,居处不安,故不为也。今女安,则为之。'宰我出。子曰:'予之不仁也!子生三年,然后免于父母之怀。夫三年之丧,天下之通丧也。予也有三年之爱于其父母乎?'"
③ 《十一至十八世纪西欧各国哲学》,商务印书馆1957年版,第367页。
④ 《西方哲学原著选读》上册,商务印书馆1983年版,第54页。

长，这本是一个浅显的道理，但是这些父母却习焉而不察，熟视而无睹。这是因为"人处不善之久，则安于不善，而不以为异"①。因此，反省之中需要加上"思"的功夫。杨慈湖说：

> 当思不思则罔，不必思而思则赘。不可罔，亦不可赘。初学之思即成德之无思，成德之无思即初学之思。思非劣，无思非优，致优劣之见者，不足以学道。②

杨慈湖在此指出人心的两个方面：既是有"思"，又是"无思"。孟子说"心之官则思"（《孟子·告子上》），杨慈湖说"以吾之思虑为心"③，"思"字由"心"与"田"组成，表明人心官能就是思考。如果一个人放弃了思考，那他就是无心之人，这就好像农民放弃了自己的田地。一个无心之人，就像无头之苍蝇，陷入懵懵懂懂之中。人遇到困难，自然要想办法解决；和父母在一起，自然要想办法尽孝心。人的这些思考都是自然而然的事，不带一点儿勉强，不是有意而为之，从这个角度来说是"无思"。因此，慈湖先生说："思之即无思也。"④如果一个人在解决困难时，想到自己克服困难后所能得到的荣誉；如果一个人在孝顺父母时，想到将来可以得到父母的遗产。这类思考就是多余的。总之，人之心力应着意于事情本身，而不应逸出事情之外。

　　当然，初学做人之人，要想获得做人之理而思考的痕迹比较明显，故而有"初学之思"。杨慈湖说："学道之初，系心一致，久而精纯，思为自泯。"⑤成德以后，人能够"常觉常明"，几乎不费力就能获知做人之理，故而称为"成德之无思"。其实人成德以后，并不是可以不用思考。倘若成德以后就不用思考，那么为何周公要"仰而思之，夜以继日"？为何孔子要说"再，思可矣"⑥？正如前文所言，人成德之"思"是神性思维，是对理性思维的超越并包容，它不可言说，不可揣测，从这种角度可以说，是"成德之无思"。因此，我们不能因为杨慈湖多次强调"本心"无思无为，就断定"无思"比"思"优越。其实"思非劣，无思非优"，如果一定要分出个优劣，那就"不足以学

----

①　《纪先训》，见《慈湖遗书》卷 17，第 884 页。
②　《家记五》，见《慈湖遗书》卷 11，第 818 页。
③　《己易》，见《慈湖遗书》卷 8，第 689 页。
④　《家记九》，见《慈湖遗书》卷 15，第 849 页。
⑤　《家记九》，见《慈湖遗书》卷 15，第 846 页。
⑥　《论语·公冶长》："季文子三思而后行。子闻之，曰：'再，斯可矣。'"

道"。在杨慈湖看来,人心的"思"与"无思"是一种对立统一。他说:"思曰睿,明乎思未尝不睿,未尝不妙,未尝不神。此不可以有无解。……离思而取无思,是犹未悟百姓日用之即道也。"①

那么,人遇事应该如何去"思"呢?杨慈湖说:"孔子曰'君子有九思'。视未能不蔽于物,奚可不思明?听未能不蔽于物,奚可不思聪?色患不温,恶得而无思?貌患不恭,恶得而无思?言有未忠,恶得而无思忠?事有未敬,恶得而不思敬?既有疑,恶得不思问?既有忿,胡可不思难?"②从此言语中可以看出,"思"恰恰是破除遮蔽的最好利器。他所说的"思",不是去算计得与失,也不是去比较利与害,而是去观照。这里的"明"、"聪"、"忠"、"敬"等,不是观念名词,也不是具体物事,而是人的主体感受。由此可见,"思"是要回到人的主观感受上,回到人的"本心"上。因为"心即道","道"在人"本心"处呈现。回到"本心",即是求得合理。

这里的"思"不是体察,不是隐度。杨慈湖是反对体察与隐度的,他说:"平常正直之心即道,而体察隐度者未免起意。"有些学者担心,提出这样的疑问:"今惧起意也,不敢体察,不敢隐度,坐听是心之所发,则天理与人情并行,真诚与伪念交作,果何以洞悉其然否?恐放其心而欲求者不可以如是。"③杨慈湖指出,这种担心还是由于对自我"本心"没有足够的自觉自信。"本心"自能知是知非,一旦发现有错,改过而已。慈湖父亲杨庭显在家训中也说:"偿得尧舜之心则无我,无我则自然日进,不待修为。"④也就是说,只要"本心"呈现即可,用不着再做多余的事。

3.3.4 改错中完善自我

人心易于"起意",或过或不及,失之放逸曰过,拘之太紧曰不及。因此,人难免会犯这样那样的错误。孔子说:"加我数年,五十以学《易》,可以无大过矣。"(《论语·述而》)有人问陆象山:"先生之学,当来自何处入?"陆象山答曰:"不过切己自反,改过迁善。"⑤可见古代圣贤并不卑视犯错之人,而只是劝人及时改错。对于人的过错,杨慈湖有两项建议:一是尽可能地

---

① 《家记九》,见《慈湖遗书》卷 15,第 849 页。

② 《家记五》,见《慈湖遗书》卷 11,第 818 页。

③ 《慈湖遗书》卷 19,第 926 页。

④ 《纪先训》,见《慈湖遗书》卷 17,第 897 页。

⑤ (宋)陆九渊:《语录上》,见《陆九渊集》卷 34,中华书局 1980 年版,第 400 页。

预防错误,二是及时改正错误。

杨慈湖说:"尧舜曰钦哉,禹曰克艰,汤则慄慄,文王则翼翼,武王则夙夜祗惧,周公曰无逸,皋陶曰兢兢业业,益曰警戒无虞,伊尹曰钦厥止,又曰其难其慎,召公与周公熟讲治道,惟此一言而矣。人心即道心,惟放逸则失之。"①尧、舜、禹、汤、文王等,这些历史上的圣贤们,应算得上先知先觉者,但他们仍是如此小心谨慎。他们所说的话语虽有不同,但是其精神实质却是相通的,就是警戒自我,提示"本心",使自己始终保持在"常觉常明"的境地。他们这样做,开始的时候也许感到很辛苦,但是成德以后也就顺其自然。人心的这种状态既不能过于放逸,又不能过于拘谨,拿捏要有一个恰如其分。这恰如其分,归根结底需要求之于"本心"。

人应尽量避免犯错误,但是错误总是难免。人们对待错误有三种不好的态度。其一,无知的态度。有错而不知有错,浑浑噩噩,习焉而不察,日用而不自知。有一句诗可以形象地描摹这种态度:"盲人骑瞎马,半夜临深池。"这种无知的态度岂不叫人揪心?其二,消极的态度。明知有错,但不愿意花气力去改,"虽自觉有过,而不用其力,虚度岁月,终未造精一之地。"②这种人以"人非圣贤,孰能无过"为借口,行得过且过之实。他们不知道人虽不是天生就是圣贤,但应致力于成为圣贤。其三,纠结的态度。有些人犯了错误以后,便成了一个心结,形成一个挥之不去的阴影。这种事后的纠结于事无补,反而影响到以后的工作和生活。这些人不知道"圣人不贵无过,贵改过"③。孔子说"成事不说,遂事不谏,既往不咎"(《论语·八佾》),这就是反对人纠结于过去。杨慈湖说:"孔子曰'改而止',改而不止,是谓正其心反成起意耳。"所谓"改而不止",是指已经改正了错误,但仍然纠结于过去的错误。以上三种态度都是不可取的,杨慈湖提倡对待错误要有积极的态度。

对待错误的积极态度应当是勇于改过。杨慈湖极力鼓励人们改过,他说:"尧、舜舍己从人,成汤改过不吝。改过之善,惟孔子知之。"④他还说:"子路大贤,闻过则喜。"⑤子路因为是大贤,所以他欢迎别人指出他的缺点;

---

① 《五诰解》卷3,第617页。

② 《家记九》,见《慈湖遗书》卷15,第846页。

③ 《内讼斋记》,见《慈湖遗书》卷2,第611页。

④ (宋)钱时:《宝谟阁学士正奉大夫慈湖先生行状》,见《慈湖遗书》附录,第938页。

⑤ 《内讼斋记》,见《慈湖遗书》卷2,第611页。

也正因为子路勇于改过,所以他能成为大贤。当知道自己的过错时,不能轻轻放过,要反省,要自讼。慈湖的父亲杨庭显每当有错,"自悔自怨,至于泣下,至于自拳"。慈湖的仲兄专门建一个自讼斋,"有大过则居焉"。① 他们这样做,并不是有意作秀,而是通过这种方式进行深刻的反省,是要触及自己的灵魂深处。颜回能够做到"不贰过"②,其实也是经过深刻反省才能达到的。

人有错即改固然是好,但最好能将过错消灭在人心之中。杨慈湖说:"汝自觉汝心有不顺,即改而顺;自觉此心有不勤,即勉而为勤。无可待也。使稍有期待之心,即非天理之至。"③还是要返回到人的内心,做到"不起意"即可。人心就是一杆秤,如觉得有所不妥,改正过来即可;如觉得有些懈怠,自我振作即可。这就是天理。在杨慈湖眼中,成为圣贤就是如此简易。

总之,要想做到杨慈湖所说的"不起意",可以从四个方面下手,即阅读孔子之书以立大本,觉悟以求得"本心",在作事中求得合理,在不断改错中完善自我。此四个方面是融合在一起的,很难分一个先后次第。读孔子之书可以体会圣人的"本心",但是如没有个人的人生实践经验参与其中,从书本上得到的"知"毕竟不是真知。通过顿悟识得"本心",虽有切身之感,但是如不在做事中去求合理,不在改错中提升自我,那些得来的对"本心"的认知,不过是虚浮的知觉而已。因此,杨慈湖所讲四方面的修身工夫,需要相互配合,从而融为一个整体。

3.4　有关"不起意"的评价

当了解到杨慈湖"不起意"的真意之后,就需要对其做出恰当评价。在我们做出评价之前,先要看看前人的评价。

3.4.1　前人对"不起意"的批评

杨慈湖提出"不起意",这在儒学史上是比较独特的。此论一出,即招

---

① 《内讼斋记》,见《慈湖遗书》卷2,第611页。
② 《论语·雍也》:"哀公问:'弟子孰为好学?'孔子对曰:'有颜回者好学,不迁怒,不贰过。不幸短命死矣。今也则亡,未闻好学者也。'"
③ 《五诰解》卷1,第605页。

来各方面的批评。同时代的朱子就批评杨慈湖说：

> 有一学者云："学者须是除意见。陆子静说颜子克己之学，非如常人克去一切忿欲利害之私，盖欲于意念所起处，将来克去。"先生痛加诮责，以为："此三字误天下学者！自尧、舜相传至历代圣贤书册上，并无此三字。某谓除去不好底意见则可，若好底意见，须是存留。如饥之思食，渴之思饮，合做底事思量去做，皆意见也。圣贤之学，如一条大路，甚次第分明。缘有'除意见'横在心里，便更不在做。如日间所行之事，想见只是不得已去做，才做，便要忘了，生怕有意见。所以目视霄汉，悠悠过日，下梢只成得个狂妄！今只理会除意见，安知除意见之心，又非所谓意见乎？"①

"有一学者"当然是指杨慈湖。这里还指出慈湖之"不起意"说与陆象山解释颜回"克己"之间的关系。朱子批评慈湖着眼于以下几点：其一，圣贤书册无此三字。朱子主张读书穷理，议论总喜欢以书册文字为据。这是古人发议论所习惯采用的手法，即"众辞淆乱质诸圣"。但圣贤书册无此三字，并不代表圣贤话语中不含有这个意思。后人通过读圣贤书册，代圣贤立言，也不为过错。即便圣贤无此意思，后人也可以引申发挥。清人王夫之曾说："盖圣贤之微言大义，曲畅旁通，虽立言本有定指，而学者躬行心得，各有契合，要以取益于身心，非如训诂家拘文之小辨。"②其二，好底意见须存留。朱子所列举的饥思食、渴思饮，在杨慈湖看来，这不是好的意见，而就是"本心"呈现。圣贤做事不存有做好事的念头，事当做便去做，做出来自然是好。如存着做好事的念头，那便是起意。朱子所举之例，也可用来证明杨慈湖之"不起意"。其三，除意见之心即是意见。以此来批评杨慈湖，他是不会心服的。杨慈湖也认为存有"不起意"之心，本身就是一种"意"。关于此点，前文有过讨论。总之，朱子对慈湖"不起意"之指责，我估计杨慈湖是不会接受的。

　　南宋时期，学术流派纷呈。朱子以"道问学"为主，强调一个"理"字；陆象山以"尊德性"为上，强调一个"心"字。朱、陆之间有过学术争论，最有名的当数"鹅湖之会"，但二人仍不失为好朋友。大家都是为了成圣成贤，只是由于人生遭际不同，故而进学路径不同，只不过各自道出其所有而已。

---

① （宋）黎靖德：《朱子语类》卷124，中华书局1986年版，第8册，第2972—2973页。
② （清）王夫之：《张子正蒙注》卷5，中华书局1975年版，第192页。

《中庸》说:"道并行而不悖。"《周易》说:"天下同归而殊途,一致而百虑。"(《周易·系辞下》)朱、陆之争是为了儒学之道更明。到了他们的后学,相互之间纯为义气而争,于是发生了相互攻击。陈北溪是朱门得意门生。朱子曾数次对人说"南来,吾道喜得陈淳"。全谢山曾评价陈北溪,"其卫师门甚力,多所发明;然亦操异同之见而失之过者"①。陈北溪在《答陈师复书》中说:

> 浙间年来象山之学甚旺,由其门人有杨、袁贵显据要津唱之,不读书,不穷理,专做打坐工夫,求形体之运动知觉者,以为妙诀。又假托圣人之言,牵就释意,以文盖之。②

陈北溪说杨慈湖"不读书,不穷理,专做打坐工夫",这分明是受朱子的影响。朱子曾说:"从陆子静学,如杨敬仲辈,持守得亦好,若肯去穷理,须穷得分明。然它不肯读书,一任一己私见,有似个稊稗。"③其实杨慈湖不是反对读书,而是主张先读孔子之书。说他"不读书",实际上是说杨慈湖不读朱子之书④。杨慈湖主张于做事中求得合理,如何又是"不穷理"? 杨慈湖是反对"兀坐",他说:"静者不动乎意而已,非止于兀坐。"⑤说他"专做打坐工夫"也是不切合实际的。所谓"求形体之运动知觉者",用现代学者的话来说,就是"彻底的自然道德论"者⑥。这样来说杨慈湖也是不恰当的。如前所言,杨慈湖追求的是神性思维,是要增加意识深度的,不是放弃意识深度,去"求形体之运动知觉"。

朱子、陈北溪对于杨慈湖的批评,是出于进学路向的根本不同。朱子之学是横向的涵摄,期许以量的积累来求得质的飞跃。这是由外而内的路径,将外在的天理与人心之灵明相凑泊。慈湖之学(也就是陆门心学)是纵

---

① 《宋元学案·北溪学案》,见(清)黄宗羲:《黄宗羲全集》第 5 册,第 681 页。

② 《宋元学案·慈湖学案》,见(清)黄宗羲:《黄宗羲全集》第 5 册,第 967 页。

③ (宋)黎靖德:《朱子语类》卷 124,中华书局 1986 年版,第 8 册,第 2984 页。

④ 陈北溪曾说:"慈湖才见伊川语,便怒形于色。朋徒私相尊号祖师,以为真有得于千载不传之正统。严陵有詹喻辈护法,其或读书,却读《语孟精义》而不肯读《集注》,读《中庸集解》而不肯读《章句或问》,读《河南遗书》而不肯读《近思录》,读《通书》而不肯读《太极图》,而读《通书》只读白本,不肯读文公解本。"(《宋元学案·慈湖学案》,见[清]黄宗羲:《黄宗羲全集》第 5 册,第 967 页)

⑤ 《慈湖遗书》卷 2,《尚然记》,630 页。

⑥ 滕复等人认为:"杨简的思想可以说是一种彻底的自然道德论,并具有绝对强调人的意识自由的色彩。"(见滕复等:《浙江文化史》,浙江人民出版社 1992 年版,第 217 页)

向的贯穿，认为增加意识深度便可拓宽意识广度。这是由内而外的路径，将内心之道理推之于事事物物。以牟宗三先生的观点，陆氏心学是孔、孟之嫡传，而朱子之学是孔、孟之歧出。陆氏心学是圣贤之学的第一义，而朱子之学则是第二义，朱子所提倡的读书明理、格物致知等，可以作为心性修养之助缘。[①]

朱子、陈北溪拘于路径不同而发出如此议论，原不足以为怪。但是，对心学怀有同情理解的黄梨洲也说：

> 夫所谓觉者，识得本体之谓也。象山以是为始功，而慈湖以是为究竟，此慈湖之失其传也。[②]

> 象山说颜子克己之学，非如常人克去一切念欲利害之私，盖欲于意念所起处，将来克去。故慈湖以不起意为宗，是师门之的传也。……但慈湖工夫入细不能如象山，一切经传有所未得处便硬说辟倒，此又学象山之过者也。[③]

梨洲先生认定杨慈湖是以识得本体为究竟，这是不符合事实的。如前所言，在杨慈湖看来，"觉"而后识得本体，这只是"知及"，还要加"仁守"之功。可见，杨慈湖也是以"觉"为始功的，最终他要达到"常觉常明"，这才是慈湖之究竟。梨洲误认慈湖以识得本体为究竟，那么他说慈湖"工夫入细不如象山"，也就是自然的了。古人之所谓"工夫"，在我看来，就是人用自己的生命使潜伏在生命中的生命根源、道德根源呈现的程度。上一章我们曾议论陆象山的"心即理"与杨慈湖的"心即道"，从心学理论上来讲，杨慈湖的"心即道"的表述明显比陆象山的"心即理"的表述要纯正一些。因此，说"慈湖工夫入细不如象山"，未免失之武断。

杨慈湖的表述可能容易引起人之误解。他反复地强调，只要"不起意"，"本心"自然就会完全呈现出来；"本心"自神自灵，妙用无穷，可以范围天地，可以发育万物，可以明辨是非；人应该相信自己的"本心"，一切依着"本心"而行，便不会有任何差错。这是杨慈湖实到境地之所见。人来到这个世上，几乎没有不受社会环境熏染的，几乎没有不染上一些习气的。这就是说，现实中的人之"本心"多少都会遭受遮蔽，需要花一些工夫来磨洗

---

① 可参看牟宗三先生之《心体与性体》和《从陆象山到刘蕺山》。
② 《宋元学案·慈湖学案》，见（清）黄宗羲：《黄宗羲全集》第 5 册，第 996 页。
③ 《宋元学案·慈湖学案》，见（清）黄宗羲：《黄宗羲全集》第 5 册，第 968 页。

和陶冶,然后才能恢复"本心"。但是,杨慈湖先生对前者强调得多,而对后者强调得少。于是引起了许多人的误解,他的后学也有"掇拾遗论,依放近似,而实未有得",而这恰恰是"先生之所深戒"的①。

3.4.2　慈湖提出"不起意"的语境

要恰当评价杨慈湖之"不起意",便不能不考虑当时之语境。"不起意"之语境有二:一是从外部看学术环境,二是从内部看慈湖心理。杨慈湖之所以说出容易让人发生误会的话,是受当时学术环境所激。全谢山在《碧沚杨文元公书院记》中说:

> 文元之学,先儒论之多矣,或疑发明本心,陆氏但以为入门,而文元遂以为究竟,故文元为陆氏功臣,而失其传者亦有之。愚以为未尽然。夫论人之学,当观其行,不徒以其言。文元之斋明严恪,其生平践履,盖涑水、横渠一辈人。曰诚,曰明,曰孝弟,曰忠信,圣学之全,无以加矣。特以当时学者沉溺于章句之学,而不知所以自拔,故为本心之说以提醒之。盖诚欲导其迷途而使之悟,而非谓此一悟之外更无余也。而不善学者,乃凭此虚空之知觉,欲以浴沂风雩之天机屏当一切。是岂文元之究竟哉!②

全谢山可谓是杨慈湖之解人,此论慈湖可谓的当。杨慈湖确实曾多次表示对章句之学的不满。他说《周易》"此岂训诂之所能解也"③。章句之学者注重词语训诂,提倡思索潜玩。杨慈湖此语正是针对章句之学而发。他还说:"章句陋儒取孔子所与曾子之书,妄以己意增益之,曰开宗明义章,曰天子章,曰诸侯章,取混然一贯之旨而分裂之,又刊落古文闺门一节,破碎大道,相与妄论于迷惑之中,而不自知。"④这是对以朱子为代表的章句之学的直接批评。杨慈湖指出章句之学产生的原因:"度实行非己所长,姑从其所长于博闻强识而尚之。人之常情多言己所长尔。"⑤在杨慈湖看来,章句之儒不擅长于"实行",只擅长于博闻强记,于是才会去发展章句之学。他看

---

① 《宋元学案·慈湖学案》,见(清)黄宗羲:《黄宗羲全集》第5册,第967页。
② 《宋元学案·慈湖学案》,见(清)黄宗羲:《黄宗羲全集》第5册,第968—969页。
③ 《家记一》,见《慈湖遗书》卷7,第691页。
④ 《家记六》,见《慈湖遗书》卷12,第823页。
⑤ 《家记三》,见《慈湖遗书》卷9,第738页。

到章句之学弊端所在:"先儒不自明己之心,不自信己之心,故亦不信学者之心。"①在众人都对章句之学趋之若鹜时,他大张旗鼓地提出"不起意",要求学者要发明"本心"。

从另一个角度来说,一个思想家提出自己的学说,不应该面面俱到,四平八稳。每个人都有权利根据自己心中所得,而有所侧重地提出自己的主张。否则,便是千人一面,万人一腔。正如熊十力先生所言:"大抵学问家,各欲完成其系统,则不能不偏。"②西方的学者也指出这一点:"正如大多数智识活动一样,诠释只有走向极端才有趣。四平八稳、不温不火的诠释表达的只是一种共识;尽管这种诠释在某些情况下也自有其价值,然而它却像白开水一样淡乎寡味。"③

从慈湖先生的内部来看,他本来是"圣学之全,无以加矣"④,他确实得力于"不起意",对于人心之妙用有切身的体会,因此他在这方面自然就说得多一点。人之进学路径各有不同,有通过读书而明理,有通过静坐而悟道,有静时存养动时体察。方法各式各样,条条大路通罗马。人之天生禀赋各有不同,人之成长环境皆有差异,人之人生遭际都有区别,因此人之进学之路当然有别。只要是真实有用,即是有价值。"不起意"一法,对于杨慈湖颇为有用,他对此也有心得,故而他提出来。"不起意"至少可以为那些立志成圣成贤的人提供一种参考。另外一点也要考虑进来。杨慈湖说"不起意",无非是处在他的境地里所说的大实话。就像一个熟练的汽车司机,认为开汽车是极容易的事,而对于多次考试都不能拿到驾照的人来说,难免说他将学开车说得太随意了。

总之,学慈湖之学的人,或者看慈湖之书的人,在看到慈湖的"不起意"时,还应意会到其背后更多的内涵。我们应该想到:"如果它们果真非常极端的话,对我来说,它们就更有可能揭示出那些温和而稳健的诠释所无法注意到或无法揭示出来的意义内涵。"⑤

---

① 《王子庸请书》,见《慈湖遗书》卷2,第616页。

② 熊十力:《十力语要》,中华书局1996年版,第434页。

③ [美]乔纳森·卡勒:《为"过度诠释"一辩》,见[意]安贝托·艾柯:《诠释与过度诠释》,三联书店1997年版,第119页。

④ (清)全祖望:《碧沚杨文元公书院记》,见《全祖望集彙校集注》(中册),上海古籍出版社2000年版,第1045页。

⑤ [美]乔纳森·卡勒:《为"过度诠释"一辩》,见[意]安贝托·艾柯:《诠释与过度诠释》,三联书店1997年版,第119页。

第四章 慈湖之进学

以上三章依据杨慈湖之言论,进入其内心,来探寻他如何教人成圣成贤。也就是说,主要是讨论慈湖心学。余英时先生说:"儒学从来不是纯思辨的产物,只有放置在生活实践的历史脉络之中,它的意义才能全幅展现,宋代尤其如此。"①接下来,应从外部来观察杨慈湖之行事,看他一生之作为,确定他到底是个何等样的人。在杨慈湖这里,做圣贤与做学问是合二为一的。考察慈湖先生的做人,正可以验证他的心学理论。我们也只有看清了他的践行,然后才能真正理解他的心学理论。正如全谢山在《石坡书院记》中所言:"慈湖之心学,苟非验之躬行,诚无以审其实得焉否。"②

对于杨慈湖的践行,学者们都是很佩服的。即便对慈湖理论攻击不遗余力的陈北溪,对于慈湖之为人也是相当首肯的。他说:"四明持敬苦行,一切为可美,而学术议论,只是一老禅伯。"③全谢山对于慈湖之言颇有微词,但对其践行则表示无限的景仰,认为可以作为师法的对象。他说:"然慈湖之言不可尽从,而行则可师。"④袁蒙斋在《记乐平文元遗书阁》说:"慈湖先生平生履践无一瑕玷,处闺门如对大宾,在暗室如临上帝,年登耄耋,

---

① 余英时:《朱熹的历史世界:宋代士大夫政治文化的研究》(下),三联书店 2004 年版,第407 页。
② 《宋元学案·慈湖学案》,见黄宗羲:《黄宗羲全集》第 5 册,第 982 页。
③ 《宋元学案·慈湖学案》,见黄宗羲:《黄宗羲全集》第 5 册,第 967 页。
④ 《宋元学案·慈湖学案》,见黄宗羲:《黄宗羲全集》第 5 册,第 993 页。

兢兢敬谨,未尝须臾放逸。学先生者,学此而已。"①

今人要向古人学习,需要仔细考察他的一生作为。杨慈湖一生曾扮演许多角色,因此本文拟从以下几个方面来考察慈湖行为:其一,作为一名进学之人,他是如何修德进学的? 其二,作为一名政府官员,他是如何尽职尽责的? 其三,作为一名学者,他是如何来解《周易》、《诗经》等儒家经典的? 其四,作为一名教育工作者,他是如何来传播心学理论的?

我们首先来考察杨慈湖进学的情形。所谓进学,是指人在成圣成贤的道路上的行进过程。可以说,杨慈湖一生都在进学之中。他能够立志于圣学,与家庭环境有密切关系,还与他凝静秉性有关。杨慈湖一生有过7次大觉,这是慈湖心学的形成关键,也是他进学之路的7个坐标点。除7次大觉以外,更重要的是他的平时工夫。人之"觉"可遇不可求,而平时工夫却是可以学。因此,本章将从此三个方面来考察杨慈湖的进学之路。

4.1 杨慈湖的秉性

若翻看一些儒者传记,便会发现一个人一生的作为大多与其幼时秉性有关。如程明道,"幼有奇质,明慧惊人,年数岁,即有成人之度"②。再如陆象山"其为童幼时,闻人诵伊川语,自觉若伤我者。性资素明如此"③。有些人的人生就是这样,其一生的作为,恰恰都是在放大他最初的那么一点儿特别之处。如火之始燃,后来成为燎原之势;如泉之始达,后来成了江河之状。因此,考察杨慈湖,首先将目光瞄向他的早年,去探究这样的两个问题:他早年有着怎样的秉性? 这样的秉性与他后来的人生经历有着怎样的关联?

4.1.1 凝静秉性

杨慈湖出生于宋高宗十一年(1141)。钱时在《宝谟阁学士正奉大夫慈湖先生行状》中说:

---

① 《宋元学案·慈湖学案》,见黄宗羲:《黄宗羲全集》第5册,第967页。

② 《门人朋友叙述并序》,见(宋)程颢、程颐:《二程遗书》附录,上海古籍出版社2000年版,第385页。

③ 《二陆先生祠记》,见《慈湖遗书》卷2,第621页。

> 先生有异禀,清夷古澹,渊乎受道之器。诞降之夕,犹居鄞,祥光
> 外烛,亘天而上,四厢望之,以为火也。①

说杨慈湖出生时"祥光外烛",这是一种夸张的修辞手段,带有一种神乎其
神的意味,由此可以看出其弟子对他的崇拜,此话自然不可以当真。说到
杨慈湖有"异禀",这是值得我们探讨的。他之"异禀",并不是有多么高的
智商,而是"清夷古澹",也就是生性清静淡定,这在当时被认为是"渊乎受
道之器",也就是说这是他领会天地之大道的必备潜质。现代心理学的研
究也表明,那些沉稳之人,"似乎能比其他人更敏捷更正确地看出被隐藏和
混淆的现实",也就是具有"对现实的更有效的洞察力"②。

杨慈湖的清静淡定有具体的表现。钱时说他:

> 入小学便俨立若成人。书堂去巷陌隔牖间一纸,凡遨戏事呼噪过
> 门,听若无有。朔望例得假,群儿数日以俟,走散相征逐,先生凝静几
> 门,如常日课,未尝投足户外。③

一般小孩多是生性活泼,喜欢热闹,好动不好静,多注意于外而很难专注于
内。杨慈湖自小便能够安静如成人,不到外面凑热闹,专心于屋内读书,确
实与一般小孩大不相同。能够凝静的人,多能学习专注,多能独立思考。
钱时说杨慈湖长大以后,时常看书"或漏尽五鼓",可见他学习是多么的专
注。看书时"务明圣经,不肯规时好作俗下语",说明他具有独立思考的习
惯。如此学习,自然会结出硕果,杨慈湖"年踰弱冠,入上庠,每试辄魁"。
钱时还记载了他学习上的一个细节:

> 闻耆旧言先生入院时,但面壁坐。日将西,众哄哄兢寸晷,乃方舒
> 徐展卷,写笔若波注,无一字误。写竟,复袖卷舒徐,俟众出,不以己长
> 先人。④

杨慈湖面壁而坐,这是在深入思索。后来能够"写笔若波注,无一字误",都
是他长时间思考的结果,积于内然后才能发之于外。这里将杨慈湖的从容

---

① (宋)钱时:《宝谟阁学士正奉大夫慈湖先生行状》,见《慈湖遗书》附录,第927页。
② [美]马斯洛:《动机与人格》,见万俊人主编:《20世纪西方伦理学经典》(2),中国人民大学出版社2004年版,第447页。
③ (宋)钱时:《宝谟阁学士正奉大夫慈湖先生行状》,见《慈湖遗书》附录,第927—928页。
④ (宋)钱时:《宝谟阁学士正奉大夫慈湖先生行状》,见《慈湖遗书》附录,第927—928页。

与周边同学的急躁做了一个对比,颇有一种意味,表明从事于圣贤之学确实需要这样的气度。

综上所论,可知杨慈湖之"异禀":凝静,好学,深思,闲定,同时也不缺乏持久力,可以总说为凝静秉性。以我的眼光看来,慈湖的凝静秉性,一方面确实源于他的天性使然,另一方面也得之于他自小的家庭熏染。朱子曾说过:"古者,小学已自暗养成了,至长来,已自有圣贤坯模,只就上面加光饰。"①这是在强调幼时教育对一个人的重要性。关于杨慈湖的家庭教育,我们在第一章第一节中已有讨论。他父亲杨庭显所立下的家规和他父兄的言传身教,对于幼小的杨慈湖肯定大有影响,会在不知不觉中内化为他的秉性,使外人看来似乎是天生如此。

4.1.2 慈湖之秉性与圣贤之学

陆象山曾说:"人皆可以为尧、舜。此性此道,与尧、舜原不异,若其才则有不同。学者当量力度德。"②虽说人人具有"本心",但具体到每个人,则禀赋各有所偏,互有差异。虽然这种人生起点处的差异是很微小的,但常常会影响一个人日后的人生道路。现在有一种说法,认为基因决定了人一生的命运。在我们看来,话虽不能说得这么绝对,但可以肯定的是,这说出了一部分真理。

有凝静秉性的人易于接受圣贤之道。陆象山曾谈到资禀与圣贤之道的关系,他说:"资禀好底人阔大,不小家相,不造作,闲引惹他都不起不动,自然与道相近。资禀好底人,须见一面,自然识取,资禀与道相近。资禀不好底人,自与道相远,却去锻炼。"③慈湖之"异禀"确实对于他后来的人生道路发挥着作用。钱时曾这样说:"盖由天资醇实,浑然不杂,是故立志也刚,进学也勇,而行之也有力。"④秉性凝静之人,其注意力能够专注,其意志力能够坚决,其思考力能够深入,这正与圣贤之道相符合。正如前文所说,圣贤之道即是要不断增加自己的意识深度,不断拓宽自己的意识广度,同时还要将自己的"本心"发之于外。因此,如不是立志刚、进学勇、行有力者,确实不可以担当。

---

① (宋)黎靖德:《朱子语类》卷7,中华书局1986年版,第1册,第125页。
② 陆九渊、王阳明:《象山语录·阳明传习录》,上海古籍出版社2000年版,第82页。
③ (宋)陆九渊:《语录下》,见《陆九渊集》卷35,中华书局1980年版,第462页。
④ (宋)钱时:《宝谟阁学士正奉大夫慈湖先生行状》,见《慈湖遗书》附录,第941页。

如果我们将眼光从杨慈湖身上移向其他人,也可以证明此点不诬。杨慈湖给他的老师陆象山写行状时,其中也曾提到:

> 先生幼不喜弄,静重如成人。三四岁时常侍宣教公,行遇事物必致问。一日忽问天地何所际,宣教公笑而不答,遂深思至忘寝食。角总经夕不脱,衣履有敝而无坏,袜至三接,手甲甚修,足迹未尝至庖厨。常自扫洒林下宴坐,终日立于门。过者驻望称叹,以其端庄雍容异常儿也。……读书无苟简,外视虽若闲暇,而实勤于考索。伯兄总家务,常夜分起,必见先生秉烛检书。伊川近世大儒,言垂于后,至今学者尊敬,讲习之不替。先生独谓某曰:"总角时闻人诵伊川语,自觉若伤我者。"[1]

从杨慈湖的描述中可知,陆象山同样也是静重深思,好学不倦,端庄雍容,同时还表现出感觉敏锐。在儒学上有所建树者,大多具有这种秉性。如刘立之称赞程明道:"幼有奇质,明慧惊人,年数岁,即有成人之度。"[2]再如全谢山描述欧阳修:"究公之冲和安静,盖天资近道,稍加以学,遂有所得,使得遇圣人而师之,岂可量哉!"[3]因此,我们几乎可以得出一个结论,即有志于圣贤之道的人,大多具有凝静的秉性。

在我看来,人人都有天分,不是长于此,便是优于彼。有些人好动,有些人好静。好静者长于深思,好动者善于变革。人人皆有成为圣贤之资,关键是要做到"遂己"与"尽性"。所谓"遂己"、"尽性",即是尽可能地发挥自己的生命潜力。人唯有"遂己"、"尽性",然后方可进入圣贤之域。或者说,圣贤也只不过做到"遂己"、"尽性"而已。

4.2　慈湖之"觉"

杨慈湖有如此异禀,只不过是进学之基而已。他之所以能够在儒学上有所成就,与其后天的不懈努力有更大关系。屈原曾经吟唱:"纷吾既有此内美兮,又重之以修能。"(《楚辞·离骚》)可见,古人都知道有先天基础,还

---

① 《象山先生行状》,见《慈湖遗书》卷5,第647—648页。
② (宋)程颢、程颐:《二程遗书·附录》,上海古籍出版社2000年版,第385页。
③ 《宋元学案·庐陵学案》,见(清)黄宗羲:《黄宗羲全集》第3册,第235页。

需要后天不断地自我修养。杨慈湖重视后天的修养,他的一生都在不断地超越自我,最具标志性的事件是他的 7 次大"觉"。关于慈湖之"觉",总是透着一些神秘色彩。陈来先生说:"杨简富于神秘主义气质,其为学历程每与神秘体验相伴。"①但是有一点需要明白,弄懂慈湖之"觉"是理解慈湖心学的关键。这将是一次艰难的探险之旅。以下将考察与慈湖之"觉"有关的一些文字记载,并尽本人所能对其做出合乎理性的解释。

4.2.1　慈湖七次大"觉"

杨慈湖的第一次大"觉"发生在宋孝宗乾道四年(1168),那年他 28 岁,在太学循理斋学习。他描述自己当时的感受:

> 某之行年二十有八也,居太学之循理斋。时首秋,入夜,斋仆以灯至。某坐于床,思先大夫尝有训曰"时复反观",某方反观,忽觉空洞无内外,无际畔,三才、万物、万化、万事、幽明、有无,通为一体,略无缝罅。畴昔意谓万象森罗、一理贯通而已,有象与理之分,有一与万之异。及反观后所见,元来某心体如此广大,天地有象有形,有际畔,乃在某无际畔之中。②

关于杨慈湖的这次大"觉",钱时说当时"入夜,灯未至"③,这个细节与杨慈湖自己的描述有所不同。钱时所记自然是听了先生所言,但依我们的理解,应以钱时所说"灯未至"为是,杨慈湖之言或有传抄之误。如此理解,理由有三:其一,"入夜,斋仆以灯至"应是常态,常态用不着强调,谷梁子有"常事不书"之说④。既然强调这一点,也就说明不是常态。其二,恰恰是"灯未至",不能看书或写文章,于是才会有"反观"。其三,人要进入"觉"之状态,需要周围环境非常安静。"灯未至",至少可以排除来自视角方面的干扰。这些当然都是我们的推测而已。

关于杨慈湖的"反观",上一章已有详细论说,此处不再赘述。慈湖先生遵从父亲的教导,经常做这样的"反观"。只不过这一次大"觉"不期而至。这是杨慈湖平生第一次大"觉",对其心学的形成和发展有着十分重要

---

① 陈来:《宋明理学》,华东师范大学出版社 2004 年版,第 163 页。
② 《炳讲师求训》,见《慈湖遗书》卷 18,第 898 页。
③ (宋)钱时:《宝谟阁学士正奉大夫慈湖先生行状》,见《慈湖遗书》附录,第 928 页。
④ 《宋元学案·泰山学案》,见(清)黄宗羲:《黄宗羲全集》第 3 册,第 142 页。

的意义。有学者说,杨简全部心学思想的建立,最初就是以这种体验为基础的。① 本人同意这个观点,并想进一步申说,这是他的思维方式发生了根本转变,即从理性思维的领域进入到神性思维的领域。

慈湖以前认识到"万象森罗,一理贯通",采用的是一种理性思维方式。面对千变万化的事物,人容易产生实存性的焦虑。古人通过"探赜索隐,钩深致远",认识到事物虽有千差万别,但可以"一理贯通"。这样,人就可以获得心灵的安定。这种由"万"归"一"的认知方式,具有理性思维的特点,是建立在分别比较的基础之上的,所以才会"有象与理之分,有一与万之异"。慈湖曾说过:"类聚体认,无非意路。"②这种靠思索而得到的认知,并不能使人感到深切著明。慈湖学生王子庸③的事例就能说明这一点。慈湖告诉王子庸"不假更求,本无可疑",王子庸说:"非不知之,而终疑自是。"因为他没有切身之感,所以才会"终疑自是"。后来王子庸经过十八九年的怀疑,终于有一天突然觉悟,不再有什么疑虑④。慈湖这次"忽觉空洞,无内外,无际畔",是对以前理性思维的超越并包容,使自己的意识进入到神性思维之域。人在神性思维中,与天地万物同体,既能做到无私无我,又能做到天地万物无一非我。慈湖经此一"觉",对"本心"广大无边有了真切感知,从而对"本心"深信不疑。

有学者将杨慈湖的第一次大"觉"与陆象山的第一次大"觉"⑤做了比较,认为慈湖这种"万物一体"的体验以及由此得出的结论,实不同于象山的"宇宙内事乃己分内事,己分内事乃宇宙内事"。象山之悟可以说是以人生伦理为根据的本体体验,即通过对具有伦理价值根源意义的本体心的确立,来追问万事万物万化的意义,从而构筑一个意义的世界。而慈湖之觉只是体悟到宇宙万物通为一体,而对"心"的状态及内涵没有过多的感悟,即所体悟到的"己心",不具有任何观念意味,而所达到的境界则是超越一

①　刘宗贤:《杨简与陆九渊》,《中国哲学史》1996 年第 4 期;曾凡朝:《试论悟觉对心学构架的意义——以杨简为例》,《兰州学刊》2009 年第 5 期。

②　《家记九》,见《慈湖遗书》卷 15,第 848 页。

③　《宋元学案·慈湖学案》曰:"王子庸,钱塘人。慈湖为浙西抚属,先生问学。"([清]黄宗羲:《黄宗羲全集》第 5 册,第 989 页)

④　《王子庸请书》,见《慈湖遗书》卷 2,第 615 页。

⑤　慈湖先生在《象山先生行状》中说陆象山陆九渊"他日读古书,至'宇宙'二字,解者曰:'四方上下曰宇,往古来今曰宙。'忽大省曰:'宇宙内事乃己分内事,己分内事乃宇宙内事。'"（《象山先生行状》,见《慈湖遗书》卷 5,第 648 页）

切差别与对立的主观精神境界。这是两人在思维路向上的差别①。

比较陆、杨二人的第一次大"觉",可一言以蔽之:思维方式有别。如前文所言,"觉"是对"道"之觉知,是对宇宙大精神的相契,也是"本心"的呈现。象山之"觉"与慈湖之"觉",并无本质差别,所有人的"觉"皆无差别,都是神性思维。王阳明对此曾有形象的比喻,他说:"道无精粗,人之所见有精粗,如这一间房,人初进来,只见一个大规模如此;处久便柱壁之类,一一看得明白;再久,如柱上有些文藻,细细都看出来;然只是一间房。"②由此可见,人之工夫有深浅,所"觉"而获也不同。就像面对一汪清水,有人以碗饮,有人以瓢饮,各以其量而定。象山在瞬间的神性思维中获得新的体验以后,他又返回到理性思维中,用理性思维将"觉"中所得的体验加以整理。因此,象山心学理论总少不了一个"理"字③。而慈湖是希望能够像古代圣贤那样"常觉常明",人既能与万物融为一体,又能发挥人的明辨是非的能力。也就是说,他将神性思维作为人生所追求的修身目标。因此,从这个角度上来说,慈湖心学比象山心学更彻底一点,更纯粹一点。当然,要想达到"常觉常明",就需要"系心一致,久而精纯,思为自泯"④。因此,仅仅一次大觉还是远远不够的。

杨慈湖的第二次大"觉"发生在宋孝宗乾道七年(1171),那年他31岁。他在《永嘉郡治更堂亭名》中说:

> 某二十有八而觉,三十有一而又觉。觉此心清明虚朗,断断乎无过失,过失皆起乎意,不动乎意,澄然虚明,过失何从而有?⑤

对于第二次大"觉"发生的背景,慈湖语焉不详。比较两次大"觉"所涉及的内容,可见慈湖先生境界的提升。第一次只是觉得万物一体,这只是一个混沌的体验;第二次是觉得自心清明,明显比第一次要清晰。但是慈湖两次大觉,也只是切身感知"本心"之发用,"本心"可以范围天地,可以无过失,这是作用上见心。作用上见心见性是佛教徒的意见,毕竟不是究极根

---

① 刘宗贤:《杨简与陆九渊》,《中国哲学史》1996年第4期;王心竹:《浅析杨简"心本论"思想》,《湖南大学学报(社会科学版)》2005年第4期。

② (明)王守仁:《王阳明全集》上册,上海古籍出版社1992年版,第20页。

③ 陈钟凡《两宋思想述评》(东方出版社1996年版)有关陆氏思想一章的题目是《陆九渊之惟理学说》,并称其为"惟理一元论"、"宇宙惟理说"。

④ 《家记九》,见《慈湖遗书》卷15,第846页。

⑤ 《永嘉郡治更堂亭名》,见《慈湖遗书》卷2,第621页。

本。对于究竟何谓"本心",杨慈湖心中不能没有疑惑。

宋孝宗乾道八年(1172),也就是杨慈湖32岁时,他在富阳任主簿。陆象山刚中了进士,归家途中路过富阳。慈湖仰慕象山之学,特地挽留他近半月,于是慈湖便有了第三次大"觉":

> 至是文安公新第归,来富阳。长先生二岁,素相呼以字,为交友。留半月,将别去,则念天地间无疑者,平时愿一见莫可得,遽语离乎?复留之。夜集双明阁上,数提"本心"二字,因从容问曰:"何为本心?"适平旦尝听扇讼,公即扬声答曰:"且彼讼扇者必有一是一非,若见得孰是孰非,即决定为某甲是某乙非矣!非本心而何?"先生闻之,忽觉此心澄然清明,亟问曰:"止如斯耶?"公竦然端厉,复扬声曰:"更何有也?"先生不暇他语,即揖而归,拱达旦,质明正北面而拜,终身师焉。①

关于这次大"觉",可以剪辑其他文献中的文字来补充一些细节。此时慈湖认定象山是"天地间无疑者",而慈湖自己却有疑,而且是"积疑二十年"②。当夜在双明阁,"象山数提'本心'二字"③,于是慈湖"从容"问曰:"何为本心?"注意这里"从容"二字,它表明慈湖在此问题上既已"积疑二十年",能想到的答案估计慈湖都会想到,他这一次也不指望能从象山这里得到答案。果然,慈湖三番五次地问象山"何为本心",象山也只是三番五次地回答:"恻隐,仁之端也;羞恶,义之端也;辞让,礼之端也;是非,智之端也。此即是本心。"慈湖说:"简儿时已晓得,毕竟如何是本心?"④我们不能责怪慈湖钻牛角尖,没有切身的体验,就不能做到心中有根底。二程曾说:"德者得也,须是实到这里须得。"⑤我们也不能责怪象山有所保守,人之"本心"本无形体,不可以言语加以描绘,不可以思维加以索求,象山也只得以孟子之言答之。这样的答案不能令慈湖满意,但象山已是尽力。象山说:"余敬诵所闻,反复甚力。余既自竭,卒不能当其意,谓皆其儿时所晓。"⑥其实不要

---

①　(宋)钱时《宝谟阁学士正奉大夫慈湖先生行状》,《慈湖遗书》附录,第928页。

②　慈湖说:"某积疑二十年,先生一语触机,某始信其心之即道而非有二物,始信天下之人心皆与尧舜禹汤文武周公孔子同,皆与天地日月四时鬼神同。"(《二陆先生祠记》,见《慈湖遗书》卷2,第621页)

③　《宋元学案·慈湖学案》,见(清)黄宗羲:《黄宗羲全集》第5册,第951页。

④　(宋)陆九渊:《年谱》,见《陆九渊集》卷36,中华书局1980年版,第487页。

⑤　(宋)程颢、程颐:《二程遗书》卷2上,上海古籍出版社2000年版,第93页。

⑥　(宋)陆九渊:《杨承奉墓碣》,见《陆九渊集》卷28,中华书局1980年版,第326页。

说象山,即便是孔子在世,也不能授人以道。杨慈湖说:"圣人不能以道与人,能去人之蔽耳。"①

后来象山就扇讼之是非来指点慈湖,慈湖触机而大"觉"。象山所提扇讼是非,一下子打破慈湖固有的思维定式,一语点醒梦中人。慈湖突然明白平常日用之心即是人之"本心",积攒了 20 年的疑惑,瞬间冰释雪融。但是,要消化这种心灵的震撼还需要一个过程。当晚慈湖"拱坐达旦",这是在整理自己的思绪。不久又"沿檄宿山间,观书有疑,终夜不能寐,曈曈欲晓,洒然如有物脱去,此心益明"②。这是要固持这次神性思维的成果。人精神上的每一次超越,大约都要经历这样的三个阶段:一是打破原有平衡,跃升到更高一个层次;二是整合以前的经验,将所有的知识都统合到这个高层次上来;三是稳固持有这个高层次,又产生新层次的矛盾,准备向更高层次超越。有关慈湖此次之"觉"的文字记载,清晰地展现了这样的一个过程。

在宋孝宗淳熙元年(1174),也就是杨慈湖 34 岁时,他又有了第四次大"觉":

> 淳熙元年春,丧妣氏,去官,居垩室,哀毁尽礼。后营圹车厩,更觉日用酬应,未能无碍。沉思屡日,偶一事相提触,亟起旋草庐中,始大悟变化云为之旨,纵横交错万变,虚明不动,如鉴中象矣。不疑不进,既屡空屡疑,于是乎大进。③

有学者在解释此处"鉴中象"时说:"说'万物'、'万变'对于'心'而言'实无'、'实虚',即不动的镜子是真实的,变幻的镜中之像是虚假的。"④这是对杨慈湖"鉴中象"的曲解。慈湖所言的"鉴中象",是指人心能明辨是非,就如同镜子一样无所不照。杨慈湖此前虽已觉人心知是知非,但还是不能做到自信,在平常日用之中不能做到"无碍"。何谓"无碍",就是顺应"本心"所发,请让我对此举例加以说明。

平时出门,我们不知不觉地将门关上,但是走出一段路以后,我们会怀疑自己是否真的关了门,一定要回头来查看一番。这种生活中常见的小

---

① (宋)钱时:《宝谟阁学士正奉大夫慈湖先生行状》,见《慈湖遗书》附录,第 941 页。

② 《宋元学案·慈湖学案》,见(清)黄宗羲:《黄宗羲全集》第 5 册,第 952 页。

③ (宋)钱时:《宝谟阁学士正奉大夫慈湖先生行状》,见《慈湖遗书》附录,第 928 页。

④ 王心竹:《浅析杨简"心本论"思想》,《湖南大学学报(社会科学版)》2005 年第 4 期。

事,颇值得分析。出门需要关门,不关门就容易失窃。其中的道理,我们想也不用想,出门即随手关门,这是我们"本心"的发用。但是,我们忍不住还要回头查看,说明我们还不能自信自我"本心",还是"未能无碍"。再如陆象山曾说过一个例子,他说:"某每见人,一见即知其是不是,后又疑其恐不然,最后终不出初一见。"[①]"一见即知其是不是",这是"本心"的发用。但后来又"疑其恐不然",这是对自我"本心"的怀疑。最后的"不出初一见",无非告诫我们,要坚信自我"本心",顺应"本心"而行,尽可能做到"无碍"。

这次杨慈湖遭遇母亲去世,他"哀恸切痛,不可云喻",自然而然要参与到许多的丧祭大礼之中。事后,他加以省察,不能无疑:平时为何"未能无碍"? 丧事中为何能做到"无碍"? 杨慈湖此前不是完全的自信"本心",心中难免起意,因此不能做到"无碍"。遭遇母丧,如天崩地陷一般,他的"本心"完全呈露,于是能够做到"无碍"。杨慈湖说:"略察曩正哀恸时,乃亦寂然不动,自然不自知,方悟孔子哭颜渊而不自知,正合无思无为之妙。"[②]自此大觉以后,杨慈湖对自我"本心"坚信不疑,于平常日用之中能够时时领略"本心"妙用。

但是,学者如果只是觉知"本心"之妙,便可以纵心所欲,则会有另外的弊病。杨慈湖说:"学者初觉纵心所之无不元妙,往往遂足,不知进学。而旧习难遽消,未能念念不动,但谓此道无所复用其思为,虽自觉有过,而不用其力,虚度岁月,终未造精一之地。……予自三十有二微觉已后,正堕斯病。后十余年,念年迈而德进不进,殊为大害。"[③]杨慈湖在 52 岁至 54 岁时[④],偶读古圣遗训,从而有了第五次大觉。他说:

> 偶得古圣遗训,谓学道之初,系心一致,久而精纯,思为自泯。予始敢观省,果觉微进。后又于梦中获古圣面训,谓简未离意象,觉而益通,纵所思为,全体全妙。[⑤]

杨慈湖所偶读的古圣遗训是《孔丛子》中的"心之精神是谓圣"。有文献记载:"慈湖参象山学犹为("为"字疑为"未"之误)大悟,忽读《孔丛子》至'心

---

① （宋）陆九渊、王阳明:《象山语录·阳明传习录》,上海古籍出版社 2000 年版,第 89 页。

② 《慈湖易传》卷 20,第 213 页。

③ 《家记九》,见《慈湖遗书》卷 15,第 846 页。

④ 慈湖先生第五次大觉的时间,依据郑晓江、李承贵:《杨简》,台湾东大图书公司 1996 年版,第 33 页。

⑤ 《家记九》,见《慈湖遗书》卷 15,第 846 页。

之精神是谓圣'一句,豁然顿解,自此酬酢门人,叙述碑记,讲说经义,未尝舍心以立说。"①"心之精神是谓圣"究为何意,慈湖并没有给出明确的解释。但他反复地提到这句话②,从中也可以略窥一二。他说:"曰心曰精神,虽有其名,初无其体。"③他还说:"心之精神,无方无体,至静虚而虚明,有变化而无营为。"④这就是说,"本心"虽有其名,实无其体,它寂然不动,却妙用无穷。但是,人生于世,难免沾染各种习气,故而人心中常常夹杂着"意"。人在觉知人心妙用以后,只是做到了"知及",还需要加上思为之功,使此心能够精纯,这才称得上"心之精神是谓圣"。"精"是来形容"心"之"纯粹",也就是纯粹地采用神性思维。"神"是指"心"之妙用神秘莫测。经此一觉,慈湖先生开始向"仁守"努力,他能够无思无为,但又无不思为,这就是他所希望达到的"常觉常明"的境界。

到了宋宁宗嘉泰元年(1201),杨慈湖61岁,他又有了第六次大"觉":

> 十一月九日清晨,忽觉子贡曰:"学而不厌,知也;教而不倦,仁也。"孟子曰:"恻隐之心,仁也;羞恶之心,义也。"二子之言异乎孔子之言仁矣!十一日未昧爽,又忽醒孔子之言"知者不惑,仁者不忧",必继之以"勇者不惧",何也?知及之,仁能守之。知,知道。仁者,常觉常清明之谓。然而亦有常清明,日用变化不动,忽临白刃鼎镬,犹未能不动者,此犹未可言得道之全,故必终继之以"勇者不惧"。⑤

一个人即使能够做到"知及"并"仁守",可以在平常日用中一切让"本心"做主,但是一旦遇到重大考验,还是不一定能做到不动心。有些人在平时生活中能够从容不迫,一遇到大事就慌了手脚。因此,还要加上"勇者不惧"的修养之功。这里有两方面值得注意:其一,"勇者不惧"只能是在"知者不惑,仁者不忧"之后,如果没有前两者,那么"勇者不惧"只能是糊涂盲干的借口,或者是残忍无情的托辞。其二,慈湖在"知及"并"仁守"以后,顺理成章地想到"勇者不惧"。此三方面虽有先后之次,但又是一气贯通。一个人

---

① (宋)叶绍翁、筠符注:《四朝见闻录》甲集,《心之精神是谓圣》。转引自郑晓江、李承贵:《杨简》,台湾东大图书公司1996年版,第33页。

② 有人做过统计,《慈湖遗书》引用46次,《杨氏易传》引用9次(马慧:《杨简对"内圣外王"思想的心学阐释》,见中国优秀硕士论文全文数据库2009年)。

③ 《杨氏易传》卷1,第20页。

④ 《申义堂记》,见《慈湖遗书》卷2,第611页。

⑤ 《慈湖遗书》附录,见《慈湖先生年谱》卷1。

真正地成为知者仁者,那么他一定也是一个勇者,所谓"当仁不让于师"(《论语·卫灵公》)即是指此。由此一"觉",我们可以看出慈湖在进学路上不断精进。

在宋宁宗嘉定元年(1208),杨慈湖68岁,他又有了第七次大"觉":

> 简自以为能稽众舍己从人矣,每见他人多自用,简不敢自用。亦简自谓能舍己从人,意谓如此言亦可矣。一日偶观《大禹谟》,知舜以克艰稽众、舍己从人、不虐无告、不废困穷,惟帝尧能是,是谓己不能也。三复斯言,不胜叹息。舜心冲虚,不有己善,虽稽众舍己从人,亦自谓不能。鸣呼,圣矣! 舜岂不能稽众者? 岂不能舍己从人? 岂虐无告? 岂废困穷? 无告,常人之所不敢虐;困穷,常人之所不忍废。而今圣人曰己不能。鸣呼,圣矣。惟舜冲虚如此其至,故益赞舜德自广运,自圣自神,自文自武,皇天眷命,奄有四海,为天下君。时简年已六十有八,平时读《大禹谟》未省及此。[①]

有学者认为慈湖先生这一次大觉的内容是两个字,即"克艰"[②]。对此,我们不敢苟同。杨慈湖曰:"孔子之言,奚可不精而思之,熟而复之。"[③]同样,我们读慈湖之书,岂能不"精而思之,熟而复之"? 若能精思熟复,我们就可以知道慈湖这次大觉不在于"克艰"。

人一般都是自以为是,自以为用,不知道稽众、舍己从人。天地之大道,"夫妇之愚可以与知也","夫妇之不肖可以为能也",只是百姓日用而不自知。古代那些先知先觉者,只不过先得众心之所同然,然后以先知觉后知,以先觉觉后觉。"凡属大思想出现,必然是吸收了大多数人思想而形成,又散播到大多数人心中去,成为大多数人的思想,而始完成其使命"[④]。一个思想家的价值有多大,就是看他吸收大众心理有多深,影响大众思想有多广。当然,一个人能够稽众、舍己从人,这需要有大勇气、大智慧,因此说"克艰"。以杨慈湖此时的境界,岂能不知此种"克艰"之意? 他说:"简自以为能稽众、舍己从人。"此时的慈湖将自己与别人相比,自认为自己有一个优点,即能够稽众、舍己从人。这说明他的意识之中还有人我之别,还觉得自己比别人高明。杨慈

---

① 《家记二》,见《慈湖遗书》卷8,第715页。
② 郑晓江、李承贵:《杨简》,台湾东大图书公司1996年版,第35页。
③ 《慈湖遗书》卷19,第918页。
④ 钱穆:《中国思想通俗讲话·自序》,三联书店2002年版。

湖有此优势意识也实属正常。俗话说:"人望高处走,水往低处流。"当人望高处走的时候,他总是要分辨何处是高何处是低。但是,当慈湖看《大禹谟》时,他有了新的感悟。舜有许多优点,但是舜却说自己不能,这才是真正的舍己从人,这就是圣人的境界。说舜"冲虚",是说舜能容纳一切,他有许多美德,却让人看不出任何痕迹。用老子之言来描述,就是:"上德不德,是为有德。"(《老子》第三十八章)这不能不引起慈湖先生"三复斯言,不胜叹息"。慈湖先生 68 岁以前,读《大禹谟》为何"未省及此"呢? 如果一个人还没有做到舍己从人,他又如何能看舜身上的"冲虚"? 这就好像下围棋一样,棋手的棋力没有达到,就很难看到一手妙棋的意味。由此看出,慈湖先生经此一觉,已然是要向圣人的境域进发了。

宋宁宗嘉定十一年(1218),杨慈湖已 78 岁。此时他几入于圣域,他自我描述曰:

> 某行年七十有八,日夜兢兢,一无所知。曷以称塞? 钦惟舜曰"道心",非心外复有道,道特无所不通之称。孔子语子思曰"心之精神是谓圣",圣亦无所不通之名。[1]

对于这段描述,《杨简》一书认为是慈湖先生的第八次大"觉"[2]。本人以为此说不妥,这是慈湖先生对自我境界的描述。此时他已经"一无所知"了。孔子说:"吾有知乎哉? 无知也。有鄙夫问于我,空空如也。我叩其两端而竭焉。"(《论语·子罕》)《周易》说:"天下何思何虑?"(《周易·系辞下》)《诗经》说文王"不知不识,顺帝之则"(《诗经·大雅·皇矣》)。慈湖先生进学至此,难道不可以说"庶几乎"?

4.2.2 慈湖之"觉"的分析

以上文字主要是考察杨慈湖一生的七次大"觉",从中可知"觉"是一种神性思维,是对理性思维的超越并且包容。关于人的超意识领域,肯·威尔伯曾有过详细的描述。他将人在超意识领域的进路分为四个阶段,即心灵阶段、奥妙阶段、原因阶段和不二阶段。有关四个阶段的具体内容,我们读起来相当的吃力,在此便不再复述,有兴趣的读者可以自己寻书求解。读起来吃力的主要原因,是由于我们这方面的体验太少。但是,就以我们

---

① 《临安府学记》,见《慈湖遗书》卷 2,第 618 页。

② 郑晓江、李承贵:《杨简》,台湾东大图书公司 1996 年版,第 36 页。

有限的体验,也可以肯定一点,即超意识领域内的神性思维是真实存在的。

在我们的眼光看来,慈湖先生七次大"觉"并不神秘,整个过程可以示之于掌。为了便于读者更好地理解,现将慈湖先生七次大"觉"的相关情况整理列表如下。我们从列表中可以看出一些有意思的东西。

序号	年龄	发生缘由	"觉"前所面临问题	"觉"时所得收获
第一次	28	反观	没有明确的问题	空洞无内外,无际畔
第二次	31	没有明说	没有明说	清明虚朗
第三次	32	闻陆象山提示	何为"本心",积疑二十年	澄然清明
第四次	34	母丧	未能无碍	大悟变化云为之旨
第五次	52	偶得古训	未离意象	纵所思为,全体全妙
第六次	61	读书反思	疑子贡、孟子之言	悟"勇者不惧"
第七次	68	观《大禹谟》	自以为能稽众舍己从人	悟舜冲虚

从表中可以看出,杨慈湖七次大"觉"的一些特点:其一,七次大"觉"有一个次序,不可躐等而成;其二,每一次大"觉",都是为了解决某一些疑惑;其三,第三次大"觉"最为重要,慈湖心学肇始于此;其四,从时间上看,前四次时间间隔短,后三次时间间隔长;其五,从发生缘由上看,有触机而"觉",有静修而"觉",有看书思考而"觉"。下面将就此五点加以申述。

其一,杨慈湖七次大"觉"是循序而发生的。第一次大觉,杨慈湖只是觉得混沌一片,自己也消融在这一片混沌之中。这时的神性思维的状态持续的时间不会太长,退出以后他根据自己的体验,认识到"元来吾心体如此广大"。第二次大觉,杨慈湖便见得清晰一些,对自我"本心"多了一份信心。第三次悟得"本心"能够知是知非,这是更精细的认识。第四次悟到"本心",即是平时日用之心,欲将"本心"发之于日用。第五次至第七次则昭示着慈湖内心的不断精进。总之,七次大"觉"前四次侧重于"知及",后三次侧重于"仁守",是不可躐等而成,更不能一蹴而就。杨慈湖也曾说过:"学不可躐等,亦不可操之太急。故虽息焉游焉,孙而顺之,无害于事。但于其间不失敬心,不失时敏之心,则厥修自然日进无疆。"[1]美国学者肯·威

---

[1] 《家记九》,见《慈湖遗书》卷15,第852页。值得注意的是这里的"敬心"与"时敏之心"。"敬心"要求人保持自我主体,"时敏之心"要求人保持生命活泼泼本性。其实一有"敬心",自然就"时敏";能做到"时敏",也必须要有"敬心"。

尔伯的静修体验也可为此作一个旁证:"一个经历了深刻灵性体验的人可能从其所处的第三道德阶段被推送到下一个阶段——第四阶段,而绝不可能从第三阶段直接到达第七阶段。"①从慈湖七次大"觉"中,可以看出他并非一"觉"了事,并非如黄梨洲所言的是以"觉"为"究竟"②。

其二,杨慈湖七次大"觉"都是为了解决人生的疑惑。他说:"不疑不进,既屡空屡疑,于是乎大进。"③所谓"疑",实际上就是发现矛盾,有了困惑。当一个人将积极向上当做自己的人生奋斗目标时,他的生命境界的每一次提升,旧有的人生矛盾解决了,又产生了新的人生矛盾。杨慈湖第一次大"觉",是通过"反观"无意中获得的,所得到的只是一个混沌的体验。因为第一次体验不清晰,所以才有第二次大"觉"。虽有了两次大"觉",杨慈湖还是不知"何为本心",于是又有第三次大"觉"。正是感到"未能无碍",然后才有第四次大"觉"。正是由于未能"念念不动",于是有了第五次大"觉"。总之,慈湖每一次大"觉"几乎都要经历三个阶段。首先,打破原有的平衡,思维有了新的突破;接着,将过去的经验都整合到新的层次之上,实现超越并包容;后来,稳固在新的层次上,并发现新的矛盾,期待着另一次突破。可以说,杨慈湖的每一次大"觉",几乎都是在痛苦思索中分娩出来的。不仅杨慈湖是如此,便是陆象山、王阳明,也莫不是如此。陆象山"最会一见便有疑,一疑便有觉"④。王阳明"及至居夷处困,动心忍性,因念圣人处此更有何道,忽悟格物致知之旨,圣人之道,吾性自足,不假外求"⑤。从另一个角度来说,杨慈湖的不断超越自我,恰恰是一连串的人生矛盾不断催生出来的结果。

其三,杨慈湖的第三次大"觉"最为重要。前两次大"觉",慈湖皆于无意之中闯进神性思维之域。虽能真切感知大化流行广阔无边,但还是远远不够的。他曾指出:"人之学道固有造广大之境,未尽其妙而辄止,溺于静虚,无发用之仁。故子曰'仁以行之',如四时之错行,如雷电风雨之震动变化,而后可以言仁。未至于此,则犹未可以言仁也。"⑥虽有两次大"觉",慈

---

① ［美］肯·威尔伯:《万物简史》,中国人民大学出版社 2006 年版,第 133 页。
② 《宋元学案·慈湖学案》,见(清)黄宗羲:《黄宗羲全集》第 5 册,第 996 页。
③ (宋)钱时:《宝谟阁学士正奉大夫慈湖先生行状》,见《慈湖遗书》附录,第 928 页。
④ (宋)陆九渊:《年谱》,见《陆九渊集》卷 36,中华书局 1980 年版,第 482 页。
⑤ 《明儒学案·姚江学案》,见(清)黄宗羲:《黄宗羲全集》第 7 册,第 201 页。
⑥ 《杨氏易传》卷 1,第 19—20 页。

湖却不知如何发用。慈湖第三次之"觉",是"积疑二十年"而成。杨慈湖之所疑究为何事?他说:"少读《易大传》,深爱'无思也,无为也,寂然不动,感而遂通天下之故'。窃自念学道必造此妙。及他日读《论语》,孔子哭颜渊至于恸,从者曰:'子恸矣!'曰:'有恸乎?'则孔子自不知其为恸,殆非所谓无思无为、寂然不动者?至于不自知,则又几于不清明。怀疑于中,往往一二十年。及承教于象山陆先生⋯⋯"①杨慈湖之所疑原来就是:人既要无思无为不自知,又如何做到清明无所不知?"本心"可以做到既不自知又无所不知,杨慈湖之所疑实际上就是如何求得"本心"。因此,他问象山陆先生"何为本心"。但是,"本心"不可以思索得,也不可以言语获。便是圣人也不能予人以"道","道"还需人自"觉"。也就是说,人必须要到实地,然后才能不发生疑惑。正如慈湖的学生王子庸对于"本心"也有所疑,杨慈湖告他"不假更求,本无可疑",但王子庸说"非不知之,而终疑自是"。过了十八九年有了大"觉"以后,他才无疑②。慈湖"积疑二十年",经象山提示,终于有此一"觉"。他说:"先生举凌晨之扇讼是非之答,实触某机,此四方之所知。至于即扇讼之是非,乃有澄然之清,莹然之明,匪思匪为,某实有之。无今昔之间,无须臾之离,简易和平,变化云为,不疾而速,不行而至,莫知其乡,莫穷其涯。此岂惟某独有之?举天下之人皆有之,为恻隐,为羞恶,为恭敬,为是非。可以事亲,可以事君,可以事长,可以与朋友交,可以行于妻子,可以与上,可以临民。⋯⋯"③这次他了知"本心"即是平常日用之心。有了对"本心"的觉知以后,慈湖以后的几次大"觉"只不过是在此基础上的精进罢了。

其四,从时间上来看,慈湖先生七次大"觉",前四次时间间隔短,后三次时间间隔长。这里原因有二:第一,前四次偏重于"知及",后三次偏重于"仁守"。"知及"是解决大根大本问题,是要解决提升的方向问题,因此显得比较急迫。"仁守"是要解决落地生根问题,是需要从细处入手的,有一个温火慢炖的过程。"知及"相对而言比较容易发生。佛教所谓"放下屠刀,立地成佛",也是着眼于这一点。而"仁守"却需要长时间的打磨和陶铸。若是急于求成,必失之于空疏。当然,"知及"与"仁守"不可决然分开,两者本来为一。第二,前四次发生在青年,后三次发生在老年。二程曾说:

---

① 《杨氏易传》卷20,第213页。
② 《王子庸请书》,见《慈湖遗书》卷2,第615页。
③ 《祖象山先生辞》,见《慈湖遗书》卷4,第642页。

"人少长须激昂自进,中年已后,自至成德者事,方可自安。"①人之青年时期,思维活跃,可以接受更多的思想观念。人之老年时期,思想趋于稳定,更多是在细节上用功。谢上蔡说:"始初进时速,后来迟。……如挽弓,到满时愈难开。"②这种前后的变化,也表明慈湖精神境界不断精进,日趋完美。

其五,引起慈湖大"觉"的缘由多种多样。慈湖先生第一次大"觉"是由"反观"引起的,也只有这么一次。如前所言,杨慈湖并不倾向于枯坐。第二次大"觉",则原因不明。第三次、第四次大"觉"都是触机而发生,即在与人对话之中或在平常日用之中,偶一触动便有了"觉"。这一类"觉"虽来得突然,但与人平时的积累也有关系。如陆象山平时即疑伊川之语,后因观"宇宙"二字训诂,便"忽大醒"③。慈湖之叔弟机仲平时"用改过之力于内",而后才有"闻钟发省"④。慈湖第五次至第七次大"觉",都是观书有疑,而后思考,最后有"觉"。这说明慈湖先生进学到后来,已达到较高境界,于世事已"不惑"⑤,他转而求之于书,与古之圣贤对话,以期"百尺竿头,更进一步"。这大概就是孟子所谓"以友天下之善士之未足,又尚论古之人"⑥。总之,慈湖之"觉"并无固定规程,一切只是顺其自然而已。

当我们弄清了杨慈湖七次大"觉"以后,对慈湖心学应有更深的理解。宋代学者田述古说:"道言之必可行,行之必可言。"⑦中国古人的学说(尤其是讲如何为人的心性之学)与其人生践履,常常总是两不分离。全谢山说:"夫论人之学,当观其行,不徒以其言。"⑧此话是正确的,但他又说:"然慈湖之言不可尽从,而行则可师。"⑨将慈湖之言与行一分为二,这就不正确了。

---

① (宋)程颢、程颐:《二程遗书》卷6,上海古籍出版社2000年版,第134页。

② 《宋元学案·上蔡学案》,见(清)黄宗羲:《黄宗羲全集》第4册,第168页。

③ 《象山先生行状》,见《慈湖遗书》卷5,第648页。

④ 《连理瑞记》,见《慈湖遗书》卷2,第624页。

⑤ 孔子说"四十而不惑"(《论语·为政》),即是于世事已无所疑惑。

⑥ 《孟子·万章下》:"孟子谓万章曰:'一乡之善士斯友一乡之善士,一国之善士斯友一国之善士,天下之善士斯友天下之善士。以友天下之善士为未足,又尚论古之人。颂其诗,读其书,不知其人,可乎?是以论其世也。是尚友也。'"

⑦ 《宋元学案·安定学案》,见(清)黄宗羲:《黄宗羲全集》第3册,第90页。

⑧ 《宋元学案·慈湖学案》,见(清)黄宗羲:《黄宗羲全集》第5册,第968页。

⑨ 《宋元学案·慈湖学案》,见(清)黄宗羲:《黄宗羲全集》第5册,第951页。

4.3 慈湖之平时工夫

杨慈湖七次大"觉",不过是他进学路上的七个关键节点。读者切不可将眼光只盯着慈湖之"觉",其实更应该关注慈湖之平时工夫。一方面,慈湖能有七次大"觉",实得力于他平时所下的工夫。另一方面,七次大"觉"之后的成果,也需要平时工夫来保持。可惜慈湖平时如何用功于进德修业,今日已不可得其详。从杨慈湖的口中或者他人记录中,现在只能略窥一斑。

4.3.1 惟勤惟精

杨慈湖很少说自己如何用功,有一次得知家中出现祥瑞之兆,他说:

> 今兹嘉祥来集,不可外索,不可恃,所恃惟德,不可怠,惟勤惟精,此某所以不敢荒,而亦先训之本旨也。①

从中可以看出,慈湖一生"不敢荒"的,就是"惟勤惟精"四个字,这也是他的父亲杨庭显的家训。所谓"惟勤"即是不懈怠,这是生命之中本有的乾健之意,与孔子所强调的"敏于事"②若合符契。所谓"惟精"即是纯粹,就是让自我"本心"尽可能地不染尘滓,也就是尽可能地运用神性思维。相传大禹对舜说过"惟精惟一"之语,后来宋明诸儒大多在"精一"上下一番苦功。

要做到"惟勤惟精",只能依靠每时每刻的兢兢业业。杨慈湖曾自言:"某行年七十有八,日夜兢兢,一无所知。"③他还对学生汲古说:"圣人犹兢兢业业,岂学者不兢兢业业?汝当庸言之信,庸行之谨,兢兢业业,用力于仁,为之不厌。"④这也是说,将"惟勤惟一"落在自己的每一个言行之中。

杨慈湖说自己不敢忘记父亲的家训,我们看他所记的《纪先训》,也可以看出他平时如何在细节上用功。如:"举足不敬即是不敬,拈一草不敬即

---

① 《连理瑞记》,见《慈湖遗书》卷2,第624页。
② 《论语·学而》:"子曰:'君子食无求饱,居无求安,敏于事而慎于言,就有道而正焉,可谓好学也。'"
③ 《临安府学记》,见《慈湖遗书》卷2,第618页。
④ 《家记九》,见《慈湖遗书》卷15,第852页。

为不敬。"①举足与拈一草,都是极细屑之事。在做这些细小事上都能带着恭敬之心,更不要说其他的事了。读《论语》我们知道曾子"战战兢兢"度过一生②,其实也是在小事上用心。再如:"人戒节要先于味,盖味乃朝晚之事,渐渍夺人之甚。于此淡薄,则余过亦轻。"③人每天都需要饮食,如果一个人讲究吃喝的口味,那么他在道德上的追求就要打折扣。孔子说:"士志于道,而耻恶衣恶食者,未足与议也。"(《论语·里仁》)现实生活中,许多人品德之所以败坏,大多是从讲究吃喝上开始的。程伊川说:"能尽饮食言语之道,则可以尽去就之道;能尽去就之道,则可以尽死生之道。饮食言语,去就死生,小大之势一也。"④《慈湖遗书》中的《纪先训》诸如此类的条目还有很多,对于我们今天家庭教育有很大的启发意义。慈湖从小就是在这些训语的熏陶下,可以推想他平日所下的工夫。

4.3.2　细节用功

在他人的眼里,杨慈湖的践行也是一种楷模。真西山学宗程、朱,但也杂有陆学痕迹,对于理学统治地位的确立居功至伟。《宋元学案》称真德秀是杨慈湖的私淑弟子。他曾描述他眼中的杨慈湖:

> 嘉定初,(此处疑脱一"文"字)元先生以秘书郎召德秀备数馆职,始获从之游。见其齐明盛服,非礼不动,燕私俨恪,如临君师。期功之戚下洎缌麻服,制期一以经礼为则,而容色称之。平居接物,从容和乐,未始苟异于人,而清明高远,自不可及。同僚有过,微讽潜警,初不峻切,而听者常懔然。⑤

真西山以自己之所亲见,指出慈湖平时重视礼仪,与人交往从容和乐。见别人有缺点,真正做到了孔子所要求的"忠告而善道之"⑥。值得注意的是这段材料里,说慈湖先生"平居接物未始苟异于人,而清明高远自不可及",这是一种即凡即圣的人生状态。

---

① 《纪先训》,见《慈湖遗书》卷 17,第 897 页。

② 《论语·泰伯》:"曾子有疾,召门弟子曰:'启予足! 启予手! 《诗》云:"战战兢兢,如临深渊,如履薄冰。"而今而后,吾知免夫! 小子!'"

③ 《纪先训》,见《慈湖遗书》卷 17,第 884 页。

④ (宋)程颢、程颐:《二程遗书》卷 25,上海古籍出版社 2000 年版,第 375 页。

⑤ (宋)真德秀:《文忠西山先生真公跋文元公行状后》,见《慈湖遗书》附录,第 942 页。

⑥ 《论语·颜渊》:"子贡问友。子曰:'忠告而善道之,不可则止,毋自辱焉。'"

杨慈湖的学生钱时在给老师所写的行状中说杨慈湖：

> 既大省，发终身以之勉竞，无须臾微懈。且又克永厥寿，习久益熟，遂造纯明之盛。若先生，真所谓天民先觉者与！①

钱时指出慈湖先生"无须臾微懈"，一直进学于仁。孔子曾说过："君子去仁，恶乎成名？君子无终食之间违仁，造次必于是，颠沛必于是。"（《论语·里仁》）慈湖先生可谓是真正践履了孔子之教导。故而他能够达到"纯明"。

有些学者还记载了杨慈湖平时的生活细节，我们于细节处可见他的平时工夫。全谢山在《淳熙四先生祠堂碑文》中说：

> 慈湖斋明严恪，非礼不动，生平未尝作一草字，固非恃扃讼一悟以为究竟也。②

陆象山曾教学生："写字须一点是一点，一画是一画，不可苟。"③可见陆门心学历来重视从细节处入手。杨慈湖的家训中也有："字画虽小，亦欲端谨，闲书当与特书同。"④凡读书写字之人无不明白，人要想一时不写草字并非难事，但若一生竟不写一个草字，那就不是易事。我也曾发誓要一笔一画地写楷书，但写上一两天就坚持不住，最后在不知不觉之中写字潦草起来。这是因为平时散漫所致，一旦写楷书就觉得累。由此可见，慈湖"生平未尝作一草字"，真是不容易。全谢山特地写上这个细节，也说明他对慈湖先生的敬佩。谢山所言应是真实的，慈湖先生是公开反对行书、草书的。他说："衰世所谓草圣者何哉？以放逸为奇，以变怪为妙。"⑤杨慈湖对王羲之的行书所发的议论是一种偏见，这是毫无疑问的。值得注意的是，他之所以反对王羲之行书，是因为他认为这种书体"无淳古质厚之体，无庄敬中正之容也"⑥。可见，他将平时写字也当做进德修业的手段。程明道曾说："某写字时甚敬，非是要字好，只此是学。"⑦杨慈湖能够如此，也是将平常写字当做进学之阶。

---

① （宋）钱时：《宝谟阁学士正奉大夫慈湖先生行状》，见《慈湖遗书》附录，第941页。
② 《宋元学案·慈湖学案》，见（清）黄宗羲：《黄宗羲全集》第5册，第969页。
③ （宋）陆九渊：《语录下》，见《陆九渊集》卷35，中华书局1980年版，第458页。
④ 《纪先训》，见《慈湖遗书》卷17，第894页。
⑤ 《家记九》，见《慈湖遗书》卷15，第853页。
⑥ 《家记九》，见《慈湖遗书》卷15，第853页。
⑦ （宋）程颢、程颐：《二程遗书》，上海古籍出版社2000年版，第112页。

4.3.3 勇于改过

钟季正曾经为慈湖的《谢过遗墨》写过一篇跋,其中说道:

> 慈湖以"订顽"二字用诸文告。先生谓良知良能,人皆可为尧舜,请无以"顽"斥。慈湖亟改,自谢不谨。①

这个细节是颇值得玩味的。句中的"先生"是指王琦。王琦是钟季正的老师,同时是慈湖的弟子。张子《正蒙》最后有《乾称篇上》,原是张横渠书于书屋的西牖之上,以昭示当时的学子,其题名曰《订顽》。后来"伊川程子以启争为疑,改曰《西铭》"②。杨慈湖于文告之中,采用"订顽"二字,故为用词不当。当时王琦站于一旁,就此指正自己的老师。杨慈湖知错"亟改",并且"自谢不谨"。学生不以指正老师为忤,老师也不以认错为耻,真是"有错即改,改而止",没有任何的意念杂入其胸中,一切都是顺其自然,一切都是"本心"的自然呈露,"若决江河,沛然莫之能御也"。由此细节,我们可以看出慈湖先生平时如何用功,也可以看出慈湖先生的道德修为。

看杨慈湖的心学理论,容易产生一种错觉,误以为他提倡任心而行,将学习圣贤看得过于方便。但是,如果仔细考察慈湖的进学历程,就应知道慈湖能够有如此理论认识和很高的道德修养,实是从日常磨炼中一点一点得来。他曾说:"学之不可已也,自少至老,盖不容一日之废,不惟不容一日废,斯须不可废也。"③杨慈湖不仅是这样说的,也是这样做的。他的学生袁甫这样评价自己的老师:"先生自幼志圣人之学,久而融贯,益久而纯。"④此为真实见地之所言。慈湖心学之所以能够在浙东学术中产生重大影响,从某种程度上来说,也与他人生践履有莫大关系。

---

① 《宋元学案·慈湖学案》,见黄宗羲:《黄宗羲全集》第5册,第1002页。
② (清)王夫之:《张子正蒙注》卷9,中华书局1975年版,第313页。
③ 《先师》,见《慈湖遗书》卷18,第900页。
④ (宋)袁甫:《乐平县慈湖先生书阁记》,见《蒙斋集》卷14,《丛书集成初编》本,商务印书馆1936年版,第200页。

第五章　慈湖之为官

　　杨慈湖以成圣成贤作为自己人生的奋斗目标。如前所言,慈湖心中的圣贤有三方面内涵:其一,具有神性思维的意识深度;其二,具有范围天地的意识广度;其三,表现在外的则是庸言庸行。杨慈湖所说的庸言庸行,包括在家孝顺父母、尊敬兄长、仁爱妻子等,也包括在外诚信交友、服务社会、为国出力等。出仕做官自然也包含在庸言庸行之中。杨慈湖也有为官的经历。

　　考察杨慈湖的为官经历,至少需要弄清以下几个问题:第一,杨慈湖如何看待为学与为宦两者之间的关系? 杨慈湖追求"常觉常明",他对于读书人做官自然要有一个清醒的认识。第二,杨慈湖有哪些施政行为? 这是要检讨他为官时的诸种表现。第三,如何评价杨慈湖的施政行为? 我们评价杨慈湖的施政行为,不是从政绩上而是从他的心学修养与他的政治活动交互作用上来着眼。

5.1　慈湖论为学与为宦

　　作为一名读书人,尤其是宋代的读书人,杨慈湖必然要考虑为学与为宦的关系问题,因为这是关系到出处取舍的人生抉择问题。首先,杨慈湖是反对为了功名富贵而求学的。有一天,杨慈湖对真西山说:"希元有志于学,顾未能忘富贵利达,何也?"真西山一听,不知所指。慈湖说:"子尝以命讯日者,故知之。夫必去是心而后可以语道。"①所谓"以命讯日",即是以命运不济来责备老天爷。大概真西山偶尔有过怨天之语,杨慈湖便据此说他"未能忘富贵利达"。

圣贤之学教人如何做人,学圣贤是为了提升自我精神境界。《大学》说:"富润屋,德润身。"钱财可以装饰人的房屋,而道德可以滋润人的生命。孟子说:"体有贵贱,有小大。无以小害大,无以贱害贵。养其小者为小人,养其大者为大人。"(《孟子·告子上》)在人的生命之中,有物质生命,有精神生命。在孟子看来,人的精神是大者、贵者,人应该争养大者、贵者。为了追逐名利而读书,与求学的本旨相悖离。杨慈湖有这样的观念,与他从小所受的家庭教育颇有关系。其父杨庭显有言:"读书意或在名利,则失圣人之意。"②

杨慈湖虽然反对求学是为了富贵利达,但他并不反对读书人去做官。他说:

> 君臣之义不可废也。仕行其义,固某等所当为。惧无学也,不学而仕,古人耻之。③

这段话里有三层意义。其一,"君臣之义不可废"。人之所以能在天地间繁衍生息,就是因为能"群","君"最大的功能就是"善群"。荀子说:"力不若牛,走不若马,而牛马为用,何也? 曰:人能群,彼不能群也。……君者,善群也。"(《荀子·王制》)陆象山也说:"民生不能无群,群不能无争,争则乱,乱则生不可保。王者之作盖天生聪明,使之统理人群,息其争,治其乱,而以保其生者也。"④杨慈湖进一步解释君"善群"的原因,在于"至公至明"。他说:"盖天地之间,凡血气心知之属,群分类聚。各有所欲,其势必至于争。争而不已,必至于相伤,其甚者至于相杀相乱。其势必相与为公,以求决于公明之人,所是所至,各有所主长。至于其所主长者,又不能无彼此之争疆理之讼。于是又求决于尤公尤明之人,于是乎有国君。而诸是君苟未至于圣,则亦莫能相尚,其久也,不能无事。其继世不能皆贤。以不能皆贤,不能无争之君,而相与比邻,其势必至于争不已,而相争相伐。于是又

① (宋)真德秀:《文忠西山先生真公跋文元公行状后》,见《慈湖遗书》附录,第942页。
② 《纪先训》,见《慈湖遗书》卷17,第885页。
③ 《先师》,见《慈湖遗书》卷18,第900页。
④ (宋)陆九渊:《拾遗》,见《陆九渊集》卷32,中华书局1980年版,第382页。

相与为公推其有大圣之德者,共尊事之为大君,立为天子。然则非圣人,则不足以当此位。"①

当然,天下如此之大,以君一己之力无法治理,于是需要挑选一批大臣来分而治之。用慈湖的话说,"国家设科目,欲求真才实能,共理天下"②。在宋代知识分子群体中,有一种集体意识,即欲与君王共治天下。程伊川在解释《尚书·尧典》中的"克明俊德"时说:"帝王之道也,以择任贤俊为本,得人而后与之同治天下。"③熙宁四年(1071),文彦博当面向神宗指出,皇帝"为与士大夫治天下"④。作为"甬上四先生"之一的袁燮曾向皇帝上剳曰:"天下之大,当与天下共图之,岂可不稽于众哉?"⑤

因此,有才能的读书人理应站出来为君分忧,为天下谋幸福。"君子进德修业,应时而动,当进而不进,是为失时,亦为失道。"⑥君臣合力组成管理团队,是为了为天下人谋求福祉,这就是"君臣之义"。如果"君臣之义"废,那么社会也就行将解体,而人类也不复繁衍。老、庄主张无政府主义,只能是一种愤激的表示,于人类生活实无所补。孔子学生子路也曾郑重强调"君臣之义"不可废⑦。

其二,"仕行其义"。此处之"义",实有两意:从社会的层面来讲,是公平正义;从个人的层面来讲,是人生所当为。"仕行其义"是指读书人可以通过做官,来实现社会的公平正义,同时也实现自己的人生价值。孔子"待价而贾"⑧也是此意。《大学》说君子修身齐家治国平天下,程伊川说:"君子

---

① 《杨氏易传》卷1,第12页。

② (宋)钱时:《宝谟阁学士正奉大夫慈湖先生行状》,见《慈湖遗书》附录,第930页。

③ (宋)程颐:《程氏经说》卷2。

④ (宋)李焘:《续资治通鉴长编》卷221,熙宁四年条,中华书局1992年版,第9册,第5370页。

⑤ (宋)袁燮:《絜斋集》卷1,第7页。

⑥ 《杨氏易传》卷1,第16页。

⑦ 《论语·微子》:"子路从而后,遇丈人,以杖荷蓧。子路问曰:'子见夫子乎?'丈人曰:'四体不勤,五谷不分,孰为夫子?'植其杖而芸。子路拱而立。止子路宿,杀鸡为黍而食之,见其二子焉。明日,子路行,以告。子曰:'隐者也。'使子路反见之。至,则行矣。子路曰:'不仕无义。长幼之节,不可废也;君臣之义,如之何其废之?欲洁其身,而乱大伦。君子之仕也,行其义也。道之不行,已知之矣。'"

⑧ 《论语·子罕》:"子贡曰:'有美玉于斯,韫椟而藏诸?求善贾而沽诸?'子曰:'沽之哉!沽之哉!我待贾者也。'"

之道,贵乎有成,有济物之用,而未及乎物,犹无有也。"①君子修身并非孤芳自赏,而是要发之于日用。

其三,学而为仕。在杨慈湖眼中,虽然人心自神自灵,自清自明,寂然不动,随感而应,靡不中节。但是,对于一个将来可能进入仕途的人来说,还是应该学一些为官之道。人们对于为官,常常有一种错误的认识,认为做官是天下最容易的事,只要发布命令或者传达命令、执行命令即可,似乎人人都可以做官。有这种思想的人,永远都不可能去做一个好官。其实官场上的政治运作,是一件非常复杂的事情。读书人进入官场,对官场运作一无所知,而讲那些"不起意"、求"放心",只是百无一用的空话。杨慈湖的"不起意"、求"放心"本不是悬空的,而是要落在平常日用之中。慈湖之父曾告诫自己的子孙说:"吾家子弟,或忝科第,未可遽入仕,必待所学开明,从而自试,上不误君上任委之心,下不失民人倚赖之意。九泉乃祖于此无憾矣。"②所谓"必待所学开明",就是将道德修养之学与从政做官的学问打通相融。孔子曾叫漆雕开去做官,而漆雕开答曰:"吾斯之未能信。"③可见,漆雕开对于做官是非常慎重的,因此孔子才会大悦。

一方面是为官之道,另一方面是成德之学,此两方面应如何平衡呢?杨慈湖说:

> 虽曰不可以政学,向也不学,及政而始学,则未闻。向也学为政而不废学,可也。④

这段话有三层意思:其一,"不可以政学"。一个人不能将为政做官作为自己的终身追求,毕竟为政做官只是一些操作层面的东西,只是具有工具价值,对于人生来说是第二义的,还需要有深层的第一义的,也就是要有本体价值来作为支撑。法家学者提倡"以吏为师",确实可以培养出一批精通官僚技术的人,但这些人同时也是刻薄寡恩之人。儒家提倡修身为本,正是为了涵养这深层的价值理念。

其二,"及政而始学,则未闻"。如果认为为官之道只是一些操作的东西,到时候边学边干,只要自身有道德修养,人人都可以做官,那就大错而

① (宋)程颐:《粹言·人物篇》。
② 《纪先训》,见《慈湖遗书》卷17,第886页。
③ 《论语·公冶长》:"子使漆雕开仕。对曰:'吾斯之未能信。'子说。"
④ 《先师》,见《慈湖遗书》卷18,第900页。

特错。孔子的学生子路让一位年轻人子羔不学就去做官,孔子就批评子路:你是在残害一位年轻人啊。① 子路的做法不仅破坏了这个年轻人的前途,也损害了当地百姓的福祉。因此,杨慈湖在此说"未闻",意思是说没有听到圣人对子路这种做法的肯定。他曾特别地强调:"夫其才智不足以当天下之重任,则不可以居大臣之位。"②这就要求为政者需要有一定的才智。

其三,"学为政而不废学"。这并不是说,一边学为政,一边学做人。杨慈湖不是要人们将"为政"与"为学"看做两截,此二者是合二为一的。"为政"是"外王"之学,"为学"是"内圣"之学。在杨慈湖眼中,"内圣"与"外王"是打通的,是不可分离的两个方面。后来的王阳明有一段话,也许可以用来疏解杨慈湖的"学为政而不废学"。有一个当官者对王阳明说:"此学甚好。只是簿书讼狱繁难,不得为学。"王阳明说:"我何尝教尔离了簿书讼狱,悬空去讲学? 尔既有官司之事,便从官司的事上为学,才是真格物。……簿书讼狱之间,无非实事;若离了事物为学,却是悬空。"③

杨慈湖如此看待为学与为宦的关系,可能易于引起人们的疑问。杨慈湖之为学是发明"本心",提倡"不起意"。而为宦必须落在实处,必须考虑多方面的问题。此两者之间似乎有矛盾。当然,在杨慈湖看来,"学为政而不废为学,可矣",为学与为宦之间并没有矛盾。一方面,"本心"为做官之人指示了方向——为治下的百姓带来福祉(这是人类设置官职的本意)。杨慈湖说:"大臣者当以道事君,使天下之民无一不被尧、舜之泽,乃称其职。"④另一方面,"本心"自然促使做官之人去寻找为治下的百姓谋福祉的手段。手段的获得当然需要思索,需要分别。但这种思索分别,是顺其自然的,表现出来是无思无为的。也就是说,"本心"的呈现采用的是神性思维,而神性思维包容着理性思维和感性思维。在神性思维中,"本心"自会去思索,去感知。

这里顺便讨论一下牟宗三先生的"良知的坎陷"说。牟先生说:"吾心之良知决定此行为之当否,在实现此行为中,固须一面致此良知,但即在致字上,吾心之良知亦须决定自己转而为了别。此种转化是良知自己决定坎

---

① 《论语·先进》:"子路使子羔为费宰。子曰:'贼夫人之子。'子路曰:'有民人焉,有社稷焉,何必读书,然后为学。'子曰:'是故恶夫佞者。'"
② 《杨氏易传》卷12,第131页。
③ (明)王守仁:《王阳明全集》上册,上海古籍出版社1992年版,第94—95页。
④ 《杨氏易传》卷12,第131页。

陷其自己：此亦是其天理中之一环。坎陷其自己而为了别以从物。从物始能知物，知物始能宰物。及其可以宰也，它复自坎陷中涌出其自己而复会物以归己，成为自己之所统与所摄。如是它无不自足，它自足而欣悦其自己。"[1] 牟先生提出"良知的坎陷"，本意是要在"良知"中为科学留下一个位置。[2] 但是从慈湖心学的角度看，"良知的坎陷"毕竟有些曲折。人的神性思维中包容着理性思维，人见父母自然知"孝"，真正知"孝"的人自会去学如何行孝道。在当今社会，人的"良知"自然知道科学重要，人也自然知道如何去掌握科学。这都是直接的，当下即可认取。

5.2　慈湖先生的施政行为

杨慈湖不反对学者去做官，但他从来不"跑官"。钱时说：

> 先生之规模也，自入仕固未尝祈人举，亦不效尤称门生、求脚色状，例逊谢不敢答，而诸公争推拥若恐后。[3]

钱时所谓"规模"，也就是宋人所看重的"气象"。杨慈湖既有志圣贤，已然有一种将天地万物视为己身的襟怀。有如此"规模"之人，配得上孟子所称道的"大丈夫"[4]，自不会为了做官去拉关系，走后门。同为"甬上四先生"之一的舒璘也有同样的举动。史料记载："初，诸公欲荐先生，皆力止之，曰：'是非吾志也。'其后自礼部尚书尤袤以下，推挽者众，不得已受之，然不称门生。"[5]可见，有志于圣贤之道的人，其举动又何其相似。究其原因，大约有三：其一，他们不屑于去做这些随波逐流之事，因为有失"大丈夫"的尊严。其二，朱子曾说过："且士大夫之辞受出处，又非独其身之事而已，其所

---

① 牟宗三：《从陆象山到刘蕺山》，吉林出版集团有限责任公司 2010 年版，第 160 页。

② 传统心性之学缺少"科学"的内容。牟宗三先生提出"良知的坎陷"，是要在"良知"中加入"科学"的内容，目的是让传统儒学服务于现代社会。

③ （宋）钱时：《宝谟阁学士正奉大夫慈湖先生行状》，见《慈湖遗书》附录，第 930 页。

④ 《孟子·滕文公下》："居天下之广居，立天下之正位，行天下之大道；得志，与民由之；不得志，独行其道。富贵不能淫，贫贱不能移，威武不能屈，此之谓大丈夫。"

⑤ 《宋元学案·广平定川学案》，见（清）黄宗羲：《黄宗羲全集》第 6 册，第 6 页。

处之得失,乃关风俗之盛衰,故尤不可以不审也。"①跑官拉官,还会带坏社会风气。试想,连读圣贤书的人都如此下贱,社会怎么还有希望? 其三,不光是维护自己的尊严,也是维护"道"的尊严。杨慈湖说:"又以明士不可苟贱,必有礼宾之道而后可进。若自苟贱,则何以行其道? 重己,所以重道也。"②他还说:"君子未尝不欲仕也,又必待上之求之而后可进。不见引而遽进,则言将不听,道不可行。故必引之而后'吉无咎',不然则人将议我之冒进矣。"③将慈湖之言与慈湖之行相结合,可知他的不跑官是一种自觉的行为。

反过来,杨慈湖"不效尤称门生、求脚色状",也证明了他之"规模"。由于慈湖先生有如此"规模",所以许多有身份的人争着推荐他去做官。宋孝宗淳熙八年(1181),丞相史浩推荐薛叔似、杨慈湖、陆九渊等15人为都堂审察。史浩说杨敬仲"性学通明,辞华条达,孝友之行,阃内化之,施于有政,其民心敬而友爱之"④。宋孝宗淳熙九年(1182),朱子也推荐杨慈湖,说他"学能治己,材可及人"⑤。

有关杨慈湖的做官履历,此处不再罗列,读者自可去翻看《宋史》本传。我们所关注的是:作为一名官员,杨慈湖做了哪些事? 总括起来,杨慈湖之施政行为有以下几点:

其一,重文教以化民。宋孝宗乾道五年(1169),杨慈湖中了进士,同年任富阳主簿。主簿管理一县文书档案和有关教化之事,向来被认为是清闲差事。杨慈湖来到富阳,两个月过去,竟没有一个读书人来相见。他觉得奇怪。左右的人回答说,本县的人多是经商致富,认为读书无利可图,大家都不愿意读书。杨慈湖心里一阵隐痛,与县令商量,由县政府出资贴补读书之人,稍懂文理之人即被收入县学,将其中优秀者称为"进士"以资鼓励。慈湖每日亲临讲学。从此以后,富阳士人自是欣奋,只恨读书太晚。⑥《宋史》称:"富阳民多服贾而不知学,简兴学养士,文风益振。"⑦杨慈湖一方面

---

① (宋)朱熹:《答韩尚书书》,见《朱子全书》第21册,《晦庵先生朱文公文集》卷25,上海古籍出版社、安徽教育出版社2002年版,第1129页。

② 《杨氏易传》卷8,第89页。

③ 《杨氏易传》卷15,第159页。

④ (宋)钱时:《宝谟阁学士正奉大夫慈湖先生行状》,见《慈湖遗书》附录,第929页。

⑤ (宋)钱时:《宝谟阁学士正奉大夫慈湖先生行状》,见《慈湖遗书》附录,第929页。

⑥ (宋)钱时:《宝谟阁学士正奉大夫慈湖先生行状》,见《慈湖遗书》附录,第928—929页。

⑦ (元)脱脱等:《杨简传》,见《宋史》卷407,中华书局1985年版,第35册,第12289页。

兴办学校带动读书风气，另一方面禁止歪风邪气。他在温州做知州时，感叹当地风俗之坏，便罢去妓籍，禁止群饮，礼敬贤能，温州风俗为之一变①。

杨慈湖还以自己的人格魅力来达到化民目的。他做富阳主簿时，真诚对待他人，周围的人都敬重他，信任他，大家相互告诫，相互约束。官府小吏拿着杨慈湖写的一张纸条到市场上，就可置换几千钱。慈湖每天讽咏《鲁论》、《孝经》，自己不动声色，百姓受到潜移默化。② 杨慈湖做温州知州时，廉俭自律，奉养菲薄。他常常说："吾敢以赤子膏血自肥乎！"治下百姓邻里和睦，没有纷争，百姓爱他就像爱自己的父母一样，朝着他的画像跪拜。他外调时，全城百姓扶老携幼，哭着为他送别。③ 杨慈湖没有一点儿官架子，他在衙门前架了一面铜锣，让有事者自己敲锣，锣响以后就可以进衙门，有什么事情随时随地都可以裁决。考察县官贤能与否时，他明察暗访，依据官员在百姓中的口碑，来决定官员的升降。杨慈湖对待自己的属下也很随和。他正在伏案，只要有人走在庭院，不问是谁，他都立即放下笔来拱手答礼。总之，杨慈湖尽量以德感化他人，百姓自然心悦诚服。④ 他在乐平除了设坛讲学以后，还深入民间了解民苦。他了解到当地有杨、石二位恶少，带领一帮失足青年，危害当地百姓，气焰特别嚣张。杨慈湖将杨、石二位下到监狱，晓之以祸福利害。此二位都得到感悟，愿意自我赎罪。自此以后，当地社会风气为之一新，老百姓都不用打官司，出现了"夜无盗警，路不拾遗"的治安状况。后来杨慈湖离开乐平的时候，杨、石二位带着乐平县的百姓一直将他送出县境，并呼其为"杨父"。⑤ 他治理乐平只有两年。离开乐平时，洪迈曾赠诗曰："杨君解墨绶，去作国子师。邑人万千户，遮道婴儿啼。"这首诗形象地描绘了慈湖先生受到人民的爱戴。

其二，持道义抑邪恶。宋孝宗淳熙三年（1176），杨慈湖任绍兴狱监司理。他秉公执法，大小案件，都是亲临审理，静静地听着犯人申诉，让犯人自吐真情，案件前因后果审得清清楚楚。那些猾吏只能整理文案，不能从中做手脚。当时绍兴是南宋的陪都，台府之间有矛盾，一般官员只能看上级眼色行事，有事不敢做主。杨慈湖公平无偏颇，只是惟理是从。有一次，

① （宋）钱时：《宝谟阁学士正奉大夫慈湖先生行状》，见《慈湖遗书》附录，第 928—929 页。

② （宋）钱时：《宝谟阁学士正奉大夫慈湖先生行状》，见《慈湖遗书》附录，第 928 页。

③ （元）脱脱等：《杨简传》，见《宋史》卷 407，中华书局 1985 年版，第 35 册，第 12291 页。

④ 《宋元学案·慈湖学案》，见黄宗羲：《黄宗羲全集》第 5 册，第 952 页。

⑤ （元）脱脱等：《杨简传》，见《宋史》卷 407，中华书局 1985 年版，第 35 册，第 12289 页。

一个府吏触怒了府帅,府帅便命慈湖去定罪。慈湖说府吏无罪。府帅又命慈湖搜罗府吏以往的过错。杨慈湖说:"吏过渠能免? 若今日则实无罪也。必摘掬往事置之法,某不敢奉命。"府帅很生气。杨慈湖叹气说:"是尚可为乎?"他决心辞官职不做,也要据理力争,最终那位府帅知道不能勉强,只好作罢。[①] 后来杨慈湖在温州做官,一些退下来养老的官员强占民田不给钱,杨慈湖追着让这些官员偿还钱。有势力家族的住宅占据了公共河道,杨慈湖即日拆迁它。城中百姓欢呼雀跃,将这条河叫"杨公河"[②]。全谢山有一段文字记载慈湖先生与史弥远之间的矛盾。杨慈湖曾讲学于鄞县史氏书院,史弥远是其弟子。后来史弥远当了宰相,违背老师平日教诲。慈湖对穆陵说:"臣平日所以教弥远者不如此,弥远之置其君如弈棋。"第二天,史弥远就上奏曰:"臣师素有心疾,乞放归田。"这件事因为行状不敢载,所以《宋史》也就无文字记录。[③]

其三,讲武备防不虞。杨慈湖是极力反对战争的。他说:"人非木石,我爱彼,彼如何不我爱? 我敬彼,彼如何不我敬? 即可使如一家,四海之内皆吾赤子,何忍取赤子而杀之?"[④]但是,杨慈湖又认为当政者要有武备。天子有职守,诸侯也有职守,重视武备恰恰是对属下百姓真正的爱。正因为杨慈湖有这样的认识,所以他"有志于武备踰四十年",支持镂版印刷陈规的《守城录》,并为之作序,建议"分遗士夫"[⑤]。宋孝宗淳熙十一年(1184),杨慈湖任浙西抚属。当时的浙西遇上了荒年,杨慈湖对府尹说:"宜因凶岁戒不虞。"于是杨慈湖被委派督察三将军队,"接以恩信,得其心腹,出诸葛武侯正兵法调疑习之,军政大修,众大和悦"[⑥]。

其四,重细节尊礼法。杨慈湖在做温州知州的时候,有500人的贩私盐团伙要过境温州。当时巡尉不向上级汇报,私自调兵围剿。杨慈湖说:"是可轻动乎? 万一召乱,贻朝廷忧。兵之节制在郡将,违节制是不严天子命,违节制应斩。"于是慈湖"建旗立巡尉庭下,召剑手两行夹立,郡官盛服立西

① (宋)钱时:《宝谟阁学士正奉大夫慈湖先生行状》,见《慈湖遗书》附录,第929页。

② (元)脱脱等:《杨简传》,见《宋史》卷407,中华书局1985年版,第35册,第12290页。

③ (清)全祖望:《碧沚杨文元公书院记》,见《全祖望集彙校集注》(中册),上海古籍出版社2000年版,第1046页。

④ 《陈规守城录序》,见《慈湖遗书》卷1,第610页。

⑤ 《陈规守城录序》,见《慈湖遗书》卷1,第610页。

⑥ (宋)钱时:《宝谟阁学士正奉大夫慈湖先生行状》,见《慈湖遗书》附录,第929页。

序,数其罪,命斩之,郡官交进为致悔罪意,良久得释,奏罢分司,其纪律如此"①。有一次,皇帝派一位使者到来稽查地方官员,这位使者是杨慈湖的"契家子"。于是慈湖与这位使者之间便演绎了一番礼仪谦让。《宋史》本传记载:"帝遣使至郡讥察。使于简为先世契,出郊迎,不敢当,从间道走州入客位。简闻之不敢入,往来传送数四,乃驱车反。将降车,使者趋出立戟门外,简亦趋出立使者外,顿首言曰:'天使也,某不敢不肃。'使者曰:'契家子,礼有常尊。'简曰:'某守臣,使者衔天子命,辱临敝邑,天使也,某不敢不肃。'……"②

其五,尽忠心以直言。杨慈湖向最高统治者提出许多意见和建议,大致包括几个方面:第一是向皇帝宣讲心学理论,希望皇帝"不起意",发明自我"本心",以尧、舜、三代之心行尧、舜、三代之治。第二是提出自己的治国方略,他认为"方今治务最急者五:一曰谨择左右大臣近臣小臣;二曰择贤久任中外之官,三曰罢科举而乡举里选贤者能者,四曰罢说法导淫,五曰教习诸葛武侯之正兵以备不虞。其次急者八:一曰募兵屯田以省养兵之费,二曰限民田以渐复井田,三曰罢妓籍俾之从良,四曰渐罢和买折帛暨诸续增之赋及榷酤而禁群饮,五曰择贤士取而教之于太学,教成使分掌诸州之学,又使各择邑里之士聚而教之,教成使各掌其邑里之学,六曰取周礼及古书会议熟讲其可行于今者,三公定其议而奏行之;七曰禁淫乐;八曰修书以削邪说"③。第三是极言时弊,如军帅尅剥诸军,如吏治的腐败等。第四是针对具体的事件而发。如为丞相赵汝愚辩护,以致自己也遭到贬斥。再如当时北方遭受饥馑,北方之民多奔向南宋,南宋守军临淮水而射杀之。慈湖认为应接济这些灾民斗升之粮。

当时宋与金南北相持,是战还是和,杨慈湖有自己的观点。他说:"国家举大事,必上当天心。上帝以为可战则战,上帝以为未可则勿战。《易》曰:'天地之大德曰生。'上帝视南北之民一也,惟无道甚则诛之,未至于甚,人心犹未尽离,苟亟战,使南北无罪之民肝脑涂地,岂上帝之心也哉?必民心尽离,如独夫纣,帝乃震怒,前徒倒戈矣,是为汤武之师。故《志》曰:'行一不义,杀一不辜,而得天下,有所不为。'《公羊》'九世复仇'之论,非《春

---

① (元)脱脱等:《杨简传》,见《宋史》卷407,中华书局1985年版,第35册,第12290页。
② (元)脱脱等:《杨简传》,见《宋史》卷407,中华书局1985年版,第35册,第12290—12291页。
③ 《家记十》,见《慈湖遗书》卷16,第860页。

秋》本旨。"①慈湖的这番话,绝不是心血来潮,他还说过:"孔子曰:'圣人以天下为一家。'《中庸》曰:'日月所照,霜露所坠,凡有血气者莫不尊亲。'《左传》:'天子有道,守在四夷。'自汉以来,士大夫有知此理者绝少。不思夫上帝一视同仁,有国家者不视夷狄如赤子,使无罪之民肝脑涂地,大违上帝之心,无乃不可乎?"②慈湖虽然没有明言是战还是和,但他明显是反对草率发动战争的。

请原谅我们如此关注细节。西方有谚曰:"上帝或魔鬼在细节之中。"如就仕途而言,杨慈湖算不得成功者。古人常为之叹惜:"文元公丁宋祚之末,阅事孝、光、宁、理四朝,始终五十四年,立朝仅三十六日,四经陛对,逆鳞之言虽忠,而措之无用,君子惜之。"③但是,就其施政行为而言,却有值得分析的价值。

5.3 慈湖施政行为评价

叶适是南宋事功学派的一个代表。他曾写信给杨慈湖,赞他在温州:"执事二年勤治,公私交庆,恩利所及戴白老人,以为此未有载于竹帛、形于图绘,云聚山积,欢沸井里。"④叶适之赞着眼于慈湖政绩,并不曾涉及其心学。《四库全书总目》直接贬慈湖讲学"纯入于禅",斥其政论为"迂阔不达时势",但对于杨慈湖之施政仍有所肯定:"然简历官治迹,乃多有可纪,又非胶固鲜通者,盖简本明练政体。"⑤将讲学与为官完全分开,这在宋儒尤为不可。余英时先生曾有言:"但就宋代儒学发展史而言,理学却不能简单地等同于'内圣'。这是因为'内圣'与'外王'在理学家的构想中,自始即是一不可分的整体,而且'内圣'领域的开拓正是为了保证'外王'的实现。"⑥

对于杨慈湖的施政行为,评价最中肯的应是《宋史》的作者。《宋

---

① (宋)钱时:《宝谟阁学士正奉大夫慈湖先生行状》,见《慈湖遗书》附录,第 930 页。
② 《家记三》,见《慈湖遗书》卷 9,第 765 页。
③ (清)郑辰:《句章摭逸》,转引自崔大华:《南宋陆学》,中国社会科学出版社 1984 年版,第 135 页。
④ (宋)钱时:《宝谟阁学士正奉大夫慈湖先生行状》,见《慈湖遗书》附录,938 页。
⑤ 《四库全书总目》卷 166,中华书局 1997 年版,下册,第 2137 页。
⑥ 余英时:《宋明理学与政治文化·自序》,吉林出版集团有限责任公司 2008 年版。

史》说：

> 杨简之学，非世儒所能及，施诸有政，使人百世而不能忘。然虽享高年，不究于用，岂不重可惜也哉。[1]

这是说慈湖之学所达到的高度，一般世儒很难企及。因此，慈湖之学也不为世儒所能理解。但是，慈湖之施政行为，足以印证其心学本质。杨慈湖的施政行为，是他理性认知的结果，更是他"本心"的直接呈露。《宋史》的作者指出慈湖之学与慈湖之政两者之间的内在联系，为我们诠释杨慈湖的为官行为指示了一个方向。

以教化民是儒家政治理论中的一个重要组成部分。《周易》说："观乎天文，以察时变；观乎人文，以化成天下。"（《周易·贲·彖》）通过人文教育，可以感化天下民众，同时也可以成就民众。孔子说："道之以政，齐之以刑，民免而无耻。道之以德，齐之以礼，有耻且格。"（《论语·为政》）人文教育的内容主要是内在之"德"与外在之"礼"，教民众以"德"与"礼"，是将民众作为人来看待，使民众去追求一个主体的自觉。《礼记》说："君子如欲化民成俗，其必由学乎！"（《礼记·乐记》）推行教化主要是依靠学校。孟子说："夫君子所过者化，所存者神，上下与天地同流，岂曰小补之哉？"（《孟子·尽心上》）有道德者可以通过自身的人格魅力来感化百姓。

杨慈湖重视以教化民自然是受古代圣贤的影响，更是发自他之"本心"。他看到富阳百姓不读书，他"食且不得下咽"[2]。在杨慈湖眼中，人人具有"本心"，此心即是尧、舜、禹、汤、文、武、周公、孔子之心。但是百姓日用而不自知，富阳人只是满足于经商致富的物质生活之中，不读书，不明理，整日"庸庸逐逐，贪利禄患得失"。杨慈湖作为深知圣贤之道的人，他心中油然而然地"切惜之"[3]。杨慈湖每到一地做官，都要兴办学校，亲自讲学，以此来教化民众。杨慈湖教化百姓，是"欲使举吾邑人皆为君子"[4]。也就是说，他是要提升社会整体的生命层次。中国儒家思想最初作为一种精英文化，能够贯注到普通民众日常生活之中，确实是与一批像杨慈湖这样的知识分子的努力是分不开的。

---

① （元）脱脱等：《宋史》第三十五册，卷407，中华书局1977年版，第12299页。
② （宋）钱时：《宝谟阁学士正奉大夫慈湖先生行状》，见《慈湖遗书》附录，第929页。
③ （宋）钱时：《宝谟阁学士正奉大夫慈湖先生行状》，见《慈湖遗书》附录，第930页。
④ （宋）钱时：《宝谟阁学士正奉大夫慈湖先生行状》，见《慈湖遗书》附录，930页。

　　慈湖教化行为发自于他的"本心",但并非意味着这是一件轻松随意之事。慈湖对此有着清醒的认识。《周易》的《临》卦是"侧重揭示上统治下、尊统治卑、君主统治臣民的道理"①。《杨氏易传》在解释此卦之《象》时说:"所以保之,非徒保其生,保其常性。"所谓"保其常性",实际上就是"顺民之常性"。为做到这一点,杨慈湖说出具体的措施:"既制产使之给足,又设庠序学校。既以礼教之,又以乐教之。礼又防其伪,乐又防其淫。又政以行其教以防其患,刑以辅其教以禁其非。精虑远念,弥缝周尽,皆所以顺民之常性。"②从这里可以看出,教化民众也是一件绞尽脑汁的事。请注意,这并不能否定慈湖的教化行为是发自"本心"。正如前文所言,"本心"发露是神性思维,而神性思维是对理性思维的超越并包容。"精虑远念,弥缝周尽",这是理性思维。因为理性思维包容在神性思维之中,所以"精虑远念,弥缝周尽"也是"本心"的一种呈露。

　　杨慈湖做官敢于坚持原则,更需要来自自我"本心"力量的支撑。封建社会多是司法腐败,许多猾吏从中耍奸使坏。杨慈湖亲自过问案件,使得猾吏不得其手。当时官场内部斗争激烈,官员之间钩心斗角。一般办事人员只是看上司眼色行事,而慈湖"惟理之从"。面对府帅的权势威压,毫不为之所动,为了追求公平和正义,哪怕丢了官职也在所不惜。地方豪强雄霸一方,一些地方官也是"强龙压不过地头蛇"。但是杨慈湖拿出非常手段,抑制当地豪强。他之所以敢于坚持原则抵制豪强,是因为他听从来自生命内部的声音。

　　挽救两位失足少年,最能显示慈湖"本心"理论的价值所在。杨、石二位少年也有自己的"本心",只是沾染上恶劣的习气,他们的"本心"遭到了遮蔽。杨慈湖本着自己的"本心",来挽救两位少年。其实他让这两位少年重新做人,也只是让他们找回自己放逸的"本心"而已。他以自己的"本心",不仅感化了两位失足少年,而且也引起了乐平当地百姓的"本心"的呼应。乐平的治安能够做到"夜无盗警,路不拾遗",孟子所说的"君子所过者化",杨慈湖真可当之无愧。

　　杨慈湖不仅爱百姓、抑豪强,而且他考虑得长远,忧患着将来。他在非常时期,想到要训练军队,以防备突发事件。杨慈湖是一位读书人,但不是

---

① 黄寿祺、张善文:《周易译注》,上海古籍出版社 1989 年版,第 171 页。
② 《杨氏易传》卷 8,第 83 页。

只会讲一些心学理论,他对政治形势也有着相当的敏感。他还懂得军事,训练军队井井有条。联想到南宋时期,国家正处在特殊的历史形势下,他之长期关注武备,足以说明不是百无一用的书生。他重视武备也与孔子思想相合。据《史记》记载,齐景公邀请鲁定公到夹谷聚会。孔子对国君说:"臣闻有文事者必有武备,有武事者必有文备。古者诸侯出疆,必具官以从。请具左右司马。"①真正的儒家学者,绝不是吴敬梓笔下的范进。

杨慈湖还有另外一面,即对于礼法制度的尊重。杨慈湖要严惩巡尉,因为巡尉破坏了礼法制度。他接待使者极尽礼数,体现的是宋儒一贯提倡的"尊王"之大义。杨慈湖一直强调学者要学习一些为政知识,大概这些知识中就包括礼法制度。礼法制度是维护社会正常运转的重要支柱,儒家学者向来都十分重视。孔子强调周礼,荀子重点论述礼之重要性。到了宋代张横渠,他特别强调礼的内在性,他说:"礼仪三百,威仪三千,无一物而非仁也。"②杨慈湖进一步发挥张横渠的观点,他说:"经礼三百,曲礼三千,皆吾心之所自有。"③经礼曲礼都是人"本心"的产物,人如果能发明"本心",自然莫不合于礼法。

全祖望特地将杨慈湖接待使者与谢上蔡接待使者做了对比。当年胡安国为湖北提举时,谢上蔡为应城知县。胡安国求杨龟山写一封介绍信来见谢上蔡。到了湖北,胡安国先派人将介绍信送给谢上蔡。胡安国进入应城县,谢上蔡竟然不迎接。全城吏民都不知知县为何慢待提举。后来胡安国直接以学生礼去拜见谢上蔡。全祖望认为:"文定之所以自处者是也;若上蔡则执师道,而过焉者也。"杨慈湖对待"契家子",全祖望认为:"往来传送数次,客固辞,主人固请,卒以宾主相见。当时以为各当其礼。"④此时,杨慈湖尊重使者,是因为他是天子之所派遣,尊"契家子"实质上是尊天子。

杨慈湖对皇帝所说的一些政治言论,在所谓的政治家们看来,可能有些书生意气,《四库全书总目》说杨慈湖之论"皆迂阔不达时势"。但杨慈湖自己并不这样认为,他说:"习俗常谈以大公至正文论为迂阔,以趋时苟且

---

① (汉)司马迁:《史记》第 6 册,中华书局 1959 年版,第 1915 页。
② (宋)张载:《正蒙·天道篇》,见(清)王夫之:《张子正蒙注》,中华书局 1975 年版,第 50 页。
③ 《复礼斋记》,见《慈湖遗书》卷 2,第 629 页。
④ 《宋元学案·上蔡学案》,见黄宗羲:《黄宗羲全集》第 4 册,第 181 页。

权谲之术为通才。权术苟且,暂遣目前,而人心不服,上帝不与,祸其在后。"①《四库全书总目》还说杨慈湖"亦知三代之制至后世必不可行,又逆知虽持吾说以告世,世亦必不肯用,不虑其试之而不验,故姑为高论,以自表其异于俗学霸术而已"②。这实际上是说杨慈湖是在处心积虑地"作秀"。以慈湖之践行可知,他还不至于到这种地步。杨慈湖所提出的政治措施,寓含着读书人的政治理想。古代许多智者如张横渠、朱晦翁、黄梨洲等,都有相似的主张。譬如说,"限民田以渐复井田",他们是基于当时贫富悬殊的社会现实而提出来的,实际上是希望耕者有其田,从而实现社会的公平。③"罢科举而乡举里选贤能者",也是鉴于科举选拔人才制度的弊病而提出来的,是渴望在用人制度上注意倾听民众的声音。

对北方是战还是和,当时有多种意见。具有强烈民族感情的人,力挺主战派,痛恨主和派。具有浓郁功利主义色彩的人,认为可以战则战,不可以战则和。政治家们为实现自己的野心,看重的是政治博弈,视人民的肝脑涂地为不得不付出的代价。慈湖从宇宙大精神出发,视南北之民如己一身,"四海之内皆吾赤子,何忍取赤子而杀之?"④他主张一切政治举动,都应关注人民的福祉。解决战与和的问题,应着眼于更根本的德政。如能体察天地的生生之德,进而泛爱天下百姓,政治清明,那么就可以不战而屈人之兵。关于此点,杨慈湖的学生曾深有感慨。他说:"慈湖先生志陆君墓,有'足迹未尝至庖厨'一语注于旁,笔力清劲,蔼然先生之道心见焉。先生论兵主于不杀,讲求诸葛武侯、李卫公阵法甚详,谓古者正兵不可败,与孟子不嗜杀人之训若合符节。嗟乎!庖厨尚宜远,人其可轻杀哉?安得壮士挽天河,净洗甲兵长不用。抚事兴怀,为之太息。"⑤

慈湖对最高统治者的直言进谏,符合儒家学者对于"君臣之义"的界定。为了整个国家、整个民族的利益,君臣共同组成了一个管理团队。大臣有责任有义务将自己之所知,完完全全地贡献出来,这是"臣要尽忠"的

---

① (宋)钱时:《行状》,见《慈湖遗书》附录,第939页。

② 《四库全书总目》卷166,中华书局1997年版,下册,第2137页。

③ 史料说张载:"慨然有志于三代之法,以为仁政必自经界始,经界不正,即贫富不均,教养无法,虽欲言治,牵架而已。"(《宋元学案·横渠学案上》,见[清]黄宗羲:《黄宗羲全集》第3册,浙江古籍出版社2005年版,第797页)

④ 《陈规守城录序》,见《慈湖遗书》卷1,第610页。

⑤ (宋)袁甫:《跋慈湖先生陆君墓》,见《蒙斋集》卷15,《丛书集成初编》,商务印书馆1936年版,第226页。

本义。杨慈湖也许可以预计到自己之所言不会得到采用，但是孟子有言："大匠不为拙工改废绳墨，羿不为拙射变其彀率。君子引而不发，跃如也。中道而立，能者从之。"（《孟子·尽心上》）杨慈湖三番五次向皇帝进言，也颇有孔子"知其不可而为之"[①]的精神。

　　总而言之，杨慈湖的施政行为是他"本心"显现的种种面相之一。他在施政行为中所表现出来的书生意气，虽过于理想化，与当时社会政治环境有格格不入之处，但对于当时社会人心应有提振警醒作用。他的施政行为实际的政治效果，在当时社会可能是微不足道的，但是后代人将其写进《宋史》，对后世从政者也应有启迪。周必大曾说陆象山，"荆门之政，可以验躬行之效"[②]。我以为，杨慈湖在乐平、温州等地的政绩，也可以检验他的人生践履。

---

　　① 《论语·宪问》："子路宿于石门。晨门曰：'奚自？'子路曰：'自孔氏。'曰：'是知其不可而为之者与？'"
　　② （宋）陆九渊：《年谱》，见《陆九渊集》卷36，中华书局1980年版，第512页。

第六章　慈湖之讲学

杨慈湖一生大部分时间都在讲学，讲学可以说是他生命一个重要的组成部分。讨论慈湖的讲学生涯，可以利用的历史资料比较少。我们只能就现有的资料，来考察他讲学的五个方面，即讲学经历、教育目的、教育原则、教学方法和讲学效果。

6.1　慈湖之讲学经历与讲学目的

依据一些相关的史料，可以大略地知道慈湖一生的讲学经历。宋孝宗乾道五年(1169)，慈湖时年 29 岁，中了进士。同年任富阳主簿，他见富阳人多是从事于经商而不愿意读书，就积极兴办县学，采取各种措施鼓励学子读书，他自己也是"日诣学相讲习"。这是杨慈湖讲学之始。

宋孝宗淳熙十五年(1188)，慈湖时年 48 岁，奉差遣知嵊县，未及赴任，丁父忧，回归故里。前任丞相史浩当时也归居明州月湖之滨，他聘请慈湖讲学于史氏所建之书院。史氏子弟多从学于慈湖，包括史弥忠、史弥远、史弥坚、史弥巩、史弥林、史弥圣、史守之、史定之、史嵩之以及史氏外甥陈埙等。这些弟子之中，有不少后来身居显贵，对于陆学风行浙东有直接的推动作用。

宋光宗淳熙三年(1192)，慈湖时年 52 岁，任乐平知县。见"故学宫逼陋甚危朽，相枝柱苟旦莫"，他说："教化之原也，可一日缓乎?"于是"撤新之，首登讲席,邑之大夫士咸会"。据《宋史》记载,慈湖在乐平"兴学训士,诸生闻其言有泣下者"。在乐平虽然只有两年,但慈湖弟子众多,凡有姓氏可考者便有十数位,如钟宏、邹近仁、邹梦遇、舒益、洪简、曹正、方溥、吴埙、马朴、马燮、吴坰、马应之、王琦、余元发、王晋老等。杨慈湖对于乐平地方儒学兴起实在功不可没。

宋光宗淳熙五年(1194),慈湖时年 54 岁,因赵汝愚的推荐,被诏为国子博士。当时韩侂胄全力排挤赵汝愚。一年后,赵汝愚被罢除右丞相之职。当时朝臣多上疏挽留赵汝愚,无一不遭窜逐,慈湖即在其列。

宋宁宗嘉泰三年(1203),慈湖时年 63 岁,筑室慈湖上,建起慈湖馆,招来许多好学之士,慈湖讲学于其中,达十年之久。此时受教者有余姚赵彦恸,庐陵曾熠,淳安洪梦炎,吴县叶祐,浦城徐凤,嘉禾沈功,昌国许孚、朱介、魏梁,新昌张谓、张玢,慈溪刘厚南,鄞县沈民献,富阳孙明仲,钱塘王子庸,严陵王震,寿昌邵甲,永嘉薛疑之,等等①。

在故乡讲学期间,杨慈湖也到其他书院讲学。如宋宁宗嘉泰四年(1204),受沈文彪②之邀,讲学于亭馆。宋宁宗嘉定十七年(1224),慈湖先生时年 84 岁,受史忠定之孙史仁之所请,来到碧沚书院③讲学。

由此可知,杨慈湖一生几乎没有离开过讲坛。其讲学场所或县学,或国子监,或私家书院。慈湖并非好为人师,其诲人不倦也是仁德的一种表现。子贡曾说孔子:"学不厌,智也;教不倦,仁也。仁且智,夫子既圣矣。"(《孟子·公孙丑上》)慈湖一生七次大"觉",可谓"学不厌";一生不离讲坛,可谓"教不倦"。因此可以说,杨慈湖的一生都是走在成圣成贤路上。

慈湖如此乐于讲学,源于两方面原因。一方面,杨慈湖于圣贤之道确实有自己的心得。他在平时日用之中"不起意",往来酬酢一切发于"本心"。他自感到其中有无穷之妙,有无限之乐。他自认为圣贤之道在斯,宇宙大精神在斯,自己有责任去弘道,有义务去引领民众。这本是符合古圣贤之作为的,荀子说:"儒者在本朝则美政,在下位则美俗。"(《荀子·儒

---

① 可参看李栋才:《甬上四先生及其后学与书院教育》,《江西教育学院学报》1997年第1期。

② 沈文彪,鄞县人,号清遐居士,以奥学峻行,与慈湖为忘年交。(《宋元学案·慈湖学案》,见黄宗羲:《黄宗羲全集》第 5 册,第 970 页)

③ 史守之字子仁,看不惯其仲父史弥远宰相之所为,退居明州月湖之阳,杜门讲学,宋宁宗御书"碧沚"二字赐之,后建碧沚书院。(《宋元学案·慈湖学案》,见黄宗羲:《黄宗羲全集》第 5 册,第 978 页)

效》)另一方面,杨慈湖痛心于当时社会现实。放眼当时社会,"诵先圣之言者满天下,领先圣之旨者有几?"①一般百姓是日用而不自知,沉浸于利欲胶膝之中而不能自拔;读书之人又钻之太过,舍近而求之远,舍自身而求之于书籍,沉湎于章句之学中。由此两点原因,杨慈湖到处讲学,孜孜不倦。因此我们说,慈湖先生之讲学也是发于他的"本心"。

慈湖讲学目的是明确的,那就是希望所有的人都能成为君子。钱时说他:

> 每谓教养兹邑,犹欲使举吾邑人皆为君子,况学者乎?②

所谓君子,就是有道德修养的人。在杨慈湖看来,人心自神,人心自灵,人人都具有尧、舜、周公、孔子之心,个个都有可能成为君子。但是,人或激于内欲,或诱于外物,从而心中"起意",于是人的自有之明遭到遮蔽,千错万错也朋然而至。更令人痛心的是一般人对此却浑然不知,"顾为庸庸逐逐贪利禄患得失者所熏灼"。那么,作为先知先觉者不能只是自己明了天地之理,其本身还肩负着引导大众的职责。慈湖之所以汲汲于讲学,就是希望治内百姓都能跻身于君子之列。

杨慈湖的这种教育目的,完全符合孔子的富而教之之说。《论语》记载:

> 子适卫,冉有仆。子曰:"庶矣哉!"冉有曰:"既庶矣,又何加焉?"
> 曰:"富之。"曰:"既富矣,又何加焉?"曰:"教之。"(《论语·子路》)

在孔子看来,人类社会首先需要人口,有人然后才能谈得上其他。有了人,还需要有维持人生命的物质基础,所以要"富之"。这里的"富之",是指物质上维持生命所需,并不是指物质上很富有。物质上的富有是无止境的。如果说等人人都很富有然后才"教之",那几乎就是渺不可期。孔子将"教之"放在"富之"之后,是强调百姓生活无忧之后才谈上"教之"。孔子所说的"教之",即是慈湖先生所期望的"使举吾邑人皆为君子"。

人为何要成为君子? 常言说:人吃喝是为了活着,而活着不能只是为了吃喝。如果只是为了吃喝,那么人与动物即无分别。人来到这个世上走一遭,是为了发挥自己的生命潜力。发挥生命潜力即在于提高人的生命境

---

① 《愤乐记》,见《慈湖遗书》卷1,第628页。
② (宋)钱时:《宝谟阁学士正奉大夫慈湖先生行状》,见《慈湖遗书》附录,第930页。

界,即是增加意识深度和拓宽意识广度,即做一个真正的人。《诗经》有言:"夙兴夜寐,毋忝尔所生。"(《诗经·小雅·小宛》)人一生操劳不辍,就是要对得起自己的生命。杨慈湖来到富阳做主簿,看到富阳人喜欢经商而不知读书。因此,慈湖先生兴学而"教之"。

6.2　慈湖之教育原则与教学方法

杨慈湖有如此之教育目的,还有与之相应的教育原则和教学方法。慈湖的教育原则有二:一是人"尽其材",二是循序渐进。他说:

> 师者所以传道也,道非自外至,所以启吾心之所自有也。教者岂能于学者所自有之外,别取一物而教之耶? 亦使之复其所固有尔。若使之不由其诚,则所教者皆外物,无与学者事也。故记曰:"今之教者,使人不由其诚,教人不尽其材。"……教人至难,必尽其材,乃不误人。[1]

这段话含有三层意思:其一,教师只能启发学生去发现本身所固有的。教师之心即是学生之心,人同此心,心同此道。教师传道,其实并非是将一外在之物传给学生,而是以心传心,以心动心。本心之呈现即是"道","道"非觉而不可知,而"觉"是人的自觉。道本来就在人心之中,只是人心中起意而造成遮蔽,从而使人日用而不知其为道。教师就是让学生除去心中之蔽,从而觉知自己本有之"道"。因此,杨慈湖说:"圣人不能以道与人,能去人之蔽尔。"[2]即便是今天的教师教学生科学知识,也应从学生已有的实践经验入手。

其二,教人必须由其诚。慈湖所谓"诚",既指教师之诚心,又指学生之诚心。一方面,教师与学生同此心,同此道,教师教学生应该本着自己的诚心,非如此则不能进入学生的内心,则不能感动学生之心。试想,一个言不由衷的教师,又如何去教导自己的学生? 一个谎话连篇的人,又如何让人信服? 另一方面,教师教学生还必须从学生的真实心理出发,去了解学生之所想所思。虽然人同此心,心同此理,但是教师与学生由于进学层次之不同,人生阅历之不同,心理自然有差异。只有了解了学生的思想,然后施

---

[1]　《家记八》,见《慈湖遗书》卷14,第844页。
[2]　《绝四记》,见《慈湖遗书》卷3,第637页。

以教育才会有好的效果。否则,即便教师本着自己的好心,学生也不一定就能接受。从根本上来说,"诚"即是"道"。"诚"是"本心"的真实呈现,而"本心"的呈现处即是"道"。教学生由其诚,实是以教师之"本心"来感兴学生之"本心"。

其三,教人必须"尽其材"。笼统地说,人人具有"本心",个个都能成为圣贤。但是具体到每个人,则所得天赋各有厚薄轻重,从而造成人之才质各不相同。善教人者应根据各人不同才质,施加不同的教育,正如孔子教学生有"进之"、"退之"之别①。人来到这个世界,最终的目的就是尽可能地发挥自己的生命潜力。"尽其材"就是通过教育,使学生尽可能地发挥自己的生命潜力。杨慈湖所说的三层意思,可以概括为人"尽其材"。

杨慈湖的第二条教育原则是循序渐进。钱时曾记载:

> 有自山出者,尤朴茂,来问学。先生曰:"子姑习拱。"既数月,曰:"可矣。"与之语孜孜,穷日夜不厌。先生忧去,辄提篚以随,愿卒学。后擢第为名儒。②

这位"自山出者"很质朴,有进学于圣贤的潜质,可以说是一块未雕琢的玉璞。"习拱"是慈湖家学。慈湖之父杨庭显说:"孔子拱而尚右,载之古书,则知夫子常拱。今人多忽之,吾家当习熟。"③慈湖曾记载其父习拱情形:"先公平时常拱手。拱而寝,拱而寤。一日偶跌仆,拱手如故,神色不动。"④拱手虽只是人的一个简单的外部动作,但长时间"习拱",外部动作也可以影响人之心志,可以凝聚人之心神。慈湖让这位学生"姑习拱",然后与他讲一些心学理论,这就是循序渐进。

要想学习慈湖的教学方法,还是先来看看真西山的一段回忆:

> 一日见,谓曰:"希元有志于学,顾未能忘富贵利达,何也?"德秀怳然莫知所谓。先生徐曰:"子尝以命讯日者,故知之。夫必去是心而后可以语道。"⑤

---

① 《论语·先进》:"公西华曰:'由也问闻斯行诸,子曰:"有父兄在";求也问闻斯行诸,子曰:"闻斯行之"。赤也惑,敢问。'子曰:'求也退,故进之;由也兼人,故退之。'"
② (宋)真德秀:《文忠西山先生真公跋文元公行状后》,见《慈湖遗书》附录,942 页。
③ 《纪先训》,见《慈湖遗书》卷 17,第 887 页。
④ 《纪先训》,见《慈湖遗书》卷 17,第 896 页。
⑤ (宋)真德秀:《文忠西山先生真公跋文元公行状后》,见《慈湖遗书》附录,第 942 页。

所谓"以命讯日"，是指以命运来责怪老天爷。也许真西山偶遇一件烦恼之事，当时他的心情不好，脱口而出说了怨天之言。真西山本人说过即忘。当杨慈湖问起时，真德秀自己竟然"恍然莫知所谓"。而杨慈湖却据此认为真西山"未能忘富贵利达"。一个人如能有志于学，就应该忘记富贵利达。能够忘记富贵利达的人，就能如孔子一样可以做到"不怨天，不尤人"①。杨慈湖从一个人的一句话、一个举动，看出他的内心境界，并及时加以点拨提醒。杨慈湖曾说过："觉与未觉，自见于动容出处。"②由此可见，从细节处入手是慈湖先生的一种教学方法。

慈湖教学从细节处入手，可以说是陆门心学的传统。陆象山曾经说过："规矩严整，为助不少。"③杨慈湖在《象山先生行状》中记载陆象山的一件小事：

> 有一生饭次微交足。饭既，先生从容问之曰："汝适有过，知之乎?"生略思，曰："已省。"先生曰："何过?"对曰："中食觉交足，虽即改正，亦放逸也。"其严如此。④

这位学生吃饭时，稍微交叉了一下腿脚，而且这位学生当时意识到这一点，于是随即加以改正。这种细微之处在一般人看来，几乎不值得一提，但是陆象山却不肯放过。他让学生自我反省，认为这是一种过错，是心之放逸的一种表现。我们如果由此认定象山之学只是拘泥于细节而已，那就大错特错。陆象山说："可以形迹观者，有不可以形迹观者。必以形迹观人，则不足以知人。必以形迹绳人，则不足以救人。"⑤可见，象山心学虽然注意细节，但其着重点还是在人之内心。

杨慈湖写《象山先生行状》，特地记下这么一件小事，说明他也是重视细节的人。人心不可见，不可闻。学者如果只是从心上着力，容易坠入恍惚虚空之中。后人看杨慈湖的著作，误认为他纵心所为，流入于禅。其实慈湖提倡"不起意"，要求人们发明"本心"，并不抛弃平时的细枝末节。

---

① 《论语·宪问》："子曰：'莫我知也夫!'子贡曰：'何为其莫如知子也?'子曰：'不怨天，不尤人，下学而上达。知我者其天乎!'"

② 《家记二》，见《慈湖遗书》卷8，第733页。

③ (宋)陆九渊、(明)王阳明：《象山语录·阳明传习录》，上海古籍出版社2000年版，第105页。

④ 《象山先生行状》，见《慈湖遗书》卷5，第648页。

⑤ 《象山先生行状》，见《慈湖遗书》卷5，第648—649页。

《宋元学案》中还记载一段慈湖与皇帝的对话：

> 三年，除著作郎，迁将作少监，面奏："陛下自信此心即大道乎？"宁宗曰："然！"问："日用如何？"宁宗曰："止学定耳。"先生谓："定无用学，但不起意，自然静定，是非贤否自明。"他日又言："陛下意念不起，已觉如太虚乎？"宁宗曰："是如此。"问："贤否是非，历历明照否？"宁宗曰："朕已照破。"先生顿首为天下贺。[①]

读这一段文字，我忍不住惊叹宋儒欲为"帝王师"的身姿。关于此点，暂且撇过，后文将有详论。在此需要注意的是，慈湖先生所运用的层层追问教学之法。他一步一步地引导宋宁宗，让其不断地反省己身，令其直认自我"本心"，希望皇帝由此而有所觉悟。在此过程之中，宋宁宗无所躲闪，只得当下进入到自己的内心深处。自己的内心深处，对于宋宁宗来说，反而是一个新鲜的领地。受到如此教学方法之引导，只要稍微有一点正常思维能力的人，都会感到心灵的震撼与冲击。由慈湖的这种教学之法，自然可以想到孟子与齐宣王论齐桓晋文之事。同样都是通过进入人之内心，以达到感化人教育人的目的。

6.3　慈湖之讲学效果

杨慈湖有如此教育原则和教学方法，其教学内容是心学理论，最易感发人心，故讲学效果自然很好。古语所谓"同声相应，同气相求"，即是指此。

慈湖的讲学效果首先体现在他的弟子身上。他所教学生人数众多。据何俊先生《南宋儒学建构》统计，在陆九渊的再传弟子中，从学于"甬上四先生"者占到83％强，而其中仅杨简的弟子便占64％。[②] 慈湖不仅弟子众多，而且对其学生之影响也非常深远，最典型的是对桂万荣的影响。桂万荣字梦协，慈溪人，曾问道于杨慈湖，后自筑石坡书院，读书于其中，人称桂石坡。全谢山曾写《石坡书院记》，其中说道："石坡讲学之语，实本师说，曰明诚，曰孝弟，曰颜子四勿，曰曾子三省。其言朴质无华叶，盖以躬行为务，

---

① 《宋元学案·慈湖学案》，见（清）黄宗羲：《黄宗羲全集》第 5 册，第 952 页。
② 何俊：《南宋儒学建构》，上海人民出版社 2004 年版，第 296 页。

非徒从事于口耳。故其生平践履大类慈湖。《宋史》言慈湖簿富阳,日讲《论语》、《孝经》,民遂无讼;石坡尉余干,民之闻教者,耻为不善。慈湖守温州,力行《周官》任卹之教,豪富争劝勉;石坡在南康,感化骄军,知以卫民为务。慈湖,史氏累召不出;石坡方向用,力辞史氏之招,丐祠终老。"①从全谢山的这段描述中,我们可以看出杨慈湖对于桂石坡的各方面影响。

杨慈湖的讲学效果还体现于一般听众身上。钱时描述说:

> 其言坦易明白,听之者人人可晓。异时汩于凡陋,视道为高深幽远,一旦得闻圣贤与我同心,日用平常无非大道,而我自暴自弃,自颠冥而不知,有泣下者入斋舍,昼夜忘寝食,远近为之风动。②

杨慈湖教人于平常日用中求得自我"本心",人人可以当下认取,如此甚简,如此甚易。相比较而言,北宋邵康节"独以《图》、《书》象数之学显"③,其学繁复神秘,就是一般学者也难彻底弄清楚。南宋朱子提倡格物致知,读书穷理,也非一般民众所能做到。而陆门心学专就人心向上之处指点,最易感动人心。陆九渊说:"吾与人言,多就血脉上感移他,故人之听之者易,非若法令者之为也。"④就是朱子,也承认这一点。他说:"陆氏会说,其精神亦能感发人,一时被它耸动底,亦便清明。"⑤因此,我们就不奇怪慈湖讲学为什么会有那么广泛的群众基础,"遐方僻峤,妇人孺子,亦知有所谓慈湖先生"⑥。

除了言传,杨慈湖还注意身教。钱时说他:"中孚感物而人自化服,不忍欺也。士咸向方,知务己学。有冒同姓登科者,既数年矣,忽大感悟,诣先生缴纳出身。间贵游狎声乐事,敖放跃然,难畏相戒曰'老子无乃闻乎?'悉庋置之。一名卿治第甚华,中有堂尤伟丽,固常日交宾之所。先生往谒,特委蛇延之别馆,犹愧发颜间。豪侈顿消,兼并衰止。闾巷雍睦无忿争诸色。讼者虽远涉,甘心到郡庭受赌是杖,杖之终无怨。"⑦这就是身教的作用,可以称得上"所过者化"。

---

① 《石坡书院记》,见(清)全望祖:《全祖望集彙校集注》(中册),上海古籍出版社2000年版,第1048页。

② (宋)钱时:《宝谟阁学士正奉大夫慈湖先生行状》,见《慈湖遗书》附录,第930页。

③ 《宋元学案·百源学案上》中黄百家语,见黄宗羲:《黄宗羲全集》第3册,第442页。

④ (宋)陆九渊:《语录上》,见《陆九渊集》卷34,中华书局1980年版,第401页。

⑤ (宋)黎靖德:《朱子语类》卷124,中华书局1986年版,第8册,第2975页。

⑥ (宋)钱时:《宝谟阁学士正奉大夫慈湖先生行状》,见《慈湖遗书》附录,第942页。

⑦ (宋)钱时:《宝谟阁学士正奉大夫慈湖先生行状》,见《慈湖遗书》附录,第937页。

　　慈湖讲学影响深远，尤其是在乐平和慈溪两地。绍定三年（1230），乐平知县谢溥建遗书阁，收集了慈湖在乐平的遗书，以供士民观习。袁甫还特地作《乐平县慈湖先生书阁记》以记其事。元朝至元十九年（1282），乐平县尹翟衡与宋故丞相马廷鸾商量，认为慈湖知乐平，"首倡士民兴学舍，阐明心学以崇教化"，而"余泽在，人尚感念之"。他们创建慈湖书院，专祠慈湖，并以前宋贡士庄田若干作为学田，以供祀事。元贞、大德间马端临曾为乐平慈湖书院山长。至正间，杨慈湖五世孙杨同复为山长。①

　　宝庆年间，慈溪人士便于慈湖之滨建立专祠，以祭祀慈湖先生。嘉熙年间改祠于中沚。咸淳七年（1271），沿海制置使兼知庆元府刘黻于普济东寺建立慈湖书院，当时也叫杨文元公书院，特地拨没入田为院产。到了元朝，慈湖书院"不幸厄于浮屠氏，鞠为荒榛"②，地方士绅又以杨氏宅地重建。到了明朝，禁止书院，慈湖书院逐渐被废③。

　　慈湖弟子桂万荣于慈湖东山之麓建石坡书院。清人全谢山说："桂氏自石坡以后，世守慈湖家法，明初尚有如容斋之敦朴，长史之深醇，古香之精博，文修之伉直，声闻不坠，至今六百余年，犹有奉慈湖之祀者，香火可为远矣。"④

　　我以为，慈湖之讲学也是一种"平天下"的行为。一般人狭隘地认为，只有为官为宦才是治国平天下。有人问孔子："你为什么不从事于政治呢？"孔子说："《书》云：'孝乎惟孝，友于兄弟，施于有政。'是亦为政，奚其为为政？"（《论语·为政》）一个人能不能为官为宦，除了个人能力问题之外，还有一个遇与不遇的问题。但是孔子宣扬孝友之道，教化民众，可以促进人群和谐，这怎能不是政治？同样，杨慈湖积极宣讲心学，令当时听者无不流涕，数百年之后仍有余响，这也是一种治国平天下。

---

　　①　参看李才栋：《甬上四先生及其后学与书院教育》，《江西教育学院学报》1997年第1期。

　　②　《雍正宁波府志》，转引自李才栋：《甬上四先生及其后学与书院教育》，《江西教育学院学报》1997年第1期。

　　③　《同治慈湖县志》，转引自李才栋：《甬上四先生及其后学与书院教育》，《江西教育学院学报》1997年第1期。

　　④　《石坡书院记》，见（清）全望祖：《全祖望集汇校集注》中册，上海古籍出版社2000年版，第1048页。

第七章　慈湖之《易》学

　　杨慈湖的老师陆象山认为所有经书注解，都是"藻绘以矜世取誉而已"①，他是"不著书"的。慈湖平日讲学，宣扬他的心学理论，需要依靠讲解儒家经典来借题发挥。钱时说慈湖："家食者十四载，筑室德润湖上，更名慈湖馆。四方学子于熙光咏春之间而启迪之。于是始传《诗》、《易》、《春秋》，传《曾子》，始取先圣大训间见诸杂说中者，刊讹剔诬，萃六卷而为之解。"②可见，《诗》、《易》、《春秋》等是杨慈湖讲学的主要内容。要讲课，自然要对讲课内容有所研究。慈湖的学术研究成果，今日可见于《慈湖遗书》、《慈湖诗传》、《杨氏易传》和《先圣大训》。关于《慈湖遗书》和《先圣大训》，前文多有涉及。以下将专门讨论慈湖的《易》学与《诗》学。因为此两部分可依据的资料较多，所以将分两章来讨论。先来探讨慈湖之《易》学。

　　杨慈湖对于《周易》之解读，主要存于《杨氏易传》二十卷和《慈湖遗书》卷七《家记一》之中。《易》学发展到宋明时期，流派纷呈，概而言之，约有五脉：理学派《易》学、数学派《易》学、气学派《易》学、心学派《易》学和功利学派《易》学。杨慈湖算得上是心学派《易》学的代表性人物。他的《易》学简单说来，就是以"心"解《易》。要想了解他如何以"心"解《易》，首先需要弄懂他的"己易"思想。他既然有了"己易"的观点，自然就要排斥以往与之不同的观点。扫清以往错误的《易》学观点，慈湖解《易》自有自己的术语和套路。下面将依此三个方面来讨论慈湖之《易》学。

---

① 　（宋）陆九渊：《陆象山全集》卷14，《四库全书》本。
② 　（宋）钱时：《宝谟阁学士正奉大夫慈湖先生行状》，见《慈湖遗书》附录，第942页。

7.1　易者己也

　　杨慈湖对于《周易》文本的解读,是基于他之"易者己也"的观点。他在《己易》一文中说道:

> 易者己也,非有他也。以易为书,不以易为己,不可也;以易为天地之变化,不以易为己之变化,不可也。①

一般人均认《易》是一本书,一本摹写天地变化之大书。慈湖却说"易者己也"。此处所说的"易",固非指《易》之书,而是指由《易》书所昭示的易之精神,《易传》所言"生生之谓易"(《周易·系辞上》),庶可形容之。此处所说的"己",固非指一私己,而是指"大我",即最能体现宇宙大精神之"我"。为明慈湖"己易"之理,我们拟从两方面着手:一是考察慈湖如何阐述天地及其变化即在"我"之性量中,二是分析慈湖如何论证《易》书原是用来形容"我"之生命。

7.1.1　天地,我之天地

　　一般人认为《易》是一部摹写天地变化之大书,杨慈湖却认为,这是小看了《易》。天地及其变化只不过是在"我"之中,《易》是描摹"我"之书。他说:

> 天地,我之天地;变化,我之变化。非他物也。私者裂之,私者自小也。②

此处之"我"乃毫无私心杂念之"我",可称之"大我"。"大我"之大,可以包容天地及其变化。慈湖此种观点是对其师学说之发挥。陆象山曰:"万物森然于方寸之间。"③于此有人定会发断然不解之问:天地万物本是客观存在,如何存于"我"之心中? 于知识境地难免会有此一问,因为知识起源于分别,但到根本境地则认为万物一源。我们不可错误地认为,慈湖的"天

---

① 《家记一》,见《慈湖遗书》卷 7,第 687 页。
② 《家记一》,见《慈湖遗书》卷 7,第 687 页。
③ 陆九渊、王阳明:《象山语录·阳明传习录》,上海古籍出版社 2000 年版,第 49 页。

地,我之天地",是说客观"天地"在主观之"我"的意识当中。如此理解,便是似是而非。慈湖的"天地,我之天地",是指"天地"实实在在就在"我"的生命中,这根本不是思索而得的事。譬如说,父母与自己的孩子虽然形体分离,但实是连成一体。父母不是先想到"这是我的孩子",然后才心甘情愿地去照顾孩子的吃、穿、睡。其实他们想也不用想就去做这一切,因为孩子就是他们生命中的一部分。同样如此,我们可以将父母与孩子的这种关联推而广之,然后才可以理解慈湖的"天地,我之天地"。关于此点,程、朱之言也可参证。程明道说:"仁者,以天地万物为一体,莫非己也。"①朱子说:"古人之君子惟其见得道理真实如此,所以亲亲而仁民,仁民而爱物,推其所为,以至于能以天下为一家、中国为一人,而非意之也。"②

慈湖的"天地,我之天地",显示出一种人生境界。人生来虽然地位平等,但人之境界却有高下之别。或以自我为中心,或以家庭为中心,或以民族为中心,或以全人类为中心,或以天地为中心。不同境界之人,其看待事物之态度与结果自有分别。那些"决起而飞,枪榆枋"的蜩与学鸠,又如何理解鲲鹏升到九万里高空的行为呢?"天地,我之天地",这是慈湖先生的境界之语。在慈湖,这是一种真实感受,是一种实在的呈现。天地万物如同"我"之手足,与"我"之生命两不分离。人只有具备杨慈湖那般的境界,然后才觉得他之所言实为不诬。

那些"惟执耳目鼻口四肢为己"的人,"梏于自己的血气而自私",习惯性地从自我出发,遇事即起分别之心,将自己与天地万物割裂开来,在自己与他人之间划一道鸿沟。但是,值得注意的是,慈湖认为:"今谓之己谓之己者,亦非离乎六尺而复有妙己也。"③也就是说,并非离开血气之身而有一悬空之"我"。王阳明也曾说:"真己何曾离着躯壳!"④心学提倡者们都不曾撇开躯体而空谈所谓"心"。慈湖举例疏解人的"心"与"身"的关系。人眼可视,使人眼可视者为何呢?人眼所见有大有小,有彼有此,有纵有横,有种种分别,而使人眼可视者则是相同的,那就是造化,即"道",即"天",即"易",也就是宇宙大精神。同理可知,宇宙大精神还给予人听觉能力、嗅觉

---

① (宋)程颢、程颐:《二程遗书》卷1,上海古籍出版社2000年版,第65页。

② (宋)朱熹:《答陆子美》,见《朱子全书》第21册,《晦庵先生朱文公文集》卷36,上海古籍出版社、安徽教育出版社2002年版,第1561页。

③ 《家记一》,见《慈湖遗书》卷7,第690页。

④ (宋)王守仁:《王阳明全集》(上册),上海古籍出版社1992年版,第35页。

能力、运动屈伸能力和思考问题能力。因此,慈湖认为,宇宙大精神"在视非视,在听非听,在嗜非嗜,在嗅非嗅,在运用屈伸非运用屈伸,在步趋非步趋,在周流非周流,在思虑非思虑"①。

杨慈湖的"天地,我之天地",是一种根本的觉知,与我们现在所崇拜的科学认知大相径庭。慈湖说:"混融无内外,贯通无异殊。"②这是强调主客融合的。受过科学思维训练之人,习惯于主客分明的思考方式,认为对外在事物只能施加客观之研究,然后才有可能获得真理。不可否认,获取实测之知,确实需要断绝主见。但是为求得人精神生命之安顿,为获得人内在之价值,就必须要有主体参与其中。因此,经营领域的不同,所采用之思维方式也应有别。切不可以所谓的科学思维,来怀疑慈湖的"天地,我之天地"。

杨慈湖提倡人将天地万物包容于自己的生命之中,因为天地本来就在"我"的性量之中。他说:"夫所以为我者,毋曰血气形貌而已也。吾性澄然清明而非物,吾性洞然无际而非量。天者吾性中之象,地者吾性中之形,故曰'在天成象,在地成形',皆我之所为也。"③慈湖此语并非否认天地万物的客观存在,他说天地以"形象"存于"吾性之中"。从宇宙进化的观点看来,慈湖此言颇有道理。天地始终处在进化之中,它先有物质世界,然后产生生命世界,生命世界是对物质世界的超越并包容;再后来有了人类,人以精神世界实现了对物质世界与生命世界的超越并包容。可以说,人的性量之中包容了天地进化的所有成果。人之生命同时包有物质世界、生物世界、精神世界。看到一物从高空坠落,我们产生恐惧;看到绿草遭到践踏,我们感到揪心;听到动物被宰时的哀嚎,我们忍不住颤抖;看到小孩将入于井,我们心生恻隐。只要我们稍以用心体察,天地万物就呈现于我们心中。人之性量本来广大,有些人只是"坐血气而观己,不知己之广也"④。

杨慈湖还以万物归一来证明"天地,我之天地"。他说:"众人见天下无非异,圣人见天下无非同。"⑤天地万物千变万化,千差万别。众人执著于事

---

① 《家记一》,见《慈湖遗书》卷7,第690页。
② 《家记一》,见《慈湖遗书》卷7,第688页。
③ 《家记一》,见《慈湖遗书》卷7,第688页。
④ 《家记一》,见《慈湖遗书》卷7,第689页。
⑤ 《家记一》,见《慈湖遗书》卷7,第700页。

物表面的差别,而圣人则看到事物内在的一致。慈湖说:"于是生,皆一也。"①此"一"所指之"生",即是宇宙大精神,即是生生不已,即是进化不止。也就是说,万事万物都是大宇宙进化的产物,常言所谓"大化流行"即是指此。慈湖说:"全即分也,分即全也。"②"全"是指宇宙大生命,"分"是指天地万物。并非于天地万物之外另有一个什么大宇宙,大宇宙即在天地万物之中呈现。人是这个宇宙进化的最高成果,他包容了宇宙进化的全部内容,人生命中自有一个宇宙在。由于大宇宙是一个呈现的过程,是一个进化的序列,它至大无外,永无止期。因此,慈湖才会说:"自生民以来,未有能识吾之全者。"③天地有形象可言,有形象便有端涯,而与宇宙大精神相通的人性则不可限量。故而慈湖才会说"天地,我之天地"。

7.1.2　《周易》,形容吾体之似

天地万物均在"我"的性量之中,古人创《易》不是模拟天地万物,而是形容"我"之生命。杨慈湖在说明《易》之来源时说:

> 包牺氏欲形容易是己,不可得,画而为"一"。于戏,是可以形容吾体之似矣!又谓是虽足以形容吾体,而吾体之中又有变化之殊焉,又无以形容之,画而为"--"。"一"者吾之"一"也,"--"者吾之"--"也。可画而不可言也,可以默识而不可加知。④

"易"指宇宙大精神。"己"与"吾体"同指"大我",即"我"之大生命。"易是己"意味着宇宙大精神即是"我"之大生命,"我"之大生命即是宇宙大精神。"知天人之无二,则可以与言《易》矣!"⑤只有认天人一体,然后才能真正懂得《易》理。"非神自神、易自易、心自心也。是三名皆有名而无体,莫究厥始,莫执厥中,莫穷厥终。"⑥宇宙大精神即"我"之大生命,还表现出神秘莫测之本性。于是,在慈湖看来,"包牺氏深明乎此,既不能言,又欲以明示斯世与万世,而无以形容之,乃画而为'一'。于戏!庶几乎近似之矣!"⑦"一"

---

① 《家记一》,见《慈湖遗书》卷 7,第 705 页。
② 《家记一》,见《慈湖遗书》卷 7,第 687 页。
③ 《家记一》,见《慈湖遗书》卷 7,第 687 页。
④ 《家记一》,见《慈湖遗书》卷 7,第 687 页。
⑤ 《杨氏易传》卷 1,上海古籍出版社 1990 年版,第 17 页。
⑥ 《杨氏易传》卷 1,上海古籍出版社 1990 年版,第 20 页。
⑦ 《杨氏易传》卷 1,上海古籍出版社 1990 年版,第 6 页。

只是近似地描摹出"我"之大生命,因"我"之大生命不可限量故。因为有天、地、人"三才",所以要三画而成卦。因为天有阴阳,地有刚柔,人有仁义,所以要重卦为六。

画卦以后,再系之辞曰"乾"。杨慈湖说:"乾,健也,言乎千变万化不可纪,极往古来今无所终穷,而吾体之刚健未始有改也。"①乾健既指宇宙大精神,也指"我"之大生命。"乾"之大,言语不足以形容之,于是又象之以"天"。慈湖说:"天即乾健者也。天即'一'画之所似者也。天即己也,天即易也。"②"天即易""天即己"之"天"与前文所言"天地,我之天地"之"天"有所不同。前者之"天"是一种象,象征着宇宙大精神和"我"之大生命;后者之"天"是指"苍苍而清明而在上"之天,是自然之天。③

包牺氏画"一"以描摹"我"之大生命。"我"之大生命始终处在变化之中,因为宇宙大精神是一个不断呈现的过程。包牺氏又画"--"用来表示"我"生命之变化。"乾"纯阳中蕴含着阴,错综阴阳而生出八卦,推出六十四卦,衍出三百八十四爻。杨慈湖说:

> 举天地万物万化万理皆"一"而已矣,举天地万物万化万理皆乾而已矣。坤者乾之两,非乾之外复有坤也;震巽坎离艮兑,又乾之交错散殊,非乾之外复有此六物也。皆吾之变化也。④

这段话至少表达三层意味:其一,"我"之大生命并非存在于天地万物万化万理之外,天地万物万化万理都是"我"之大生命的呈现。其二,《周易》中的"乾"并非孤零零的存在,它呈现在六十四卦和三百八十四爻之中。其三,《周易》中所呈现的就是"我"之大生命的变化,《周易》来源于"我"之生命。

包牺氏依据"我"之生命而创《易》,《易》即是"我"之大生命的呈现。慈湖说:"元亨利贞,吾之四德。……指吾之刚为九,指吾之柔为六,指吾之清浊为天地,指吾之震巽为雷风,指吾之坎离为水火,指吾之艮兑为山泽。又指吾之变而化之、错而通之者,为六十四卦、三百八十四爻。以吾之照临为

① 《家记一》,见《慈湖遗书》卷7,第688页。
② 《家记一》,见《慈湖遗书》卷7,第688页。
③ 关于中国文化中"天"的两种含义及其相互关系,拙著《董仲舒学说内在理路探析》(浙江大学出版社2007年版)第五章论之甚详,读者可以参看。
④ 《家记一》,见《慈湖遗书》卷7,第689页。

日月，以吾之变通为四时，以吾之散殊于清浊之两间者为万物，以吾之视为目，以吾之听为耳，以吾之噬为口，以吾之握为手行为足，以吾之思虑为心，……"①总之，《易》无一不是"己"。

如前所言，"己"是指"我"之大生命，它含有物质世界、生命世界和精神世界。人之物质世界、肉体世界毕竟有限，"我"生命之大即在于精神世界，即在于"我"之心。"我"之心关键即在于"吾心之明"。杨慈湖说，"古圣作《易》，凡以开吾心之明而已"。而"吾心之明"本不可思，不可言，不可有，不可知。在这里，需要将昏者之不思与圣贤之不思区别开来。昏者逞血气而行，"吾心之明"缺失。圣贤的"吾心之明"，不排斥思虑，也不离庸言庸行，还不缺少兢兢、业业、翼翼、改过之心。此皆人心所本有，顺此而行，表现出来就是无思无虑，就是至简至易。由此可见，慈湖所说"吾心之明"，其实是前文所说的圣贤的神性思维，是对理性思维的超越并包容。

总而言之，慈湖所说"易者己也"，实包有三意：其一，宇宙大精神即是"我"之大生命，天地万物作为宇宙大精神的产物，本来就包含在"我"之生命当中；其二，宇宙大精神即是"我"之心，《周易》不过是模拟"我"心之相似者；其三，宇宙大精神即是"吾心之明"，我心中的那一点灵明最能体现宇宙大精神。此三意逐步深入，揭示着慈湖以心解《易》的理论基础。

7.2　慈湖以心解《易》举例

读《杨氏易传》可知，杨慈湖做了两方面的工作：一方面以"心"释《易》，另一方面以《易》显"心"。其实此两方面工作是糅合在一起的。关于此点，下文将略举数例，以资说明。

7.2.1　能用九而不为九所用

在解释《乾》卦爻辞"用九，见群龙无首，吉"时，慈湖先生特别强调"能用九而不为九所用"。这是慈湖由自我"本心"出发，而提出的一个新观点。他说：

> 能用九而不为九所用，故在下则能潜，不为阳刚所使，不为才智所

---

① 《家记一》，见《慈湖遗书》卷7，第689页。

使，而能勿用。能用九而不为九所用，故在二则能见，不过而跃，又不固而潜，能善乎世，而人皆利之。能为九而不为九所用，故在三则乾乾能惕，故虽危厉而无咎。能用九而不为九所用，故在四或跃而不敢必于进，"或之"者疑之也，"渊者"退处之所也，故无咎。能用九而不为九所用，故在五则能飞，能使天下利见，而致大人之德业。惟上九不能用九而为九所用，为阳刚所使，故以贵高自居而不通下情，故动则有悔。……不见其为首者，己私不形，意虑不作，洞然自然，不见其首也。意虑微作，则为私为己，好刚好进，安得不为首？所谓用九，凡百九十二爻之九，皆同此用也。①

对于爻辞中的"用九"，一般是就筮法而解。如朱熹《周易本义》说："用九，言凡筮得阳爻者，皆用九，而不用七。盖诸卦百九十二阳爻之通也。以此卦纯阳居首，故于此发之。而圣人因系之辞，使遇此卦而爻爻皆变者即此占之。"②利用《周易》进行筮占，阳数非"七"即"九"，凡是阳爻都是用"九"来表示。也有从义理而解的，如王弼注曰："九，天之德也。能用天德，乃见群龙之意焉。"③"九"表示的是天德，即天之乾健之义，即宇宙大精神。慈湖在此提出"能用九而不为九所用"，是一个新的观点，显而易见是与他的心学理论一脉贯通的。

"能用九而不为九所用"，这句话需要详细地疏解。在《周易》中，"九"为阳为刚，表征着人生命之冲劲和人本有之才智。人有冲劲有才智，也就是有生命能量，这是好东西。人生在世，就是要好好利用自我生命能量，要发挥自我的生命潜力，这就是"能用九"。但是，能量的释放容易坠入无序状态之中，就如同脱缰之野马，泛滥之洪水，此时能量越是巨大便越具有破坏力。最典型的例子如《西游记》中的孙猴子，学艺成功以后便有着巨大能量，挥舞着金箍棒上天入海，把天上地下搅得一片混乱。这不是"能用九"，而是"为九所用"。"为九所用"不是人应采取的姿态。

如何做到"能用九而不为九所用"？这就需要人心能够"常觉常明"。在慈湖看来，"不为九所用"就是"不为阳刚所使，不为才智所使"，也就是"己私不形，意虑不作"。人心自神自灵，能够知是知非。人如果能够由着

---

① 《杨氏易传》卷1，第7页。
② （宋）朱熹：《上经一》，见《周易本义》，中国书店1987年影印版，第4页。
③ 《周易注疏》卷1，见《易学精华》（上），北京出版社1997年版，第7页。

"本心"而行,让心中的一点灵明做主,那么就可以做到"能用九而不为九所用"。也就是说,人要时刻让"本心"做主,不能丧失自我的主体性。人如真做到"能用九而不为九所用",那么自然就会根据自己所处之时位而做出正确的选择。《乾》卦的前五爻,由于时位的不同,选择就有不同,但只要做到"能用九而不为九所用",那么都可以做到"无咎"或者"趋吉"。只有上九一爻"不用九而为九所用",结果是"动则有悔"。

7.2.2　冥升,利于不息之贞

《周易·升》上六爻辞曰:"冥升,利于不息之贞。"《象》曰:"冥升在上,消不富也。"杨慈湖对此也做了极大发挥,他说:

> 冥升者,亦不知其所以然而升也。贪进不已者冒昧而升,则大祸也,何利之有? 所利者独利于不息之贞。冥升正道,不息悠久,蒙以养正,乃作圣之功。孔子既曰"发愤忘食",可谓不息矣! 而又曰:"吾有知乎哉? 无知也。"然而孔子之不息未尝有知,知则动于思虑,动于思虑则息矣,非进德也。又曰:"忠信,所以进德也。"忠信,非思虑,如斯而已矣。如斯而已,何思何虑,心虑一作,即有穿凿,即失忠信。文王"不识不知,顺帝之则"者,冥升之贞也;颜子"三月不违"者,冥升之贞也;其余"月至"者,一月之冥升也;"日至"者,一日之冥升也。自一日一月三月之外,不能无违者,意微动故也,未精未熟故也。熟则意不复作,如孔子之"皜皜"矣。《象》曰"消不富"者,"消"则虚;"不富"者,不实也。不实而虚者,非意之也。人心无体,无体则何所有? 未始不虚也。意动故不虚,此虚明无体,本无进退,因故习积久故蒙,养以渐,消其习气。其间有惰者,故以不惰者为不息,非思亦非为,有思有为皆息皆惰。孔子止以颜子为好学,余月至日至者亦不与,罪其惰也。故曰:"知及之,仁不能守之,虽得之,必失之。"不息之贞,仁也。[①]

上六以阴处《升》卦之终,有昏昧至极却上升之象。本来冒昧而升,应有大祸,《周易》为何却说有"利"? 杨慈湖从三点来论述此点。其一,"利于不息之贞"。"不息"一方面指乾健不息,表征的是宇宙大生命流行不已;另一方面也指自强不息,如孔子的"发愤忘食"。此两种"不息",在慈湖看来,合二

---

① 《杨氏易传》卷 15,第 162—163 页。

为一。"贞"即是正,是指正道。生命呈现自有其正道,此正道即在"不息"。从人的角度来说,"不息"即是"不惰"。人的不断提升,即是不息不惰,即是要蒙以养正,这也是作圣之功。也就是说,人要自强不息,不断提升自我,以达到成圣成贤之目标。

其二,既然是"冥升",那就是"不知其所以然而升",也就是不思不为。如有所思虑,思虑是对生命之流横面的截取,那么生命之流也就止息,进德过程也就终止。慈湖反复强调"冥升",实际上就是要追求神性思维。所谓的"三月不违"、"月至"、"日至",都是指人神性思维运行的时间。这些时段之外,人难免意虑微起,从而坠入理性思维或者感性思维之中,这是由于神性思维未精未熟所致。孔子之"皜皜",已是纯任神性思维,已达圣人之境地。

其三,要达到"冥升"之地步,那就需要"消不富",即消除意念,复还虚明。人心本是虚明,只是由于人染上习气,从而失去原有的虚明。逐渐磨消习气,即还本有的虚明。本有虚明即显,人之"本心"呈露,人便做到常觉常明。可以看出,杨慈湖借解释一爻之辞,尽可能地调动了他的心学理论。

7.2.3 《未济》之"六五"

《未济》"六五"之爻辞和《象》言如下:"贞吉,无悔,君子之光有孚。《象》曰:君子之光其晖,吉也。"杨慈湖说:

> 六五得中。中即正即道,故详明道济天下之义。夫人心所以咸服者,以其正故也。正,故吉。虽小疵亦无,故无悔。道心发用,寂然不动,虽无思无为而万物毕照,万理洞见。如日月之光,虽无心而毕照天下,岂一无所用其心力哉?禹治水、征苗,而孟子曰"禹行其所无事"。禹告舜以"安汝止",岂禹不有诸己而姑为空言哉?道心本静止,安而勿动乎意,则本静本明,万事自理,此大中至正之道,失之则凶则悔。君子不动乎意,而人咸孚信心服。晖者,光之散孚犹晖也。大哉圣言,惟自明道心者乃自信。其道心不明者断断不信,以为必思必为乃济。吁可悯哉![①]

为更清楚地考察湖以"心"解《易》之特点,现将此段文字与通行的王《注》孔

---

① 《杨氏易传》卷19,第209页。

《正义》做一对比。王《注》曰：

> 以柔居尊，处文明之盛，为未济之主，故必正然后乃吉。吉，乃得
> 无悔也。夫以柔顺文明之质居于尊位，付与于能而不自役，使武以文，
> 御刚以柔，斯诚君子之光也。付物以能而不疑也，物则竭力，功斯克
> 矣。故曰有孚，吉。

孔《正义》曰：

> "贞吉无悔"者，六五以柔居尊，处文明之盛，为未济之主，故必正
> 然后乃吉。吉，乃得无悔。故曰"贞吉无悔"也。"君子之光"者，以柔
> 顺文明之质居尊位，有应于二，是能付物以能而不自役，有君子之光华
> 矣，故曰"君子之光"也。"有孚吉"者，付物以能而无疑焉，则物竭其
> 诚，功斯克矣。故曰"有孚吉"也。《象》曰"其晖吉"者，言君子之德光
> 晖著见，然后乃得吉也。①

解释《未济》"六五"，需要面对以下问题：此爻为何是"贞"？"贞"如何
便是"吉"便是"无悔"？何为"君子之光"？为何"君子之光"会"有孚"？慈
湖对这些问题的回答与王《注》、孔《正义》的说法均有不同。慈湖说"六五
得中"，此"中"即人之"本心"，它无思无为而包容思为，将其发出来就能"道
济天下"，就是"君子之光"，就能得到天下爱戴，就能"吉"，就能"无悔"。王
《注》、孔《正义》认为"六五"以柔居尊，就"必正"才会"吉"，才会"无悔"。
"必正"就是付物以能而不自役，而物自能竭其所能，也就能成功，这是"君
子之光"。

就其大端而言，慈湖之解释与王《注》、孔《正义》不同有二：其一，所理
解的爻旨不同。慈湖认为此爻在于"详明道济天下之义"。欲道济天下，只
要发之道心即可，而道心则是无思无为而包容思为，只要不起意，即可道心
发用。王《注》、孔《正义》则认为此爻之义在于发挥无为而治，处尊位应该
付物以能而不自役。其二，解释的着力点不同。慈湖着重于人之内心，将
"本心"无思无为地发挥出来，就可以达到道济天下之目的，就可以获得天
下之爱戴。王《注》、孔《正义》则是着力于人之外部，以柔弱胜刚强，以静制
动，这些都是可以从外部加以观察到的。

从慈湖发挥的这段文字中，几乎可以看到他的心学纲领。其一，人心

---

① 《周易注疏》卷10，见《易学精华》（上），北京出版社1997年版，第182页。

即是道心,本静本明,万事自理,这是大中至正之道。其二,道心发用,寂然不动,无思无为,如日月之光,无心而毕照天下。其三,道心发用虽无思无为,但与昏昏噩噩者的无思无为迥然有别,其中包容着思为。其四,道心发用即是道济天下,自然会得到天下人心信服。其五,动乎意便失却道心,既不能自信本有之道心,又会遭遇外在之凶悔。

我们列举以上几例,并不是要判断慈湖解释《周易》是多么的高明,而是要说明他在以"心"解《易》。他是在借解释《周易》之机,来阐扬自己的心学理论。

7.3 慈湖《易》学之意义

慈湖《易》学在《易》学史上算不得主流,但也有它一定的意义。其意义在于两方面:一是慈湖"己易"在易学史上有意义;二是慈湖以"心"解《易》对于心学有意义。现就此两点略加申述。

7.3.1 慈湖"己易"在易学史上的意义

杨慈湖作为宋明时期心学派易学的代表人物之一,他的"己易"理论,不仅丰富了易学的内涵,而且也深深影响着宋明心学的发展。从学理上说,慈湖"己易"理论至少有两方面意义。

其一,开拓了易学研究的一个新方向。

《易经》本是一种占筮的系统记录,古人依据其中的卦爻象和卦辞来推断吉凶,是一部算命之书。人之命运透着无限的神秘色彩,在古代占筮中,这种神秘性又被有意地强调和利用。早期解《易》是为占筮服务的。《易传》第一次为易学研究注入理性的亮光,从此确定易学以探求易理作为解读《周易》的最终目标。

大多数人求解《易》理,一方面求之于《周易》文本,另一方面求之于天地万物。求之于文本者则又有求之于卦象与求之于卦爻辞之分别。求之于卦象者主要根据卦爻的时与位来推测吉凶祸福;求之于卦爻辞者主要根据词语训诂来解释卦意。求之于天地万物者则认为"《易》与天地准",《周易》是"象天法天"之产物,通过仰观俯察,方可解释《周易》之意。一般人诠释《周易》多是将此两方面结合,只不过各有侧重而已。总之,研究《周易》

者多是眼睛向外,尽可能地去寻求所谓的客观《易》理。

杨慈湖提出"己易"的观念,指出《周易》不过只是模拟"我"心之相似者。因此,解读《周易》的方向不应该是向外求,而应该是向内转,向解读者的"本心"上来寻求。那些依赖于词语训诂者,那些向外仰观俯察者,都不可能得到对《周易》的真解,因为他们都陷入支离之中,不能将易理归于一是。只有以心解《易》,然后才能真正理解"天人本一"、"三才一体"的《周易》精神。

杨慈湖提倡将解《易》的注意力转向人之"本心",无意中缩短了《周易》与人们日常生活的距离。强调和利用《周易》的神秘性是占筮者的专利,一般人无法介入。通过观看卦象、词语训诂和仰观俯察等方法来解读《周易》,又非有大学问与大眼界者所不能。慈湖提倡以"本心"解读《周易》。"本心"即是日用平常之心,人人具有,当下即可认取。人可以随其所有,"深则厉,浅则揭",把玩之,涵泳之,将易理参悟与自我修身融为一体。

心学派易学在明代大放光芒,与慈湖"己易"观念的流行有莫大关系。例如,阳明学生王龙溪以"良知"之说作为解《易》基础,提出"易为心易",认为包牺画卦时所依据的阴阳之物,就是人之身心。心为乾阳,身为坤阴,心中有神,身中有气。神气相交,故有卦象坎离之交;神气往来,周流不已,故有六十四卦之变易①。不难看出,龙溪易学即是对慈湖"己易"思想的进一步发挥。

其二,成就了易学研究的新天地。

由于调转了解读的方向,慈湖解《易》自与他人有所不同。在易学史上,《易传》相传为孔子所作,与《易经》几乎具有同等地位,历来被后人所看重。后人解《易》,多方设法维护《易传》观点。但是,在慈湖看来,《易传》之中,"'子曰'以下其言多善,间有微碍者,传录纪述者之差也"②。如《易传》说"鼓万物而不与圣人同忧",慈湖断定"此非圣人之言也"。"鼓万物而不与圣人同忧",意欲将万物与圣人撇清,将宇宙大精神与我之"本心"分开,强调易理之外在性与客观性。而慈湖认为"易者己也",宇宙大精神即是我之"本心",两者本不可分。再如《易传》说"《易》与天地准",这是说《周易》是模拟天地万物变化的,要想获知易理,就必须向外去仰观俯察。慈湖认

---

① 可参看朱伯崑主编的《易学基础教程》(九洲出版社 2000 年版)的相关章节。

② 《家记一》,见《慈湖遗书》卷 7,第 691 页。

为《周易》只是摹写我之大生命,易理不必外求,只须向内求"吾心之明"。再如《易传》说"其继者善也",慈湖认为这话也有毛病。"其继者善",那么继之前难道不善? 这是"离道以善"。《易传》说"天地设位而易行乎其中",这是"离易与天地而二之也"。总而言之,在慈湖先生眼里,《易传》诸如此类的瑕疵不可胜记,都是孔子的学生参以己意的结果。

多数解《易》者有一个观点,认为《周易》先乾后坤,八卦的安排有一个次第。乾父坤母,震坎艮巽离兑只是六子。也就是说,统治者的等级制度是天经地义。慈湖则认为:"三才之变,非一实一。或纯焉,或杂焉。纯焉其名乾坤,杂焉其名震坎艮巽离兑,皆是一物也。一物而八名也,初无大小优劣之间也。形则有大小,道无大小;德有优劣,道无优劣。或首艮,或首坤,明乎八卦之皆易也。易道则变而为八,其变虽八,其道实一。"①八卦无非都是用来描摹大我生命之变化,八卦不应有大小优劣之分,都是易道之显现。慈湖这是在强调八卦之间的平等性。世上万物都是相互联结的,宇宙就是一张联结的大网。事物联结自然要有层次,但事物之间应是平等的,不能将事物之间正常的层次异化为病态的统治者的等级。

杨慈湖反驳《易传》,主要是针对《系辞》。慈湖怀疑《系辞》大概与他的老师有关。陆象山曾说:"《系辞》首篇二句可疑,盖近于推测之辞。"②他还说:"《易·系》决非夫子之作。"③对于《易传》中的《序卦》、《杂卦》,慈湖则另有说法。他说:"初疑《序卦》之为义似迂,《杂卦》之为文似乱。后乃悟《序卦》之义殊不迂,《杂卦》之文殊不乱。六合之间,何物非易? 何事非易? 何义非易? 何言非易? 纵言之亦可,横言之亦可。以坤为首为《归藏》亦可,以艮为首为《连山》亦可。故五声六律十二管旋相为宫,则皆宫也;五色六章十二衣旋相为质,则皆质也;五行四时十二月旋相为本,则皆本也。曰本曰质曰宫,皆易之异名。然则错综而言之,何所不可?《序卦》、《杂卦》虽无子曰,无害于道。"④由此看来,慈湖并非如章句学者去咬文嚼字,关键看是不是"发挥此心之妙用"⑤。

有学者指出杨简对待《系辞》,"他的立论并无文献依傍,明显是用心学

①　《杨氏易传》卷 20,第 210 页。

②　(宋)陆九渊:《语录上》,见《陆九渊集》,中华书局 1980 年版,第 403 页。

③　(宋)黎靖德:《朱子语类》卷 124,中华书局 1986 年版,第 8 册,第 2971 页

④　《家记一》,见《慈湖遗书》卷 7,第 705 页。

⑤　《杨氏易传》卷 1,第 18 页。

理论来判断《系辞》具体言论的真伪,加以取舍,表现出心学思想对《系辞》理论和内容的修正和改动。"①此点也可以从另一方面来说,慈湖基于"己易"观念,敢于扫除一切陈见。扫除陈见以后,他为自己的《周易》诠释活动打开了一片新天地。一方面,他以"心"解《易》,对《周易》做出全新的解释;另一方面,他又借《易》学的话语系统,来开显他的"本心"学说。《杨氏易传》不解释《易传》,只是发挥《易经》所揭示之易理,可以说,正是慈湖"己易"思想之具体体现。

7.3.2 慈湖以"心"解《易》对心学的意义

杨慈湖以"心"解《易》具有一定的合法性。《周易》作为一个文本是客观存在的,但解释《周易》却需要主客双方的合作。自古对《周易》的解释总是"仁者见仁,智者见智",每一个解读者都可以根据自己的时代和个人的经历来做出自己的解释,重要的是要解出《周易》中对自己有用的东西。慈湖实际上是将《周易》作为发挥自己心学理论的平台,利用《周易》具象思维的特点,让自己的"本心"驰骋于《周易》的卦象、卦爻辞之间。他对《周易》的解释,不光拓宽了易学研究的领域,也为心学发展提供了丰厚的资源。

慈湖之"本心"理论包含两方面内容:一是万物一体的观念,二是道德伦理本体论。有学者认为慈湖"本心"理论最初是由佛教的"见性"悟入,是把佛教对于宇宙本体的思辨与儒家道德本体学说结合起来的产物②。此说值得商榷。慈湖"本心"中的万物一体观念,明显是承接《周易》而来。

杨慈湖自剖心迹说:"少读《易大传》,深爱'无思也,无为也,寂然不动,感而遂通天下之故'。窃自念学道必造此妙。"③他后来积疑二十年,一直想不通的问题就是:人如何能够既无思无为,又感而遂通? 由此可见,杨慈湖建立心学理论的诱因起于《周易》。而《周易》本来也潜含有万物一体观念。《易大传》说:"大哉乾元,万物资始。"(《周易·乾·象》)又说:"至哉坤元,万物资生。"(《周易·坤·象》)此两句即含有万物统一于乾坤之意。

《周易》所说的"无思也,无为也",与佛教的"无心为道",与道家的"道之为物,惟恍惟惚",确乎有几分相似。这说明三家所走路径不同,达到极致便有风格上的相似。也可以借用佛家语说,无思无为是三家之"共相"。

---

① 杨新勋:《宋代疑经研究》,中华书局 2007 年版,第 234 页。

② 刘宗贤:《陆王心学》,山东人民出版社 1997 年版,第 152 页。

③ 《杨氏易传》卷 20,第 213 页。

但也只是风格上的相似,就其基本教义则各有不同。我们不应从风格上而应从基本教义上来判定一种学说究竟属于哪家。故而我们不能因此断定慈湖心学最初来源于佛教。

古代哲学家大多借《周易》来作为自己言行的依据,杨慈湖自然也不例外。因此,不能单纯地将《杨氏易传》当作一部学术著作,还应与慈湖之言行结合起来。前文讨论慈湖心理和行为,我们就特别地注意到这一点,有时就利用《杨氏易传》中的材料来说明慈湖的言行。这样做的目的,无非是要证明:慈湖不仅是以"心"解《易》,而且还以身来践《易》。

第八章　慈湖之《诗》学

　　杨慈湖本有《慈湖诗传》20 卷,但朱彝尊《经义考》注曰"已佚"。本人考察慈湖对《诗经》的解读,所能依据的《慈湖诗传》是台湾商务印书馆 1996 年景印文渊阁《四库全书》本。此书是从《永乐大典》裒辑成编,仍分为 20 卷。书首有从《慈湖遗书》移来的《自序》一篇和《总论》三篇①,另有从楼钥《攻愧集》采录的楼钥与杨慈湖论《诗》一条。由于《永乐大典》缺卷的缘故,所以《慈湖诗传》对于《诗经》中 42 篇作品的诠释今日已不得而知。

　　戴维先生的《〈诗经〉研究史》说:"《慈湖诗传》是特树一帜的诗学著作。"②如此判断是有一定道理的,但失之于简略。我们研读《慈湖诗传》,发现它有三个方面值得我们注意:一是慈湖对《诗经》的"前理解"是什么,二是慈湖是如何对待《毛诗序》及《诗经》古注的,三是慈湖是如何做到借诠《诗》来释"心"的。

8.1　"本心"对《诗经》的"前理解"

　　现代诠释学大师加达默尔说:"一切诠释学条件中最首要的条件总是前理解。……正是这种前理解规定了什么可以作为统一的意义被实现,并从而规定了对完全性的先把握的应用。"③这也就是说,在诠释活动中,诠释

---

① 　将此三篇与《慈湖遗书》卷 8 中文字相对照,有一些出入,但大致意思不差。
② 　戴维:《〈诗经〉研究史》,湖南教育出版社 2001 年版,第 373 页。
③ 　[德]加达默尔:《真理与方法》上册,上海译文出版社 1999 年版,第 378 页。

者此前所累积的知识和能力必然地参与其中,它使诠释者对于理解对象总有一个先期的整体把握,并在某种"统一的意义"上实现理解。据此,我们可以认定杨慈湖对《诗经》的"前理解",它表现为两方面:一是他的"本心",二是由此"本心"而对《诗经》的先期整体把握。

8.1.1　杨慈湖的"本心"

"本心"是慈湖心学中一个极其重要的概念。"本心"一词最早出自《孟子》。孟子说:"向为身死而不受,今为宫室之美为之;向为身死而不受,今为妻妾之奉为之;向为身死而不受,今为所识穷乏者得我而为之,是亦不可以已乎? 此之谓失其本心。"(《孟子·告子上》)显而易见,孟子所谓"本心",即人本有之心。孟子之后千余年,陆象山说:"窃不自揆,区区之学,自谓孟子之后,至是而始一明也。"①象山心学直承孟子而来,自是大力宣扬"本心"学说。

到了杨慈湖,他更是深度挖掘"本心"的意蕴。他说:"乍见孺子将入井,其怵惕恻隐之心即吾之本心也";"徐行后长者之心,即吾所自有之良心"。② 他还说:"至道在心,奚必远求。人心自善自正,自无邪,自广大,自神明,自无所不通。"③"人心无体,无体则无际,无际则天地在其中,人物生其中,鬼神行其中,万化万变皆在其中。"④依据杨慈湖的描述,笔者曾得出结论:慈湖"本心"即人的平常日用之心,它内有生命之流,外能有感有应,具有范围天地、发育万物和知是知非等特性。⑤

应该如何看待慈湖"本心"? 徐复观先生曾说:"中国的先哲们,则常把他们体认所到的,当作一种现成事实,用很简单的语句说了出来,并不曾用心去组成一个理论系统。"⑥具体到杨慈湖身上,慈湖"本心"既不是一种思维本体,也不是一种价值信仰,而是与他的生命息息相关,是他的本体如如呈现。也就是说,他所描述的"本心",是他修身功夫实到境地之所见。由此可知,慈湖"本心"并非现成具足的,而是他几十年如一日"惟勤惟精"的

---

① (宋)陆九渊:《与路彦彬》,见《陆九渊集》卷10,中华书局1980年版,第134页。
② 《家记八》,见《慈湖遗书》卷14,第835页。
③ 《诗解序》,见《慈湖遗书》卷1,第608页。
④ 《杨氏易传》卷13,第136页。
⑤ 可参看第二章内容。
⑥ 徐复观:《中国人性论史·再版序》(先秦篇),三联书店2001年版。

道德践履的产物。

实质上慈湖"本心"是具有深广的社会内容的。譬如,杨慈湖在诠释《诗经》时,全力批驳《毛诗序》的"刺王"之说。他说:"《毛诗序》曰:'《伐柯》,周大夫刺朝廷之不知也。'言刺大悖。是诗周人欲成王尽诚于周公,则公可安矣。"①他还说:"《毛诗序》曰:'《白驹》,大夫刺宣王也。'言刺大悖。是诗虽中有讽朝廷之意,而不明指王,此诗大旨惜贤者之去而已。"②杨慈湖采取如此立场,明显与两宋读书人强调"尊王大义"有关。宋代社会的这种集体无意识,在不知不觉中影响着杨慈湖,他诠释《诗经》近乎本能地反对"刺王"之说,仿佛这是他心中本来就具有的一般。

8.1.2 "思无邪"即"本心"

杨慈湖有如此"本心",支配着他对儒家经典的先期整体把握。在杨慈湖眼里,"某知人人本心,皆与尧、舜、禹、汤、文、武、周公、孔子同"③。圣贤之心就是人人具有的"本心"。既然六经出自圣人之手,那么其中自然贯注着圣人"本心"。他说:"知吾心所自有之,六经则无所不一,无所不通。"④也就是说,六经一以贯之,都是"本心"的载体。

具体到《诗经》,孔子曾有断语:"《诗》三百,一言以蔽之,曰:'思无邪。'"(《论语·为政》)如何理解孔子此言?"学者往往疑《三百篇》当有深义,圣人所谓'思无邪'者必非常情。"⑤于是"求诸《诗》而无说,故委曲迁就,意度穿凿,殊可叹笑"⑥。在杨慈湖看来,"圣言坦夷,无劳穿凿。'无邪'者无邪而已,正而已矣,无越乎常情所云也"⑦。"此无邪之心,人皆有之而不自知。起不知其所自,用不知其所以,终不知其所归。此思与天地同变化,此思与日月同运行。"⑧他认为《诗经》作品均是"本心"的显现。

《慈湖诗传·自序》曰:"直而达之,则《关雎》求淑女以事君子,本心也;《鹊巢》昏礼天地之大义,本心也;《柏舟》忧郁而不失其本心也;《鄘·柏舟》

---

① 《慈湖诗传》卷 10,第 140 页。
② 《慈湖诗传》卷 12,第 172 页。
③ 《学者请书》,见《慈湖遗书》卷 3,第 633 页。
④ 《诗解序》,见《慈湖遗书》卷 1,第 608 页。
⑤ 《慈湖诗传·总论》,第 5 页。
⑥ 《慈湖诗传·总论》,第 4 页。
⑦ 《慈湖诗传·总论》,第 5 页。
⑧ 《慈湖诗传·总论》,第 4 页。

之矢死靡它,本心也。"①在解《周南·关雎》时,杨慈湖说:"是诗后妃思得贞静之淑女以事君子,求之之切,至于寤寐不忘。猗与至哉！此诚确无伪之心,不忌不妒之心即道心,即天地之心,鬼神之心,百圣之心。"②在释《周南·葛覃》时,他说:"妇人乐为絺绤,尊敬师傅,服澣濯,念父母。猗与至哉！此又道心即天地之心,即鬼神之心,即百圣之心。道不离于日用,惟无邪而已矣。"③在诠《鲁颂·閟宫》时,他说:"此明武王之心,一无己私,皆天道也。"④总之,杨慈湖认为《诗经》三百首无非是"本心"不同性态之呈现。

《诗经》有《鄘风·桑中》、《郑风·溱洧》等,像这些大胆描写男女情爱的诗,被郑樵、朱熹直斥为"淫奔之诗"。这又如何是"思无邪"呢？朱熹解释说:"凡诗之言善者,可以感发人之善心；恶者,可以惩创人之逸志,其用归于使人得其情性之正而已。然其言微婉,且或各因一事而发,求其直指全体而言,则未有若'思无邪'之切者。故夫子言《诗》三百篇,而惟此一言足以尽盖其义。"⑤朱子的意思是说,那些"淫奔之诗"虽然表现的是丑恶,但读者应从善心出发,以此为惩戒。如此解释,"思无邪"之意还是比较模糊。杨慈湖是这样解决这一问题的,他说:"或曰《桑中》、《溱洧》,几于劝矣,何以思无邪？曰:此非淫者之辞也,刺者之辞也。"⑥他意思是说淫奔者害怕自己丑行暴露,不会用诗歌来直接自我表白。而诗的作者"叙其事,所以著其恶也,刺之也"⑦。刺者作诗是出自"本心"。正是看到此点,故而"圣人取焉,取其良心之所发也"⑧。

《诗经》是"本心"的呈现,由此可以顺推它具有道德教化功能。杨慈湖说:"欲后世诵咏《三百篇》之诗,知皆正辞正情,足以感发人所自有之正心。"⑨他认为人人具有"本心",人心本可以范围天地、发育万物、知是知非。只是心中起"意","本心"遭到遮蔽,昏乱朋至,错误百出。此时人如能吟诵

---

①　《慈湖诗传·自序》,第 3 页。

②　《慈湖诗传》卷 1,第 6 页。

③　《慈湖诗传》卷 1,第 9 页。

④　《慈湖诗传》卷 19,第 310 页。

⑤　(宋)朱熹:《诗传纲领》,《朱子全书》第 1 册,上海古籍出版社、安徽教育出版社 2002 年版,第 347 页。

⑥　《慈湖诗传》卷 4,第 50 页。

⑦　《慈湖诗传》卷 6,第 84 页。

⑧　《慈湖诗传·总论》,第 5 页。

⑨　《慈湖诗传》卷 1,第 7 页。

《诗经》,《诗经》中所贯注的"本心"可以兴起人自有之"本心",这就是孔子的《诗》"可以兴"之意。

8.2 《毛诗序》是解《诗》之障

杨慈湖基于自我"本心",对《诗经》有了自己的"前理解",他诠释《诗经》自然与众不同。首先,他要扫除《毛诗序》的"陈说",有破方能有立;其次,他要对《诗经》古注酌情取舍。

8.2.1 《序》对《诗》如云翳日

《毛诗序》历来都是人们解读《诗经》的重要依据。但自唐以来,就不断有人对《毛诗序》表示怀疑。韩愈认为子夏不是《毛诗序》的作者。欧阳修《诗本义》、苏辙《诗解集序》对《毛诗序》的解释也持怀疑态度。南宋学界形成"废《序》派"与"尊《序》派"。郑樵《诗辨妄》、王质《诗总闻》、朱熹《诗集传》等,大胆主张废《毛诗序》;而范处义《诗补传》、程大昌《诗论》、吕祖谦《读诗记》等,则尽力捍卫《毛诗序》。可以说,《毛诗序》的存废是南宋《诗》学的一个中心议题①。杨慈湖属于"废《序》派"。

杨慈湖从三个方面来否定《毛诗序》。其一,否定子夏与《毛诗序》的关联。杨慈湖说:"毛氏之学自言子夏所传,而史氏亦言卫宏作《序》。"②慈湖此言源于史书。《汉书·艺文志》载:"又有毛公之学,自谓子夏所传。"③《后汉书·儒林列传》载:"宏从曼卿受学,因作《毛诗序》。"④杨慈湖根据《论语》、《礼记》中有关子夏的记载⑤,判定说:"夫子夏之胸中若是,其学可以弗

---

① 戴维:《〈诗经〉研究史》,湖南教育出版社 2001 年版,第 313 页。

② 《慈湖诗传·总论》,第 4 页。

③ (汉)班固:《汉书》卷 30,中华书局 1962 年版,第 6 册,第 1708 页。

④ (南朝)范晔:《后汉书》卷 79 下,中华书局 2007 年版,第 757 页。

⑤ 《论语·雍也》:"子谓子夏曰:'女为君子儒,无为小人儒。'"《礼记·檀弓上》:"子夏丧其子而丧其明。曾子吊之曰:'吾闻之也,朋友丧明则哭之。'曾子哭,子夏亦哭,曰:'天乎! 予之无罪也。'曾子怒曰:'商,女何无罪也? 吾与女事夫子于洙泗之间,退而老于西河之上,使西河之民,疑女于夫子,尔罪一也;丧尔亲,使民未有闻焉,尔罪二也;丧尔子,丧尔明,尔罪三也。而曰女何无罪与!'子夏投其杖而拜曰:'吾过矣! 吾过矣! 吾离群而索居,亦已久矣。'"

问而知。而况于子夏初未尝有章句,徒传其说,转而至于毛乎?"①这实际上是否定子夏解《诗》的资格,也否定子夏在《诗经》学中的地位,还否定子夏与《毛诗序》的关联。《慈湖诗传》反复强调《毛诗序》是卫宏所作。"《东汉书》谓卫宏作《毛诗序》,果明验矣。"②并且进一步说明:"卫宏作《毛诗序》盖本于毛公,毛公本于古。"③杨慈湖这样做的目的,是要推翻《毛诗序》的权威性,从而为自己以"心"诠《诗》打开通道。

其二,指斥《毛诗序》多与《诗》旨不合。杨慈湖指出《毛诗序》"曲推其意,穿凿其说",他说:"如于《关雎》言哀窈窕无伤善之心,诗中即无此情;于《殷其雷》言劝以义,诗中亦无此情;于《摽有梅》言男女得以及时,诗中何但无此情,正言其不及时。此类奚可殚举?"④如《毛诗序》云:"《葛生》,刺晋献公也,好攻战则国人多丧矣。"杨慈湖认为:"夫本诗妇思其夫也。卫宏不知夫妇之道正大,故外推其说以及其君焉,既失诗人之情,又失先圣之旨。"⑤再如在解《唐风·蟋蟀》时,杨慈湖说:"《序》谓之刺晋僖公,误矣!平观本诗,情状昭然,先儒倡说既误,后儒因之为《序》,千载之下牢不可破,不可扳。呜呼,孟子于《武成》犹不尽信,而后世惟卫宏之《序》是从,亦异乎孟子矣。遂至于反以《序》病。"⑥总而言之,在杨慈湖看来,"《毛诗序》差误既多既甚,理难尽信"⑦。

其三,强调《诗》本不应有《序》。杨慈湖认为:"孔子不作《诗序》,旨在于《诗》无《序》可也。"⑧若《诗》需依《序》才能读懂,那孔子就应作《序》。孔子不作《序》,说明《诗》本不应有《序》。卫宏为《诗》作《序》,指明《诗经》作品何人所作、咏叹何事,这在他看来,恰成解《诗》之障。他说:"当是孔子之所诲告,不欲明言所作之人,以支离人心,欲后世诵咏《三百篇》之诗,知皆正辞正情,足以感发人所自有之正心。若于本诗之外赘曰某国某人之所用,又序其所以然之故,则诵诗者首见其国,又见其人,又见其故。至于本诗,将诗人不知所以然油然动于中发诸声音自中自正浑浑融融无所不通之

----

① 《慈湖诗传·自序》,第 4 页。
② 《慈湖诗传》卷 1,第 12 页。
③ 《慈湖诗传》卷 11,第 144 页。
④ 《慈湖诗传》卷 1,第 8 页。
⑤ 《慈湖诗传》卷 8,第 108 页。
⑥ 《慈湖诗传》卷 8,第 101 页。
⑦ 《慈湖诗传》卷 1,第 12 页。
⑧ 《慈湖诗传》卷 1,第 6 页。

妙,如云翳日,如尘积鉴矣。"①

　　事实上《慈湖诗传》并非一味排斥《毛诗序》,少数地方还是肯定《毛诗序》之说。如在解《陈风·月出》时,杨慈湖说:"《序》曰'刺好色',是也。"②在解《卫风·氓》时,他说:"《序》辞差谬多矣,独此序庶几焉。"③在解《曹风·鸤鸠》时,杨慈湖引《毛诗序》而不加辩驳④,也是表示采信其说。杨慈湖对于《毛诗序》,有些地方是部分地采用。如在解《陈风·隰有苌楚》时,《毛诗序》曰"国人疾其君之淫恣,而思其无情欲者也",杨慈湖认为此解"微差",他说:"是诗大夫不乐夫君之淫恣,而思其未有情欲之时者也。"⑤由此可见,杨慈湖诠释《诗经》,《毛诗序》仍然是一个重要的参考。

　　依笔者看来,杨慈湖解《诗》与《毛诗序》多不同,不是他故发异论,而是出自他的"本心"。如在解《小雅·天保》时,《毛诗序》云:"《天保》,下报上也。君能下下以成其政,臣能归美以报其上焉。""《慈湖诗传》指出:"夫上之礼其下,与下之敬其上,爱敬之情发于中心,播于歌诗,而《序》谓之'能',盖求诸心外,殊为害道。《序》大率若是。"⑥杨慈湖在此着重强调《毛诗序》多一"能"字。"能"有主观努力的意味,这在杨慈湖看来,是心中生"意"。"本心"发用如四时之错行,如日月之代明,不勉而中,不思而得,怎么可以说"能"呢?

8.2.2　《诗经》古注不可尽信

　　杨慈湖否定《诗》前有《序》,但并不反对《诗》后有训诂。他说:"其有情文疑阻,惟可作训诂于后。"⑦只是《诗经》古注与《毛诗序》多有关联。杨慈湖说:"卫宏作《毛诗序》,盖本于毛公。"⑧这说明先前的《毛传》与《毛诗序》有关。之后的郑《笺》、孔《正义》等,多是围绕《毛诗序》来做疏解。因此,杨慈湖否定《毛诗序》,自然对《诗经》古注表示不可尽信。

　　《周南·卷耳》诗中有"周行"一词,《慈湖诗传》先是采引《诗经》多例,

①　《慈湖诗传》卷1,第7页。
②　《慈湖诗传》卷9,第123页。
③　《慈湖诗传》卷5,第64页。
④　《慈湖诗传》卷10,第129页。
⑤　《慈湖诗传》卷9,第125页。
⑥　《慈湖诗传》卷11,第148页。
⑦　《慈湖诗传》卷1,第8页。
⑧　《慈湖诗传》卷11,第144页。

以证明"周行"即为"周通之路"。但《左传·襄十五年》引此诗并解释说："'嗟我怀人，真彼周行'，能官人也。王及公、侯、伯、子、男、甸、采，卫大夫各居其列，所谓'周行'也。"杨慈湖由此认定："此左氏释《诗》误尔。……左氏差误亦多。周世释《诗》之误者亦多，不可尽信。"①

在解《邶风·谷风》时，杨慈湖说："《尔雅》云东风谓之'谷风'，为义未安。《尔雅》差缪多矣。据《春秋元命包》，虽知其为孔子以前之书，后学妄意推尊以为周公、孔子、子夏共成之，不可信也。其书则古矣，古人岂一一皆圣人皆无差失耶？其是者从之，非者勿从可也。谓'誓诰'为谨，谓'恺悌'为发，谓'潛'为曾，谓'谷风'为东风，此类不可殚举。风之来也远，人惟见其自山谷而至，故曰'谷风'与？不然，谷者或穀字之讹，如穀雨长养穀苗之风乎？"②

《唐风·绸缪》诗中有"三星在天"一句，《毛传》认为此处"三星"是指天上的参星。"三星在天"表示可以嫁娶。杨慈湖指出："毛公亦多差误，穿凿不可尽信。广汉张氏亦曰：'若谓婚姻，则不得称邂逅。'"③《郑风·溱洧》诗中提到"勺药"，《毛传》释"勺药"为香草。杨慈湖说："《毛传》多误，岂未见勺药而意之耶？今药草勺药其华甚美，殆即此尔，而无香气。"④

《大雅·文王有声》一诗共有八章，郑玄认为前四章讲文王，后四章讲武王，故以第五章为言武王。杨慈湖说："郑《笺》谓镐京在丰水之东，遂谓此章言武王。未安。观文理犹谓文王也。自'镐京辟雍'以下则言武王矣。康成不善属文，故有此曲说。岂平分此诗四章，武王故断之与？然古诗与后之诗不同，辞以达意。意止则止，意未止则未止，奚拘整整为儿童态哉？"⑤

《召南·羔羊》中有形容贵族步姿的诗句"委蛇委蛇"，杨慈湖认为"委蛇"是指"行步委曲如蛇"。《释文》写作"蛇"，却认为它应转音为"移"音。杨慈湖说："盖陆德明好异之过。况'蛇'与'紽'协韵，若音移则不协。"⑥在解《郑风·出其东门》中的'且'字时，杨慈湖说："陆德明以《尔雅》云'徂，存

①　《慈湖诗传》卷1，第11页。
②　《慈湖诗传》卷3，第37—38页。
③　《慈湖诗传》卷8，第105页。
④　《慈湖诗传》卷6，第84页。
⑤　《慈湖诗传》卷16，第266页。
⑥　《慈湖诗传》卷2，第25页。

也',牵合上章'思存',故改'且'作'徂',甚无谓也。陆好异,多有此病。"①

杨慈湖如此对待古注,引来清人的批评。《四库全书总目》说:"篇中所论,如谓《左传》不可据,谓《尔雅》亦多误,谓陆德明多好异音,谓郑康成不善属文,甚至自序之中以《大学》之释'淇奥'为多牵合,……高明之过,至于放言自恣,无所畏避。"②清代"尊汉学者居多"③,自是不能容忍杨慈湖对古注的这种态度。其实,杨慈湖诠释《诗经》采信了大部分古注,这类例子在《慈湖诗传》中俯拾皆是。试想,如果完全抛弃古注,那《诗经》诠释几无可能。杨慈湖对古注的态度,"其是者从之,非者勿从"。这应是合理的。

杨慈湖判别古注的"是"与"非",主要根据于两方面:一是《诗经》文本,二是古代文献。他说:"既释训诂,即咏歌之,自足以兴起良心,虽不省何世何人所作,而已剖破正面之墙矣。"④这是主张抛开古人训诂,通过直接涵咏《诗经》文本,从而获得对《诗经》的理解。如在解《齐风·还》时,他说:"然平观文势,则毛诗谓'还'、'茂'、'昌'为貌,是也。"⑤再如在解《周颂·载芟》时,他说:"熟玩辞情,依然蜡祭之乐歌也。"⑥

熟读文本有了自己的看法以后,杨慈湖又尽可能地征引文献以为佐证。《四库全书总目》说:"其于一名一物,一字一句,必斟酌去取,旁征远引,曲畅其说;其考核六书,则自《说文》、《尔雅》、《释文》以及史传之音注,无不悉搜;其订正训诂则自齐、鲁、毛、韩以下,至于方言杂说,无不博引。可谓折衷同异,自成一家之言。"⑦《慈湖诗传》不仅征引古注,还吸纳同时代学者的研究成果。欧阳修、苏轼、苏辙、郑樵、吕祖谦、朱熹等人对《诗经》的解释,均被杨慈湖拿来参与到他对《诗经》的诠释活动中。

当然,杨慈湖的《诗经》训诂,与章句儒毕竟不同。他的一切训诂均是受他的"本心"支配。《大学》引《大雅·绵蛮》诗句"绵绵黄鸟,止于邱隅",并引申发挥说:"为人君止于仁,为人臣止于敬,为人子止于孝,为人父止于慈。"杨慈湖认为:"《大学》一篇非圣人作。道一而已。此心常觉常明曰仁,

---

① 《慈湖诗传》卷6,第83页。
② 《四库全书总目》(整理本),中华书局1997年版,第194页。
③ 《四库全书总目》(整理本),中华书局1997年版,第186页。
④ 《慈湖诗传·总论》,第4页。
⑤ 《慈湖诗传》卷7,第87页。
⑥ 《慈湖诗传》卷18,第299页。
⑦ 《四库全书总目》(整理本),中华书局1997年版,第194页。

其散见于诸善不一。其此心之见于恭曰敬,见于事亲曰孝,见于惠下曰慈,而《大学》裂而分之,殊为害道。"《毛传》采《大学》的说法:"鸟止于阿,人止于仁。"杨慈湖批评说:"枝蔓转涉,失本诗之情远矣。"他认为:"行劳甚,于是休止,有如之何之叹焉。止邱阿,即所见以喻己之休止而已,非有深义。"①由此可见,杨慈湖诠释《诗经》时,熟读文本和取舍古注都是由着他的"本心"起作用。

8.3　诠《诗》以释"心"

杨慈湖在排除《毛诗序》及《诗经》古注的束缚以后,他便放开手脚,以《诗经》诠释作为平台,尽可能地展示他的"本心"。慈湖"本心"就是"欲使举吾邑人皆为君子"②,也就是教人实地修德的工夫。因此,他一方面强调"道不离于日用",另一方面挖掘《诗经》的修德方法。

8.3.1　道不离于日用

《慈湖诗传》反复申述"道不离于日用"。如《周南·汉广》写一位男士想亲近心仪女子而不可得,因为女子不敢随便冒犯礼教。杨慈湖说:"此不敢犯礼之心,即正心,亦道心,亦天地鬼神之心。彼不知道者必以为粗近之心,非精微之心。吾则曰此即不勉而中、不思而得之心。"③再如《齐风·著》是一位女子写她的夫婿来"亲迎",这也是极平常的事。杨慈湖说:"《三百篇》盖多平正无他。虽无深旨,而圣人取焉,正以庸常平夷即道也。诸儒不知道,故穿凿而无说,其害道甚矣。"④在杨慈湖看来,人的平常日用即"道",而"道"是人的"本心"呈现,"本心"表现为"思无邪",故《诗经》三百首可概括为"思无邪"。

杨慈湖解《诗》再三反对舍近而求远,舍平易而求艰深。《小雅·绵蛮》一诗是写一行役之人路遇一位大臣,受到饮、食、教、载的招待。《毛诗序》说:"乃反之曰刺者,盖意周衰乱世,必无若此仁惠之大臣,故反之以为思古

---

① 《慈湖诗传》卷15,第240页。
② (宋)钱时:《宝谟阁学士正奉大夫慈湖先生行状》,见《慈湖遗书》附录,第930页。
③ 《慈湖诗传》卷1,第17页。
④ 《慈湖诗传》卷7,第87页。

之诗。"杨慈湖说："而本诗情状,非思古也。观诗固不可执其世,其间大臣岂无一人能悯徒行小臣之忠劳也。此事虽甚微,然道无大小,其恤下之心,感惠之心,皆善心正心,即道心也。圣人取焉。"①两相比较,《毛诗序》的解释确实有些迂曲,不如《慈湖诗传》更接近诗歌原旨。

杨慈湖解《诗》反复强调"道不离于日用",实是有他的良苦用心。一是要人坚信自我"本心"。"道"即在平常日用之中,即在人心上呈现,人人可以于反省逆觉之中当下认取。因此,人对自我成德应具有信心。二是要人持有敬畏之心。既然"道不离于日用",那么人就应注意在平常日用中用力。因为稍有所放纵,人心就会遭到遮蔽,人也就偏离了"正道"。当然,人只有信心和敬畏心还不够,杨慈湖还教人们修德的方法。

8.3.2 《诗经》的修德方法

在杨慈湖看来,《诗经》就是教人如何进德的。在解《大雅·文王》时,杨慈湖解释"亹亹文王":"'亹亹',不息也。惟不动乎意,故能不息也。动乎意则有作必有息,不动乎意故能无作亦无息。舜之'惟精惟一',此也;禹之'安女止',此也;文王之'不知不识',此也。文王之德不息,故令闻不已。"②这是说,人的生命本性是自强不息。周文王能应顺此不息之生命,所以他能"令闻不已"。要做到不息,就不能动私心杂念。故而,杨慈湖提出了自己的修身方法,那就是"不起意"。

如何做到"不起意"? 杨慈湖接着解释"于缉熙敬止":"'缉'者,缉理于思为细微之间;'熙'有理顺之义。'缉熙'者,进德精微之谓。进德之实,非思也,非为也,惟可以言'敬'。'敬'非思为也,惟可以言'止'。'止'非思为也,寂然不动,感而遂通,而不属于为。"③杨慈湖的意思是说,人应时刻保持一个"敬"的状态,于平常日用中及时整理自己的思想和行为,熟能生巧,最终达到非思非为而无不思为的"止"境界④。

杨慈湖还借诠释《诗经》,描绘了圣人的道德境界。在解《大雅·假乐》时,他先指出:"'假乐',《中庸》、《左传》皆作'嘉乐'。《毛诗》:'假乐者,嘉

---

① 《慈湖诗传》卷 15,第 239 页。

② 《慈湖诗传》卷 16,第 243 页。

③ 《慈湖诗传》卷 16,第 244 页。

④ 笔者将此种境地称之为"神性思维",可参看拙文:《杨慈湖圣贤意识及其实践意义》,《哲学动态》2011 年第 3 期。

音之讹也。'"接着解释说:"嘉善和乐,盖君子之形容德性之光辉。徒乐而非善,固非德性之乐;徒善而非乐,亦非德性之善。既嘉善而又和乐,德性之光自然而然,初非有意于为善又为乐也。德性之光辉,合'嘉乐'二言,庶乎形容之也。"①

众所周知,宋儒发脉天人之学,主要是从《论语》、《孟子》、《中庸》、《大学》、《周易》等五部经典中寻找理论资源。杨慈湖从"本心"出发,在进德这一"统一的意义"上实现对《诗经》的诠释,这不仅为《诗经》学提供了一种新的解读样态,而且对于儒家修身之学的建设也提供了一些思想资源。

综上所述,我们可以总结出《慈湖诗传》诠释《诗经》的一个最大特点,即杨慈湖是以他的生命来诠释《诗经》,同时又在诠释《诗经》中展现出他的生命境界。正如他在解读《大雅·既醉》时所说:"以放逸不知道者之心,'醉之饱之'则酒也食也;以不放逸道心,'醉之饱之'则皆德也。"②杨慈湖这种"《六经》皆我注脚"③的诠释方式,如以章句学者眼光衡之,则毫无足取。

有人对于慈湖用心学来诠释《诗经》大为不满,认为这是"放言自恣,无所畏忌"④。但以现代诠释学的观点来看,这是可以容忍的。一方面,诠释具有潜在的无限性。朱子在《中庸序》中指出,"尧之所以授舜"只有"允执厥中",到了"舜之所以授禹"就变成"人心惟危,道心惟微,惟精惟一,允执厥中"。陆象山也曾说:"自古圣贤发明此理,不必尽同。如箕子所言,有皋陶之所未言;夫子所言,有文王、周公之所未言;孟子所言,有吾夫子之所未言;理之无穷如此。"⑤由此可见,对宇宙大精神的诠释是无极限的。同样如此,每一种对《诗经》的解释,都可以说是《诗经》崭露的一个面相。既然"《慈湖诗传》是特树一帜的《诗》学著作",那就应该算作是对《诗经》研究的一种贡献。

另一方面,诠释本来就应该忘我地投入。就像做游戏一样,只有忘记一切投入其中,那才是真正的游戏者。杨慈湖在诠释《诗经》之时,他自己其实也不由自主,是那个《诗经》的"效果历史"在推动着整个诠释活动的展开。如果慈湖在诠释《诗经》时有所畏忌,循规蹈矩,那么他的《诗经》诠释反而不可能表现得那样充分。

---

① 《慈湖诗传》卷 17,第 273 页。
② 《慈湖诗传》卷 17,第 271 页。
③ (清)黄宗羲:《宋元学案·象山学案》,见《黄宗羲全集》第 5 册,第 284 页。
④ 《四库全书总目》卷 15,中华书局 1997 年版,上册,第 194 页。
⑤ (宋)陆九渊:《语录上》,见《陆九渊集》卷 34,中华书局 1980 年版,第 398 页。

按照艾柯的观点,作品面世以后,作为文本它有自己的"意图"。"怎样对'作品意图'的推测加以证明? 唯一的方法是将其验之于文本的连贯性整体。"① 慈湖诠释《诗经》就是这样做的。他蔑视《毛诗序》,轻忽古说,却关注《诗经》作品本身,对《诗经》某一部分的解释,都希望在另一部分中得到印证,从而实现《诗经》的"统一的意义"。

另外还有一个"标准读者"的问题。艾柯说:"文本被创造出来的目的是产生其'标准读者'。……标准读者的积极作用就在于能够勾勒出一个标准的作者,此标准作者并非经验作者,它最终与文本的意图相吻合。"② 当然,对于同一文本,自然有多种解读,也就是说有多种"标准读者"。慈湖解读《诗经》,他认定的"标准读者"是有德者。他说:"惟有德者知之,非章句儒所能识也。"③ 慈湖虽然不太在意具体的《诗经》作者,但他从一个有德者的立场出发,勾勒了一个标准的作者,这就是以不同面目而呈现的人之"本心"。

8.4 慈湖之判定

行笔至此,需要对以前的研究做一个回顾。本书从第一章到第三章,主要是深入慈湖内心,由此知道成圣成贤是慈湖之人生目标。他坚信"本心"是成圣成贤的基础,提出成圣成贤的方法是"不起意"。慈湖有如此见识,足以表明他所达到的人生境地。不是实到所见,慈湖之言也是说不出来的。本书从第四章到第八章,主要是在外围对慈湖行为进行了考察。慈湖的进学、为宦、讲学、著述等行为,既是慈湖内心之发散,也是慈湖内心之验证。至此,需要对慈湖做一判定。一是给杨慈湖这个人下一个总的评定,二是讨论慈湖心学在实践上的价值。

8.4.1 总的评定

杨慈湖是一个道德践履者,给他下一个评定,实际上就是评定他的道德境界。这是一件非常困难的事,因为评定者需要有相应的境界才好。因此,我们还是先来看看古人是如何评价杨慈湖的。作为杨慈湖的老师,陆

---

① [意]安贝托·艾柯:《诠释与过度诠释》,三联书店1997年版,第69页。
② [意]安贝托·艾柯:《诠释与过度诠释》,三联书店1997年版,第68页。
③ 《慈湖诗传》卷17,第273页。

象山对自己的这个学生曾评价说:"杨敬仲不可说他有禅,只是尚有气习未尽。"①象山之言至少透露三个信息。其一,此时慈湖定是表现出与其师不一样的风格,并遭到社会上一些人的议论,然后象山才会有"不可说他有禅"这样的辩护之语。其二,慈湖心学不是禅。前文我们已说过,慈湖心学只是在风格上类似于禅,其本质并不违儒学教义。陆象山大约也是看到这一点,故将两者划得楚河汉界般的清晰。其三,这是针对慈湖前半生而发。陆象山死时,杨慈湖52岁。陆象山的评价只能是针对52岁以前的慈湖而发。② 前文谈到慈湖的进学历程,此时慈湖确实还未达到纯粹。故说他"尚有气习未尽",也是实话实说。依其前半生来评价一个人,显然是不公平的。

慈湖的学生袁甫说杨慈湖:"先生居处无一惰容,接人无一长语,作字无一草字,立朝大节正直光明,临政子民真如父母,是皆先生纯纯皜皜之妙。"③袁甫可以说是给其师盖棺定论了。他先从外部来描绘其师,最后揭示慈湖内在修养达到"纯纯皜皜"。"纯纯皜皜"是曾子称赞孔子语。可见在学生的眼中,杨慈湖已经达到怎样的一个境地。慈湖的另外一个学生钱时也说慈湖:"既大省发,终身以之勉竞,无须臾微懈,且又克永厥寿,习久益熟,遂造纯明之盛。若先生真所谓天民先觉者与!"④或许学生对待老师,多有溢美之辞邪?

薛季宣(1134—1173)的侄儿薛叔似,早在太学时期与杨慈湖订交,曾向自己的叔父郑重推介慈湖其人。于是,薛季宣有《抵杨敬仲简》,其中说道:"某景向有年矣。侄子每自庠序归省,辄能具道问学之妙,行谊之美,及所以提诲之甚宠。顾以未尝识面为恨。"⑤薛季宣作为永嘉之学的真正开创者,黄梨洲曾说:"永嘉之学,教人就事上理会,步步著实,言之必使可行,足以开物成务。盖亦鉴一种闭眉合眼,朦瞳精神,自附道学者,于古今事物之变,不知为何等也。"⑥以薛季宣的地位及其学养,绝不至于去奉承一个晚辈⑦。以薛季宣之言,可知慈湖之学并非虚说。

① (宋)陆九渊:《陆九渊集》卷35,《语录下》,中华书局1980年版,第447页。
② 杨慈湖52岁时,看"心之精神是谓圣"而发生第五次大"觉"。
③ (宋)袁甫:《蒙斋集》卷15,《四库全书》,第1175册,第517页。
④ (宋)钱时:《宝谟阁学士正奉大夫慈湖先生行状》,见《慈湖遗书》附录,第941页。
⑤ (宋)薛季宣:《浪语集》卷25,《抵杨敬仲简》。
⑥ 《宋元学案·艮斋学案》,见(清)黄宗羲:《黄宗羲全集》第5册,第56—57页。
⑦ 薛季宣年长杨慈湖12岁。

南宋末年的王应麟曾说杨慈湖:"东海之滨有大儒曰'慈湖先生'文元杨公,立心以诚明笃敬为主,立言以孝悌忠信为本,躬行实践,仁熟道凝,清风肃然,闻者兴起,可谓百世之师矣。"①王应麟是"和齐斟酌,不名一家","独得吕学之大宗"②,其地与杨慈湖如此之近,其时去慈湖如此不远,他对慈湖之了解自是真切明白的。说慈湖"仁熟道凝,清风肃然",王应麟可谓是擅于形容者。

王阳明曾声称:"慈湖远过于象山。"③钱德洪在《慈湖书院记》中感叹道:"德洪尝伏读先生遗书,乃窃叹先生之学,直超上悟者乎!"王阳明、钱德洪在此评价的是慈湖之学,实是评价慈湖其人,古人之学与其人本不分离。所谓"远过于象山"、"直超上悟者",也是一个极高的评价。全谢山在《碧沚杨文元公书院记》中说:"文元之斋明严恪,其生平践履,盖涑水、横渠一辈人,曰诚,曰明,曰孝弟,曰忠信,圣学之全,无以加矣。"④将慈湖比作涑水、横渠,这也是给了他很高的评价。程伊川曾评价张横渠:"横渠道尽高,言尽醇,自孟子后儒者,都无他见识。"⑤王阳明、钱德洪、全谢山均倾向于心学的人,他们对慈湖的评价,自有其会心之处。

现代学者也有对慈湖评价极高的,如邱大年先生,"尝称杨简是卓越的哲学家、政治家、教育家,而且是杰出的书画家。在'陆王学派'中其成就极高。其思想的系统性、治学的广博性、哲理的玄奥性、立论的一贯性、考证训诂的精确性,胜过其师陆九渊和而后三百余年的王守仁。王守仁提出的许多学术命题,杨简早已说过,而且说得更确切些"⑥。据我所知,这是现代学者对慈湖评价最高的一种。邱先生的评价是偏重于针对慈湖先生的心学理论而发。在我看来,慈湖能有如此高的理论水平,与他的心性修养有关。慈湖之学与慈湖之人密不可分。

慈湖78岁时说自己:"某行年七十有八,日夜兢兢,一无所知,曷此称塞,钦惟舜曰'道心',非心外复有道,道特无所不通之称。孔子语子思曰

---

①　(宋)王应麟:《四明文献集》卷1,《慈湖书院记》,中华书局2010年版,第28页。

②　《宋元学案·深宁学案》,见(清)黄宗羲:《黄宗羲全集》卷85,浙江古籍出版社2005年版,第6册,第360—362页。

③　《明儒学案·甘泉学案一》,见(清)黄宗羲:《黄宗羲全集》第8册,第179页。

④　(清)全祖望:《全祖望集汇校集注》中册,《碧沚杨文元公书院记》,上海古籍出版社2000年版,第1045页。

⑤　(宋)程颢、程颐:《二程遗书》卷1。

⑥　李才栋:《甬上四先生及其后学与书院教育》,《江西教育学院学报》1997年第1期。

'心之精神是谓圣',圣亦无所不通之名。"[①]以此时的杨慈湖而论,他可以称得上是历史上少有的圣贤之一。支持这个结论的证据就是以上对慈湖内在思维深度及思维广度的解析,和对慈湖外在行为的考察。

8.4.2　慈湖心学的实践意义

慈湖心学在学术史上的意义,"前人之述备矣"。在此,我只是从修身的角度,来探讨慈湖心学的实践意义。

其一,提出了"不起意"的修身方法。柳诒徵先生论宋学在促进文化进步中之表现,第一条就指出"修养方法之毕备"。他列举了"周子之主一","张子之变化气质","明道之识仁","伊川之用敬致知","上蔡之去矜","延平之观喜怒哀乐未发前气象","南轩之辨义利","晦庵之格物致知","象山之先立乎大"[②],却不曾提及慈湖之"不起意"。其实"不起意"是慈湖之独特贡献,是他自家体贴出来的。

慈湖之"不起意",既是一种修身方法,又是一种人生境界。作为一种修身方法,慈湖之"不起意"对前人有继承。"不起意"就是让自我"本心"呈现,这就是陆象山的"先立乎大"者。"本心"既立,便可以与万物一体,这就是程明道的"识仁"。慈湖之"不起意"中包容着一番思为精一的工夫,这与周子之"主一"也是相通的。"不起意"是为了达到"常觉常明",与李延平之"默坐澄心,体认天理"也有相似之处。但是直接提出"不起意",即主张从消除意念着手来修身践行,确实是杨慈湖独家提出。这只不过是慈湖根据自己的道德实践如实而言而已。

作为一种人生境界,慈湖之"不起意"是一种神性思维,是对人的意识深度的追求,与宇宙进化是相一致的。"不起意"可以圆融地解释修身养性的一切,读慈湖文本,我们可以真正感受到孔子的"一以贯之"之旨,这也体现了慈湖之学所臻之高度。慈湖提出"不起意",常常被人误解或者忽略,恰恰证明慈湖所达到的意识深度,不是一般人所能企及的。

其二,主张在平常日用中体会"本心"之妙。慈湖的"不起意",不是提倡放弃人的意识深度,任由人之本能去做事,去过一种完全是"平地"的生活;也不是整日端坐静默,去守候人心中的那一点枯寂,去过一种"悬空"的

---

① 《临安府学记》,见《慈湖遗书》卷2,第618页。
② 柳诒徵:《中国文化史》(下卷),东方出版中心1988年版,第509—511页。

生活。慈湖是将"不起意"放到人的平常日用之中。人在接人待物、往来酬酢之间,始终保持自我"本心"不失,时刻让妙用不测的"本心"来引领。这实际上是将孔子所说的"下学"与"上达"彻底地打通。

读慈湖先生之文,观慈湖先生之行,本人对慈湖油然生出无限景仰。慈湖由知而行,他的一切皆可归之于一。他殚精竭虑所研究的,热情洋溢所宣扬的,养家糊口所凭借的,日常生活所应用的,其实都是同一个内容。而且慈湖之所践履的,是与大宇宙进化的方向相一致的。这就是慈湖之圆融!从某种角度上说,他的理论与实践,是宇宙大精神的一种展现,是对宇宙大精神的一种拓展。

第九章　慈湖之社会

　　以上是将杨慈湖作为个体,来研究其内外两个面相。如果慈湖研究到此为止,那将是残缺不全的。因为任何个体均是群体中的一份子。慈湖所潜具的内心和所显见的言行,是以他所从属的群体作为背景的。群体所具有的共同规范和共同价值观,在或明或暗地制约着慈湖之心理和言行。换一个角度来说,慈湖之心理和言行其实是在诠释着他所属群体的共同规范和共同价值观。因此,要真正读懂杨慈湖,就必须光顾慈湖之群体。慈湖之群体也可从两方面看,即从外部来观察和从内部来解析。外部是慈湖之社会,内部是慈湖之文化。本章先谈论慈湖之社会,下一章将谈论慈湖之文化。

　　有关慈湖之社会,实含有三方面内容:慈湖之时代、慈湖之地域和慈湖之交往群体。慈湖之时代是南宋,南宋是北宋的沿续,故有时不得不提及北宋;慈湖之地域是明州;慈湖之交往群体,有同属心学派的,也有别属他派的。作为一个朝代的宋代,作为一个地域的明州,作为慈湖之交往群体,其所涉及的内容应该是很多的。读者要想全面了解,自可以去翻看相关的史书,本文只能截取史料记载中与杨简研究相关的内容。

9.1　慈湖之时代

陈寅恪先生说："中国文化之演进造极于宋世。"①宋代确实值得后人关注。考察慈湖所处之时代,大致可以从四个层面着手:其一,物质基础。任何一个时代都是建立在一定的物质基础之上。一个时代所具有的形态和特性,常常与该时代所具备的物质基础息息相关。其二,政治制度。在中国古代社会,政治的影响力是极其巨大的。有时候政府的一个政策就会影响到整个社会的人心趋向。其三,社会趋向。虽然人应保持自己的主体性,但就是在保持自我主体性的同时,也不能不考虑整个社会的趋向。其四,知识分子群体。知识分子作为社会精英,总是社会的风向标,也应是我们关注的对象。

9.1.1　慈湖时代之物质基础

考察慈湖时代的物质基础,首先是要留意宋代社会的生产力。中国漫长的封建社会,其生产力整体发展过程是非常缓慢的。与近现代相比,尤其显得如此。但是,这并不意味着中国封建社会的生产力就是停滞不前的。在生产力中,先是农业工具得到人们重视。南宋时期,有不少从金归宋的"归正人",他们既无土地,也无农具。南宋政府"每名给田一顷,五家结为一甲","每种田人二名,给借耕牛一头,犁、杷(耙)各一副,锄、锹、镬、镰刀各一件,每牛三头用开荒鏊刀一副,每一甲用踏水车一部、石辘轴二条、木砺砟一具"②。由此可见,工具在人们生产生活中的重要性。宋代出现了一些改良的新农具。例如,鏊刀就是宋人创造用于开荒的新农具。在缺牛的地区,"踏犁"作为一种新农具,"可代牛耕之功半"。还有四齿扁齿铁耙,南方的农家也是以此代替牛耕。另外有一种"秧马",是插秧时可省体力的农具③。这些改良农具的应用,自然提高了农业生产的效率。

与此同时,农业耕作技术也有了长足的进步。这些技术进步具体表现

① 陈寅恪:《邓广铭宋史职官志考证序》,《金明馆丛编二编》,三联书店2001年版,第277页。

② (清)徐松:《宋会要辑稿》食货3之17。

③ 白寿彝:《中国通史》第七卷,上海人民出版社1999年版,第503—505页。

在：一是利用开荒技术扩大农作物种植面积。例如，丘陵地区建"梯田"，湖泊地区造"圩田"，江边湖畔有"沙田"，滨海地区有"涂田"等，将原来抛荒之地都尽可能地改造而加以利用。二是重视养地的技术。通过耕作、换茬、种植豆科作物和以施肥为主的措施来维持地力的技术，到了宋代已积累了丰富的经验。三是发展了精耕细作技术。在南方水田种植中，宋人总结出了整地、培育壮秧、掌握适宜秧龄的栽插及耘田、烤田等方面的技术。另外，还增加复种指数，尽可能做到"种无虚日，收无虚月，一岁所资，绵绵相继"①。四是注意南北粮食品种的交流。这些农业技术进步的产生，一部分原因与人口有关。尤其是在南宋时期，南方人口激增，如宝庆《四明志》"奉化志·风俗"称："右山左海，土狭人稠。"这种情况迫使当时人去改进农业技术。

由于工具与技术的改进，宋代的农业劳动生产率超过了以前的任何历史时期。漆侠先生的《宋代经济史》认为："虽然在宋代统治的边缘地区、山区以及少数民族所居住的地方，还停滞在刀耕火种的原始农业阶段，但是在广大的地区，农业生产都有所发展，产量一般地稳定在两石上下（这是唐代的最高产量）；而在以太湖流域为中心的两浙地区，如前面提到的，产量高达六七石，是全国生产最发达的地区。"②

农业历来都被中国人看作是国家之"本"，因此两宋政府自然是采取鼓励发展农业生产的方针，实行奖励耕种的政策。例如，北宋乾德四年（966）曾有诏曰："自今百姓有能广植桑枣开荒田者，并令只纳旧租，永不通检"，用以"招复逋逃，劝课栽植"③。淳化元年（990）九月又下诏曰："江浙等路李煜、钱俶曰，民多流亡弃其地，遂为旷土。宜令诸州籍其陇亩之数，均其租，每岁十分减其三，以为定制，仍给复五年，召游民劝其耕种。"④到了南宋绍兴三年（1133）九月，也有诏曰："百姓弃产，已诏二年外许人请射，十年内虽已请射及充职田者并听归业。孤幼及亲属应得财产者，守令验实给还。"⑤

两宋时期，不仅政府重视农业，而且社会上普遍怀有重视农业的意识。

---

①　《陈旉农书·六种之宜篇》，转引自白寿彝：《中国通史》第七卷，上海人民出版社1996年版，第500页。

②　漆侠：《关于中国封建经济制度发展的阶段问题（代绪论）》，《宋代经济史》，上海人民出版社1987年版。

③　《宋大诏令集》卷182，《劝栽植开垦诏》，中华书局1962年版，第658页。

④　（清）徐松：《宋会要辑稿》食货1之16。

⑤　（元）脱脱等：《食货志》上一《农田》，见《宋史》卷173，中华书局1985年版，第13册，第4170页。

最值得注意的是宋代的一些"劝农文"。这些"劝农文"多为地方官所作,主要是劝勉农桑和宣传农业生产技术。当时社会还采用绘制耕织图的方式,来宣传推广耕织技术。元末虞集说,南宋于郡县治所大门东西壁绘耕织图,"使民得而观之,而今罕为之者"。这种耕织图中,耕图 21 幅,织图 24 幅,每图还配有八句五言诗。[①] 南宋时期还出现了有关农业技术的著作《陈旉农书》,从理论上对当时的农业技术做出总结。

以上是两宋农业的发展状况,两宋的手工业也有发展。两宋的手工业分为家庭手工业和官府手工业。家庭手工业主要是以私营的家庭小作坊为主,如造纸、制墨、作茶和做糖等,也有一些规模较大的手工业,如矿冶、制盐、丝织、制瓷、印刷、造船等。官府手工业除了服务于国家军事所用、皇家自用及赏赐以外,还从事于盐、铁等垄断性营利行业。宋代手工业技术比以前也有了较大进步,尤其是在冶铸业、丝织业、制瓷业、雕印业、造船业等方面,表现尤为突出。

农业、手工业的高度发展,为商业的兴盛提供了物质基础。南宋都城行在临安全盛时人口达到百万,其繁华程度不减北宋时的开封。当时有人加以描述曰:"自大内和宁门外,新路南北,早间珠玉、珍异及花果、时新海鲜、野味、奇器,天下所无者悉集于此。以至朝天门、清河坊、中瓦前、灞头、官巷口、棚心、众安桥,食物店铺,人烟浩穰"。而"夜市除大内前外,诸处亦然,唯中瓦前尤盛,扑卖奇巧器皿百色物件,与日间无异。其余坊巷市井,买卖关扑,酒楼歌馆,直至四鼓方静,而五鼓朝马将动,其有趁卖早市者,复起开张,无论四时皆然"[②]。

除了都城如此繁华以外,其他城市或市镇的商业也很兴盛。从各路商税额的统计数字可以知道,此时长江流域的太湖流域商业最为发达,川西平原的商业也很兴盛。宋代还有大量的海外贸易,为此宋代政府还设立了专门的管理机构"市舶司"。以南宋绍兴末年为例,当年的外贸收入高达200 多万贯。海外贸易如此兴盛,得益于航海技术的进步。这个时期的航海技术有三项重要成就:一是对海洋潮汐的研究,二是航海图的绘制,三是指南针用于航海[③]。与海外的商业贸易,自然也带来文化上的交流。世界上最早的纸币"交子"、"会子"的出现,也说明当时商业交换的频繁。"交

---

① 白寿彝:《中国通史》第七卷,上海人民出版社 1999 年版,第 509 页。

② (宋)灌圃耐得翁:《都城纪胜》。

③ 《中国航海史(古代航海史)》,人民交通出版社 1988 年版。

子"最早出现在四川民间,北宋"祥符之辛亥"(1011),"蜀民以铁钱重,私为券,谓之交子,以便贸易,富民十六户主之"。后到天圣元年(1023)改由官办的益州交子务印造。南宋初,杭州富户印造"便钱会子",高宗在位末年,会子务印造官"会子"。

以上谈论两宋的农业、手工业和商业,这是一切社会运行的物质基础。慈湖孜孜于讲学,宣扬成圣成贤之学,当时听者有读书人,也有一般民众。钱时说慈湖之讲学效果,"有泣下者入斋舍,昼夜忘寝食,远近为之风动"①。杨慈湖说陆象山之讲学效果,"远迩闻风而至,求亲炙问道者益盛"②。试想,如果没有一定的物质基础,天下人都忙着活命,谁还会有心思来听什么"本心"之说? 从另一个角度来说,慈湖提倡发展思维深度,拓展思维广度,表现出知识分子强大的自信力,如果没有一定的物质作为支撑,这样的心理不可想象。

当时还有一种物质条件,需要特别提出来讨论,这就是雕板印书。隋唐之时,雕板印刷仅属于萌芽,尚未大行于世。雕板之大兴,盖在于五代,官书家刻,同时并作。到了宋代,又出现了活字印刷术③。两宋时期刻书地点已相当的普遍,开封、杭州、成都、眉山、建宁、建阳、福州、建康等地都刻印了大量书籍。据估计,宋代刻本当有数万部之多。所刻书籍内容包括经、史、子、集、释、道、天算、医药、类书、丛书等,丰富多彩,品类齐全④。

柳诒徵先生说:"雕板印刷之术之勃兴,尤于文化有大关系。"⑤以我看来,这种影响至少表现在三个方面:

其一,政府和私家都有了大量藏书。《宋史·艺文志》说:"自熙宁以来,搜访补辑,至是为盛矣。尝历考之,始太祖、太宗、真宗三朝,三千三百二十七部、三万九千一百四十二卷,次仁、英两朝,一千四百七十二部、八千四百四十六卷;次神、哲、徽、钦四朝,一千九百六部、二万六千二百八十九卷。最其当时之目,为部六千七百有五,为卷七万三千八百七十有七焉。"⑥

---

① (宋)钱时:《宝谟阁学士正奉大夫慈湖先生行状》,见《慈湖遗书》附录,第930页。
② 《慈湖遗书》卷五《象山先生行状》,第648页。
③ 关于活字印刷术,沈括的《梦溪笔谈》卷18《技艺》中记载:"庆历中,有布衣毕昇又为活版。"(《全宋笔记》,大家出版社2003年版,第2编,第3册,第137页)
④ 白寿彝:《中国通史》第七卷,上海人民出版社1999年版,第611页。
⑤ 柳诒徵:《中国文化史》上卷,东方出版中心1988年版,第488页。
⑥ (元)脱脱等:《宋史》第202,中华书店1985年版,第15册,第5033页。

这说明政府藏书之丰富。周密的《齐东野语》称陈振孙藏旧书至 51180 余卷,且仿《读书志》作《解题》极其精详。周密《齐东野语》书中自谓:"吾家三世积累,凡有书四万二千余卷。"书中还说当时私人藏书,其最富者,至逾 10 万卷,盖超过于宋之馆阁。这说明私人藏书之丰富。丰富的藏书方便了人们学习和查阅,对整个社会文化层次的提升作用自是不言而喻。

其二,雕版印书增多,便于知识的传播和教育的普及。在乡村中,《百家姓》、《千字文》之类识字课本,有一定程度的普及。不少地区利用农闲举办冬学,教农家子弟识字。福州一地解试,哲宗时每次参加者达 3000 人,孝宗时增至 2 万人;南宋时建宁府(今建瓯)每次参加解试者达 1 万余人,连只有三县的兴华军(今莆田)也达 6000 人。这些数据均反映出宋代教育的普及程度。① 正是因为有这些庞大的受教育群体,才有可能蕴育出两宋那么多的学术明星。南宋时期,朱子、陆象山、吕东莱、杨慈湖等人,一方面通过自己的讲学,对这些受教育群体施加着影响;另一方面他们又据有这些群体作为无形的力量,来影响着社会发展的进程。

其三,雕版印书盛行,学者易于得书,从而也改变了人们治学的方法。《李氏山房藏书记》记苏轼言曰:"余犹及见老儒先生,自言其少时欲求《史记》、《汉书》而不可得,幸而得之,皆手自书,日夜诵读,惟恐不及。近岁市人转相摹刻,诸子百家之书,日传万纸,学者之于书多且易致如此。而后生科举之士,皆束书不观,游谈无根。"《文献通考》记叶梦得言曰:"唐以前,凡书籍皆写本,未有摹印之法,人以藏书为贵,人不多有,而藏书者精于雠对,故往往皆有善本,学者以传录之难,故其诵读亦精详。五代时,冯道始奏请官镂板印行。国朝淳化中,复以《史记》、前后《汉书》付有司摹印,自是书籍刊镂者益多。士大夫不复以藏书为意,学者易于得书,其诵读亦因灭裂。"② 朱子也说:"今人所以读书苟简者,缘书皆有印本多了。"③苏东坡、叶梦得、朱子之言,实际上道出了当时人治学方法上的一种转变。书不易得,博览便有困难,于是学人只能求之于精审。书易得,博览成为可能,而精审方面自然减弱。值得注意的是,藏书的丰富为当时学者的说理活动提供了方便。因为有大量图书的存在,说理者可以博览群书,以求会通;听众也可以随时查书以证其真。汉魏学术严守家法,传者具有绝对权威,到了两宋,学

---

① 白寿彝:《中国通史》第七卷,上海人民出版社 1999 年版,第 984 页。

② 转引自柳诒徵:《中国文化史》下卷,东方出版中心 1988 年版,第 501—502 页。

③ (宋)黎靖德:《朱子语类》卷 10,中华书局 1986 年版,第 1 册,第 170 页。

术成为传者与习者之间的互动之阶。这不能不说与图书普及有关。

9.1.2 慈湖时代之政治制度

赵宋政治根本所在即是黜武崇文。赵宋黜武崇文,无非两个原因。其一,武人掌权以后,易于策划兵变,通过黄袍加身来实现改朝换代,这种情形在五代时期共发生过四次①。宋太祖本人能够坐拥江山,也是采用此法。当他稳居天下之时,自然不希望类似情形再度发生。从这一点上来看,赵宋黜武崇文是存有私心的。但是,赵宋也并非完全出于私心,还有第二点原因。其二,武人通过军功获得职位,一旦拥有职权,便桀骜不驯,为所欲为,国家和人民深受其害。战乱频仍,人民处在水深火热之中,"方时厌乱,人思复常,故士贵"②。正是两相比较,然后赵宋选择了黜武崇文的治国方略。宋太祖曾对丞相赵谱说:"五代方镇残虐,民受其祸。朕今用儒臣,分治大藩,纵皆贪浊,亦未及武臣十分之一也。"

赵宋实行黜武,首先是夺权。对于那些与自己一道出生入死打江山的功臣,采用的是"杯酒释兵权",让他们轻而易举地交出兵权。对于那些外郡的节度使们,赵宋或等他们死,或等他们退休,或等他们有过错遭到迁徙。有些节度使被召致京师,便留滞京师,而朝廷分派文臣去管理列郡,称为"知州军事"。对于一些不服的节度使,赵宋朝廷就不客气地采用武力镇压。如此这般,唐末五代的节度使之患基本消除。

其次是控权。赵宋朝廷夺得权力以后,即由中央政府分派文臣去做知州、知县。所谓知州、知县,名义上都是朝廷临时差遣。而且朝廷又给每个州另派通判。有所施政,知州需与通判联合署名,"文移方许行下"③,从而牵制知州。赵宋政府又让各地选送精兵给朝廷,编入禁军,以捍卫京师。地方部队老弱病残者编入厢军,以供杂役驱使。同时,实行"兵不知将,将不知兵"④的轮换制度。总之,这些控权措施,就是不让官员有专权之机会,以避免藩镇坐大之患。

---

① 钱穆先生于此下注曰:唐明宗李嗣源、唐废帝潞王从珂、周太祖郭威,皆由军士拥立。(钱穆:《国史大纲》下册,商务印书馆 1996 年版,第 525 页。

② (宋)晁补之:《触鳞集序》,见(宋)张穆之:《触鳞集》。

③ (宋)李焘:《续资治通鉴长编》卷 7,乾德四年(966)十一月条,中华书局 1992 年版,第 1 册,第 181 页。

④ (元)脱脱等:《兵二》,见《宋史》卷 188,中华书局 1985 年版,第 14 册,第 4627 页。

宋朝压制武将,同时抬高文人。宋朝对于文人有着诸多优待。其一,朝廷重视进士考试。自太祖、太宗以下,宋代的各位皇帝往往要亲临考场,甚至亲自参与阅卷,以示郑重其事。范镇说:"礼部贡院试进士日,设香案于阶前,主司与举人对拜,此唐故事也。所坐设位供帐甚盛,有司具茶汤饮浆。"①考中的举子,都成了"天子门生",自然有着无比的荣耀。

其二,进士登第即可录用。宋代举子一旦考中进士,马上就可以做官,至少也可以当一个县的主簿。至于"登上第者,不数年,辄赫然显贵矣"②。状元及第者,更为士人之无上光荣。大中祥符八年(1015)诏曰:"进士第一人,令金吾司给七人导从,听引两节。著为令。"③田况《儒林公议》载:"状元登第,不十余年,皆望柄用。每殿廷传胪第一,则公卿以下无不耸观,虽至尊亦注视焉。自崇政殿出东华门,传呼甚宠。观者拥塞通衢,人肩摩不可过,至有登屋下瞰者。洛阳尹洙,意气横跞,好辨人也,尝曰:'状元登第,虽将兵数十万,恢复幽、蓟,凯歌劳还,献捷太庙,其荣亦不可及矣。'"④关于此点,宋与唐不可同日而语。唐朝文人参加礼部举行的科举考试,取得成功以后,还要到吏部再举行考试。吏部考试合格者,才可以去做一个县尉;考试不合格者,只能进入人才库备选,或者到地方官署做个参事。等到有了实际业绩,才可以正式转入仕途。

其三,登科名额大增。这里有一组统计数字的对比。唐代290年中共有进士6442人,平均每年不过二三十人。⑤宋代进士人数自太宗即位之年(976)迄真宗天禧三年(1019)44年间已有9323人;自天禧四年(1020)至仁宗嘉祐二年(1057)37年间又增加了8509人⑥。两相比较,宋代每年平均录取进士的名额,几乎是唐朝的10倍。欧阳修说:"自太宗崇奖儒学,骤擢高科至辅弼者多矣。"⑦

其四,官场看重进士出身。唐朝虽有科举选拔人才,但"门第基本上占

① (宋)范镇:《东斋记事》卷1,见《全宋笔记》,大象出版社2003年版,第1编,第6册,第202页。

② (元)脱脱等:《选举志一》,见《宋史》卷155,中华书局1985年版,第11册,第3619页。

③ (元)脱脱等:《选举志一》,见《宋史》卷155,中华书局1985年版,第11册,第3611页。

④ 丁傅靖:《宋人轶事汇编》卷9。

⑤ 余英时:《朱熹的历史世界》(上),三联书店2004年版,第218页。

⑥ 余英时:《朱熹的历史世界》(上),三联书店2004年版,第212页。

⑦ (宋)欧阳修:《归田录》卷1,见《全宋笔记》,大象出版社2003年版,第1编,第5册,第253页。

据了政治世界的中心,寒士始终处于边缘的地位"①。又由于地方长官可以自己聘请属员,所以进入仕途并非只有科举一条路。从社会史的观点说,近似世袭的门阀制度至宋初已解体②。所谓"四民"士、农、工、商,可以相互转换,社会人员可以上下流动。地方长官不能自己聘请属员,一切用人之权皆归中央政府,主要依靠科举考试来选拔。科举中实行"糊名"和"誊卷",基本可以保证考试的公正性。而且宋代进士科主要为"寒士"而设,雍熙二年(985)三月,宰相、参政知事、盐铁使、度支使等大臣的子弟,有四人及第,太宗便以"势家"不应"与孤寒竞争"为理由而"皆罢之"③。

其五,官员享受优厚待遇。宋室优待官员,首先是官俸丰厚。以宰相为例,有正俸,月钱 300 千;有禄粟,月 100 石;有职钱;有从人 70 人的衣粮;有冬春服,各绫 20 匹,绢 30 匹,冬棉 100 斤;有茶酒厨料、薪蒿炭监、饲马草粟、米面羊口各项。其次还有祠禄,退休时或生病时还可以到宫观里吃闲俸。又有额外之赏,这要看皇帝的心情。另外还有恩荫,可以将皇恩惠及子孙,甚至各种各样的亲戚。总之,宋代凡是有官职的官员,经济上除了有充裕的"公用钱之外,又有职田"④。当时宋人有言:"恩逮于百官,惟恐不足;财取于万民,不留其余。"

其六,宋代不杀文人。按《宋史》卷三七九《曹勋传》,"勋自燕山遁归,建炎元年七月至南京,以御衣所书进入。高宗泣以示辅臣"。徽宗御衣原书即有"艺祖有誓约藏之太庙,不杀大臣及言事官,违者不祥"。赵宋的这一点,一直被读书人津津乐道。叶适曾说:"盖汉之三公无以善去位者,不自杀则受诛;其轻甚者,犹以丑辞策之。而自真宗、仁宗以来,执政大臣之将去也,必使之连疏自乞,若将不得已而后从者,又为之迁官加赐而付以重地。前世之臣,以谏诤忤旨而死者皆是也,祖宗不惟不怒,又迁擢之以至于公卿。神宗尝疑其臣之疲惰而不任职者,当汰而不忍,始益宫观之员,廪之以粟而不责以事,后遂为定法。其后章惇弄权,尝欲兴刘挚之狱以杀党人,而哲宗不从;蔡京当国,又欲杀天下士,而徽宗不听。绍兴初,误听宰相,诛

① 余英时:《朱熹的历史世界》(上),三联书店 2004 年版,第 218 页。
② 孙家栋:《唐宋之际社会门第之消融》,收在《唐宋史论丛》,香港龙门书店 1980 年版,第201—308 页。
③ (宋)李焘:《续资治通鉴长编》卷26,雍熙二年三月条,中华书局 1992 年版,第 2 册,第595 页。
④ (清)赵翼:《宋制禄之厚》,见《廿二史札记》卷 25。

谏官二人，寻复自悔，下诏责躬以谢天下。故虽权臣用事，二十年间，予夺惟意，而无杀士大夫之祸。"[①]就是到了明末清初，顾亭林还曾谈及此点："宋世典常不立，政事丛脞；一代之制，殊不足言。然其过于前人者数事：如人君宫中，自行三年之丧，一也。外言不入于梱，二也。未及末命，即立族子为皇嗣，三也。不杀大臣及言事官，四也。此皆汉、唐之所不及，故得继世享国至三百余年。若其职官、军旅、食货之制，冗杂无纪；后之为国者，并当取以为戒。"[②]

总而言之，宋代一面想尽办法压制武将，另一面极力地抬高文人地位，目的是要改变社会风气。钱穆先生说："宋代如此优奖进士，无非想转移社会风气，把当时积习相沿骄兵悍卒的世界，渐渐再换成一个文治的局面。"[③]宋代确实达成了实行文治的愿望，但是任何一种政治制度，最初设立自是要解决一些问题，但具体实施过程中，又会产生一些弊端。赵宋政权也产生了新的矛盾，出现重大的政治经济危机。

一是积弱。宋代的精兵都收缩于都城周围，对外几乎就是敞开国门不设防。就是聚集在都城周围的军队，由于实行的是"兵不识将，将不识兵"的管理方式，军队自然没有什么战斗力。当时宋的边境，先有辽之患，后有西夏之忧，最终酿成靖康之耻。虽然宋初也曾想拒外敌于国门之外，但由于战斗力不强，几次诉诸武力，均以失败而告终，最后不得不依靠"纳"或"赐"银绢来换取边境安宁。这些用于纳贡的银绢，成为宋代财政的沉重负担。

二是冗兵。由于对外积弱不振，这就更需要加强军队建设，所以军队不仅不能减少，反而在不断增加。军队越是没有战斗力，就越是需要增加数量。据统计，宋初有军队 22 万，开宝（968—976）时增至 37.8 万，至道（995—997）时是 66.6 万，天禧（1017—1021）时为 91.2 万，到了庆历（1041—1048）时竟达到 125.9 万。[④] 从统计数字来看，宋代在 100 年内，士兵数额竟增加了五六倍。这样庞大的军队，自然需要巨额的军费开支。

---

① （宋）叶适：《进卷·国本中》，见《叶适集》下册，《水心别集》卷 2，中华书局 1961 年版，第 648 页。

② （清）顾炎武：《日知录》卷 15《宋朝家法》，见《日知录集释》（中），上海古籍出版社 2006 年版，第 919—920 页。

③ 钱穆：《国史大纲》下册，商务印书馆 1996 年版，第 543 页。

④ 白寿彝：《中国通史》第 7 卷，上海人民出版社 1999 年版，第 253 页。相关的统计数字，也见于钱穆：《国史大纲》下册，商务印书馆 1996 年版，第 534 页。

三是冗官。如前所言,宋代凡是科举中了进士的人即可授官。官员受到优待,不管有无才干和政绩,均可按年升迁。宋代实行"差遣"制度,官员的官职与所任之事是分开的。军队里有元帅,又设有监军来压制元帅;地方上有知州,又设有通判来牵制知州。如此以来,宋代的官员就越来越多,而行政效率低下。据历史学家们统计,宋初内外官员只有三五千员,景德年间(1004—1007)已有万余员,皇祐年间(1049—1054)多达两万员。① 如此众多的官员受到政府的优待,这需要巨大的财政支出。

另外,赵宋政府还要举行各种祭祀活动,修建佛寺宫观,举行各式各样的赏赐,这些都需要大量的开销。以上的各项财政支出,都是赵宋政府的沉重负担。将宋仁宗、宋英宗两朝与宋太宗时相比,虽然每年的中央财政收入增加了近六倍,但是宋太宗时还剩余大半,而宋仁宗、宋英宗时反而入不敷出②。如此的经济窘境,几乎一直伴随着宋代政府。

沉重的财政负担转嫁到普通百姓身上。与唐朝相比,虽然宋代的社会生产力有了较大的提高,社会财富也有所增加,但是普通百姓生活异常艰难。"幸而收成,则公私之债交争互夺,谷未离场,帛未下机,已非己有矣。农夫蚕妇,所食者糠籺而不足,所衣者绨褐而不完。"③北宋如此,南宋则有过之而无不及。当时人民缺衣少食,甚至出现饿死冻死人的现象。袁絜斋说:"近而京辇,米斗千钱,民无可籴之资,何所得食,固有饿而死者,有一家而数人毙者。远而两淮、荆襄,米斗数千,强者急而为盗,弱者无以自活,官给之粥,幸而存者;而无衣无褐,不堪隆冬,或以冻死。"④杨慈湖也曾说:"淮民相食,妻食夫尸,弟食兄尸,以至父子相食其尸。"⑤人民处在水深火热之中,自然会奋起反抗。两宋期间,各地的农民起义几乎从未停息。

宋代社会有着丰厚的物质基础,政府政策是黜武崇文,这些因素都会影响到整个社会的风俗趋向。

9.1.3　慈湖时代之风俗趋向

宋代的物质基础和政策倾向,影响着宋代的社会风俗和人们的价值取

---

① 白寿彝:《中国通史》第 7 卷,上海人民出版社 1999 年版,第 252 页。
② 钱穆:《国史大纲》下册,商务印书馆 1996 年版,第 548 页。
③ (宋)司马光:《乞省览农民封事札子》,见《司马文公文集》卷 48。
④ (宋)袁燮:《轮对陈人君宜达民隐札子》,见《絜斋集》卷 1,第 14 页。
⑤ (宋)钱时:《宝谟阁学士正奉大夫慈湖先生行状》,见《慈湖遗书》附录,第 932 页。

向。当时的知识分子生活于其中，自然也受到风俗趋向的影响。近人严复曾说："古人好读前四史，亦以其文字耳！若研究人心政俗之变，则赵宋一代历史，最宜究心。中国所以成为今日现象者，为善为恶，姑不具论，而为宋人之所造就，什八九可断言也。"①可见，宋代的风俗是值得研究的。有关宋代风俗详情，徐吉军、方建新、方健、吕凤棠等人著的《中国风俗通史》(宋代卷)②已有详细之考述。有兴趣的读者，自可以去翻看。此处站在杨简研究的立场上，指出宋代风俗的几个特征，以提请大家注意相互之间的关联。

其一，对物质享受的追求。

与前代相比较，宋人对物质享受的追求给人留下深刻的印象。宋人追求物质享受，具体落实在吃、穿、住、行及平常日用之中。在吃的方面，饮食品种增多暂且不表，即以烹饪技艺而言，宋代也有较大的进步。这些进步表现在：饮食业内部的分工很精细，烹饪的方法变化多端，调味品也被充分利用，注意食品菜肴中色彩的合理配置，食品菜肴的造型技艺得到提高。③

在穿的方面，两宋之初期，国家在动乱之后，财力有限，此时尚能以简朴为主。但是随着国家安定，社会财富增多，服饰奢侈之风逐渐兴起。城中富人大多穿着贵重舒适的丝绸服装，遍体锦绣；妇人们施粉黛花钿，着华丽衣裳。服饰的样式也不断翻新。南宋末年的叶梦得曾说："数十年来，衣冠诡异，虽故老达官，亦不免从俗，与市井喧浮略同，而不以为非。"④

宋代贵族的住室极尽精饬妍丽独标新貌，显得豪华奢侈。北宋司马光说："左右侍御之人，宗戚贵臣之家，第宅园圃，服食器用，往往穷天下之珍怪，极一时之鲜明，惟意所致，无复分限。以豪华相尚，以俭陋相訾，厌常而好新，月异而岁殊。"⑤南宋陆游《老学庵笔记》卷一〇描绘秦桧的住宅："秦太师作相时，……折样第中窗上下及中一二眼作方眼，余作疏棂，谓之太师窗。"

宋人的婚姻观念也与唐人不同。男女双方缔结婚姻，不像唐人那么注

---

① 《严几道与熊纯如书札节钞》(三九)，载《学衡》第 13 期。

② 此书由上海文艺出版社 2001 年出版。

③ 徐吉军等：《中国民俗通史》(宋代卷)，上海文艺出版社 2001 年版，第 35 页。

④ (宋)叶梦得：《石林燕语》卷 10，见《全宋笔记》，大象出版社 2003 年版，第 2 编，第 10 册。

⑤ (宋)司马光：《论财利疏》，见《司马温公集编年笺注》卷 23，巴蜀书社 2009 年版，第 3 册，第 186 页。

重对方的出身门第,而直接看中对方的钱财。宋人婚事侈华,聘财数量远远超过唐代。另外,宋代士大夫嫖妓也是一个值得注意的现象。有学者断言:"凡是可以称之为士大夫的,几乎都与妓女有关。"①像范仲淹、欧阳修、苏轼、文彦博、唐仲友、陈亮等,皆不能免。

另外,从宋人的动作起居中,也可看出对舒适的追求。柳诒徵先生曾经说,自唐、宋以来,"居处行动,皆求安适,人之文弱,盖缘于此矣"②。柳先生此言根据有二:第一,古人行路多乘车,自晋以来,始有肩舆。宋室南渡,仕宦皆舆,无复骑马者。众所周知,坐轿或乘车,当然比骑马要舒服得多。第二,古人皆席地而坐,其坐或与跪相近。唐、宋以来,始有绳床、椅子、杌子、墩子诸物。总之,宋人追求物质享受,是朝着舒适、精细、新奇等方向来发展的。

在宋代社会,能够如此追求物质享受的人,当然都是有身份有地位的人。普通民众"救死而恐不赡",自然不能够在物质上如此过分讲究。宋代社会追求物质享受的趋向,也是以社会生产力有较大提高、社会财富有所增加作为前提的。大禹也曾经贵为人君,但他那时的生产力低下、社会财富少,他不得不"菲饮食而致孝乎鬼神,恶衣服而致美乎黻冕,卑宫室而尽力乎沟洫"(《论语·泰伯》)。当社会出现大量的剩余财富时,人便容易沉湎于物质享受中,而忘却人生命中本有的乾健本性。面对如此的贪求物质享受之风,像杨慈湖这样的有识者自然要站出来大声疾呼。庞元英《谈薮》载:"谢希孟在临安狎娼,陆氏象山责之曰:'士君子乃朝夕与贱娼女居,独不愧于名教乎?'"③慈湖先生也曾说:"人人皆有此心,而顾为庸庸逐逐、贪利禄患得失者所熏灼,某切惜之。"④

其二,日常生活情趣化。

宋人在追求物质享受的同时,还很注意寻找日常生活中的情趣,于细微处求精求美。如前所言,宋人食品注意色彩的调配,食品菜肴的造型技艺有了很大提高,这些都是生活情趣化的表现。再如,两宋时期流行一种斗茶活动。所谓斗茶,就是审评茶叶质量和比试点茶技艺高下的一种茶事

<hr>

① 徐吉军等:《中国民俗通史》(宋代卷),上海文艺出版社2001年版,第787页。
② 柳诒徵:《中国文化史》下卷,东方出版中心1988年版,第495页。
③ (宋)庞元英:《谈薮》,见《全宋笔记》,大象出版社2006年版,第2编,第4册,第198页。
④ (宋)钱时:《宝谟阁学士正奉大夫慈湖先生行状》,见《慈湖遗书》附录,第930页。

活动。斗茶活动中充满浓厚的审美趣味，是一种高雅的文化活动，被称为"盛世之清尚"①。

另外，宋人的住宅有园林化倾向。如赵鼎为南宋丞相，《宋人轶事汇编》卷一四《赵鼎》引《秀水闲居录》云："（其宅）奇花嘉木，环植周围；堂之四隅，各设大炉，为异香数种。每坐堂上，则四炉焚香，烟气氤氲，合于坐上，谓之香云。"②这是将自己的住处布置得如同仙境一般。宋人常常于住宅之外，还建有园馆别业。如南宋时的黄度曾买地于绍兴府城东郭，"凿池筑堂，榜曰遂初，环以名花修竹。深衣幅巾，挟策吟啸，陶然自适"③。达官贵人的宅院如此，便是民间的居室也注意审美情趣。陆游《入蜀记》说湖北沿江一带民居，"并水皆茂竹高林，堤净如扫，鸡犬闲暇，凫鸭浮没，人往来林樾间，亦有临渡唤船者，使人恍然如造异境"④。

另外，宋人还喜爱一些歌舞活动，热衷于一些体育竞技活动，这些都表明宋人追求生活情趣的趋向。追求生活情趣既要有一定的物质基础，又要有一定的富余时间，其终极原因固然可以落在宋代社会生产力的提高上。我们也可以从另一方面对此加以解释。以人本主义学者马斯洛看来，人是欲望动物，当物质方面的欲望得到满足以后，就会产生精神方面的欲望。宋人在生活物质基础相对满足以后，追求生活情趣也是水到渠成的事。但是，宋代社会风尚所追求的生活情趣，充其量只是"小道"，与慈湖先生等人孜孜以求的天地之大道还是有天壤之别。将宋代这种追求生活情趣的风尚稍一转手，即可引导社会民众走向儒家学者所提倡的圣贤之途。

其三，崇尚读书的风气。

赵宋实行黜武崇文的治国方略，重文人，重知识，其中重要的一点就是对以前的科举考试选拔人才的制度实行重大改革。唐、五代时期的科举考试，多是由士族官僚把持，他们在考试中徇私舞弊，贫寒之士大多名落孙山，而中举的多是豪门贵族。赵宋政府采取殿试、封弥、锁院等一系列具体

---

① 　徐吉军等：《中国民俗通史》（宋代卷），上海文艺出版社 2001 年版，第 45—49 页。
② 　转引自徐吉军等：《中国风俗通史》（宋代卷），上海文艺出版社 2001 年版，第 162 页。
③ 　（宋）袁燮：《龙图阁学士通奉大夫尚书黄公行状》，见《絜斋集》卷 13，第 179 页。
④ 　（宋）陆游：《入蜀记》卷 5。

措施①,尽可能地实现科举考试的公平公正。如此以来,一大批有真才实学而出身寒微者,如范仲淹、欧阳修、苏东坡等人,终于有机会跻身当时社会的上层。两宋社会因此而兴起崇尚读书的风气,尤其是在南方地区。

在福建,"非独士为然,农工商各教子读书,虽牧儿馌妇亦能口诵古人语言"②。在浙东明州,"富家大族,皆训子弟以诗书,故其俗以儒素相先,不务骄奢。士之贫者,虽无担石,而衣冠楚楚,亦不至于垢弊"③。在浙江绍兴,"自宋以来,益知向学尊师择友。南渡以后,弦诵之声,比屋相闻"④。在江苏苏州,"父笃其子,兄勉其弟,有不被儒服而行,莫不耻焉"⑤。在江西,"临川之民,秀而能文,刚而不屈,故前辈名公,彬彬辈出,惟临川为盛"⑥。在四川眉州,"土俗以读书为耕,以笔砚为富,往往薄于农桑"⑦。总之,两宋奠定了中国人勤学好文的传统。

从当时人的婚姻观中也可以看出,宋代社会崇尚读书的风气。真宗、仁宗两朝为相的王旦,"婚姻不求门阀"⑧,当看到范令孙"有学行,登甲科,人以公辅器",即"妻以息女"⑨。再如刘清景德年间考中进士,"宰相寇准以弟之女妻之,寇卒,李沆家复取为婿"⑩。寇准、李沆都曾任过宰相,读书人刘清竟然先后被两个宰相所看中,被选为乘龙快婿,不能不说当时人对读书人的看重。因为看好读书人的前程,在宋代居然经常上演"榜下捉婿"的喜剧。朱彧《萍洲可谈》卷一说:"本朝贵人家选婿于科场,择过省人士,不问阴阳吉凶及其家世,谓之'榜下捉婿'。"

---

① 开宝五年(972),主考官录取进士 11 人、诸科 17 人后,宋太祖"召对讲武殿,始下制放榜",皇帝开始参与新进士的录取,称为"殿试"。淳化三年(992)殿试,首先实行"糊名(封弥)考校",考官受命后不回家,直接赴贡院以避请托。大中祥符八年(1015),始设誊录院,考卷经誊录后再送考官,以防考生在考卷上"点污"与考官通同作弊。考官亲属另行考试,叫"别头试",以防考官偏袒其亲属。

② (宋)方大琮:《铁庵方公文集》卷 33《永福辛卯劝学文》。

③ 《宝庆四明志》卷 14《风俗》。

④ 康熙《会稽志·风俗》。

⑤ (唐)梁肃:《昆山县学记》,见《吴郡志》卷 4。

⑥ (宋)黄干:《黄勉斋先生文集》卷 7,《临川劝谕文》。

⑦ (宋)李石:《方舟集》卷 18,《眉州劝农文》。

⑧ (元)脱脱等:《宋史》卷 282,《王旦传》,中华书局 1985 年版,第 27 册,第 9552 页。

⑨ (宋)王辟之:《渑水燕谈录》卷 7,《歌咏》,中华书局 1981 年版,第 86 页。

⑩ (宋)李焘:《续资治通鉴长编》卷 86,大中祥符九年三月乙丑条纪事,中华书局 1992 年版,第 4 册,第 1980 页。

从教育发展状况，最能看出宋人崇尚读书。中央政府宋初有国子学，仁宗时设太学，神宗时实行三舍法，北宋末太学生达3800人。还设有武学、律学、算学、书学、画学、医学等专门学校。地方教育有州学、县学和书院、私学。袁絜斋在《四明教授厅壁续记》中说："国朝庠序之设，遍于寓内，自庆历始，其卓然为后学师表者，若南都之戚氏、泰山之孙氏、海陵之胡氏、徂徕之石氏，集一时俊秀相与讲学，涵养作成之功，亦既深矣。"①由于印刷术普及等原因，宋代教育的发达远远超越前代。

宋代社会如此醉心读书，如此尊崇读书人，与科举考试可以博取功名有着莫大关系。但是经过王介甫提倡，科举考试的内容已由唐朝的以诗赋为主，转到以经义为主。宋代科举考试，第一场考本经中的一经，第二场考兼经②，第三场考论，第四场考时策。读书人即便只是为了求取功名而读书，其思想也在潜移默化中受儒家学说的熏染。因此，许多儒家学者都懂得利用科举来发展儒学。"个别理学家虽偶发'举业妨道'的感叹，但理学士大夫作为一个群体而言，却随时都在争取考试的大权。"③宋代教育发达超越前代，与政府的政策固然有关，但与一批知识分子的努力实不可分。

一方面，宋代理学家引领着当时社会崇尚读书的风气。另一方面，宋代崇尚读书的风气又蕴育着宋代理学的兴盛。当时学者聚徒讲学，学子动辄数百上千。北宋时李觏"以教授自资，学者常数十百人"④，刘颜"居乡里，教授数十百人"⑤。南宋时朱子扩建岳麓书院，学生达千余人。而陆象山从京城参加科举考试回到乡里，"远迩闻风而至求亲炙问道者，益盛"⑥。如本书第六章所言，杨慈湖在任所或在故乡讲学，慕名而来听讲者也很多。我个人认为，像杨慈湖这样的宋代学者，在如此崇尚读书讲学的氛围之中，他们的学术创造力得到激发，他们所具有的推倒一切的学术气概得到了涵养。

其四，信佛好禅成风。

①　《宋元学案·高平学案》，见（清）黄宗羲：《黄宗羲全集》第3册，第180页。
②　《诗》、《书》、《易》、《周礼》、《礼记》为本经，《论语》、《孟子》为兼经。
③　余英时：《朱熹的历史世界：宋代士大夫政治文化的研究》（上），三联书店2004年版，第43页。
④　（元）脱脱等：《李觏传》，见《宋史》卷432，中华书局1985年版，第37册，第12839页。
⑤　（元）脱脱等：《刘颜传》，见《宋史》卷432，中华书局1985年版，第37册，第12831页。
⑥　《象山先生行状》，见《慈湖遗书》卷5，第648页。

余英时先生说:"皇帝崇信释氏,士大夫好禅,这是宋代政治文化的一个基本特征。"①宋代社会信佛好禅,源于最高统治者。宋太祖的母亲和妻子都是相信佛教的,陈桥兵变的那一天,婆媳"方设斋于定力院"②。宋太祖本人也是佛教的一位护法者③,他于立国之初,便一改周世宗毁寺抑佛的政策,而对佛教加以提倡和保护。宋代诸帝除真、徽之外,多热衷于佛。宋"太宗崇尚释教"④,于宋代诸帝中为最甚。他有意识地利用佛教为政治服务,曾对宰相赵普说:"浮图氏之教,有裨政治,达者自悟渊微,愚者忘生诬谤,朕于此道,微究宗旨;凡为君治人,即是修行之地,行一好事,天下获利,既释氏所谓利他也。"赵普乘机恭维他说:"以尧、舜之道治世,以如来之行修心。"⑤

与宋代最高统治者崇信佛教相呼应,佛教自身也做了相应的改变,尽可能地实现中国化和世俗化。从内容上来看,佛教在宋代主要以禅宗与净土宗为主。此两宗对此世持积极肯定的态度,将儒家所提倡的"孝"引入佛理中,并将佛学引入人们平常生活之中。从宣传形式上看,"在宋代,除了有以讲为主的'说经'和以唱为主的'宝卷'外,还有以唱道词来传经讲法的"⑥。另外,宋代文人地位有了极大提高,佛教人士便有意去结交士大夫阶层,以借重他们的鼓吹之力。例如杭州孤山的惠勤、惠思两位僧人,就与苏轼非常友善。佛教在宋代的改变,扩大了佛教在当时社会的影响。

上有所好,下必趋之。既然宋朝最高统治者都这样喜爱佛教,那么下面大臣自然有过之而无不及。宋初大臣李文正,"每晨起盥栉,坐于道室,焚香诵诗,每一诗日诵一遍,间或却诵道佛书"⑦。王辟之《渑水燕谈录》卷三《奇节》曰:"近年,士大夫多修佛学,往往作为偈颂,以发明禅理。"陆象山

---

① 余英时:《朱熹的历史世界:宋代士大夫政治文化的研究》(上),三联书店2004年版,第67页。

② (宋)司马光:《涑水记闻》卷1,"太祖之自陈桥还也"条。见《全宋笔记》第1编第7册,大象出版社2003年版,第9页。

③ 丁傅靖:《宋人轶事汇编》卷1。

④ (清)徐松:《宋会要辑稿》道释1之15。

⑤ (宋)李焘:《资治通鉴续长编》卷24太平兴国八年十月甲申条,中华书局1992年版,第1册,第554页。

⑥ 徐吉军等:《中国风俗通史》(宋代卷),上海文艺出版社2001年版,第567页。

⑦ (宋)江少虞:《宋朝事类苑》卷6,《李文正》。

说:"佛老之徒遍天下,其说皆足以动人,士大夫鲜不溺焉。"①南宋时的吕正献公(公著,1118—1189)作为丞相,喜好佛教,士大夫竞往参禅,寺院中入室升堂者皆满,当时号为"禅钻"。②

知识分子作为社会精英尚且如此,那些普通百姓更是趋之若鹜。在宋代,民间信佛之风更盛。天禧三年(1019)二月,越州知州高绅上言:"瓯越之民,僧俗相半,溺于信奉,忘序尊卑。"③说"僧俗相半",自然是有些夸张,但也说明信佛之风在瓯越的盛况。在福建,当时不少民户,"家有三丁,率一人或二人,舍俗入寺观"④,可见当时人的信佛之心。荆南民俗也是"多斋戒以奉佛"⑤。"鄱阳焦德一吉甫之母邹氏,平昔向善,寡言语,不谈人是非,唯笃志奉佛。"⑥《云斋广录》卷五《西蜀异遇》中记载:"有日,生神疲意怠,乃隐几昼暝于斋室。"斋室即是佛堂,在家里设置佛堂,也可见信佛之笃。

宋代社会信佛风气如此之盛,那些生活于两宋的理学家们,免不了受佛之影响。周濂溪爱庐山,"与高僧道人跨松萝,蹑云岭,放肆于山巅水涯⑦。程明道"泛滥于诸宗,出入于老、释者几十年"⑧。张横渠"访诸释、老,累年究极其说"⑨。其他如王安石、苏东坡、黄庭坚、晁补之、吕公著、赵抃等,都与佛教有着千丝万缕的联系。可以说,佛教徒结交士大夫,与文人的谈禅,只是一事之两面。

《宋史》本传不曾提及杨慈湖与佛教人士直接往来的信息,《慈湖遗书》有两篇文字却值得注意,一是《祭愿禅师文》,二是《日本国僧俊苪求书》⑩。愿禅师是慈湖之宗人。在他圆寂之时,慈湖写下这篇祭文。从祭文中可知,慈湖曾与愿禅师有过"相与切磋",并且很佩服他"累累洞见底蕴"。日本僧人俊苪庆元五年(1199)入宋学天台宗、禅宗和律宗。他先登天台山,

---

① (宋)陆九渊:《陆九渊集》卷3,《与曹立之二》,中华书局1980年版,第41页。

② (宋)黎靖德:《内任·宁宗朝》,见《朱子语类》卷107,中华书局1986年版,第7册,第2664页。

③ (宋)李焘:《续资治通鉴长编》卷93,天禧三年二月壬寅条,中华书局1992年版,第4册,第2137页。

④ (宋)汪应辰:《请免寺观趯剩田书》,见《文定集》卷13。

⑤ (宋)杨亿:《连州开元寺重修三门行廊记》,见《全宋文》卷296。

⑥ (宋)洪迈:《夷坚支志癸》卷9《焦母大钱》。

⑦ (宋)蒲宗孟:《周敦颐墓碣铭》,见(宋)周敦颐:《周敦颐全书》卷1。

⑧ (元)脱脱等:《程颢传》,见《宋史》卷427,中华书局1985年版,第36册,第12716页。

⑨ (元)脱脱等:《张载传》,见《宋史》卷427,中华书局1985年版,第36册,第12723页。

⑩ 《慈湖遗书》卷18,第909页;卷3,第638页。

后到雪窦寺、临安府径山寺学禅，又从景福寺如庵了宏学律三年。嘉定四年（1211），他携佛经籍、诗文、儒经2000余卷回国。后在京都东山开创泉涌寺，传播律宗，成为日本律学资持宗祖①。俊芿在中国与士大夫有过广泛接触，曾向慈湖求教，于是慈湖写了这篇赠文。这两篇资料可证，杨慈湖与佛家人士有直接的交往。

以上谈到宋代社会风俗的四个特征，即追求物质享受，日常生活情趣化，崇尚读书，信佛好禅。这些社会风气的形成或者加强，得力于两方面的基础，一是社会财富的增加，二是宋代的黜武崇文政策。由此可以看出，所讨论的宋代社会物质基础、政策趋向和社会风俗等三个方面，实是联成一体的。

9.1.4　慈湖时代之知识分子

赵宋的治国策略和政治境况，直接影响当时知识分子的心理和行为。身处如此政治经济之困境（如前所言的积弱、冗兵、冗官），又身受赵宋政府如此之优待，宋代士大夫的人生价值取向从整体上发生了根本转变，即由汉唐时代士大夫对功名的追求转向对道德主体精神的弘扬，立德已超越一切而上升为人生价值的首位。② 正是这样的社会，蕴育出当时知识分子身上的道德仁义之风。以此点与唐代相比，宋代知识分子的个性显得更加的鲜明。

有关宋代知识分子群体所表现出来的精神风貌，余英时先生的《朱熹的历史世界：宋代士大夫政治文化的研究》一书有详细的探讨。在此摘引几段资料，使读者对于宋代知识分子之个性有一个明了。

《文献通考》曰："风俗之弊，至唐极矣。王公大人巍然于上，以先达自居，不复求士。天下之士，什什伍伍，戴破帽，骑寒驴，未到门百步，辄下马奉刺，再拜以谒于典客者；投其所为之文，名之曰求知己。如是而不问，则再如前所为者，名之曰温卷。如是而又不问，则有执赞于马前，自赞曰：某人上谒。嗟乎，风俗之弊，至此极矣！此不独为士者可鄙，其时之治乱，盖可知矣。"③这段文字不仅描绘出唐代知识分子摇尾乞怜之相，而且还揭示

---

① 张伟等：《宁波通史》（宋代卷），宁波出版社2009年版，第206页。另说俊芿将禅宗分支杨岐派教义带回日本（见白寿彝：《中国通史》第七卷，上海人民出版社1999年版，第1205页）。

② 郭学信：《时代迁易与宋代士大夫的观念转变》，《文史哲》2000年第3期。

③ （宋）马端临：《文献通考》卷29《选举考二》"代宗"条。

出他们不顾个人尊严的原因：一是王公大人把持用人之权，持有门第观念，天下人才得不到重用（"巍然于上，以先达自居，不复求士"）；二是唐代读书人生活窘迫，处境艰难（"戴破帽，骑寒驴"）。

唐代知识分子未得志以前是如此嘴脸，而得志以后又是另一种姿态。王冷然开元五年（717）进士及第以后，一方面上书宰相，要求作"拾遗"、"补阙"；另一方面又致书御史，公然提出"今年为仆索一妇，明年为留心一官"①。这便是公然地索要官职，索要待偶，没有一点知识分子的矜持。像这样的知识分子，自然谈不上对朝廷的忠贞。明末清初的黄梨洲说："唐末，黄巢逼潼关，士子应举者，方流连曲中以待试。其为诗云：'与君同访洞中仙，新月如眉拂户前。领取嫦娥攀取桂，任从陵谷一时迁。'中土时文之士，大抵无心肝如此。"②唐政权正处在风雨飘摇之中，而考试的举子却只想着自己的功名前程。

与唐朝相比，宋代知识分子却有着不同的精神风貌。最有代表性的人物便是范仲淹，他在《岳阳楼记》中发出传颂至今的名言："先天下之忧而忧，后天下之乐而乐。"范仲淹此语并非孤鸿只音，而是代表着宋代知识分子群体的心声。按余英时先生的研究，宋代士大夫有一个集体意识，他们怀有一个共同的理想，那就是实现"三代"之治，重整天地秩序。为了实现这个理想，他们坚守君臣共治的信念，并且通过修身来达到平天下的目标。宋代知识分子有如此之集体意识，其表现在外的便是特有的风貌。

宋代知识分子群体特有的风貌首先表现为忠义之气。明末清初的顾炎武曾说："《宋史》言：士大夫忠义之气，至于五季，变化殆尽。宋之初兴，范质、王溥犹有余憾。艺祖首褒韩通，次表卫融，以示意向。真、仁之世，田锡、王禹偁、范仲淹、欧阳修、唐介诸贤，以直言谠论倡于朝，于是中外荐绅，知以名节为高，谦耻相尚，尽去五季之陋。故靖康之变，志士投袂，起于勤王，临难不屈，所在有之。及宋之亡，忠节相望。呜呼！观哀、平之可以变而为东京，五代之可以变而为宋，则知天下无不可变之风俗也。"③

宋代知识分子能有忠义之气，除因为当权者有意提倡之外，还由于他

---

① 《全唐文》卷 294 王冷然《论荐书》及《与御史高昌御书》。转引自余英时：《朱熹的历史世界：宋代士大夫政治文化的研究》（上），三联书店 2004 年版，第 217 页。

② （清）黄宗羲：《行朝录·序》，见《黄宗羲全集》第 2 册。

③ （清）顾炎武：《日知录》卷 13《宋世风俗》，见《日知录集释》（中），上海古籍出版社 2006 年版，第 758 页。

们受到了厚遇。清人赵翼论赵宋王朝时说:"其待士大夫可谓厚矣。惟其给赐优裕,故入仕者,不复以身家为虑,各自勉其治行。观于真、仁、英诸朝名臣辈出,吏治循良。及有事之秋,犹多慷慨报国,绍兴之支撑半壁,德祐之毕命疆场,历代以来,捐驱徇国者,惟宋末独多。"①

宋代知识分子精神风貌还表现为仁义之风。史书说:"三代而降,考论声明文物之治,道德仁义之风,宋于汉、唐盖无让焉。"②宋代知识分子讲修道德,一方面是由于他们受到宋朝政府的优待,基本的生活有所保障;另一方面又是由于社会上一部分人沉湎于物质享受,致使社会底层人在死亡线上挣扎,宋代社会确实具有对道德仁义的需求。应对佛教的挑战,自然也可以算作一个原因。这是为学者们所津津乐道的,在此便略过。

余英时先生说:"无论从客观功能或主观抱负看,宋代都可以说是士阶层最为发舒的时代。"③在这个"最为发舒的时代",大批知识分子的生命能量得到最大限度的发挥,从而演奏出中国儒学史上的宏大交响乐。杨慈湖所提倡的心学及其自我实践,是这个时代交响乐中的一个音符。我们只有理解了慈湖时代,然后才能真正理解慈湖心学中所表现出来的那一份自信。

9.2　慈湖之地域

慈湖心学不仅与时代有关,而且也与明州的地域有关系。观察宋明儒学史,一般人都会注意到一个现象,即江西陆象山所确立的心学,真正开花结果却是在明州。这一学术现象促使人们去探求心学与明州之间的关联。

谈论宋时的明州,其实包含三方面内容:其一,明州的自然环境。在一个区域文化中,虽然不能说自然环境决定一切,但是自然环境确实是一个重要因素,它是读书人活动的舞台。其二,明州的民风民俗。一个区域的独特文化,主要表现为独有的民风民俗。知识分子的一些个人言行,有时追根求源,都与当地民风民俗息息相关。其三,明州的人文环境。一个地区在某一个时代,由于多种因素综合作用,从而形成特有的人文环境。以下将就此三方面展开论述。

---

① (清)赵翼:《宋制禄之厚》,见《廿二史札记》卷25,凤凰出版社2008年版,第356页。
② (元)脱脱等:《太祖本纪·赞》,见《宋史》卷3,中华书局1985年版,第1册,第51页。
③ 余英时:《朱熹的历史世界:宋代士大夫政治文化的研究》,三联书店2004年版,第224页。

9.2.1　明州的自然环境

俗语说:"千里不同风。"俗语又说:"一方水土养一方人。"不同的自然环境,培育着不同的民风民俗,也锻造着不同地区人的性格。宋祁说:"东南奈何?曰:其土薄而水浅,其生物滋,其财富,其为人剽而不重,靡食而偷生,士懦脆而少刚,笞之则服。西北奈何?曰:其土高而水寒,其生物寡,其财确,其为人毅而近愚,食淡而勤生,士沉厚而少慧,屈之不挠。"[①]宋祁所言不一定精准,但他揭示了自然环境对地方经济大有影响,也对地域风情的形成大有影响。

谈论明州的自然环境,首先要注意当时全国气候上的一个变化。"10世纪后半叶,中国古代的气候从唐五代的温暖期进入寒冷期,12世纪初气候变寒加剧,13世纪初气候开始回暖,但气温仍低于现今,所以整个两宋时代气候都处于寒冷期。……研究表明,平均气温下降摄氏 2 度,生物的分布区就要向南移动纬度 2～4 度,反之亦然。"这种气温上的变化,造成"宋代区域经济重心的结构发生了根本性的变化,呈现出经济重心从北方向东南区域不可逆转的位移"[②]。当时人注意到经济重心的这种转移。苏轼说:"两浙之富,国用所恃,漕都下米百五十万石,其他财赋供馈不可悉数。"[③]范祖禹说:"国家根本,仰给东南。"[④]

在全国经济重心东移的情况下,明州作为中国东南之一隅,又有自己的环境特点。明成化年间的《宁波郡志序》称:"其地滨海、枕山、臂江,人物财赋,自昔为列郡之冠。"[⑤]滨海、枕山、臂江,此三点足可以概括明州的地理特点。两宋时明州的地方经济、明州地方风俗、明州人文景观,几乎都与此三点相联结。

明州"滨海",有着漫长的海岸线,有着众多的岛屿。中国内地海岸线从渤海湾到北部湾,明州恰好处在中间位置。这样得天独厚的位置,使明

① (宋)宋祁:《宋景文公笔记》卷下《杂说》,见《全宋笔记》,大象出版社 2003 年版,第 1 编,第 5 册,第 65 页。

② 沈冬梅、范立舟:《浙江通史》(宋代卷),浙江人民出版社,2005 年,第 1—2 页。

③ (宋)苏轼:《苏轼文集》卷 32,中华书局 1986 年版,第 3 册,第 916—917 页。

④ (元)脱脱等:《范祖禹传》,见《宋史》卷 337,中华书局 1985 年版,第 31 册,第 10796 页。

⑤ 俞福海:《宁波市志外编》,中华书局 1995 年版,第 305 页。

州早在唐代就是"海外杂国贾舶交至"①。另外,明州的船只还可以通过长江口溯江而上,进入中国内陆,甚至到达四川。古人说:"明之为州,实越之东郊,观舆地图则僻在一隅,虽非都会,乃海道辐辏之地。故南则闽广,东则倭人,北则高句丽,商舶往来,物货丰衍。"②明州"枕山",其境内绵延着四明和天台两支山脉。"四明旧称周围八百里,统天台而言之也。其山东属鄞,东南属奉化,东北属慈溪,西连绍之余姚、上虞、嵊三县,南接天台,北包翠碣,四面各有七十峰。东如惊浪,西如奔牛,南如驱羊,北如走蛇,总二百八十峰。东生梓,西生松,南生柏,北生柽及黄杨。自平麓至峰顶约一万三千丈。中为芙蓉峰,最高,有四穴,若开户牖以通日月之光,故号四明。"③天台山,主干山脉在天台县,明州境内为其余脉,有四大分支从宁海县西北、西南入境,经象山港延至镇海、鄞县东部诸山。明州"臂江",怀抱着余姚江、奉化江、甬江等三江。余姚江发源于上虞县梁湖,奉化江发源于奉化市斑竹。余姚江、奉化江在"三江口"汇合形成甬江,流向东北经招宝山入海。

明州如此的地理环境,影响着明州人的经济基础、人情风俗和思维方式。明州"枕山",境内多丘陵,原有可耕之地有限。但是两宋时期,明州的人口却急剧增加。安史之乱以后,北方战乱不休,大量人口南迁。宋室南渡,北方人口再次涌入江南地区。"中原士民,扶携南渡不知其几千万人。"④当时也有一部分人迁入明州,如鄞县小溪(今鄞江镇)一带,"北客多乐居之"⑤。土狭人稠,迫使着明州人竞相开垦土地。于是,在明州出现大量的山田、涂田、湖田等,有些地方"十分田有九分辟"⑥。当时明州的百姓,"日以垦辟为事,凡山巅小湄,有可耕者,累石堑土,高寻丈而延袤数百尺,不以为劳"⑦。除了扩大耕田的数量,明州人还注意耕田的质量,他们不断地提高耕作技术。南宋时蜀人高斯得说:"浙人治田,比蜀中尤精。土膏既

---

① (宋)《宝庆四明志》。

② (宋)张津:《乾道四明图经》卷一《分野》。

③ (清)徐兆昺:《四明谈助》(上),宁波出版社 2003 年版,第 2 页。

④ (宋)李心传:《建炎以来系年要录》卷 86 绍兴五年闰年二月辛酉条,上海古籍出版社1992 年版。

⑤ (元)袁桷:《鄞县小溪巡检司记》,见《清容居士集》卷 19,商务印书馆 1936 年版《丛书集成初编》本,第 377 页。

⑥ (宋)《宝庆四明续志》卷 10《吟稿下·高桥舟中》,《宋元方志丛刊》本,中华书局 1990 年版。

⑦ (宋)《宝庆四明志》卷 14《奉化县志卷第一·风俗》,《宋元方志丛刊》本,中华书局 1990年版。

发,大暑之时,决去其水,使日曝之,固其根,名曰'靠田';根既固矣,复车水入田,名曰'还水',其劳如此。"①

明州"滨海"、"臂江",给明州人带来丰厚的渔业资源。据《宝庆四明志》卷四《水族之品》载,当时海鱼类、贝类、甲壳类等海产品种类即达60余种。当时明州人有以捕鱼为业者,"濒海小民业网罟舟楫之利,出没波涛间"②。除了捕捞,明州人还从事滩涂养殖业。海产品多了,可以通过特殊加工予以贮存。如石首鱼,"盐之可经年,谓之郎君鲞";鲎鱼"夏初曝干,可以致远"③。这些渔业产品被交易到外地,促进了明州贸易的发展。

"滨海"、"臂江"还培养了明州人的造船技术和航海技能。很早以前,越人就掌握了造船和航行技术,"以船为车,以楫为马,形若飘风,去则难从;锐兵任死,越之常性也"(《越绝书·越绝书外传记》)。到了宋代,由于海外贸易和内地运输业的发展,明州已然成为全国造船业的中心之一。北宋政府就在明州设立官营造船场,主要打造漕运船、使船和海防船。明州的民间造船业也十分发达,主要是造海船和商船。当时明州的造船技术处于国内外领先地位,船上都安有指南针,"若晦冥,则用指南浮针,以揆南北"④。

"滨海"、"臂江"也有利于明州的商业贸易的发展。两宋时期,明州出现大量的市镇。如:"奉化县管下地名鲒埼、袁村,皆濒大海,商舶往来,聚而成市,十余年来,日益繁盛,邑人比之临安,谓小江下。"⑤明州作为府州的中心城市,商业经济迅速发展。各种原料、农副产品和手工业产品,都在此销售和转运。明州城内出现"行"、"团"等商业团体组织,可见当时商业发展规模。明州还有一部分是跨区域远距离的贸易。明州的商船可以循着海岸线,北到东北,南到两广;也可以沿着钱塘江到杭州,而后进入运河,到更远地方;或者沿长江而上,进入中国的腹地。两宋时期,明州成为与广州、泉州齐名的三大贸易港之一,不仅与东亚高丽、日本贸易繁荣,而且与

---

① (宋)高斯得:《耻堂存稿》卷5《宁国府劝农文》,《四库全书》文渊阁本。

② (宋)《宝庆四明志》卷14《奉化县志卷第一·叙县》,《宋元方志丛刊》本,中华书局1990年版。

③ (宋)《宝庆四明志》卷4《叙产·水族之品》,《宋元方志丛刊》本,中华书局1990年版。

④ (宋)徐兢:《宣和奉使高丽图经》卷34《海道一》,《丛书集成初编》本。

⑤ (宋)《宝庆四明志》卷14《奉化县志卷第一·官僚》,《宋元方志丛刊》本,中华书局1990年版。

东南亚、波斯湾沿岸的贸易也得到加强。

从另一个角度来说,两宋时期明州渔业、手工业和商业的发展,与当地人多地少也有关系。为了求生存,人在土地产出不足的情况下,不得不另想他法。明州的如此地理环境,不仅关乎明州人的经济基础,而且还影响了明州人的性格和思维方式。丹纳曾经说过,航海经商和海洋捕捞,"特别能刺激聪明,锻炼智力"①。"希腊人中最早熟,最文明,最机智的民族,都是航海的民族。"②明州滨海,使明州人变得聪明,眼界开阔,少受拘束。明州枕山,土地条件不好,锻造了明州人简朴的性格,也刺激着他们的智力,他们不得不想尽一切办法谋求生路。明州面海臂江,影响到明州人的思维习惯,他们既追求像海一样广博,又崇尚像江河一样会通。

9.2.2 明州的民风民俗

两宋时期,明州民风勤劳,节俭。明州人多土地少,自然条件不好。王柏说:"东浙之贫,不可与西浙并称也。"③在这种情形下,明州人便不得不比其他地区的人勤劳。慈溪黄震曾任抚州知州,他于咸淳八年(1272)春写一篇《劝农文》,将浙江明州与江西抚州两地农作风俗作了对比:"浙间无寸土不耕,田垅之上,又种桑种菜;今抚州多有荒野不耕,桑麻菜蔬之属皆少,不知何故?浙间才无雨便车水,全家大小,日夜不歇;去年太守到郊外看水,……见溪水拍岸,岸上田皆焦枯坼裂,更无人车水,不知何故?浙间三遍耘田,次第转折,不曾停歇;抚州勤力者耘得一两遍,懒者全不耘。太守曾亲行田间,见苗间野草反多于苗,不知何故?浙间终年备办粪土,春间夏间常常浇壅;抚州勤力者斫得些少柴草在田,懒者全然不管,不知何故?浙间秋收后便耕田,春二月又再耕,名曰耕田;抚州收稻了,田便荒版,去年见五月间方有人耕荒,田尽被子荒草抽了地力,不知何故?"④黄震所讲的"浙人",当然是指他的家乡余姚人。由此可以看出,明州人如何的勤劳辛苦。

一方面通过勤劳尽可能增加土地产出,另一方面通过节俭减少生活开支。以明州人的饮食为例,宋代明州一般人家流行的是一日两餐的习惯,

---

① [法]丹纳:《艺术哲学》,人民文学出版社 1981 年版,第 243 页。

② [法]丹纳:《艺术哲学》,人民文学出版社 1981 年版,第 249 页。

③ (宋)王柏:《赈济利害书》,见《鲁斋集》卷 7,商务印书馆 1936 年版《丛书集成初编》本,第 127 页。

④ (宋)黄震:《咸淳八年劝农文》,见《黄氏日钞》卷 78,《四库全书》文渊阁本。

史浩有云："二膳朝朝饱即休。"有些人家常靠吃粥来节省粮食。如舒岳祥说："我缘居贫得清省，晏起一粥黄昏钟。"①陈著也因"贫困过极"，只好"食粥以苟旦暮"。②家中有事招待客人，如新生儿满月，也只是举办汤饼席而已。所谓汤饼，就是长命面，因为它"惟从简便"，"会数而礼勤，物薄而意厚"③。明州人对于菜肴烹饪，也不过分讲究。北宋后期明州太守韦骧说："明州……厨传绝修饰之劳。"④这是说四明菜不是功夫菜，没有什么花样，注重的只是原料的本味。四明读书之人，对于蔬菜多是推崇其"风味清严"、"意味真"。总之，明州人对于饮食崇尚俭省。明州人的俭省与同时的杭州人的奢侈几乎形成一种反差。《梦粱录》说："杭城风俗，凡百货卖饮食之人，多是装饰车盖担儿，盘盒器皿新洁精巧，以炫耀人耳目，盖效学汴京气象，及因高宗南渡后，常宣唤买市，所以不敢苟简，食味亦不敢草率也。"⑤

两宋时期明州人的勤劳与节俭，明显与儒家精神有相通之处。明州人的勤劳，与儒家所奉行的"天行健，君子自强不息"是相合拍的；明州人的节俭，与儒家所提倡的"寡欲"⑥也是相一致的。杨慈湖的父亲杨显庭就曾教育自己的子女："人戒节，要先于味。盖味乃朝晚之事，渐渍夺人之甚。于此淡薄，则余过亦轻。"⑦这就把人的节俭习惯与道德修养联系在一起。至于慈湖先生的饮食，当时有人说他"果酒三行，菜羹一饭，是为本色"⑧。

宋代明州人饮食虽然俭省，但却有厚葬之风。此种风气的形成有一个过程。以前明州丧葬祭亡，不合儒家的礼数，被称为"无法"。"四明去朝廷远，其俗吉凶、祭祀、冠昏、聚会皆无法。"⑨浙人的这种"无法"是风俗问题，其实表现在好多方面。当时人就惊讶："浙人虽父子、朋友，以畜生为戏语，而对子孙呼父祖名，为伤毁之极！"⑩自从北宋明州儒学的兴起，明州人也开

----

① （宋）舒岳祥：《收拾尘霓湛然不作久不见此趣因书之以寄正仲》，见《阆风集》卷2，《四库全书》文渊阁本。

② （宋）陈著：《本堂集》卷74，《四库全书》文渊阁本。

③ （宋）陈著：《本堂集》卷73，《四库全书》文渊阁本。

④ （宋）韦骧：《谢两府启》，见《钱塘集》卷9，《四库全书》文渊阁本。

⑤ （宋）吴自牧：《梦粱录》卷18，《民俗》。

⑥ 《孟子·尽心下》：孟子曰："养心莫善于寡欲。其为人也寡欲，虽有不存焉者，寡矣；其为人也多欲，虽有存焉者，寡矣。"

⑦ 《纪先训》，见《慈湖遗书》卷17，第884页。

⑧ （宋）陈著：《本堂集》卷77，《四库全书》文渊阁本。

⑨ （宋）王珪：《华阳集》卷57《辛氏墓志铭》，《四库全书》文渊阁本。

⑩ （宋）庄绰：《鸡肋篇》卷上，中华书局1983年版，第13—14页。

始重视儒家礼仪,尤其重视丧祭之礼。慈湖先生便说:"重丧祭礼,其感动人之善性也易。"①厚葬之风在明州流行开来。鄞人袁炯去世,他的儿子袁文执丧礼,不理家务,儿媳戴氏"攻苦食淡,斥房奁营丧葬"②。慎终追远,倾力尽孝,这是儒家所极力提倡的。明州人的厚葬之风,明显受儒家文化的熏染而成。

宋代明州厚嫁成风。有钱人嫁女,有一大笔陪嫁之资。如鄞县的范氏"家裕于财",有"嫁时所自随之田"。③ 大户人家选择女婿,往往注重男方的学识和人品,对于男方的财产反倒不计较。如边氏将女儿嫁给袁燮时,就教育其女说:"而夫之贫,而父所知也,为汝择对,惟以嗜学,故毋敢不恪。"④这种财富与学识的联姻,客观上有利于明州社会整体文化水平的提高。宋代明州还有一个婚姻现象,即师友之间结为婚姻。余姚高国任为理学家门生,他曾说:"吾雅不愿与俗子为姻家,乃今吾子得婚师友间,果协吾志。"⑤学术文化的传播网络与士族婚姻网络相互重叠,这是明州很有地域特色的文化现象。⑥

宋代是明州佛教最兴盛时期。程民生先生观察宋代佛教地域分布情况,认为有三个规律:一是文化发达之地与佛教兴盛之地基本相一致;二是佛教兴盛地点多在通都大邑、人口密集之地;三是山水秀丽之地也是佛教乐于栖息的地方。⑦ 将此三条对照,宋代的明州几乎条条符合。据史料记载,宋时明州有大小 276 座寺院,其中州治所在的鄞县(今宁波市)有 106座,最大的天童寺僧人多达千人,另有相应数量的童行和仆役。⑧ 两宋期间流行于明州的佛教是天台宗、禅宗、净土宗等。当时明州天台宗有知礼(960—1028)、遵式(964—1032)、宗晓(1151—1214)等,禅宗有重显(980—1052)、宗杲(1089—1163)、正觉(1091—1157)、长翁如净(1163—1228)等。他们在明州弘扬佛法,影响巨大,如宗杲讲法,"参学之人数常千百,丛林之

---

① 《家记三》,见《慈湖遗书》卷 9,第 743 页。
② (宋)袁燮:《太夫人戴氏圹志》,见《絜斋集》卷 21,第 290 页。
③ (宋)袁燮:《太孺人范氏墓志铭》,见《絜斋集》卷 21,第 292 页。
④ (宋)袁燮:《夫人边氏圹志》,见《絜斋集》卷 21,第 293 页。
⑤ (宋)孙应时:《戴夫人墓志铭》,见《烛湖集》卷 12,《四库全书》文渊阁本。
⑥ 张伟等:《宁波通史》(宋代卷),宁波出版社 2009 年版,第 320 页。
⑦ 程民生:《宋代地域文化》,河南大学出版社 1997 年版,第 267—268 页。
⑧ (宋)刘昌诗:《芦浦笔记》卷 6《四明寺》。

盛无与为比"①。

明州佛教之所以兴盛,除了地区文化水平高、人口众多、南方景色秀丽等原因外,大概也与明州受封建礼教约束少,人们的思想负担较轻,思维比较活跃有关。反过来,佛教的兴盛又直接影响到明州人的生活习惯和思维方式。在宋以前,明州人只是利用佛教来求雨、求子、求佑,但到了宋代,有些明州人已将佛教当作自己的终极关怀。如余姚某氏虽"治生业",但晚年"阅佛书,谈理性",临终"家人命诵佛号,环顾以泣,君整衣起坐,声貌不动,俄顷而逝",被当时人认为是"明识之致"②。明州民间盛行火葬,显而易见,也是受佛教的影响所致。另外,明州佛教与浙东心学的关联,应是不言而喻的。

9.2.3　明州的人文环境

谈到明州的人文环境,就不能不提起明州教育。方志载:"明山之东,三垂际海,清淑之气,于是乎穷。毓奇孕秀显诸人者,宜也。然衣冠文物,至我朝而始盛。气之所钟,亦有待而发欤?"③这是说明州人钟天地之灵气,只是到了宋代,才迸发出来。清人全谢山在《淳熙四先生祠堂碑文》中说:"吾乡远在海隅,隋、唐以前,《儒林》阙略。有宋奎娄告瑞,大儒之教遍天下。吾乡翁南仲始从胡安定游,高抑崇、赵庇民、童持之从杨文靖游,沈公权从焦公路游,四明之得登学录者,自此日多。"④这说明在宋朝以前,明州的教育还是处在落后状态,人才状况也不理想。但是到了宋代,明州一跃成为一个教育发达地区,"人材比他郡为冠"⑤。

明州教育兴盛,与宋朝政府有意推行教化政策有关。如前所言,赵宋开国之初即想将武人政治导向文人政治。宋太宗淳化元年(990),朝廷下诏颁赐《九经》于新附各郡。明州人"知尊经学,谈王道,实始于兹"⑥。天禧年间(1017—1021)李夷庚任明州知州,庆历七年(1047)至皇祐二年(1050)

---

① (宋)《宝庆四明志》卷9《叙人中·仙释》,《宋元方志丛刊》本,中华书局1990年版。

② (清)光绪《余姚县志》卷16《金石·宋故口府君墓铭并序》,《中国地方志集成》本,上海书店出版社,1993年。

③ (宋)罗濬:《宝庆四明志》卷8《叙人》上。

④ 《宋元学案·安定学案》,见(清)黄宗羲:《黄宗羲全集》第3册,第87页。

⑤ (宋)祝穆:《宋本方舆胜览》卷4。

⑥ (宋)《乾道四明图经》卷9《修九经堂记》,《宋元方志丛刊》本,中华书局1990年版。

王安石任鄞县知县,他们先后极力倡办官学教育。除了官学之外,明州还存有大量的私学。值得一提的是"庆历五先生"(杨适、杜醇、王致、王说和楼郁),他们积极从事于教育实践活动,有力地推动了明州教育和学术的发展。全祖望说:"五先生皆隐约草庐,不求闻达,而一时牧守来浙者,如范文正公、孙威敏公,皆抠衣请见,惟恐失之。最亲近者,则王文公。乃若陈、贾二相,非能推贤下士者也,而亦知以五先生为重。……年望弥高,陶成倍广,数十年以后,吾乡遂称邹、鲁,丘樊缊褐,化为绅缨,其功为何如哉!"① 可以说,"庆历五先生"是将儒学传统输入明州的关键人物。

到了南宋,明州的教育更加兴盛。最显著的标志是明州州学,以宏伟壮观著称于世。"世之言郡泮者,必曰一漳二明。盖漳以财计之丰裕言,明以舍馆之宏伟言也:巍堂修庑,广序环庐,槐竹森森,气象严整。旧额生徒一百八十人,其后比屋诗礼,冠带云如。春秋鼓箧者率三数千,童角执经者亦以百计,著录浸倍而帑庾则不差,多于昔。"② 明州各县也十分注重兴办县学。与此同时,明州的私学也蓬勃发展,尤其是书院教育盛极一时。当时明州有名的书院有长春书院、甬东书院、城南书院、菊坡书院、慈湖书院、石坡书院、龙津书院、广平书院等。③

教育的兴盛,使明州学子在科举考试中结出硕果。据《宝庆四明志·叙人下》载,自太宗端拱二年(989)至仁宗宝元元年(1038),明州仅出了16名进士。这说明宋初明州人才有限。但从庆历二年(1042)至徽宗宣和六年(1124),明州登科人数达108人。④ 到了南宋,明州的科举成绩更是盛况空前。据《宝庆四明志》、《延祐四明志》统计,南宋一代明州登科人数达776人,而且还涌现了几位状元。⑤ 教育的兴盛,使明州涌现出更多的历史名人。北宋时期,《宋史》立传的明州籍人仅11位,而且无显赫之家。南宋时期,《宋史》立传的明州籍人达32位,多是贵极人臣。⑥ 以致于当时方志夸张地说:"满朝朱紫贵,尽是四明人。"⑦ 教育的兴盛,使明州学术也得到繁

---

① (清)全祖望:《全祖望集汇校集注》(中),《庆历五先生书院记》,上海古籍出版社,2000年,第1038页。

② (宋)梅庆发、刘锡:《开庆四明续志》卷1《学校》。

③ 详见张伟等:《宁波通史》(宋代卷),宁波出版社 2009 年版,第 161 页。

④ 张伟等:《宁波通史》(宋代卷),宁波出版社 2009 年版,第 157 页。

⑤ 张伟等:《宁波通史》(宋代卷),宁波出版社 2009 年版,第 168 页。

⑥ 张伟等:《宁波通史》(宋代卷),宁波出版社 2009 年版,第 168—169 页。

⑦ (宋)《宝庆四明志》卷1《风俗》,《宋元方志丛刊》本,中华书局 1990 年版。

荣。有学者据《宋元学案》统计,两宋时期明州一地学者有 118 人,而浙西 8 地总数为 146 人。①

宋代明州教育、科举、学术,深深地影响着明州的民俗。如将两浙民俗作一比较,人们发现明州人更爱读书。"浙右之俗,专务豪奢,初不知读书为何事!"②而浙东如明州,"富家大族皆训子弟以诗书,故其俗以儒素相先,不务骄奢。士之贫者,虽无担石,而衣冠楚楚,亦不至于垢弊"③。民众对读书如此钟爱,无疑提高了明州社会的整体文化水平。明州有如此的民风,从而吸引了不少高层次的外地移民迁居明州。例如,南渡之际,宗室赵不陋,"从高宗渡江,闻明州多名儒,徙居焉"④。而外来文化的融入,使得明州人文更加兴盛。元代戴表元说:"吾奉化前百数十年时,地理去行都远,士大夫安于僻处,无功名进趋之心,言若不能出诸其口,气若不欲加诸其人,闭门读书,以远过咎,耕田节用,以奉公上,虽无当涂赫之名,而躬行之实为有余矣。渡江以来,乡老之书,天官之选取,信宿可以驿致,加以中原侨儒裹书而来,卜邻而居,朋傅熏蒸,客主浸灌,编户由明经取名第者,十有八九,可谓诗书文物之盛。"⑤

宋代明州人爱读书,还表现为爱藏书。北宋时期,鄞县的楼郁、陈谧、王瓘等都是有名的藏书家。楼郁作为"庆历五先生"之一,酷爱读书,家中藏书上万卷。到了南宋,明州人藏书热情更加高涨。甬上藏书上万卷的藏书家有王正功、楼钥、史守之、张瑞、赵叔达、高远之、姜浩、曹蛊等。⑥此时明州藏书具有家族性,如王氏、楼氏、史氏,均是集整个家族力量,藏书历数代而不绝,日积月累,其藏书数量也十分惊人。就是一些贫贱人家,无钱买书,也想办法抄书、藏书。如余姚人孙介,"家贫无书,自经史百家,悉手抄要语",到了晚年,闭门谢客,"翻书自娱"⑦。如此丰厚的藏书,有利于培育明州的读书风气和学术氛围。宋代明州学者如杜醇、杨慈湖、王应麟、史蒙卿等,在学术上莫不追求博览而贯通。

① 程民生:《宋代地域文化》,河南大学出版社 1997 年版,第 311 页。
② (宋)黄干:《勉斋集》卷 8《与胡伯量书》。
③ (宋)《宝庆四明志》卷 14《风俗》。
④ (元)脱脱等:《赵善湘传》,见《宋史》卷 413,中华书局 1985 年版,第 35 册,第 12400 页。
⑤ (元)戴表元:《剡源集》卷 9《董叔辉诗序》。
⑥ 张伟等:《宁波通史》(宋代卷),宁波出版社 2009 年版,第 166 页。
⑦ (清)光绪《余姚县志·人物传》。

宋代明州读书人多,各式各样的文人会社兴起。这些会社多是一些诗社,也有与科举有关的课会、书会、文会等。诗社有名者如五老会、八老会、尊老会、碧溪文会、四明真率会等。以四明真率会为例,由汪大猷主盟,先后参与者众多,以月为期,相当频繁,主要以近郊闲游、品茗闲聊、觞咏琴弈。这样的诗社活动,可以达到增进友谊,相互引发共同兴趣,凝聚集体观念,推动了尊老序齿、敦尚礼教的乡里风尚,也浓郁了地方的文学风气。为科举而组成的会社功利性要强一些,是为了互相鼓励,相互切磋,还可以通过友朋之间的相互砥砺,来加强举子的道德修养。① 各种会社活动,无异有利于改变明州的民风,推进明州的学术创造力。

宋代明州长期保存着乡饮酒礼这一仪式。乡饮酒礼创于周代,由于礼制繁杂,耗费较多,宋时除明州外许多地方都无法坚持。元人马端临说:"废坠之久,在宋淳化间四明独能行之,朝廷取布之天下"②。明州一直保持着这种岁末会拜之习,"于岁之元日或冬至,太守率乡之士大夫释菜于先圣先师,而后会拜堂上,长幼有序,登降有仪,摈介有数"③。乡饮酒礼虽然是一种仪式,但是当时社会影响巨大。它可以美化风俗,砥砺士气,吸引社会对教育的重视。元代程端礼在《庆元乡饮小录序》中说四明:"绍兴以后,贤守相济,继订礼益精,且立恒产以供经费,风俗之美,文献之盛,遂甲他郡"④。

另外,宋代的明州社会还盛行着仗义之风。沈焕曾说:"吾乡义风素著,相赒相恤,不待甚富者能之。"⑤明州人的义行主要表现为三种形态:个人义行、家族义庄和社会善举。其一,个人义行。如余姚人莫襄,"生平好兴利去害,利物济众,一切出于至诚,不惮劳苦,及其有成,不以自录"⑥。如鄞县的汪大猷,"产业素薄,仅足自给,纳禄之后,用亦浸窘,随力周施,嫁人之孤女,葬贫者之丧,不知其几"⑦。这些个人的义行,与个人的品性有关。其二,家族义庄。义庄是家族设置的田庄,用来无偿救济族内生活困难者

---

① 张伟等:《宁波通史》(宋代卷),宁波出版社 2009 年版,第 333—334 页。

② (元)程端礼:《庆元乡饮小录序》,见《畏斋集》卷 3,《四明丛刊》本。

③ (宋)《宝庆四明志》卷 2《乡饮酒礼》,《宋元方志丛刊》本,中华书局 1990 年版。

④ (元)程端礼:《庆元乡饮小录序》,见《畏斋集》卷 3,《四明丛刊》本。

⑤ (宋)《宝庆四明志》卷 11《乡人义田》,《宋元方志丛刊》本,中华书局 1990 年版。

⑥ (宋)《宋故莫府君墓志铭》,见童兆良:《检点上林文明·金石篇》,中国文联出版社 2003 年版,第 158 页。

⑦ (宋)楼钥:《攻媿集》卷 88《敷文阁学士宣奉大夫致仕赠特进汪公行状》。

和支持族内子弟读书。自从北宋范仲淹首创义庄,这种制度化的义行便在中国乡村如雨后春笋般发展起来,而明州表现尤为突出。有学者列表统计,宋代四明义庄之总数约占全国的 1/10①。其三,社会义庄。社会义庄是将救助对象扩大到整个乡里社会。由史浩发起,经汪大猷、沈焕等人推动,成立了四明义庄,从而促进了明州地方的公益事业。总之,宋代明州义举盛行,与儒家学说的熏染有关,也与信仰佛教有关。

　　以上几方面大致可以勾勒出宋代明州的人文环境。宋时明州的人文环境,真的让人称羡不已。如此人文环境的酿成,既得力于历史机缘,也依靠明州人的努力。北宋政权强调文治,明州作为偏远之地和文化落后之域,抓住历史机遇,及时将先进的学术引入明州。南宋中央政府南迁,明州成为陪都,在科举录取名额和官员升迁数量上,都得到一定程度的照顾(就如同现在的北京、上海高考学生得到照顾一样)。明州人便发奋读书,综合各方面力量,将明州打造成一个"衣冠文物,甲于东南"②的文化之乡。如此的人文环境,自然培育出一大批明州的知识分子。

9.3　慈湖之交往

　　杨慈湖之言行,并非孤立之个体存在,乃是时代之陶冶、地域之养育的产物,亦是与周围知识分子群体相呼应的结果。孔子有言:"视其所以,观其所由,察其所安,人焉廋哉? 人焉廋哉?"(《论语·为政》)本书第一章至第三章解析慈湖心学,这是"察其所安"。第四章至第八章考察慈湖践行,这是"观其所由"。在此我们还需要"视其所以"。"以"者,杨伯峻先生将其释为"与",即人与人的交往。③ 慈湖之交往群体,大致可以分为两批:其一是"甬上四先生",其二是"甬上四先生"之师友与弟子。

9.3.1　"甬上四先生"

　　在宋之乾道、淳熙年间(1165—1189),明州有四位心学学者非常活跃。他们分别是慈溪的杨简(1141—1226)、鄞县的袁燮(1144—1224)、奉化的

---

①　张文:《宋朝民间慈善活动研究》,西南师范大学出版社 2005 年版,第 156—159 页。

②　(宋)罗濬:《宝庆四明志》卷 1《风俗》,《宋元方志丛刊》本,中华书局 1990 年版。

③　杨伯峻:《论语译注》,中华书局 1980 年版,第 16 页。

舒璘(1136—1199)和鄞县的沈焕(1139—1191)①。此四人被称为"甬上四先生",也叫"四明四先生"。稍后的四明学者王应麟(1223—1296),对"甬上四先生"在明州文化上的贡献,给予了很高的评价。他说:"乾、淳之舒、沈、杨、袁诸公,以尊德性、求放心为根本,阐绎经训,躬行实践。学者知操存持养以入圣贤之域,四先生之功也。"②

"甬上四先生"均有家学渊源。全祖望说:"顾四先生皆导源于家学,其积力已非一日。及一见陆子,即达其高明广大之境,相与神契而无间。"③杨简其父杨庭显,前文多言之,在此略过。舒璘之父舒黻以学术立身,陆九龄曾赞之:"温恭足以儆傲惰之习,粹和足以消鄙吝之心。"④沈焕其父沈铢、其叔父沈铿、沈铭均求学于焦瑗,焦氏曾游于洛阳程氏之门。袁燮高祖袁毂与苏轼相善,曾祖袁灼也有学术地位。总之,"甬上四先生"自小均受到良好的家庭熏陶。陆九渊曾说:"四方士友辱交于余,惟四明为多。⋯⋯四明士族,多躬行有闻。"⑤这间接地说明,"甬上四先生"自小就生活在重视道德实践的家庭里。

"甬上四先生"是太学同学。在太学学习期间,他们朝夕以道义相切磋。《絜斋学案》说袁絜斋:"同里沈叔晦、杨敬仲、舒元质皆聚于学,朝夕相切磨。"⑥四人之间的切磨,是由沈焕带头。沈焕说:"此天子学校,英俊所萃,当择贤而亲,不可固闭。"有初入学者,他都详细告之同游中可为师友的道理。时人称他"开师友讲习之端,得古人相劝为善之义"⑦。在这一点上,杨简很感谢沈焕。他在《祭沈叔晦文》中说:"某未离膝下时,知有先训而已。出门逐逐,不闻正言,窃意世间不复有朋友之义。及入太学,首见吾叔晦,始闻正论,且辱告曰:'此天子学校,英俊所萃,正当择贤而亲,不可固闭。'某遂得从其贤游,相与切磨,讲肄相救,以言相观。而善皆吾叔晦之赐。⋯⋯其所以得门外之助,不负先训,勉勉于今,未至于自弃,吾叔晦之

---

① 沈焕本是定海人,后徙居鄞县。

② (元)马泽修、袁桷纂:《延祐四明志》卷13《王应麟九先生祠堂记》,《宋元方志丛刊》本,中华书局1990年版。

③ (清)全祖望:《鲒埼亭集外编》卷14,四库全书本。

④ (宋)舒璘:《先君承议圹志》,见《舒文靖集》卷上,《四库全书》本,第1157册,第531页。

⑤ (宋)陆九渊:《杨承奉墓碣》,见《陆九渊集》卷28,中华书局1980年版,第325—326页。

⑥ 《宋元学案·絜斋学案》,见(清)黄宗羲:《黄宗羲全集》第5册,第1015页。

⑦ 《宋元学案·广平定川学案》,见(清)黄宗羲:《黄宗羲全集》第6册,第14页。

力也。"①

"甬上四先生"先后拜在江西陆氏门下。杨慈湖在富阳做主簿时,听陆象山论扇狱之是非而有所悟,便终身拜陆象山为师,此为众所周知之事。袁燮在太学先拜陆九龄为师,"遇象山于都城,象山即指本心洞彻通贯,先生遂师事"②。舒璘"时张宣公宦中都,请益焉,有所开警。朱子与吕成公讲学于婺,徒步往从之"。后"又与其兄琥、弟琪同受业陆子之门,兄弟皆顿有省悟"③。以上三人均师事陆九渊,而沈焕师从陆九龄。关于此点区别,一般人都是含混过去,而全谢山特加以辨明:"甬上四先生之传陆学,杨、袁、舒皆自文安,而沈自文达,《宋史》混而列之,非也。"④陆九龄与陆九渊,"皆以讲不传之学为己任,皆谓当今之世舍我其谁"⑤,他们的学说大旨相同,一般人均称之为江西陆氏心学。

"甬上四先生"相互交往极为密切。《宋元学案》说:"钘为沈端宪婿,铣为杨文元婿。"⑥钘是舒璘的长子,端宪是沈焕的谥号;铣是舒璘三子,文元是杨简的谥号。可见,杨、袁、舒三家有着姻亲关系。如前所言,宋代明州师友之间喜结婚姻,此即为一明证。舒璘是杨慈湖的父亲杨庭显的学生。袁燮的儿子袁肃是舒璘的学生,袁燮的另一个儿子袁甫是杨慈湖的学生。史弥忠、史弥坚、史弥巩、史弥林、史守之、史定之等人,既是杨简的学生,也是袁燮的学生。舒衍是杨、袁、沈三人的学生。宋儒一人可以转益多师,不像汉儒严守师门。如北宋时的孙莘老、管卧云辈,既是安定门人,又兼师古灵。⑦ 这说明宋人为求真理,已打破了门户之见。另一方面,学生在不同老师间流动,确实有利于学术的交流。

"甬上四先生"平时有书信往来。今日可见者有二,均在《舒靖文集》中,一是《答杨国博敬仲》,二是《与袁学正和叔》。⑧ 以《答杨国博敬仲》为例,从中可以看出:其一,此信作于1195年。1194年,杨慈湖受赵愚汝推

---

① 《慈湖遗书》卷4,《祭沈叔晦文》,第644页。

② 《宋元学案·絜斋学案》,见(清)黄宗羲:《黄宗羲全集》第5册,第1016页。

③ 《宋元学案·广平定川学案》,见(清)黄宗羲:《黄宗羲全集》第6册,第4页。

④ 《宋元学案·广平定川学案》,见(清)黄宗羲:《黄宗羲全集》第6册,第16页。

⑤ 黄东发语,见《宋元学案·梭山复斋学案》,见(清)黄宗羲:《黄宗羲全集》第5册,第267页。

⑥ 《宋元学案·广平定川学案》,见(清)黄宗羲:《黄宗羲全集》第6册,第8页。

⑦ 《宋元学案·古灵四先生学案》,见(清)黄宗羲:《黄宗羲全集》第3册,第289页。

⑧ (宋)舒璘:《舒文靖集》,台湾商务印书馆景印文渊阁《四库全书》本,第1157册。

荐,到国子监任博士。第二年,赵愚汝受排挤被罢相,杨慈湖也因替赵说话而被迫离开国子监。宋光宗赵惇死于1195年,信中有"寿皇崩弃"之语。因此,可以肯定此信写在1195年。其二,此前杨慈湖曾致信舒璘。《慈湖遗书》虽不见写给舒璘之信,但既题为"答",那就说明此前杨慈湖曾致信舒璘。况且信中有"忧戚之怀,正如来谕",也说明杨慈湖曾写信给舒璘。其三,舒璘于信中鼓励杨慈湖。信中说:"敬仲为国子师,如何端居静念,有治己之道无治人之法?我若无亏,随处皆应,一或自蔽,万语皆空。某日来灼见此弊,不敢不勉,更望见教。"这一年宋光宗驾崩,南宋朝廷政治形势发生了变化。杨慈湖作为国子监博士,自然消息灵通一些,便将自己内心忧虑写信告知好友舒璘。舒璘回信就是鼓励杨慈湖要有行动,强调要将心学学说落实到现实实践中去。其四,信中还谈到学术争论问题。杨慈湖写《象山先生行状》①,舒璘说:"《象山行状》,洞见表里,其间载有子、伊川事,甚当。然鄙意谓此等处未易轻以告人。人情蔽欺,道心不著,不知者徒生矛盾。既知之,彼自能辨。此间尊晦翁学甚笃,某不暇与议。暨良心明,往往不告而知。用是益知自反,不敢尤人。敬仲以为何如?"当时儒学内部有争论,尤其是朱子的理学与象山的心学之间的争论。在舒璘看来,这些争论都是毫无意义的,因为这不是口舌之事,而是人生境界问题。只要人生境界达到了,自然就明白了其中的道理。从这封信中,我们可以看出"甬上四先生"之间如何通过书信往来,来相互促进道德修养的提高。沈焕曾说过:"吾侪生长偏方,闻见狭陋,不得明师畏友切磋之,安能自知不足?前无大敌,短兵便为长技,甚可惧也。"②他们是很看重这种朋友之间的切磋的。

全祖望说:"文元之讲学于碧沚,以史氏也。先是,史忠定王馆端宪于竹洲,又延文元于碧,袁正献公时亦来预。湖上四桥,游人如云,而木铎之声相闻。"③读了这一段资料,畅游于宁波月湖之畔,我们仿佛看见当年杨简、袁燮、舒璘等人,在月湖周边设馆讲学的情形,教师之间互相过问拜访,学子之间互相议论辩驳。这种人文景观真的令人神往。

"甬上四先生"之间惺惺相惜。杨慈湖曾经说:"元质孝友忠实,道心融明。"而袁和叔也说:"元质平生发于言语,率由中出,未尝见其一语之妄,所

---

① 见《慈湖遗书》卷5,第647—653页。

② 《宋元学案·广平定川学案》,见(清)黄宗羲:《黄宗羲全集》第6册,第17页。

③ (清)全祖望:《碧沚杨文元公书院记》,见《全祖望集汇校集注》(中),上海古籍出版社2000年版,第1046页。

谓'有孚盈缶'者。"①杨、袁二人可谓是舒璘的知音,都来称赞舒璘的忠实。反过来,舒璘对杨简也有颇高的期望,他说:"中都磨涅之地,鲜不磷缁。若敬仲,似可砥柱,愿相与讲明之。"②这是说杨慈湖可以作为读书人的表率,可以挽救当时颓废的士风。舒璘还曾将自己与沈焕做比较,他说:"师道尊严,吾不如叔晦,若启迪后进,吾不敢多逊。"③舒璘曾被时任丞相留正称为"当今第一教官"④,可见舒璘此言并非自夸。杨慈湖对于袁燮,也是"每称先生之觉为不可及"⑤。

　　在沈焕死后,杨简作祭文。袁燮作行状,并编《定川言行编》。袁在行状中,给予沈焕极高的评价:"考君生平大节,宁终身固穷独善,而不肯苟同于众;宁龃龉与世不合,而不肯少更其守,凛然清风,振耸颓俗。……然世之知君者,如此而已。至于日进其德,骎骎自期于纯全博大者,鲜能知之。"⑥世之所知的是沈焕的外在表现,而袁燮却看到了他不断超越的精神。舒璘死后,杨简作奠辞和墓志铭。袁燮作祭文,后又作《舒文质祠堂记》。杨慈湖在墓志铭中说道:"时世故纷糅,天灾沓臻,国病于需,民艰于食。元质纬不暇恤,忧常在公,于是议常平、商盐政、经荒策、论保长,凡为书若干事,上之刺史守尉,其采而试之,较辄响应。当道廉而贤之曰:文学、政事两擅其优,是为天下第一教官。"⑦形象地描绘了舒璘勤于实践的品德。

　　"甬上四先生"学术大旨是相同的。黄梨洲先生曾说:"杨简、舒璘、袁燮、沈焕,所谓明州四先生也。慈湖每提'心之精神谓之圣'一语,而絜斋之告君亦曰:'古者大有为之君,所以根源治道者,一言以蔽之,此心之精神而已。'可以观四先生学术之同矣。"⑧梨洲于此,虽不举舒璘、沈焕之言,其实舒、沈与杨、袁学术精神是相通的。如舒璘说:"成物之道,咸在吾己。我念无亏,精神必契。一或有欠,无限格言总成虚语。端知为己之学,诚不宜一毫亏损也。"⑨此语与慈湖先生之"不起意"遥相呼应。再如沈焕说:"学者工

---

①　《宋元学案·广平定川学案》,见(清)黄宗羲:《黄宗羲全集》第6册,第7页。

②　《与袁学正和叔》,见(宋)舒璘:《舒文靖集》,文渊阁四库全书本,第1157册,第510页。

③　《宋元学案·广平定川学案》,见(清)黄宗羲:《黄宗羲全集》第6册,第5页。

④　(元)脱脱等:《宋史》卷410,中华书局1985年版,第35册,第12339页。

⑤　《宋元学案·絜斋学案》,见(清)黄宗羲:《黄宗羲全集》第5册,第1016页。

⑥　《宋元学案·广平定川学案》,见(清)黄宗羲:《黄宗羲全集》第6册,第18页。

⑦　(宋)杨简:《慈湖遗书补编·舒元质墓志铭》,《四明丛书》本。

⑧　《宋元学案·广平定川学案》,见(清)黄宗羲:《黄宗羲全集》第6册,第16页。

⑨　《宋元学案·广平定川学案》,见(清)黄宗羲:《黄宗羲全集》第6册,第8页。

夫当自闺门始,其余皆末也。今人骤得美名,随即湮没者,由其学无本,不于闺房用力焉。故曰:'工夫不实,自谓见道,只是自欺。'"①此语与慈湖所提倡的庸言庸行是一脉相通的。"甬上四先生"因为有"三十年相与相切之情,三十年相与相切之义"②,所以他们学术大旨相同也是可以理解的。

但是,"甬上四先生"毕竟有各自的秉性和特长,各自从不同的角度对儒家修身之学做出不同的阐释。黄梨洲引用文天祥之语说:"广平之学,春风和平;定川之学,秋霜肃凝。瞻彼慈湖,云间月澄;瞻彼絜斋,玉泽冰莹。一时师友,聚于东浙。呜呼盛哉!"③这些比喻是否确切,只待研究四人的文本及践履,然后才能下一断语。但是可以说,正是这些个体儒者的不同生命呈现才显出儒学自身的活力。

如果从外部效果来比较,"甬上四先生"还是有差别的。全谢山说:"吾乡学者,杨、袁之徒极盛,史氏之贤哲,如忠宣公、文靖公、独善先生、和诣先生、鸿禧君、饶州君,皆杨、袁门下杰然者也。"④这就是说,四人之中,杨、袁的影响力要大一些。从《宋元学案》中四人的学案表也可以看到这一点,杨、袁的学生众多,而且影响深远,而沈、舒则稍逊一筹。全谢山分析了个中原因。他说:"杨、袁之辈后于舒、沈,而其说反盛,岂以舒、沈之名位下与?嘻,是说有之。然舒、沈之平实又过于杨、袁也。"⑤

9.3.2 "甬上四先生"之师友与弟子

若将环绕于慈湖周围之学术群体再扩大一些,那就要上探"甬上四先生"之师友,下推"甬上四先生"之弟子。古人为学重在修身,对于择师向来谨慎。慈湖聆听象山有关扇讼之诲,顿觉此心澄然清明,但是真正拜象山为师,却是第二天早上之事。⑥ 这说明慈湖是经过一夜苦思,在确信象山学说之后,才决定拜他为师。慈湖一生只服膺二人:其父杨庭显和其师陆象

---

① 《宋元学案·广平定川学案》,见(清)黄宗羲:《黄宗羲全集》第 6 册,第 17 页。

② 《慈湖遗书》卷 4,第 645 页。

③ 《宋元学案·广平定川学案》,见(清)黄宗羲:《黄宗羲全集》第 6 册,第 16 页。

④ 《宋元学案·静清学案》,见(清)黄宗羲:《黄宗羲全集》第 6 册,第 426 页。

⑤ 《宋元学案·广平定川学案》,见(清)黄宗羲:《黄宗羲全集》第 6 册,第 4 页。

⑥ 《宋元学案·慈湖学案》说:"先生退,拱坐达旦,质明纳拜,遂称弟子。"([清]黄宗羲:《黄宗羲全集》第 5 册,第 952 页)

山。袁燮的求学经历要复杂一些，他先是随吕东莱、陈傅良游①，在太学亲炙于陆九龄，后遇象山而师之。舒璘曾先后师从朱子、张南轩、吕东莱、陆象山和杨庭显。沈焕则是陆九龄的弟子。

古人除拜师求教请益之外，还选择适当朋友来相互砥砺。"甬上四先生"之间互为讲友，这是不容置疑的。除此之外，他们还有一些讲友和学侣。杨慈湖讲友有韩宜卿、蒋存诚、沈文彪和汤建等，他的学侣有叶秀发、韩度等。袁絜斋的讲友有陈傅良、赵师渊等。舒、沈讲友有吕祖俭，另外舒广平还有"同调"是杨琛。从资料来看，杨、袁的朋友较多，而舒、沈的朋友较少，这大概与舒、沈比较"平实"有关。"甬上四先生"与他们的讲友，学术观点不尽相同，但并不影响他们成为志同道合之人。

从"甬上四先生"所拜之师可以看出：其一，他们拜的都是名师。朱子、陆象山、吕东莱、陈傅良都是当时学术界的杰出人物。陆象山曾说："学者须先立志，志既立，却要遇明师。"②一个人如能遇上明白的老师，对于他的治学影响重大。其二，他们的老师代表着不同的学术流派。当时儒学主要宗派有朱子的理学派、陆象山的心学派、吕东莱的婺学派和陈傅良的事功派。"甬上四先生"虽最后均归宗于陆氏心学，但所接受的学术营养却是多方位的。由此可以看出，宋代知识分子追求的是为己之学，凡是有利于自我立身的学问，均可拿来以为己用。

以上谈"甬上四先生"之师友，但师友的影响并也不是绝对的。以慈湖为例，众所周知，慈湖对于象山心学多有创获。而陆象山对于慈湖先生的这些创获，并不能完全理解。有一次，陆象山的门人严松问老师："今之学者为谁？"当时陆象山屈指数之，以傅之渊居其首，邓文范居次，傅季鲁、黄吉之又次之。并且说："浙间煞有人，有得之深者，有得之浅者，有一见而得之者，有久而后得之者。广中陈去华省发伟特，惜乎此人亡矣！"③在陆象山眼中，最得意的学生应是傅之渊、邓文范、傅季鲁和黄吉之。对于浙东的几位弟子，陆象山却说得含混。有时陆象山对杨简发出直接的批评。他说：

---

① 真西山在其行状中说："东莱吕成公接中原文献之正传，公从之游，所得益富。永嘉陈公傅良，明旧章，公与从容考订，细大靡遗。"（《宋元学案·絜斋学案》，[清]黄宗羲：《黄宗羲全集》第5册，第1016页）

② （宋）陆九渊：《陆象山全集》卷34，中国书店1992年版，第256页。

③ （宋）陆九渊：《陆象山全集》卷34，中国书店1992年版，第272页。

"杨敬仲不可说他有禅,只是尚有气习未尽。"①这实际上就是在批评杨简为学不纯。

慈湖心论与朱子理学是有隔阂的。《慈湖遗书》虽没有指名道姓批评朱子,但其文字有不少是针对朱子理学而发。如朱子推崇《大学》②,认为它是孔门之提要,而慈湖先生对于《大学》多有批评。《慈湖遗书》多次提到"章句儒",明眼人一看就知道是指朱子学一派。朱子一门对于杨慈湖也有公开的批评。朱子说:"陆子静、杨敬仲有为己工夫,若肯穷理,当甚有可观,惜其不改也。"③他还说:"杨敬仲《己易》说雷霆事,身上又安得有?且要著实。"④朱子甚至说:"杨敬仲文字可毁。"⑤朱子的学生也有不少批评杨慈湖的文字,如黄勉斋曰:"《杨敬仲集》皆德人之言也,而未闻道。"⑥陈北溪《答陈伯澡书》曰:"杨敬仲持循笃而讲贯略。"⑦值得注意的是,杨慈湖与朱子之间的相互批评,只是学术上的分歧。这就像陆象山与朱子之间的矛盾一样。黄梨洲谈朱、陆矛盾时说:"虽然,二先生之不苟同,正将以求夫至当之归,以明其道于天下后世,非有嫌隙于其间也。道本大公,各求其是,不敢轻易唯诺以随人,此尹氏所谓'有疑于心,辨之弗明弗措',岂若后世口耳之学,不复求之心得,而苟焉以自欺,泛然以应人者乎!"⑧这种对朱、陆的议论,也可以用在朱、杨的身上。

"甬上四先生"的周围,除了一些师友之外,还有一大批门生。据《宋元学案》记载,杨慈湖的门生有袁蒙斋、冯振甫、冯国寿、史弥忠、史弥坚、史弥巩、史弥林、钱时等61人。袁絜斋的门生有朱元龙、史弥忠、史弥坚等22人。舒广平的门生有李元白、袁肃、罗子有等11人。沈叔晦的门生有竺大年、舒衍等8人。四先生的学生有相互重复的,但他们背后肯定还有更多不

---

① (宋)陆九渊:《陆象山全集》卷35,中国书店1992年版,第290页。

② 牟宗三先生认为,宋明理学两水分流,周廉溪、张横渠、程明道、陆象山、王阳明等,主要阐发《论语》《孟子》《中庸》《易大传》之旨;程伊川、朱子等,主要阐发《大学》之旨。(可参看牟宗三:《心体与性体》,上海古籍出版社1999年版)

③ (宋)黎靖德:《朱子语类》卷124,中华书局1986年版,第8册,第2984页。

④ (宋)黎靖德:《朱子语类》卷124,中华书局1986年版,第8册,第2985页。

⑤ 《朱子语类》记载:"杨敬仲有《易论》,林黄中有《易解》,《春秋解》专主左氏。或曰:'林黄中文字可毁。'先生曰:'却是杨敬仲文字可毁。'"(见[宋]黎靖德:《朱子语类》卷124,中华书局1986年版,第8册,第2985页)

⑥ 《宋元学案·慈湖学案》,见(清)黄宗羲:《黄宗羲全集》第5册,第951页。

⑦ 《宋元学案·慈湖学案》,见(清)黄宗羲:《黄宗羲全集》第5册,第967页。

⑧ 《宋元学案·象山学案》,见(清)黄宗羲:《黄宗羲全集》第5册,第279页。

太出名的学生。在这些学生中,有些是兄弟几人投于同一人门下,有些是一家叔侄先后受教于同一位先生。在这些学生中,一些突出者又教出学生,薪火相传。如慈湖的学生钱时,被称为融堂钱氏,有学生洪扬祖、夏希贤等5人。再如慈湖的学生桂万荣,在家乡慈湖东山之麓建石坡书院,清朝全谢山说:"至今六百余年,犹有奉慈湖之祀者,香火可为远矣。"①

"甬上四先生"有如此众多学生,说明"四先生"所信奉的学说有吸引力。有学者认为心学能够在浙东大行其道,与明州籍朝廷官员的极力支持大有关系。但我以为,这只是说出了事实的一部分。心学大行浙东,有两点不可忽视:一是心学在人心上着力,最易于打动人心。陆九渊说:"吾与人言,多就血脉上感移他,故人之听之者易,非若法令者之为也。"②同时代的朱子也承认陆象山善于做思想开导工作,他说:"陆氏会说,其精神亦能感发人,一时被它耸动底,亦便清明。"③《象山语录》曾记载陆象山的第一次轮对:"读'太宗起头'处,上曰:'君臣之间,须当如此。'答:'陛下云云,天下幸甚。'读'不存形迹'处,上曰:'赖得有所悔',连说'不患无过'之意甚多。答:'此为尧,为舜,为禹、汤,为文、武血脉骨髓,仰见圣学。'"④陆象山为了打动皇帝,让他能够心仪儒学,适时地说些好话以鼓励皇帝,指出尧、舜之心为皇帝所自有,只要听从本心召唤,就可以实现尧、舜之治。这与孟子游说齐宣王非常相似。后来学者谈到阳明心学时,也注意到王阳明的这一点:"闻其言,如日中天,睹之即见;象五谷之艺地,种之即生;不假外求,而真切简易,恍然有悟。"⑤由此可见,心学确实易于感发人心。

二是心学与浙东社会环境有契合之处。两宋时期的明州,偏安于一隅,人口不断增多,生产技术提高,物产丰富,商业发达,教育兴盛,藏书丰富,人们读书求理有了一定的物质基础。明州背山面海,原是荒蛮之地,至宋代才受儒学的浸淫,受传统的束缚毕竟较少,人们思维向来比较活络。明州本来就有信奉佛教的传统,而心学与佛学确实有一些相通之处。心学特别重视人心的作用,其信奉的方法却至简至易。心学能够大行于南宋时的浙东,也就不足为怪了。

---

①　《宋元学案·慈湖学案》,见(清)黄宗羲:《黄宗羲全集》第5册,第981页。

②　(宋)陆九渊:《语录上》,见《陆九渊集》卷34,中华书局1980年版,第401页。

③　(宋)黎靖德:《朱子语类》卷124,中华书局1986年版,第8册,第2975页。

④　(宋)陆九渊:《陆象山全集》卷35,中国书店1992年版,第290页。

⑤　(明)王守仁:《王阳明全集》上册,上海古籍出版社1992年版,第142页。

从另一方面来看,学生的积极响应也激励了老师们的创新。凡是做过教师的人,都会有这样的体验,当教师的传授得到学生的积极回应,这时会反过来激发教师的教学热情,此时教师的创造力极为旺盛。战国时期的孟子,"后车数十乘,从者数百人,以传食于诸侯"(《孟子·滕文公下》),因此孟子才会发出"说大人,则藐之"(《孟子·尽心下》)的豪言壮语。有这么多的学生来求学问道,这对"甬上四先生"传道授业有一种心理上的激励。慈湖被认为"姑为高论,以自表其异于俗学霸术而已"①。试想,如果慈湖"高论"没有听众,他还能有那么大的热情吗?另外,一些好的学生反过来也会对老师有所启发。慈湖的学生冯兴宗,"忠信笃敬,毫发无伪,训警恳至,语自肺腑流出",杨慈湖就曾称他"于圣道独有启发"②。

9.4　本章总结

本章讨论慈湖之社会。慈湖之社会包有三方面,即慈湖之时代、慈湖之地域和慈湖之交往。慈湖之时代即是宋代,宋代社会生产力有了发展,具体表现为生产工具的改进,生产技术的提高,手工业技艺和商业贸易的长足发展,这些为宋代社会提供了较丰厚的物质基础。这样的结论并不是要否认当时社会许多贫民在死亡线上挣扎这一事实,而是就社会的财富总量来说的。正是有了这样的物质基础,宋代才会有更多人去读书,才会去追求日常生活情趣化,才会有更多人去从事精神劳动,才会出现陈寅恪先生所说的"中国文化之演进造极于宋世"③。

两宋政治根本之点在于黜武崇文。赵宋政权做出这样的选择,既是为了维护自身长久利益,又是惩戒于唐末五代的乱局。黜武的结果造成了国力的衰弱,既受外力的压迫,又受内乱的侵扰。崇文的结果造就了一个文治社会,使得知识分子的潜力得到了尽可能的发挥。余英时曾说:"整体而论,在中国传统的政治、社会格局之下,宋代士的功能已发挥到最大的限度。"④杨慈湖在面奏宋宁宗时,直问皇帝:"陛下自信此心即大道乎?""陛下

---

① 《四库全书总目》,中华书局,1997年,下册,第2137页。
② 《宋元学案·慈湖学案》,见(清)黄宗羲:《黄宗羲全集》第5册,第971页。
③ 陈寅恪:《邓广铭宋史职官志考证序》,《金明馆丛编二编》,三联书店2001年版,第277页。
④ 余英时:《朱熹的历史世界:宋代士大夫政治文化的研究》,三联书店2004年版,第316页。

意念不起,已觉如太虚乎?"①如此的语气,可见当时知识分子内在的底气。

较好的物质基础和黜武崇文的国策,两者合力塑造着宋代社会的风俗趋向。宋代社会风俗趋向有四点:追求物质享受,日常生活情趣化,读书蔚然成风,信佛之风日盛。此四点几乎是逐步深入的。当社会财富有所增加时,人坠入对物质享受的追求应是情理之中的事。也许这是一种循环,人正是为了追求物质享受,才会有动力去创造财富。宋代社会在追求物质享受的同时,又注重日常生活的情趣化。人对情趣的追求实是已进入到精神层面,是对单纯的物质欲望的一种超越。宋代社会读书蔚然成风,一方面是受到功名利禄的引诱,另一方面也是精神追求的一种表现。宋人信仰佛教带有更深的意味,是为了获得精神家园,求得心灵慰藉。

宋代知识分子具有一种特别的精神风貌,那就是注重以道义来自律。之所以会形成这样的精神风貌,一方面是知识分子得到了少有的优待,另一方面也是儒家传统精神的熏陶。众所周知,理学在宋代曾遭学禁,被斥为"伪学"。但是理学发展却如潜流暗涌,一直都有着广泛的社会基础,其中必然有一种精神性的东西在支撑着。柳诒徵先生曾说:"近人病宋学者,往往以为宋学虚而不实,或病其无用,或病其迂腐,要皆未知宋儒之实际也。"②要知宋儒之实际,就必须了知宋儒之真精神。

慈湖之地域主要包括明州的自然环境、民风民俗和人文环境。明州的自然环境用六个字就可以概括:滨海、枕山、臂江。如此自然环境,对于宋时明州风俗的形成,对于明州人性格的塑造,都有着重要影响。可以说,明州人的勤劳与节俭,灵活与聪明,几乎都与这些自然条件有关。两宋时期明州的民风民俗主要有这样几点:崇尚勤劳与节俭,奉行厚葬与厚嫁,信佛之风尤盛。这种民风民俗的形成,一方面得力于儒学在明州的传播,另一方面又给儒学在明州的进一步发展提供了社会土壤。宋时明州的人文环境也有地方特色,读书蔚然成风,藏书日益兴盛,读书人还有各种社团活动,仁义慈善之举大行其事。这些都为心学在浙东发扬光大打下了基础。

慈湖之交往群体有小有大。在慈湖之周围,首先是"甬上四先生"。此四人既是同乡,又是同学,还是同道。他们之间既有姻亲关系,又有各式各样的学源关系。他们既互相切磋,又惺惺相惜。可以这样说,他们就是一

---

① 《宋元学案·慈湖学案》,见黄宗羲:《黄宗羲全集》第 5 册,第 952 页。

② 柳诒徵:《中国文化史》下卷,东方出版中心 1988 年版,第 515 页。

个学术整体,只是由于个人秉性不同,之后才有各种不同表现。由"甬上四先生"扩而大之,是他们的师友和门生。在这样的一个大的群体中,慈湖与人交往,足以保证他及时了解当时社会的各种学术观点。在学术论争中,也有利于慈湖与他人的思想交融。

考察慈湖之社会,可知慈湖之言行并非一种孤立之存在,而是由宋代社会为其提供物质基础、心理基础和行为规范。从某种意义上说,慈湖之言行并非完全是由他个人所自主。作为社会人,他不能不受其社会的制约,又不能不受其社会的激发。慈湖之可取之处,就在于他在社会许可的条件下,尽可能地展示自己的本真。

第十章　慈湖之文化

　　杨慈湖不仅受外部的社会环境所裹挟,而且还受内在的传统文化所驱动。也就是说,我们的研究还需要考虑到慈湖言行中那些中国传统文化的力量。文化是一个群体的价值观,中国文化是中华民族的价值观,是中华民族的共同心理。一旦涉及价值问题,就不能只在外围打转,必须进入其内部。中国文化就像我们所呼吸的空气,每时每刻都伴随着我们。我们一举手,一投足,都呈现着中国文化,我们的"整个人都是历史研究的求知工具"①。这种情形,一方面为我们解析中国文化打开了方便之门,另一方面也会被人指责失去研究的客观性。当人必须在主观感受中去把握研究对象时,要想消除研究的主观色彩,正确的方法不是去寻找事实的客观性,而是要谋求共同感受的客观性。也就是说,我将诉说本人对中国文化的感受,以求得在读者的共同感受中的肯认。

　　文化包含着文化事件和文化精神。文化事件是指历史上出现的人、发生的事以及人事遗留下来的物。文化精神是将历史上的文化事件贯穿起来的主线,是潜藏于文化事件背后的文化生命。历史上所发生的文化事件,对于后人自然有影响,但是这种影响是显而易见的,容易为我们所察识。而文化精神对人的驱动,却是在不知不觉中进行的,这需要我们不断地反省才能获知。系统而详细地讨论中国历史上的那些文化事件,那将是一个浩大工程,实在超出了本书的承载量。在此,我们只能通过反省来把

---

① ［德］卡尔·雅斯贝斯:《历史的起源与目标》,华夏出版社 1989 年版,第 18 页。

握中国文化的精神。中国文化的精神在不同历史时期,有不同的表征,它在宋代的表现将是我们关注的重点。因此,本章将从两方面来展开,一是中国文化精神,二是中国文化精神在宋代的特殊表现。

10.1 中国文化精神

一谈到中国文化,普通人都会随口下一断语:博大精深,源远流长。但是,若要追问一些细节,一般人又不知道从何说起,因为中国文化的内涵实在太丰富了。专家告诉我们,认识中国文化,首先应该抓住中国文化精神。张岱年先生曾反复地说:"有哪些思想可以称为中国人民的民族精神呢?我认为:中国的民族精神基本上凝结于《周易大传》的两句名言当中,这就是:'天行健,君子以自强不息';'地势坤,君子以厚德载物'。"①张先生确实是把握到了中国文化的命脉。在我看来,"自强不息"就是不断地超越自我,"厚德载物"就是可以包容一切,中国文化精神就是超越并包容,与宇宙进化的法则是合符若契。

10.1.1 超越并包容

要想真正理解《易传》里的这两句话,就不能不关注《周易》这部典籍。众所周知,中国文化的源头在五经,五经之首为《周易》。周濂溪甚至说:"《易》何止五经之源,其天地鬼神之奥乎?"②可以说,《周易》塑造了中华民族的文化性格。《周易》一书的产生与传播,即体现了超越并包容的精神。《周易》分经、传。《易经》大约形成于殷、周之际,最早用于占筮。其中凝结着我们祖先的丰富生活经验和生产经验,蕴含着深厚的哲理。后经孔子等人的阐发③,到了战国中后期,《易传》陆续面世。《易传》创造性地诠释了《易经》,揭示了《易经》中所蕴含的哲理,此时的占筮不过是《易》理之一

---

① 张岱年:《文化与哲学》,中国人民大学出版社 2006 年版,第 74 页。
② (宋)周敦颐:《周敦颐集》,岳麓书社 2002 年版,第 49 页。
③ 《论语·述而》记载孔子之言曰:"加我数年,五十以学《易》,可以无大过矣。"《史记·孔子世家》记载孔子"读《易》,韦编三绝"。

用①。先秦诸子为乱世开医方,各逞辞说,争议蜂起。《易传》以"天下同归而殊途,一致而百虑"的姿态来超越诸子,是在更高的层面上对诸子百家进行包容。中国历史上的学者,几乎没有不受《周易》影响的,而且大多对《周易》的易理做过阐发。

《周易》的书名颇值玩味。"易"者,变动与改易之谓。天地之间,没有不变的事物。人有生有死,草有枯有荣,花有开有落,山峙川流,鸟飞鱼跃……宇宙万汇,变动不居,显示出无穷无尽的生命力。《周易·系辞上》曰:"生生之谓易。""生生"即是创造,即是超越,即是提升。"易"字强调的是一种超越。"周"者,周遍与周密之谓②。宇宙大精神的化力,无处不在,无时不在,故而称之为"周"。"周"字表明的是一种包容。《周易·系辞上》曰:"《易》与天地准,故能弥纶天地之道。"《周易》作为模拟天地大道之书,它以太极有两仪,两仪生四象,四象衍八卦,八卦叠为六十四卦,演尽了天地间的一切生命变化。

《周易·系辞下》载孔子言曰:"乾坤,其《易》之门耶?"说"乾坤"为《易》之门户,标明"乾坤"二卦是理解《周易》的关键。《易传》曰:

> 大哉乾元,万物资始,乃统天。(《周易·乾·彖》)
> 至哉坤元,万物资生,乃顺天。(《周易·坤·彖》)

汉代董子说:"元者为万物之本。"(《春秋繁露·玉英》)《易传》称"乾元"、"坤元",是强调"乾坤"为万物之本,是万物得以"资始"、"资生"的总根源。因此可以说,在《周易》里,"乾坤"表征的是宇宙大生命,万物都是由"乾坤"化生而来。《周易·乾·彖》还说:"云行雨施,品物流形。"这是形象化地描绘了"乾坤"如何化生万物。但是值得注意的是,并非在万物之外还存在着一个叫"乾坤"的宇宙大生命。《周易·系辞上》云:"在天成象,在地成形,变化见矣。"这是说宇宙大生命就在天地万物之中呈现。又云:"易不可见,则乾坤或几乎息矣。"如果没有"生生之谓易",那么作为宇宙大生命的"乾坤"也不可见。因此,"乾坤"与万物,即体即用,体用一源。

---

① 《周易·系辞上》:"《易》有圣人之道四焉:以言者尚其辞,以动者尚其变,以制器者尚其象,以卜筮者尚其占。"可见卜筮只是《易》道之一用。

② 郑玄解释《易论》时说:"《周易》者,言《易》道周普,无所不备。"陆德明《经典释文》认为:"周,代名也;周,至也,遍也,备也,今名书义取周普。"尚秉和《周易尚氏学总论》(中华书局1980年版)也是主张"周普"义。

在"乾"、"坤"两者之间,"乾""统天"而"坤""顺天",这说明"坤"是顺从于"乾"的。也就是说,"乾"为主而"坤"从之,"乾"之中包含着"坤"。汉语中提到此二字,总是"乾"在前而"坤"在后,也说明了两者之间应有的顺序。这一点很重要,涉及中国文化是以"动"为主还是以"静"为本的问题。"乾"卦六爻皆"阳",阳表示着"动"。"坤"卦六爻皆阴,阴表示着"静"。有学者将中国文化与西方文化作对比,认为中国文化是主"静"的。持这种看法的理由是不充分的。中国文化从主流上看,是强调"动"的。先秦时道家是主"静"的,宋代周濂溪是宣扬"主静"之说的,但是持这种观点的人只是少数,大多数人是主"动"的。《周易·艮·象》曰:"时止则止,时行则行,动静不失其时,其道光明。"后来的程、朱、陆、王主张"动静合一",反对专门的主"静"。到了清代的王夫之、颜元他们,更是强调"动"的重要性①。

《周易》虽然是主"动"的,但也不抹杀"静"的作用。《周易·系辞下》曰:"夫乾,其静也专,其动也直,是以大生焉;夫坤,其静也翕,其动也辟,是以广生。"这实际上点出了宇宙大生命的两种特性:一是趋动性,在《周易》中被表征为"乾"、"健"、"辟"、"阳"等;一是趋静性,在《周易》中被表征为"坤"、"顺"、"翕"、"阴"等。一动一静,以动为主,两者缺一不可。

分析汉语"生命"一词,也可看出其中深意。"生命"中的"生"字,表征的是宇宙乾健不息的秉性和无穷无尽的创造力。宇宙总是流动不息,总是生生不已,总是创新不止。但是,生命的趋静性也是不可或缺,它趋于使生命之流不断凝结,不断物化。正是由于物化的作用,才能使得流动的生命得以呈现。以植物的种子为例。种子的生命只有不断的物化成根干枝叶,才能使我们感受到种子的旺盛生命力。如果没有根干枝叶,蕴藏于种子之中的生命就无法呈现。"生命"中的"命"字最能体现这层意思。"命"者,名也,明也。生命借物化方式以命名自身,标明自在。故周敦颐说:"天以阳生物,以阴成万物。"②当生命被物化之时,就会反过来拖住生命,成为生命的桎梏。此时,生命的趋动性又起,冲破物质的束缚,推动生命迁流不息。生命的动与静,相反相成,不分先后,彼此包容。周濂溪表示这层意思时,是这样表述的:"太极动而生阳,动极而静,静而生阴,静极得动,一动一静,互为其根,分阴分阳,两仪立焉。"③

---

①　可参看张岱年:《文化与哲学》,中国人民大学出版社 2006 年版,第 8 页。

②　《宋元学案·濂溪学案上》,见(清)黄宗羲:《黄宗羲全集》,第 3 册,第 595 页。

③　(宋)周敦颐:《周敦颐集》,岳麓书社 2002 年版,第 4 页。

郑康成在《周易注·易赞易论》中,曾将深刻的易理总结出三义:"易一名而含三义:易简,一也;变易,二也;不易,三也。"所谓"变易",是指宇宙万汇千变万化;所谓"不易",是指"变易"之中所呈现出来不变的内涵;所谓"易简",是指以"不易"之道去驾驭"变易"之事物,从而显得简单容易。以我看来,郑康成的"变易"是依外部观察得来的,"不易"是靠内部解析得到的,"简易"则是人的主观感受。三者之中,最最重要的是"不易"。"不易"的真实内涵,应该就是宇宙大精神,也就是古人常说的"天地之道",也就是"乾坤"的含义——即大宇宙总是在不断自我超越,同时也在不断地物化呈现。

领会了"乾坤"的含义以后,我们就可以理解《易传》中的那两句话。"天行健,君子以自强不息。"对于这句话,有一种错误的理解,认为君子看到自然万物健行不止,于是受到感奋,也要自强不息。[①] 此处的"天"不是高高在上的苍天,也不是泛指自然界,而是一个表意之"象",它象征着宇宙大生命。《周易》有"意"有"象"有"言"。《周易》所要表达的易理是"意",每一卦都有卦"象",每卦的卦辞、爻辞即是"言"。王弼《周易略例·明象》说明了三者之间的关系:"夫象者,出意者也;言者,明象者也。尽意莫若象,尽象莫若言。"此处的"天"即是"乾"之"象",它们同指向宇宙大生命。[②] 因此,《易传》中这句话应该这样理解:宇宙大精神就是刚健不息,君子作为宇宙大生命的一部分,本应该奋发有为。君子自强不息,实际上就是实现自我创造,自我超越,自我提升。

接下来看《易传》中的第二句"地势坤,君子以厚德载物"。这里的"地"也是一种表意之"象",是"坤"之"象","地"与"坤"同指向宇宙大生命的另一种特性,即趋静性。在宇宙大生命健行不止的同时,还有一种力顺从于它,并使健行之力不断得以物化凝结。德者,得也,"君子以厚德载物"即是要广纳百川,包载万物。从个体来说,君子要培厚自我品德而担任更大责任;从群体来说,君子要包容一切,无所不载。

将《易传》中的此两句合在一起,我们可以体味其中的深意。"天行健"、"地势坤",说的是宇宙进化的法则,这个法则就是既要超越又要包容。

---

① 持这种观点的人,有一个证据,那就是老子的"法自然"观念。前文说过,先秦道家是主"静"的,明显与《周易》主"动"的思想不类。

② 关于"天"是宇宙大生命之"象",请看拙著:《董仲舒学说内在理路探析》,浙江大学出版社 2007 年版,第 120—124 页。

人作为宇宙中的一部分,而且是宇宙进化的最高成果,更应体现宇宙进化的这一法则。君子的"自强不息"与"厚德载物",实际上就是宇宙大精神的体现。由此可以得出结论,《易传》中足以表达中国文化精神的两句话,其实就是宇宙大精神的一种呈现。

世界上任何一个民族,只要有所延续,有所发展,都会自觉或不自觉地遵循着宇宙进化的法则。孔子说:"道不远人,人之为道而远人,不可以为道。"(《中庸》)只是不同的民族,对于如此的宇宙进化法则,有知与不知的分别,有觉之早与觉之迟的差异。中华民族早在春秋战国时期,就能洞察此法则,并以简洁的语句,精确而形象地将其揭示出来。《周易》作为中国文化的原始经典,历来被人们广泛地传抄与宣讲,中国文化精神也因此浸入到中国人的灵魂深处。

我们在马来西亚旅游期间,曾发现一种现象:同样是摆地摊,当地土著人赚到钱就想着去消费去享受,而当地华人赚到钱还想赚更多的钱。这是不同的生活方式,无所谓好坏。但从中国文化角度来说,我们还是比较倾向当地华人的那种生活方式。我经常听到身边的人说:人活着就是要做事。这是一句非常平实的话,也许大家随时能听到,却是对《易传》的"自强不息"和"厚德载物"的形象注释。说这话的人,可能并不知道《易传》里有这样的两句话,他是受身边的人或事的感召,自然说出来的,但这正是中国文化精神已进入中国人血液的明证。

当我们把握了中国文化精神,就可以很好地解释中国文化中的一些观念。人们说起中国文化,常常会提到"天人合一"。现代学者们对于中国古代的"天人合一"有多种解释。以我们的理解,"天行健"、"地势坤"是宇宙进化的法则,而"自强不息"、"厚德载物"是人之作为。人是宇宙的一部分,人的作为其实是宇宙大精神的一种体现,天人本来就是合一。只是由于人对宇宙法则的无知,所以才会造成天人相隔。人如能对此有所觉知,自然就可以做到天人合一。

众所周知,中国文化有"以人为本"的特性。《中庸》说:"唯天下至诚,为能尽其性;能尽其性,则能尽人之性;能尽人之性,则能尽物之性;能尽物之性,则可以赞天地之化育;可以赞天地之化育,则可以与天地参矣。"在中国古人看来,人之性、物之性、天地之性本是相通的。人与"天地参","赞天地之化育",不是要求人设坛作法,对自然施加什么威力,而是只要能尽人之性,也就是以人为根本,去呈现宇宙进化之法则。

当我们领会了中国文化精神,就可以清晰地判别一些似是而非的言论。有一种观点认为中国近两千年的封建社会,几乎看不到一点进步。这种观点抹杀了中国文化精神中不断超越的力量。熟知中国历史的人,自然会看到中国社会近两千年来有一个不断超越并包容的过程。钱穆先生说:"然则中国社会,自秦以下,其进步何在? 曰:亦在于经济地域之逐次扩大,文化传播之逐次普及,与夫政治机会之逐次平等而已。"①钱先生这个结论是从历史事实中总结出来的。以选拔人才的制度为例,就可以看出其中的不断超越。从商周时期的世卿世禄制,到春秋战国时期的养士制,再到汉代的察举与征辟,从魏晋时期的九品中正制,到隋唐以后的科举制,每一次的变化,都显示着进步。中国近两千年历史,除了蒙、满异族入主的时段以外,中国社会基本上都是演绎着向前发展的趋势。

20 世纪 20 年代,有不少知识分子有感于中国的落后挨打,发出"全盘西化"的惊世骇俗之言。这是要来一个彻底的超越,而否决了应该有的包容。在今日之中国,全盘西化的言论大概不再有市场。记得改革开放之初,法国的标志企业到中国广州办厂。工厂的机器、技术和企业管理,都是照搬法国的,但最终结果是这样的工厂无法在中国生存。由此可见,文化建设不可能是一切推倒重来。目前,中国正在实现经济腾飞,富民强国之梦逐渐变成现实,人们对于中国传统文化有了新认识。面对当前世界新的格局,我们需要在现有文化基础上,实现再次超越并包容。

10.1.2　尊经传统

上文谈到中国文化精神,指出中国文化含有一种超越并包容的内驱力。一种文化就是一个集体生命,它也具有趋动性和趋静性。中国文化精神是一种内驱力,它需要不断凝结并物化,然后才能显现出来。文化可以凝结在具体人身上而成为人格,也可以凝结在社会制度上,还可以凝结在文物上,完整揭示并且原汁原味地传递中国文化内驱力的是那些在古代被称为"经"的几部文献。因此,我们要想真正理解中国文化之精神,就必须关注中国古代的经学。徐复观先生说:"经学奠定中国文化的基型,因而也成为中国文化发展的基线。中国文化的反省,应当追溯到中国经学的

---

① 钱穆:《国史大纲·引言》,商务印书馆 1996 年版,第 23 页。

反省。"①

中国古代有尊经的传统。首先,当权者非常重视儒家经典。早在汉武帝时,就立有五经博士。一个人只要能够熟练解释其中一部儒家经典,就可以做官。后来发明的科举考试,出题范围即在这几部经典之中,答题的内容也要求不要逸出这几部经典之外。其次,无数的学者怀着虔诚之心,将自己毕生的财力和精力,都投注到对这几部经典的校勘辨证、注释疏解、阐扬发挥上来。历史上的经学著作,可谓汗牛充栋。再次,经学是中国古代学术的主干,几乎一切的学术活动都是围绕着这几部经典而展开。古代图书的分类,无论是最早的刘向《七略》,还是后来的《四库全书》,均是将"经"部排在首位。在古人眼里,"经"是为学之纲,"史"、"子"、"集"不过是"经"之发用或验证。刘勰《文心雕龙》前三章是《原道》、《征圣》和《宗经》,可见为文也需要尊经。在他眼中,"道"、"圣"、"经"三位一体,"道沿圣以垂文,圣因文而明道,旁通而无滞,日用而不匮"(《文心雕龙·原道》)。可以这样说,中国古人的一举一动几乎都离不开这几部经典。大臣给皇帝上一个奏章,朋友之间书信往来,不同流派之间学术争鸣,给逝者写一篇墓志铭,……所有这一切都需要引经据典,遇事皆以经书为判别是非的最后依据。

中国人如此的尊经与崇经,那么"经"究竟为何物呢?徐复观先生的《中国经学史的基础》对此做了回答。清人皮锡瑞说:"经学开辟时代,断自孔子删定六经为始。"②徐先生认为此说"在历史中很难成立"③,早在周公时代便开始了经学,即用经典来教育贵族子弟。清人章实斋《文史通义》劈头一句就是:"六经,皆史也。"徐先生认为,这是"歪曲了经之所以为经的基本意义,把经的副次作用,代替了主要作用"④。在他看来:"经学是由《诗》、《书》、《礼》、《乐》、《易》、《春秋》所构成的。它的基本性格,是古代长期政治、社会、人生的经验积累,并经过整理、选择、解释,用作政治社会人生教育的基本教材的。"⑤"经"中确实也反映了一些社会现实,但其主要目的是用来教育子弟,其中凝结着中华民族古老的智慧。

---

①　徐复观:《中国经学史的基础》,台湾学生书局1982年版,《自序》。

②　(清)皮锡瑞:《经学历史》,中华书局2008年版,第1页。

③　徐复观:《中国经学史的基础》,台湾学生书局1982年版,第1页。

④　徐复观:《中国经学史的基本》,台湾学生书局1982年版,第2页。

⑤　徐复观:《中国经学史的基础》,台湾学生书局1982年版,第1页。

在经学形成过程中,孔子是一个枢纽。徐先生认为孔子在三个方面"给了经学以决定性的基础":其一,孔子把贵族手上的文化及文化资料,通过其三千弟子,普及平民,使平民在争取物质生活权力的同时,也懂得追求精神生活。其二,孔子在成熟实践中反思,将诗、礼、乐当作人生教养进升的历程。其三,孔子在整理历史文化文献时,对其中的传统价值观念进行了转换,并使内容和形式得以确定。因为孔子概括出六经,所以他才真正称得上集古代文化之大成;因为孔子创发了新的价值观念,所以他才真正称得上后来文化的源泉。[①] 后来经过孟子、荀子等人的努力,经学从内容到形式得以确立。到了汉代陆贾,他说:"礼义不行,纲纪不立,后世衰废,于是后圣乃定五经,明六艺,承天统地,穷事察微,原情立本,以绪人伦,宗诸天地,纂修篇章,垂诸来世,被诸鸟兽,以匡衰乱,天人合策,原道悉备,智者达其心,百工穷其巧。"(《新语·道基》)

六经如此崇高地位,是由孔子及其门人奠定的,但六经的影响却是普遍的。徐复观先生证明了经学对《墨子》、《庄子》、《管子》、《韩非子》、《吕氏春秋》等的影响。古人如此重视六经,并非其中记载了多少可资借鉴的知识,而是其中贯注着中国文化精神,其内部有着一种不可思议的力量。《诗》、《书》、《礼》、《乐》、《易》、《春秋》成为经典的过程,中国文化正处在一个特殊的时期。金岳霖先生 20 世纪 40 年代撰写《论道》一书,他认为在这个时期内,世界每一个文化区都有了它的中坚思想,每个中坚思想都有它最崇高的概念,最基本的原动力。中国的中坚思想儒、道、墨兼而有之,其最崇高的概念是"道",其思想与情感两方面的最基本的原动力也是"道"。[②]

德国学者卡尔·雅斯贝斯将这个时期叫作"轴心期"(Axial Period)。雅斯贝斯说,从公元前 800 年至公元前 200 年的时段,是一个历史轴心。在这个时期内,在中国,孔子与老子非常活跃,中国所有的哲学流派,包括墨子、庄子、列子和诸子百家,都出现了。在印度,出现了《奥义书》和佛陀,先知们纷纷出现。在古希腊,出现了荷马、巴门尼德、赫拉克利特、柏拉图等。"轴心期"的特点是人们开始意识到整体的存在、自身和自身的限度,学会了进行理性的反思,注重人性的精神化,人性整体上有了一次飞跃。[③] 帕森斯将"轴心期"的说法表述为"哲学的突破",他认为中国哲学的突破最为温

①　徐复观:《中国经学史的基础》,台湾学生书局 1982 年版,第 7—27 页。
②　金岳霖:《论道》,中国人民大学出版社 2010 年版,第 16—17 页。
③　[德]卡尔·雅斯贝斯:《历史的起源与目标》,华夏出版社 1989 年版,第 7—13 页。

和，"传统被体现于古典文献的结集之中，它自身被系统化、教条化了，而产生了一个关于宇宙秩序、人类社会和物质世界的完全概念"①。

雅斯贝斯高度赞美了人类文化史上的"轴心期"，认为它是"最深刻的历史分界线"。前轴心期虽有几千年古老文化，但"没有某种觉醒的意识"。轴心期文化超越并包容了古老文化，使人类对人性深度的探索与广度的拓宽都达到了前所未有的程度。后轴心期时代，"直至今日，人类一直靠轴心期所产生、思考和创造的一切而生存，每一次新的飞跃都回顾这一时期，并被它重燃火焰。自那以后，情况就是这样。轴心期潜力的苏醒和对轴心期潜力的回忆，或曰复兴，总是提供了精神动力"②。

雅斯贝斯的"轴心期"之说颇有见地，只是他并未明确说明中国文化轴心期产生的原因。为何恰恰在孔子的那个时代，中国文化会发生"喷发"？这种文化"喷发"，与前期的文化积累和当时的社会生产当然有关系。关于这些，学者论之甚详，本文不再赘述。我以为，最重要的因素是战争。战争给人类带来灾难，但战争最能激发人之潜能。梁漱溟先生说："盖作战是人类最富生命力者的事。"③春秋战国正是我国战争频发的时期。有人统计，在《春秋》所载的 242 年之间，"秦晋互相攻伐之战凡十八。晋楚大战者三。吴楚相攻者二十三。吴越相攻者八。齐鲁相攻者三十四。宋郑交兵者凡三十九。晋悼之世，宋郑两国十年而十三战。若把二百四十二年所有的战争加以统计，或就鲁卫宋郑中每一国所经过的战争加以统计，将更易发现战争的频度，尤为惊人。"④而且有些战争达到"语言道断的程度"。《春秋·宣公十五年》载："宋人及楚平。"《公羊传》补充史料说："易子而食之，析骸而炊之。"战国时期与春秋时期相比，也有一项统计数字：公元前 722 至公元前 464 年的 259 年中，只有 38 年没有战争，而在公元前 463 至公元前 222 年 242 年中，没有战争的年份不少于 89 年。⑤ 表面看来，战国时期战争没有春秋时期那么频繁，但此时的战争规模扩大，而且持续的时间增长。仅以《史记》记载的秦军造成的伤亡而言，从公元前 364 年至公元前 234 年这

---

① ［美］帕森斯：《"知识分子"：一个社会范畴》，三联书店 1987 年版，第 358 页。

② ［德］卡尔·雅斯贝斯：《历史的起源与目标》，华夏出版社 1989 年版，第 14 页。

③ 梁漱溟：《人心与人生》，广西师范大学出版社 2005 年版，第 41 页。

④ 徐复观：《两汉思想史》，华东师范大学出版社 2001 年版，第 1 卷，第 42 页。

⑤ 许绰云：《变迁中的古代中国》，转引自崔瑞德、鲁惟一：《剑桥中国秦汉史》，中国社会科学出版社 1992 年版，第 38 页。

130 年中,秦国参加了 15 次大战斗或大战役,除 1 次外,伤亡数都达 2 万人以上,有 4 次竟达惊人的 10 万人以上。前 260 年秦赵长平之战,赵先损 5 万,后来 40 万人被俘并被"尽坑杀之"①。战争具有胜负立判的特性,需要人们将全部的生命能量投入其中;战争给社会带来的触目惊心灾难,也刺激着当时的哲人们思考。正是战乱与无序,让当时中国人的生命潜力得到自由的释放。

经学的基础建立以后,中国人便喜欢引经据典②,解释并发挥经典,习惯于从经典中汲取文化力。最显著的例子,如韩愈所领导的古文运动。韩愈不满于当时流行的骈文在表情达意上的束缚,发起了古文运动。他提倡学写古文的目的,是为了"载道"、"明道"。他说:"思古人而不得见,学古道而欲兼通其辞,通其辞者本志乎古道也。"③他认为要写好文章,首先要提高作者的道德修养。他说:"根之茂者其实遂,膏之沃者其光晔,仁义之人,其言蔼如也。"④他主张学古文,"师其意,不师其辞"⑤。他在从事古文创作中,受到了各种非难与嘲笑。他"为文久,每自测意中以为好,则人必以为恶矣。小称意,人亦小怪之;大称意,即人必大怪之也"⑥。但他矢志不移,毫不畏惧。韩愈能够做到"文起八代之衰,而道济天下之溺"⑦,是因为从经典中汲取了力量。他"口不绝吟于六艺之文,手不停披于百家之编"⑧,面对世俗社会的非议,他"不祈人之知也",自我感觉"直百世以俟圣人而不惑,质诸鬼神而不疑"⑨。

还有一个著名的例子,那就是宋代的理学家们。他们无不是咀嚼经典,而后发前人之所未发。我们不禁要问:为何返回经典便可汲取力量?阅读经典,在克服文字障碍之后,所能知的是一些上古的人、事,还有一些

---

① 参见崔瑞德、鲁惟一编:《剑桥中国秦汉史》,中国社会科学出版社,1992 年,第 117 页。

② 如有学者问朱子:"陆子静教人,合下便是,如何?"朱子曰:"如何便是? 公看经书中还有此样语否?"(见[宋]黎靖德:《朱子语类》卷 124,中华书局 1986 年版,第 8 册,第 2980 页)

③ (唐)韩愈:《题欧阳生哀辞》,见《韩昌黎全集》,中国书店 1991 年版,第 311 页。

④ (唐)韩愈:《答李翊书》,见《韩昌黎全集》,中国书店 1991 年版,第 246 页。

⑤ (唐)韩愈:《答刘正夫书》,见《韩昌黎全集》,中国书店 1991 年版,第 264 页。

⑥ (唐)韩愈:《与冯宿论文书》,见《韩昌黎全集》,中国书店 1991 年版,第 259 页。

⑦ (宋)苏轼:《潮州韩文公庙碑》,见(唐)韩愈:《韩昌黎全集》,中国书店 1991 年版,第 539 页。

⑧ (唐)韩愈:《进学解》,见《韩昌黎全集》,中国书店 1991 年版,第 187 页。

⑨ (唐)韩愈:《与冯宿论文书》,见《韩昌黎全集》,中国书店 1991 年版,第 259 页。

制度、规范。如果只是拘泥于其中的人事制度,那么经典不但不能给予人力量,还会束缚住人的手脚。西汉末年,以王莽为首的一批经学家,想要完全按照《周礼》来治理国家,结果他们一败涂地。他们不知道需要学的是礼的精神,而不是礼的形式,礼的形式本应随着时代而损益。

阅读经典关键是要领悟流淌于其中的中国文化精神。杨慈湖说:"简敬惟《易》、《诗》、《书》、《礼》、《乐》、《春秋》,一也,天下无二道,六经安得有二旨?"①他所谓"一"者,即是圣贤之心,即是中国文化精神。看一些大儒如朱子、顾亭林等所写的文章,发现他们总是在喋喋不休地唠叨恢复井田制,实行乡举里选。有不少人斥责他们迂阔,不达时事。其实他们是在强调制度背后的中国文化精神。井田制是要耕者有其田,表达的是社会公平的诉求;乡举里选是提拔人才要由下而上,表达的是以民为本的愿望。当我们感受到经典中的"自强不息"与"厚德载物"的力量时,我们生命中本有的潜能也得到激发,这样个人的力量就与民族的文化驱力接续起来,人的力量便与天地之力合流。所谓与"天地参"、"赞天地化育",并非虚辞。

10.2　中国文化精神在宋代的特殊表现

通过以上的讨论,我们可以得出这样的一个结论:中国文化精神是超越并包容,《周易》中的"自强不息"与"厚德载物"是一种文化力的表达。这是就总体而言的,而中国文化精神在不同的时代,总是呈现出不同的风采。两汉的读书人汲取这种文化力,他们积极为天下太平设计政治制度。魏晋南北朝读书人在政治上不能发挥,转而追求个性发展。唐代读书人更多是将个性抒发与国家政治结合起来,他们积极地建功立业。到了宋代,中国文化精神又有了新的表现。体验并把握宋代知识分子的精神风貌,将有助于我们对杨慈湖同情的理解。以下将从两方面来探讨此问题:其一,宋代知识分子有哪些精神风貌? 其二,宋人如何对待经典?

10.2.1　宋代知识分子的精神风貌

上一章谈到宋代社会,对于宋代知识分子精神风貌略有涉及。一个历

---

① 《春秋解序》,见《慈湖遗书》卷1,第607页。

史时期的社会与文化,本是密不可分。可以说,社会是文化的基础,文化是社会的灵魂。现在探讨宋代文化,自然也要提请读者不可忘记宋代的社会基础。宋代知识分子有特殊之际遇,便有特殊之表现。宋代文化的特质,显现在宋代知识分子身上。张横渠的四句名言最能概括宋代知识分子的心声,将此四句解释清楚,就能见到宋代知识分子的内心世界。

第一句:"为天地立心"。此"天地"并非实指高高在上之天与厚厚在下之地,中国文化所说"天地",统称宇宙万有,即包括天、地、人"三才"。"心"是精神性的东西。"天地之心"即宇宙大精神,宇宙大精神即是"生物",就是不断创造,不断超越,不断提升。既然"天地之心"是"生物",那么人为什么还要"为天地立心"? 其实不是真有一个"天地"存在,抽去万物,"天地"也就不复存在。"天地"即万物,万物即"天地"。所谓"天地之心惟以生物",是人从万物生生不息中体悟而来的。"天地"生物,并非如西方所信奉的上帝那样造物,而是使万物皆为"自然"(自己成为自己那个样子)①。譬如说,瓜长成瓜的形状,而豆长成豆的样子,一切都是自然而然的,并非有一个什么"天地"来用心管理着它们。因此,孔子说:"天何言哉? 四时行焉,百物生焉,天何言哉?"(《论语·阳货》)程明道也说:"天地无心,以生物为心。"这里的"无心"与"无言"意思相近,都是指"天地"生物是自然而然的,不带一点儿勉强。

简而言之,宇宙大精神既生生不息,又自然而然。由于"天地"生物是自然而然发生的,所以"百姓日用而不知,故君子之道鲜"(《周易·系辞上》)。那么,作为先知先觉者,就有责任有义务"为天地立心",使宇宙大精神站立起来,使"天地之心"显露出来。如何"为天地立心"? 一方面是通过自己的讲学,去宣讲,去传播,使更多的人体悟到宇宙大精神。王安石做鄞县县令时,想要邀请杜醇出来讲学,他对杜醇说:"天之有斯道,固将公之。我先得之,而不推余于人,使同我所有,非天意,且有所不忍也。"②另一方面是加强自我修身,求得天人合一,在人群中发挥标杆作用。

第二句:"为万民立命"。这句话有两层意思。第一层意思是要"保民"(孟子语)。如前所言,人之生命含有三个层面:物质层面、生物层面和精神

---

① 庞朴先生曾提到"创生"与"化生"的区别。他举例说,鸡生蛋,鸡与蛋一分为二,这是"创生",西方上帝创造万物就是"创生"。蛋生鸡,蛋变成了鸡,这是"化生",中国文化中天地生物就是"化生"。这种比喻颇值得玩味。

② 《宋元学案·士刘诸儒学案》,见(清)黄宗羲:《黄宗羲全集》第3册,第320页。

层面。人首先必须要保有自己的生命,然后才能论及其余。孔子是先富而后教①。读书人当然不可能通过自己直接生产粮食和衣服去满足万民,使万民有一个物质生活的基本保障。但是,读书人可以通过自己直接参政,或者"致君尧与舜",从而做到间接的"保民"。

第二层意思是"化民"。人生于天地之间,是大宇宙中的一份子,生来就带有宇宙大精神。但是有些人具有人形,却自甘堕落,整日里懵懵懂懂,干的都是一些禽兽勾当。读书人可以通过自己的讲学活动和人格魅力,来增加民众的意识深度,来拓宽民众的意识广度,使民众都能成为挺立于天地之间的君子。具体来说,就是要推行仁义礼乐。北宋初的泰山孙氏说:"仁义不行,礼乐不作,儒者之辱与!"②杨慈湖也说:"每谓教养兹邑,犹欲使举吾邑人皆为君子。"③

张横渠这一句与上一句是紧密相联的,如果不理会"天地之心",就不能"为万民立命"。"化民"如何去化? 将民化向何方? 这些都必须由"天地之心"而来。"化民"所用之仁义礼乐,实是"天地之心"的显现。

第三句:"为往圣继绝学"。"往圣"当然是指孔子。《中庸》说:"仲尼祖述尧、舜,宪章文、武。"孔子将中国文化精神贯注儒家经典之中,从而开创了儒学。但是,自两汉以下,到魏晋南北朝,到隋唐,正宗的儒学几乎不得其传。宋人王开祖说:"由孟子以来,道学不明,今将述尧、舜之道,论文、武之治,杜淫邪之路,开皇极之门,吾畏天者也,岂得已哉!"④儒家典籍中的中国文化精神得不到彰显,造成两方面后果。其一,群体无善治。元朝熊钘说:"秦、汉以下,天下所以无善治者,儒者无正学也。……儒者无正学,则道不可得而显矣。千五百年,牵补架漏,天地生民何望焉!"⑤其二,个体人格低下。尤其是唐末五代,天下竟然找不到一个像模像样的做人模范。儒学的经典尚在,而中国文化的精神生命几近断绝。

在经学的发展史中,汉人只注重词语训诂,唐人只考证制度变迁,而经

---

① 《论语·子路》:"子适卫,冉有仆。子曰:'庶矣哉!'冉有曰:'既庶矣,又何加焉?'曰:'富之。'曰:'既富矣,又何加焉?'曰:'教之。'"

② (宋)孙复:《与范天章书》,《宋元学案·泰山学案》,见(清)黄宗羲:《黄宗羲全集》第3册,第140页。

③ (宋)钱时《宝谟阁学士正奉大夫慈湖先生行状》,见《慈湖遗书》附录,第930页。

④ 《宋元学案·士刘诸儒学案》,见(清)黄宗羲:《黄宗羲全集》第3册,第318页。

⑤ (元)《送胡庭芳后序》,见熊钘:《勿轩文集》卷1。

典中的圣贤之道却隐而不显。张横渠要"继绝学",就是要将从孔、孟那儿断了的儒学血脉重新续上。值得注意的是,在"为天地立心,为万民立命"之后,方有"为往圣继绝学"。这样的先后次第安排,显示出张横渠的观点:圣贤之学也是讲天地立心、万民立命。这里的一个"继"字,表示要接着往圣的道路往下走,而不是跟在往圣的后面。到了后来的陆象山,就将这层意思明白地说出来:"自古圣贤发明此理,不必尽同。如箕子所言,有皋陶之所未言;夫子所言,有文王、周公之所未言;孟子所言,有吾夫子之所未言。理之无穷如此。"①

第四句:"为万世开太平"。"太平"就是《礼记·礼运》中的"大同"的意思,这是人类社会最崇高的理想。程明道曾说:"有甚你管得我? 有甚我管得你? 教人致却太平后,某愿为太平之民。"②在这个太平的社会里,最重要的就是秩序,秩序已成为每个人心中的坚定信念。一方面是人类社会秩序井然,大家和睦相处;另一方面是人的灵与肉非常和谐,人人都能尽性而活。注意这里所用"万世"一词,一是表示时间长久的意思,二是表示所开出来的基业与宇宙大精神是相契合的。张横渠的前三句是最后一句的基础,而最后一句是前三句的终极目标。

从这四句话中,可以感受到言说者的器识与宏愿。此四句名言在意脉上,是一气贯通的。它是《周易》的"自强不息"和"厚德载物"在宋代的进一步发挥,也最能代表宋代知识分子的内心世界。宋代其他读书人之所言,虽用词与此不同,而所要传递的精神则一脉相通。最有名的如范文正公所说的名言:"先天下之忧而忧,后天下之乐而乐。"(《岳阳楼记》)再如程明道,"谓孟子没而圣学不传,以兴起斯文为己任"③。再如陈襄,"独有志于传道,与其同里陈烈、郑穆、周希孟者为友,气古行高,以天下之重为己任"④。再如陆象山也有一句名言:"宇宙内事,是己分内事;己分内事,是宇宙内事。"⑤诸如此类的话,在宋人文本中比比皆是。今日读者切不可将宋人之言,视为"奋一旦之决,信不敏之意,而徒为无忌惮之言"⑥。其实他们能够

①　陆九渊:《语录上》,见《陆象山全集》卷34,中国书店1992年版,第253—254页。
②　(宋)程颢、程颐:《二程遗书》卷3,上海古籍出版社2000年版,第114页。
③　(宋)程颢、程颐:《程氏文集》卷11。
④　《宋元学案·古灵四先生学案》,见(清)黄宗羲:《黄宗羲全集》第3册,第285页。
⑤　(宋)陆九渊:《陆象山全集》卷22,中国书店1992年版,第173页。
⑥　(宋)陆九渊:《年谱》,见《陆九渊集》卷36,中华书局1980年版,第530页。

说出这样的话语，自有其底气。这种底气来源于他们的政治实践与道德践履。

前文说过，宋代是知识分子最为发抒的时期。由于机缘巧合，知识分子在政治上有着特殊的际遇，最典型的例子便是宋神宗之信任王安石。宋神宗为支持王安石变法，专门设置了一个三司条例司，用来作为变法改革的总部。而且三司条例司的人事安排，也全由王安石一人全权做主。邵康节的儿子邵伯温说："中书省置三司条例司，相与议论者以经纶天下为己任。"（《邵氏闻见录》卷十）宋代祖法，台官必由皇帝任命，台官就是用来批评宰相之过失的。但是到了宋神宗，为了便于王安石变法，他将推荐台、谏的权柄也交给王安石。宋神宗如此信任王安石，余英时先生认为："不仅是出于他对王安石个人的信任，同时也是对士大夫集体的一种尊重。……王安石的相权也不是属于他个人的；他所以取得非常的权力是由于他代表士大夫接受了变法这一非常的任务。"①王安石能够得到如此知遇，自然是不可多得的。曾公亮是最初推荐王安石的人，他当面对苏轼说："上与安石如一人，此乃天也。"②

在宋代，希望得到王安石那样际遇的大有人在。他们总是通过各种途径，向当权者宣扬"三代之治"。欧阳修说："尧、舜、三代之际，王政修明，礼义之教充于天下，于此之时，虽有佛无由而入。"③李觏（1009—1059）说："昔三代之人，自非大顽顿，尽可以为君子。何者？仁义礼乐之教，浸淫于下，自乡徂国则皆有学；师必贤，友必善，所以养耳目鼻口百体之具，莫非至正也。"④程明道说："若三代之治，后世决可复。不以三代为治者，终苟道也。"⑤后来的朱子也评论："国初人已崇礼义，尊经术，欲复二帝三代。"南宋的史浩对宋孝宗说："列圣传心，至仁宗而德化隆洽，至于朝廷之上，耻言人遇，谓本朝之治独与三代同风。此则祖宗之家法也。"⑥宋代知识分子称颂"三代之治"，并不是真地要回到"三代"时期，而是要"法其意"。王安石说：

---

① 余英时：《朱熹的历史世界：宋代士大夫政治文化的研究》，三联书店 2004 年版，第241—242 页。

② （宋）李焘：《续资治通鉴长编》卷 215，熙宁三年九月庚子条，中华书局 1992 年版，第 9册，第 1992 页。

③ （宋）欧阳修：《欧阳修集编年笺注》卷 17，《本论上》，巴蜀书社 2009 年版，第 2 册，第 56 页。

④ （唐）李觏：《盱江集》卷 27，《黄章秘校书》。

⑤ （宋）程颢、程颐：《二程遗书》卷 11，上海古籍出版社 2000 年版，第 176 页。

⑥ （宋）李心传：《建炎以来朝野杂记》乙集卷 3"孝宗论用人择相"条。

"夫二帝三王,相去千有余载,一治一乱,其盛衰之时具矣。其所遭之变,所遇之势,亦各不同;其施设之方亦皆殊。而其为天下国家之意,本末先后,未尝不同也。臣故曰:当法其意而已。"①

宋代知识分子有与君同治天下的意愿。如在熙宁四年(1071),文彦博当面向神宗指出,皇帝是"与士大夫治天下"②。程伊川在其著述中也表达这种意思:"帝王之道也,以择任贤俊为本,得人而后与之同治天下。"③就是到了南宋,朱子也很羡慕那种君臣一体的局面。他说:"古之君臣所以事事做得成,缘是亲爱一体。因说虏人初起时,其酋与部落都无分别,同坐同饮,相为戏舞,所以做得事。"④欲与帝王共治天下,隐含的意思是说天下是天下人之天下,而非某一人或一姓之天下。此观念进一步发展,即可引出黄梨洲的君臣论:"君与臣,共曳木之人也。"⑤

宋人这种与君共治天下意愿,源于他们"以天下为己任"的集体意识。余英时先生说:"'以天下为己任',可以视为宋代'士'的一种集体意识。"⑥宋人几乎将"以天下为己任"的信念融入到自己的生命中。范纯甫曾说到司马光:"公初官时,年尚少,家人每每见其卧斋中,忽蹶起著公服,执手版,危坐。久,率以为常,竟莫识其意。纯甫尝从容问之,答曰:'吾时忽念天下事。'夫人以天下安危为念,岂可不敬邪!"⑦

像王安石那样的机遇,毕竟是可遇而不可求的。宋代有意于"三代之治"的人,虽不能行道于天下,但还是可以在一乡一县做试验。典型的如张横渠,他中进士后作云岩县的县令时,办事认真,政令严明。处理政事以"敦本善俗"为先,推行德政,重视道德教育,提倡尊老爱幼的社会风尚。每月初一召集乡里老人到县衙聚会。常设酒食款待,席间询问民间疾苦,提出训诫子女的道理和要求。县衙要颁布告示,每次都要召集乡老,反复叮咛到会的人,让他们转告乡民,因此,他发出的教告,即使不识字的人和儿

---

① (宋)王安石:《王安石文集》卷1,《奏议》,《上仁宗皇帝言事书》。

② (宋)李焘:《续资治通鉴长编》卷221,熙宁四年条,中华书局1992年版,第9册,第5370页。

③ (宋)程颢、程颐:《程氏经说》卷2。

④ (宋)黎靖德:《朱子语类》卷89,中华书局1986年版,第6册,第2284页。

⑤ 《明夷待访录·原臣》,见(清)黄宗羲:《黄宗羲全集》第1册,第5页。

⑥ 余英时:《朱熹的历史世界:宋代士大夫政治文化的研究》,三联书店2004年版,第219页。

⑦ 《宋元学案·涑水学案下》,见黄宗羲:《黄宗羲全集》第3册,第417页。

童都没有不知道的①。再如苏东坡之治理杭州②，程明道之治理晋城③，陆象山之治理荆门④，杨慈湖之治理温州⑤等。宋代知识分子不是只发一些高论，而是脚踏实地地去实践。

范仲淹还曾在家乡兴建"义田制"。他对自己的儿子们说："自祖宗来，积德百余年，而始发于吾，得至大官。若独享富贵而不恤家族，异日何以见祖宗于地下，今何颜入家庙乎？"于是他将自己的恩例俸赐都捐出来，买良田千亩，作为"义田"，以接济同族之人。钱群倚《义田纪》详细描述当时"义田"运作的情形："择族之长而贤者主其计，而时其出纳焉。日食人一升，岁衣人一缣，嫁女者五十千，再嫁者三十千，娶妇者三十千，再娶者十五千，葬者如再嫁之数，幼者十千。族之聚者九十口，岁入给稻八百斛，以其所入，给其所聚，沛然有余而无穷。仕而家居俟代者与焉，仕而居官者罢其给。此其大较也。"⑥自从范氏兴建"义田"以后，"义田"、"义庄"便在大江南北如雨后春笋一般兴起。

宋代知识分子除了积极参与政治以外，还特别注重自我道德实践。宋人最喜欢说的就是圣贤气象，今看《宋元学案》，可知宋人之气象。富弼字彦国，河南人，范文正公之弟子，与文彦博并称为北宋贤相，其谥号为"文忠"。陈唯室《步里客谈》记其一事："富文忠少日，有诟者，如不闻知。或告之，则曰：'恐骂他人。'曰：'斥公名。'曰：'天下安知无同姓名者。'"⑦这一小细节可以折射出富弼之道德修养，他有着宽广的胸怀。再如黄山谷形容周敦颐说："茂叔人品甚高，胸怀洒落，如光风霁月，好读书，雅意林壑，初不为人窘束，廉于取名而锐于求志，薄于徼福而厚于得民，菲于奉身而燕及茕嫠，陋于希世而尚友千古。"李延平对此评价说："是知德之言，善形容乎有道气象者也。"⑧

总而言之，在宋代知识分子的言与行中，都透露着一种精神，那就是"以天下为己任"。他们自觉到自己的任务就是为天下谋得一个合理的秩

---

① 《宋元学案·横渠学案上》，见黄宗羲：《黄宗羲全集》第 3 册，第 796 页。

② （元）脱脱等：《苏轼传》，见《宋史》卷 338，中华书局 1985 年版，第 31 册，第 10812—10814 页。

③ （元）脱脱等：《程颢传》，见《宋史》卷 427，中华书局 1985 年版，第 36 册，第 12714—12715 页。

④ （宋）陆九渊：《年谱》，见《陆九渊集》卷 36，第 532 页。

⑤ 见前第五章论慈湖之为官。

⑥ 《宋元学案·高平学案》，见（清）黄宗羲：《黄宗羲全集》第 3 册，第 184—185 页。

⑦ 《宋元学案·高平学案》，见（清）黄宗羲：《黄宗羲全集》第 3 册，第 204 页。

⑧ 《宋元学案·濂溪学案下》，见（清）黄宗羲：《黄宗羲全集》第 3 册，第 639 页。

序,既求得社会的安宁,又求得个体生命的和谐。为此,他们一方面矢志不移地去增加生命的深度,注重自身的道德修养;另一方面积极有为地去拓宽生命广度,尽可能地去改变社会。可以说,他们在当时的社会环境下,用自己的生命诠释了中国文化中的"自强不息"与"厚德载物"的精神。

10.2.2　宋人的疑经与尊经

如上所言,中国文化精神在宋代有特殊的表现,而尊经传统在宋代也有一些变化。宋人尊经,但表现出来的却是疑经。所谓"疑经",就是对儒家经典的怀疑,它包括对经典的作者、经典的内容和经典的传注等的怀疑。宋代参与疑经的人数众多。有学者统计,两宋疑经学者共有 165 位,北宋52 位,南宋 113 位。① 宋代比较有名的人物如欧阳修、刘敞、李觏、司马光、王安石、张载、程颢、程颐、苏轼、苏辙、晁说之、郑樵、王质、吕祖谦、朱熹、杨简、蔡沈、王柏等,都参与了疑经队伍。宋人疑经范围也比较广泛,几乎涵盖了全部十三经。如欧阳修对《周易》、《诗经》、《周礼》、《尔雅》、《尚书》、《礼记》、《春秋》、《论语》等的怀疑,朱熹对《诗经》、《尚书》、《周礼》、《礼记》、《春秋》三传、《孝经》等的怀疑。疑经人数如此之多,疑经范围如此之广,在我国文化史上确实是一个令人瞩目的现象。

宋儒疑经与宋代政治形势有关,与宋代文化背景有关,与经学、文献学的发展有关。宋儒疑经是为了尊经,许多研究者都指出了这一点。如叶国良《宋人疑经改经考》(台湾大学出版委员会 1980 年版)、吴怀琪《宋代史学思想史》(黄山出版社 1992 年版)、顾永新《斯文有传、学者有师——欧阳修的文学与学术成就》(大象出版社 2000 年版)、杨新勋《宋代疑经研究》(中华书局 2007 年版)等,都对此点做了详细的论述。我在此试图讨论一个问题:宋儒为何要通过疑经来表达对儒家经典的尊重?

前文说过,中国文化有尊经的传统。汉代人尊经,尊的是"师说",尊的是礼仪制度。汉代经学发生在秦火以后,经学传播主要依靠师徒的口耳相传。"经"为圣人所创,而"传"为教师所立。在汉代人眼中,老师之"传"与圣人之"经"有着同等地位。因此,汉人最重"师法"(或者说"家法")。故我说汉代人尊经,尊的是"师说"。

如前所言,孔子及其门徒奠定了经学基础,他们将圣贤之心贯注于经

---

① 杨新勋:《宋代疑经研究》,中华书局 2007 年版,第 154 页。

书之中,也就是将中国文化精神贯注其中。中国文化精神可以凝结成圣贤人格、礼仪制度和历史文物,这些都反映在经书之中。汉代人尊经,主要是吸收其中的礼仪制度。汉高祖采用叔孙通之礼仪,然后感叹道:"吾乃今日知为皇帝之贵也!"(《史记·刘敬叔孙通列传》)汉元帝做太子时见宣帝"所用多文法吏,以刑名绳下",就提出自己的意见。汉宣帝作色曰:"汉家自有制度,本以霸王道杂之,奈何纯任德教,用周政乎!且俗儒不达时宜,好是古非今,使人眩于名实,不知所守,何足委任!"(《汉书·元帝本纪》)"霸道"与"王道"可以杂之,那只能在礼仪制度层面,精神层面是不可能的。可见,汉代尊经,主要是尊礼仪制度。

礼仪制度有利于维护大一统,汉帝国的强大体现了礼仪制度的力量。但是,礼仪制度毕竟是中国文化精神物化的结果,并不等于中国文化精神,它有时会对中国文化精神造成遮蔽。再好的礼仪制度,日久也会生弊,因此孔子提出礼可损益①。汉代礼仪制度到了后期,终于走向虚伪。到了魏晋南北朝,人们转向崇尚自然,宗尚个性,这是由对专尊礼仪制度的反动而来。儒家经书中没有个性张扬的成分,于是魏晋南北朝人便在经书中糅进了老、庄的一些思想。可以说,魏晋南北朝人尊经,尊重的是孔、孟与老、庄杂糅的经书。

唐朝人尊经,是尊重汉魏人的传注。孔颖达作《五经正义》,名义上是为经书的解释定一个标准答案,但坚守一条"疏不破注"的原则,实质上是对前人传注的综合。尊重经书的传注,离经书所含的中国文化精神更远,这在经学领域引起了强烈的反弹。经过安史之乱到了中唐,唐朝人对于经书的态度便发生了变化。啖助、赵匡、陆淳对《春秋》三传、《周礼》、《礼记》等,表达自己的全面怀疑。他们的疑经是以"义类"、"义理"为根据和目的,强调推翻前人传注,直接回到经义本身。稍后的韩愈,对《周易》、《尚书》、《诗经》、《孟子》均有怀疑。他打着复古尊圣的旗号,将啖助、赵匡、陆淳疑经道路又向前推进一步。韩愈说:"《书》与《易》、《春秋》,经也,圣人于是乎尽其心焉耳矣。今其文相戾悖如此,欲人之无疑,不可得已。"②韩愈的意思是,首先确定经书中有圣人之心,然后细绎经文,有相互龃龉者,就值得怀疑。前面有这些人做了铺垫,到了宋代,疑经便蔚然成风。

---

① 《论语·为政》:"子张问:'十世可知也?'子曰:'殷因于夏礼,所损益,可知也;周因于殷礼,所损益,可知也。其或继周者,虽百世,可知也。'"

② (唐)韩愈:《韩昌黎全集》,《进士策问十三首》,中国书店1992年版,第页。

宋人通过疑经而达到尊经目的,其采用的手段有三:一是摒弃传注,回到经书之文。所谓回到经书之文,就是要扫除汉唐人所作的一切传注。宋初的泰山孙氏说:"专守王弼、韩康伯之说,而求于《大易》,吾未见其能尽于《大易》也;专守《左氏》、《公羊》、《谷梁》、杜、何、范氏之说,而求于《春秋》,吾未见其能尽于《春秋》也;专守毛苌、郑康成之说,而求于《诗》,吾未见其能尽于《诗》也;专守孔氏之说,而求于《书》,吾未见能尽于《书》也。"①看孙复所作的《春秋尊王发微》,不依傍前人注释,全是自己用心揣摩而出,内含着宋人的人文理想和政治理性,言简而意丰,颇能打动读者之心。

苏洵云:"《洪范》其不可行与?何说者之多而行者之寡也?曰:诸儒使然也。譬诸律令,其始作者非不欲人之难犯而易避矣,及吏胥舞之,则千机百阱。吁!可畏也。夫《洪范》亦犹是耳。吾病其然,因作《三论》,大抵斥末而归本,褒经而击传,划磨瑕垢以见圣秘,复列二图,一以指其谬,一以形吾意。"②在苏老泉看来,后人的传注掩盖了《洪范》的本意。他剥离附于《洪范》之上的传注,而求其本意。当然,苏老泉所求之"圣秘"其实还是他自己的"吾意"。

宋人尊经而贬传是比较常见的。如刘敞是尊重《春秋》的,认为:"圣人作《春秋》本欲见褒贬是非,达王义而已。"③但是对于《春秋》三传,刘敞则采取贬斥态度,他认为"左氏不传《春秋》"④,"公羊子承绝学之后,口授经传,颠倒搜狩,且有所遗尔"⑤,"《谷梁》说与《公羊》相近"⑥。杨慈湖也是尊经而贬传。他的《杨氏易传》只解释《易经》,而对于《易传》则全部略过;他的《慈湖诗传》,驳斥了大部分的《诗序》。

宋人宣称要直接读经,其实汉代传注是撇不开的。汉代去古未远,汉代传注多少保留一些古意。宋人读经,自然要凭借汉代传注这根拐杖。汉代传注当然有错误,汉代人思维方式与宋人也有不同。其实宋人对于汉代传注只能是超越并包容。朱子说:"今人不以《诗》说《诗》,却以《序》解

①　(宋)孙复:《与范天章书》,《宋元学案·泰山学案》,见黄宗羲:《黄宗羲全集》第3册,第140页。

②　(宋)苏洵:《洪范叙论》,见《嘉祐集》,《四库全书》本。

③　(宋)刘敞:《春秋权衡》卷8,《四库全书》本。

④　(宋)刘敞:《春秋权衡》卷1,《四库全书》本。

⑤　(宋)刘敞:《春秋权衡》卷9,《四库全书》本。

⑥　(宋)刘敞:《春秋权衡》卷14,《四库全书》本。

《诗》，是以委曲牵合，必欲如《序》者之意，宁失诗人之本意不恤也，此是《序》者大害处。"①他还说："《诗序》，《东汉·儒林传》分明说道是卫宏作，后来经意不明，都是被他坏了。某又看得亦不是卫宏一手作，多是两三手合成一《序》，愈说愈疏。"②看起来，朱子似乎要全盘否定《诗序》，但是具体讨论《诗序》的时候，朱子的态度却有反驳，有变动，也有承袭。

一味地贬传而尊经，自然难免会出现问题。欧阳修是北宋疑经的一个重要代表，他对于《周易》、《诗经》、《周礼》、《尔雅》、《尚书》、《礼记》、《春秋》、《论语》均有怀疑。曾巩不指名地批评自己的老师说："执小而量大，用一而齐万，信臆决而疑经，不知其不可，亦可谓惑矣。"③到了南宋，陈善指出欧阳修是"信经太守，反泥而不通"，是"执文害意，信经废传"④。

二是改动经书之文，回到经书之义。所谓经书之义，是指经书本身具有的理路。在宋代学者看来，如果经书中文字，与经书文本有理路相隔，那便是后人无意地传抄之误或者有意地混入，应该径直改去。欧阳修说："自孔子没而周衰，接乎战国，秦遂焚书，六经于是中绝。汉兴，盖久而后出，其散乱磨灭，既失其传，然后诸儒因得措其异说于其间，如《河图》、《洛书》，怪妄之尤甚者。余尝哀夫学者知守经以笃信，而不知伪说之乱经也。屡为说以黜之。"⑤欧阳修的意思是说，经过秦火以后，六经真学中途断绝，于是才会出现伪说附会于六经之中。流传至宋，人们却墨守真伪掺杂的六经。因此，在欧阳修看来，疑经就是要去伪存真，是要恢复六经本来面目。欧阳修对于《周易》，重点怀疑《系辞》和《文言》；对于《诗经》，认为《诗大序》作者不是子夏，《诗小序》也多有问题。凡是经书中觉得可疑的文字，都应该去掉。

关于宋人改经，最有名的莫过于朱子改定《大学》和《中庸》。在朱子改动《大学》《中庸》之前，程明道就做过这方面的工作。到了朱子，他将《大学》分出"经"、"传"，认为"经""盖孔子之言，而曾子述之"，"其传十章，则曾子之意而门人记之"。朱子还改动了《大学》两处的次序，并且特地补上了《格物致知传》。可以说，朱子做了这些，文献上的证据并不充分，主要是根

---

① （宋）黎靖德：《朱子语类》卷80，中华书局1986年版，第6册，第2076页。
② （宋）黎靖德：《朱子语类》卷80，中华书局1986年版，第6册，第2074页。
③ （宋）曾巩：《洪范传》，见《元丰类稿》卷10，《四库全书》本。
④ （宋）陈善：《扪虱新话》卷2，《丛书集成初编》本。
⑤ （宋）欧阳修：《廖氏文集序》，见《欧阳修集编年笺注》卷43，巴蜀书社2009年版，第3册，第185页。

据《大学》本身的内在理路。朱子也是如此来调整《中庸》的文本结构。在朱子看来，"《六经》是三代以上之书，曾经圣人手，全是天理"①。但是，"不幸前遭秦火煨烬之厄，后罹汉儒穿凿之谬，不惟微词奥旨莫得其传，至于篇帙之次亦复淆乱"②。于是他主张："莫问他是何人所说，所尊所亲、所憎所恶，一切莫问，而唯本文本意是求，则圣贤之指得矣。"③

　　朱子的三传弟子王柏指出改经是迫不得已的举动，他说："夫圣人之《书》，万世之大训也，与日月并明，与天地始终，不惟不当疑，亦本无可疑，后学非丧心，孰敢号于众曰'吾欲改圣人之经'？然伏生女子之口传，孰不知其讹舛？圣人之经不可改，伏氏之言，岂亦不可正乎？"④依他看来，改经实是恢复经书本来面目。王柏认为："汉初《书》已三变也：秦火，一变也；传言之讹，再变也；以意属读，三变也。"于是他大胆地来恢复《尚书》的本来面目。一是怀疑篇目及其分合，二是怀疑《尚书》有文字衍脱和错简，三是改动《尚书》次序，四是分《洪范》为经传。⑤　王柏改经是从分析《尚书》文本开始，发现其中有不合情理者，便咬定是后人所添加。

　　张横渠说："人之迷经者，盖己所守未明，故常为语言可以移动，己守既定，虽孔孟之言有纷错，亦不须思而改之，复锄去其繁，使词简而意备。"⑥"己所守"当是指个人所认可的"大义"，依据自己所认定的义理，便可以改经。陆象山说："昔人之书不可以不信，亦不可以必信，顾于理如何耳。盖书可得而伪为也，理不可得而伪为也。……观昔人之书，而断于理，则真伪将焉逃哉？"⑦也就是说，在"理"与"经"之间，"理"有优先地位。经书本是为了传播真理的，发现经文有不合情之处，自然就可以改经。但是，宋人所理解的义理，未必就是经书中所要传达之义理。

　　三是超越经书之义，回到圣贤之心。经书之内在理路，毕竟还有分说。

---

　　① （宋）黎靖德：《朱子语类》卷11，中华书局1986年版，第1册，第190页。

　　② （宋）朱熹：《刊四经成告先圣文》，见《朱子全书》第24册，《晦庵先生朱文公文集》卷86，上海古籍出版社、安徽教育出版社2002年版，第4046页。

　　③ （宋）朱熹：《答吕子约》，见《朱子全书》第22册，《晦庵先生朱文公文集》卷48，上海古籍出版社、安徽教育出版社2002年版，第2218页。

　　④ （宋）王柏：《鲁斋集》卷4《书疑序》，商务印书馆1936年版《丛书集成初编》本，第57—58页。

　　⑤ 杨新勋：《宋代疑经研究》，中华书局2007年版，第265—269页。

　　⑥ （宋）张载：《义理》，见《张子全书》卷6，《四库全书》本。

　　⑦ （宋）陆九渊：《拾遗》，见《陆九渊集》卷33，中华书局1980年版，第380页。

经书与经书之间常有抵触，一部经书内部也有矛盾，大家免不了还要说东道西。"经"是经过圣贤之手的，其中必定贯注了圣贤之心。圣贤之心混融无间，可以一以贯之。于是，宋人有主张回到圣贤之心上来。

蔡沈说："天下之大经大法，皆载此书，而浅见薄识，岂足以尽发蕴奥。且生于数千载之下，而欲讲明于数千载之前，亦已难矣。然二帝三王之治本于道，二帝三王之道本于心。得其心，则得道与治固可得而言矣。何者？精一执中，尧、舜、禹相授之心法也；建中建极，商汤、周武相传之心法也。曰德、曰仁、曰敬、曰诚，言虽殊而理则一，无非所以明此心之妙也。至于言天，则严其心之所自出；言民，则谨其心之所由施。礼乐教化，心之发也；典章文物，心之著也；家齐国治而天下平，心之推也。心之德，其盛矣乎。二帝三王，存此心者也；夏桀、商受，亡此心者也；太甲、成王，困而存此心者也。存则治，亡则乱，治乱之分，顾其心之存不存如何耳。后世人主，有志于二帝三王之治，不可不求其道，有志于二帝三王之道，不可不求其心。求心之要，舍是书何以哉？"①依据圣贤之心，蔡沈对《尚书》中《尧典》、《舜典》、《皋陶》、《甘誓》等 27 篇的《小序》都有所怀疑。他说："今考序文见存之篇，虽颇依文立义，而识见浅陋，无所发明，其间至有与经相戾者；于已亡之篇，则依稀简略，尤无所补，其非孔子所作明甚。"②

这方面最有名的例子莫过于杨慈湖的疑经。前文我们谈到《杨氏易传》与《慈湖诗传》，慈湖怀疑《易传》和《诗序》，用他的心学理论来解释经书。其实也可以换一种说法，慈湖在解《易》读《诗》时，是体味经书中的圣贤之心。他说："善学《易》者求诸己，不求诸书。古圣作《易》，凡以开吾心之明而已。"③人能够体味圣贤之心，因为人人之心与圣贤之心相同。慈湖说："恻隐，仁；羞恶，义；恭敬，礼；是非，智。愚夫愚妇咸有之，奚独圣人有之？人人皆与尧、舜、禹、汤、文、武、周公、孔子同，人人皆与天地同。"④除了解《易》读《诗》外，他对《大学》、《中庸》的文本也表示了自己的怀疑，甚至认为《论语》、《孟子》文本也有瑕疵。反过来，对于那些在六经之外散落隐伏于杂说之中而又符合圣贤之心的文字，却表示出一定的尊重，并特地编纂

---

① （宋）蔡沈：《书经集传·序》，中国书店 1994 年版。
② （宋）蔡沈：《书序辨说》。
③ 《家记一》，见《慈湖遗书》卷 7，第 691 页。
④ 《二陆先生祠记》，见《慈湖遗书》卷 2，第 620 页。

了《先圣大训》①。当读者体悟到经典中的圣贤之心,便可以获得无穷之精神力量。慈湖说:"知吾心所自有之,六经则无所不一,无所不通。有所感兴,而曲折万变,可也;有所观于万物,不可胜穷之形色,可也;相与群居,相观相爱,相临相治,可也;为哀、为乐、为喜、为怒、为怨,可也;迩事父,可也;远事君,可也;授之以政,可也;使于四方,可也。"②

以上罗列了宋人疑经而尊经的三种手段,即回到经书之文、回到经书之意和回到圣贤之心。具体到某位宋代学者,情况并非如此明晰,很可能是三者混而用之。孙泰山摒弃前人传注,回到经书之文,他对经书做出自己的解释时,不能不体会圣贤之心。朱子改动经文,回到经书之意,他之所以如此改动,自然也要用心揣摩圣贤的意思。杨慈湖用心学理论来解读经书,他也会应用到一些文献依据。其实三种手段,都蕴含着体味圣贤之心。早在先秦时期,孟子就主张体会诗人之心。对《诗经·云汉》之诗"周余黎民,靡有孑遗",孟子认为:"信斯言也,是周无遗民也。"于是他提出:"故说诗者,不以文害辞,不以辞害志。以意逆志,是为得之。"(《孟子·万章上》)"以意逆志"就是以读者之心去与诗人之心相合,唯有此然后才能得到诗之真意。可以说,孟子为宋人疑经提供了一个范例。

回到经书之文、回到经书之意、回到圣贤之心,三者之序越来越接近"经"之本质。"经"之本质就在于让人感受到其中的圣贤之心。后人读"经",不能只是做文字训诂,也不能只是记得古人的告诫,更要体会其中的圣贤之心。此圣贤之心与中国文化精神相合拍,与天地进化法则相统一。古代圣贤创"经",并非为了限制后人,而是为了启迪后人。当一个人真的感受到了古代圣贤之心,他就会有无穷的力量。由此圣贤之心,后人可以言前人之所未言,行前人之所未行。天地进化本来就没有终点,后来读"经"之人应本着圣贤之心,与天地进化相推移。我们可以说,宋人是以他们的理学理论来解读儒家经典;我们也可以说,宋人是从儒家经典中汲取了精神力量,以此开创了辉煌的理学时代。

宋人如此处理儒家经典,常遭后人指责,尤其是受到清人的批评。清代《四库全书总目提要》的作者站在考据学家的立场之上,认为宋代"儒者不肯信传,其弊至于诬经,其究乃至于非圣"③。还说:"宋儒说经以理断,理

---

① 《先圣大训序》,见《慈湖遗书》卷 1,第 609 页。

② 《诗解序》,见《慈湖遗书》卷 1,第 608 页。

③ 《四库全书总目》卷 15,中华书局 1997 年版,上册,第 192 页。

有所据,则六经亦可改……凭理断者其弊或至于横决而不可制。"①清代今
文经学家皮锡瑞也说:"宋人不信注疏,驯至疑经;疑经不已,遂至改经、删
经,移易经文以就己说。"②从文献学角度来看,宋人疑经改经大多缺乏文献
依据。但是从文化创造的历史来看,宋人疑经改经似乎有不容已之趋势。
从某种角度来说,宋人疑经改经恰恰是最尊重儒家经典的一种表现。

10.3　本章小结

　　本章讨论慈湖之文化,是讨论与慈湖相关的中国文化与宋代文化。讨
论中国文化主要揭示文化精神和文化传统。通过体味《周易大传》中的两
句话("天行健,君子以自强不息";"地势坤,君子以厚德载物"),可以获知
中国文化精神就是超越并包容,这是与宇宙大精神是相一致的。中国文化
传统就是尊重儒家经典。儒家经典是中国文化"轴心期"时的圣贤之心的
凝结,它们贯注着中国文化精神。后人在研读儒家经典时,渐渐地认同古
代圣贤之心,一点一点地汲取中国文化精神,从而获得强大的文化力。

　　讨论宋代文化,主要考察中国文化精神在宋代的表现。宋代知识分子
的精神面貌可用张横渠的四句名言来概括,这就是"为天地立心,为万民立
民,为往圣继绝学,为万世开太平"。宋代知识分子精神表现在外的,即"以
天下为己任"。宋儒"以天下为己任",表现在两方面,一是积极地从政,以
谋求一个理想的社会秩序;二是真诚地修身,以取得一个和谐的个体生命。
中国古代尊经的传统在宋代则表现为疑经。宋儒疑经常有三个手段:一是
摒弃传注,回到经典之文;二是改动经文,回到经书之意;三是超越经书之
意,回到圣贤之心。三者之中,体味圣贤之心最为重要,这是真正地尊重儒
家经典。

　　讨论慈湖之文化,实是与慈湖之社会相照应。有宋代社会生产力水平
之提高,社会物质财富之增多,政治形势使知识分子地位之攀升,社会风俗
之改变,然后才会有中国文化精神在宋代的特殊表现。有宋代教育之普
及,学术研讨风气之形成,知识分子群体之增大,然后才会有宋人通过疑经

---

① 《四库全书总目》卷 32,中华书局 1997 年版,上册,第 418 页。

② (清)皮锡瑞:《经学历史》,中华书局 1995 年版,第 264 页。

来达到尊经之目的。当然,社会与文化之间的互动非常复杂,不可能设计一个模型来描述之。

之所以将此章题为"慈湖之文化",是因为我在体会中国文化精神和文化传统时,心中始终眷顾着杨慈湖。至此读者应该明白,慈湖对待儒家经典的态度,其实与宋代疑经风气有着莫大关系。而且更应该想到,慈湖恰恰正是从经典中汲取了力量,然后才能做到打破经典的束缚。慈湖主张由"本心"出发,通过"不起意"的修身工夫,以达到成为圣贤的人生目标,他以自己的言与行体现了中国文化精神。或者也可以说,他之所以如此,是由中国文化力催生的结果。

从另一个方面说,本书对杨简的研究,是基于对中国文化精神和文化传统的理解之上。本章对中国文化精神及其传统的讨论,似乎与杨简研究不大相干。但我以为,这是杨简研究的一个不可缺的面相。对中国文化精神的解析,不单是为杨慈湖的言与行寻找内在驱动力,同时也为我研究杨慈湖提供基础支撑。

结 语

本书从四个方面来研究杨慈湖,包括慈湖之心理、慈湖之行为、慈湖之社会和慈湖之文化。此四方面融为一体,试图还原杨慈湖之真实生命。因为重点是研究杨慈湖,所以有关慈湖之心理分为三章,有关慈湖之行为分为五章,而慈湖之社会和慈湖之文化只是各占一章。从所用笔墨的多少,大致也可以看出研究重心之所在。行文至此,应该就此打住,但我不禁扪心自问:本书对于杨简研究究竟有何价值?

今日生活条件变好,社会环境相对宽松,有不少人愿意投身于学术研究。现代科技发达,使出版学术著作变得异常容易。因此,中国每一年出版的著作几如"秋水时至,百川灌河"。情况似乎是这样:有这本书也不为多,无这本书也不为少。但是,如此殚精竭虑地完成这个课题,如此呕心沥血地写出这本书稿,当然希望这本书不只是来凑个数而已。那么,本书能给读者带来什么呢?反省一下,约有三点:其一,重新评估杨慈湖;其二,揭示慈湖四面相;其三,提出"神性思维"这一概念。

一、重新评估杨慈湖

经过一番研究以后,我对杨慈湖的评价是非常高的,认为他已入圣贤之域,是历史上为数不多的大贤之一。目前国内对杨慈湖的研究逐渐热起来,越来越多地学者已脱离了将杨慈湖定性为极端主观唯心主义者的窠曰；海外傅伟勋与韦政通二先生合编《世界哲学家丛书》，将《杨简》①列入其中，也足见他们对慈湖心学的重视。但我以为现有的研究与杨慈湖的真实生命并不相应，我们对杨慈湖的价值还需要重新评估。

陆象山的学生朱济道曾极力称赞周文王。陆象山对他说："文王不可轻赞，须是识得文王，方可称赞。"朱济道说："文王圣人，诚非某所能识。"陆象山说："识得朱济道，便是文王。"②我之称赞杨慈湖，也是识得杨慈湖，而我之识得杨慈湖，也是从自我出发。一般研究者对于自己的研究领域和研究对象，常常充满着感情，在研究中有意无意地拔高自己的研究对象，以此显示自己的研究是多么有价值。老实说，我对杨慈湖也是有感情的，这种感情就是对古代圣贤的尊敬和企慕，但这并没有左右我对杨慈湖的评价。我也知道杨慈湖有他的历史局限性（譬如说，他的"本心"是以封建伦理纲常为主要内容，他的政治见解过于理想化），不少学者都相继指出这一点。我给予慈湖很高的评价，是从修身这一角度切入的。慈湖之践修获得了众口一词的好评。以此为基础，解析慈湖之言，考察慈湖之行，然后给出对慈湖的崇高评价。如果读者也从修身这个角度切入，并且肯认慈湖之人生践履，也许就会同意我对慈湖之评价。

当今社会人欲横流，此时谈论修身，几乎要被人窃笑。但我以为今日之中国社会，恰恰需要提倡修身。只要稍一留心，就可以发现我们的社会存在着问题。人们有钱，有房，有车，经济条件变好了，但生活并不愉快，心里总是空荡荡的。问题的症结何在？按照马斯洛的需要层次理论解释，人有生物、安全、归属、受人尊重和自我实现等需要。前四种需要都是低层次的，都是向外索取然后才能满足的需要。后一种需要是高层次的，是一种积极地向外奉献的需要。在改革开放以前，中国人贫穷，大家一门心思去赚钱，充分展示了艰苦奋斗的精神风貌。经过几十年打拼，大家有钱了，婚外恋也来了，吸毒也来了，豪赌也来了，生活反而不顺心。这究竟为何呢？

有些人喜欢寻找一些外部的社会原因，这没有错。但我认为还应该寻找人自身的内部原因。这就是当人的低层次需要基本得到满足以后，如果还只是在低层次上重复，而不是提升到更高层次上来，人的生活就肯定会出现问题。我曾经对甬商、徽商、晋商的文化做过比较研究，对明、清时期

---

① 可参看郑晓江、李承贵的《杨简》（台湾东大图书公司 1996 年版）的《自序》。

② 《宋元学案·槐堂诸儒学案》，见（清）黄宗羲：《黄宗羲全集》第 6 册，第 46 页。

声势显赫的晋商在近代的迅速衰落,感到痛心疾首。我有一个观点,即近代晋商衰落的主要原因,就在于没有深层的价值依托,没有生命层次上的提升。① 要提高人的生命层次,除了修身,别无他法。孔子说:"民之于仁也,甚于水火。"(《论语·卫灵公》)水火为人生活所不可或缺,而仁德比水火更为重要,"君子去仁,恶乎成名?"(《论语·里仁》)中国古人对于世界文化最有贡献者即在于修身方法,现代中国人又何必捧着金碗去向他人乞讨? 如何从古人处获得修身方法的启示,乃是我们的当务之急。因此,我之研究杨慈湖是从人的修身切入。

体会慈湖之言,感受到他之言论皆发自至诚。他对最高当权者皇帝、治下的百姓、自己的学生和家人等,说的都是肺腑之言。他所描绘的古代圣贤境界,其实也是他实到之言。《四库全书总目》说他:"盖简本明练政体,亦知三代之制至后世必不可行;又逆知虽持吾说以告世,世亦必不肯用,不虑其试之而不验。故姑为高论,以自表其异于俗,学霸术而已。"这简直就是将杨慈湖想象成一个老谋深算之人。如果慈湖真是如此有心机,那么他的人生践履根本就不值得一提。

由慈湖之言论,可见他具有广阔的视野、深刻的洞察力和高度的圆融性。慈湖心学以宇宙为襟怀,以天地进化为思考问题的着眼点。他能够洞察万物在本质上统一于一"心",抓住了宇宙大精神。他认为人人具有"本心",通过"不起意"的工夫,就可以成就圣贤,这在理论上是圆融无碍的。陆象山在强调"心"的同时,还夹杂着"理",在圆融性上毕竟有所欠缺。《诗经》说"昭明有融"(《诗经·大雅·既醉》),有了彻解,然后才会做到圆融。一个人说话能够做到将广阔性、深刻性和圆融性三者齐备,这就不是一个知识学习的问题,而是个人生命境界提升到一定高度的证据。

慈湖对许多儒家经典都提出质疑。他说《周易》中的《系辞》"不系之'子曰'者,其言多不善,非圣人之言故也"②。他说《诗经》中的《毛诗序》"求诸诗而无说,无说而必求其说,故委曲迁就,意度穿凿,殊可叹笑"③。他说《礼记》中的《乐记》"亦非知道者作"④。他还说"记《论语》者固不足以知圣

---

① 可参看拙著:《甬商、徽商、晋商文化比较研究》(浙江大学出版社 2009 年版)和拙文:《商人与儒学——以明、清甬商、徽商、晋商为例》(《宁波大学学报》2009 年第 6 期)。

② 《家记一》,见《慈湖遗书》卷 7,第 691 页。

③ 《家记二》,见《慈湖遗书》卷 8,第 731 页。

④ 《家记三》,见《慈湖遗书》卷 9,第 752 页。

人之至言也"①。他说《大学》"言有似是而非,似深而浅,似精而粗,足以深入学者之意,其流毒沦肌肤,浃骨髓,未易拔除者"②。慈湖对于儒家经典都有自己的解释。正因为如此,他被黄梨洲指为:"慈湖工夫入细不能如象山,一切经传有不所未得处便硬说辟倒,此又学象山而过者也。"③以我看来,这恰恰是慈湖工夫到了实地,然后才敢如此对待儒家经典。梨洲先生重视史学,他对待经典文献的态度自然与慈湖先生不同,故有此言。

至于慈湖之行,前面已有五章的考察文字。在此比对两段有关慈湖之资料,我们可以具体感受其气象。《宋史》本传:"帝遣使至郡讥察。使于简为先世契,出郊迎,不敢当,从间道走州入客位。简闻之不敢入,往来传送数四,乃驱车反。将降车,使者趋出立戟门外,简亦趋出立使者外,顿首言曰:'天使也,某不敢不肃。'使者曰:'契家子,礼有常尊。'简曰:'某守臣,使者衔天子命,辱临敝邑,天使也,某不敢不肃。'……"④《宋史》作者有意详尽描写这样的一个细节,表明慈湖先生血液中浸透了"尊王"之大义。从这里,我们看到慈湖是一个重视礼仪之人。《宋元学案》记载:"出知温州,督赋之吏不入县庭,但移文罢妓籍,访贤人,崇孝养而已。架锣戟门,令投牒者自鸣,鸣即引入,剖决无时。县官贤否,即杂访之。小民之至庭下者,言人人同,乃行黜陟。其待僚属,方据案书判,有喏于庭者,无问谁阿,即释笔拱答。"⑤从这里,我们看到了慈湖不拘礼数的一面。一个人同时能有这样的两种行为,也可见证其内在的践修程度。只有内心有相当修养之人,才能在语默动静之中,接人待物之时,无不做到恰如其分。

根据慈湖之言行,我称他为中国历史上少有的大贤之一。重新评估慈湖先生,不光是为了恢复他在儒学史上应有的地位,还在于他对我们今天的生活有着非凡的意义。慈湖在政治上没有王安石所获得的机缘,也不像朱子那样在学术上有身后的荣耀,他只是在日常生活成就自己的人生。他重视庸言之信,庸行之谨,提示在日常生活中不断提升自我。这从某一方面来说,对于我们今天更有借鉴意义。

---

① 《家记三》,见《慈湖遗书》卷 10,第 794 页。
② 《家记七》,见《慈湖遗书》卷 13,第 825 页。
③ 《宋元学案·慈湖学案》,见(清)黄宗羲:《黄宗羲全集》第 5 册,第 968 页。
④ (元)脱脱等:《杨简传》,见《宋史》卷 407,中华书局 1985 年版,第 35 册,第 12290—12291 页。
⑤ 《宋元学案·慈湖学案》,见(清)黄宗羲:《黄宗羲全集》第 5 册,第 952 页。

二、揭示慈湖四面相

本书重点揭示慈湖四面相,即慈湖之心理、慈湖之行为、慈湖之社会和慈湖之文化。今人研究古人,多是标榜客观的研究,即以旁观者的身份,来审视古人留下的文献资料,然后做一些定性或定量的理论分析。要么是先分析资料,然后归纳出结论;要么是先有一个框架,然后去寻找材料来填充。如此研究慈湖,只能得到古人之部分真实;如此研究慈湖心学,只会肢解古人之学术生命。若从四面来研究杨慈湖,可能会是另一番景象。从内部来解析其心理,从外部来考察其言行,并将个体与群体联系起来,如此来研究,则"其庶几乎"可接近杨慈湖之真实生命。

现代人研究古代学者,总喜欢从宇宙论、本体论、工夫论、政治哲学等方面来着眼。这也许有利于替古人生成一种理论体系。但是需要提醒的是,我研究慈湖之目的,不是为了去参加哲学史考试,而是要从他身上真正学到做人的方法。程伊川曾对王介甫说:"公之谈道,正如说十三级塔上相轮,对望而谈曰相轮者如此如此,极是分明。如某则憨直,不能如此,直入塔中,上寻相轮,辛勤登攀,逦迤而上,直至十三级时,虽犹未见相轮,能如公之言,然某却实在塔中,去相轮渐近,要之须可以至也。至相轮中坐时,依旧见公对塔谈说此相轮如此如此。"[1]我愿意仿效伊川先生,从内部来接近杨慈湖。

我将对慈湖心学理论的研究,转换成对慈湖心理的解析。一个人的言说一旦上升到一种理论,便有被抽离可感的具态生命的危险。有鉴于此,我更加关注的是杨慈湖是怎样想的。通过阅读文本,达到与古人对话,从而进入古人之内心[2]。一旦进入到慈湖之内心,了解他之所思所想便不是难事。慈湖之目标就是成为圣贤,他认为成为圣贤的基础是人天生就具有"本心",人通过"不起意"的工夫,就可以成为圣贤。目标、基础、途径,三者一以贯之。因此,我说慈湖心学具有高度的圆融性。他的内心所想也证实了他的思维深度,反映出他的生命层次。

---

① (宋)程颢、程颐:《程氏遗书》卷1,上海古籍出版社2000年版,第56页。

② 朱子曾说:"做好将圣人书读,见得他意思如当面说话相似。"([宋]黎靖德:《朱子语类》卷10,中华书局1986年版,第1册,第162页)

　　我们无法判定一个人心中所想是否真实。由于看问题的角度不同,人的生命境界有别,不同的人看待相同的事物,会产生不同的心理。你能说谁心里所想是真实的呢? 黄梨洲说:"学问之道,以各人自用得著者为真。"①但是,人之心理有一个忠实的问题,即他之所言是不是与其内心相符。判定慈湖心理是否真诚,就需要考察他的外部行为。我并没有简单地介绍慈湖之生平,而是花了大量笔墨从进学、为官、讲学、著书等四个方面来考察慈湖之行为。在考察慈湖之行为时,时刻都对照着慈湖之心理。这样做的目的,一方面是将其心理落到实处,另一方面也是证明其生命所达到的境界。

　　讨论慈湖之社会和慈湖之文化,并不仅仅是为杨慈湖寻找社会和文化方面的存在理由。宋代特殊的社会、明州特有的地域和慈湖交往的知识分子群体,都为慈湖心理的出现提供了背景,而中国文化精神及其在宋代的特殊表现,也为慈湖践修提供了前行的动力。个体与群体之间,不仅只是从属关系,而且还有生命能量的交流。杨慈湖既受当时社会所裹挟,又受中国文化所催发。更进一步来说,他实际上也是以自己的人格表征着当时社会并诠释着中国文化。

　　从四方面来诠释,自以为可得慈湖之全。这在我来说,只是一种初步的尝试,有些方面颇感心有余而力不足。尤其是对慈湖之社会、慈湖之文化两方面的讨论,多是借鉴他人之成果。如此研究杨简,是否合适,只能交由读者评说。

三、提出"神性思维"概念

　　为了更好地诠释杨慈湖,我特地提出一个新的概念——神性思维。所谓神性思维,就是慈湖所谓的"觉"。慈湖一生有七次"大觉"。一谈到慈湖之"觉",学者们多将之归于主观神秘体验,然后便置之高阁,不了了之。我采纳神性思维这一概念,就是利用现代后人本主义心理学的理论来解析慈湖之"觉"。我认为,"觉"是理解慈湖心学及中国古代圣贤修身的一大关键。如果不能说清"觉",也就不能真正理解慈湖,也就不能真正明白古代

---

① 《明儒学案发凡》,见(清)黄宗羲:《黄宗羲全集》第7册,第5页。

圣贤之修身活动。

在肯·威尔伯所描绘的意识层次图谱中,他将比理性思维更高级的思维称为"灵性思维"。我之所以将其命名为神性思维,是因为慈湖先生最喜欢借题发挥的一句话是"心之精神是谓圣"。他还说过:"斯妙也,自古谓之心,又谓之神。"①在中国古代文化中,天地万物变化莫测谓之神。神性思维这一命名更切合中国文化的实际。

通过解析慈湖之"觉",我们可以知道,神性思维并不神秘,它就潜伏在我们每一个人的生命之中,它是一种超越并包容着理性思维的思维形式。神性思维具有自我作主的主体性、洞彻一切的深刻性、无思无为而无不思为的神秘性、与宇宙进化相一致的超越包容性、无比强大的自信力。可以说,慈湖充分地论述了神性思维的所有特征,特别是对于神性思维超越包容性的论述,是有独到之处的。这也是慈湖意识深度达到相当高的层次的明证。

其实人人具有神性思维。我们在日常生活中也能遭遇"灵光乍现",这就是神性思维的表现。我们平时做某一件事,只有达到忘我境界的时候,事情才能够做得十分完美,这都是神性思维所起的作用。神性思维太重要了,它就像一道亮光,照亮我们人生成长的道路。只是这种"灵光乍现"转瞬即逝。许多人都让它轻轻滑过。只有那些有志圣贤的人,期盼着它,抓住了它,并尽可能地固持着它。

慈湖将古代圣贤定义为"常觉常明",也就是说,他们能够长时间地运用神性思维。贤者有"日至"、"月至"、"三月不违"之差别,说明贤者的思维还不纯不粹,在神性思维中还杂有感性思维和理性思维。只有圣者能够"不怨天,不尤人,下学而上达",能够"知天命","耳顺","从心所欲不逾矩",能够纯粹地运用神性思维。纯就是无间断,粹就是不杂入。与神性思维所具有的意识深度相应的,其意识广度是以天地为中心,将天地万物都收入自己的心中。神性思维不是悬在空中的苦思冥想,而是与人的日常生活相结合,即凡即圣。

值得注意的是,神性思维是宇宙进化的必然产物。宇宙进化由物质而生物,由生物而人类,人类是以精神世界超越并包容了宇宙进化的一切成果。人的精神世界由感性思维,有理性思维,接下来不应该停止不前。现

---

① 《昭融记》,见《慈湖遗书》卷 2,第 614 页。

代社会特别重视理性思维，而理性思维有其不可避免之缺陷。弥补理性思维的缺陷，只有一个办法，那就是超越并包容它，也就是提升人生命的层次，也就是发展神性思维。

　　对神性思维有了相当理解以后，我们几乎可以理解杨慈湖的一切，慈湖所坚持的"本心"说，他所提出来的"不起意"的修身方法，他一生中所遭遇的七次"大觉"……这些都可以得到圆融的解释，正如本书前面所做的一番努力那样。与此同时，我们也理解了古代圣贤之所以提倡修身的意义。修身的意义固然可以与齐家治国平天下联系起来，"内圣"与"外王"一气打通。与此同时，修身也是发展神性思维，这与宇宙进化的方向是相合拍的。

主要参考文献

基本参考文献

《宝庆四明志》,中华书局 1990 年《宋元方志丛刊》本

《程氏易传》,(宋)程颐,北京出版社 1996 年《易学精华》本

《春秋繁露》,(汉)董仲舒,浙江古籍出版社 1998 年《百子全书》本

《春秋权衡》,(宋)刘敞,景印文渊阁《四库全书》本

《慈湖遗书》,(宋)杨简,景印文渊阁《四库全书》本

《慈湖诗传》,(宋)杨简,景印文渊阁《四库全书》本

《东斋记事》,(宋)范镇,大象出版社 2003 年《全宋笔记》本

《二程遗书》,(宋)程颢、程颐,上海古籍出版社 2000 年版

《攻媿集》,(宋)楼钥,商务印书馆 1936 年《丛书集成初编》本

《归田录》,(宋)欧阳修,大象出版社 2003 年《全宋笔记》本

《韩昌黎全集》,(唐)韩愈,上海古籍出版社 1991 年版

《横渠易说》,(宋)张载,北京出版社 1996 年《易学精华》本

《黄氏日钞》,(宋)黄震,文渊阁《四库全书》本

《黄宗羲全集》(第三册至第八册),(清)黄宗羲,浙江古籍出版社 2005 年版

《鸡肋篇》,(宋)庄绰,中华书局 1983 年版

《嘉祐集》,(宋)苏洵,景印文渊阁《四库全书》本

《絜斋集》,(宋)袁燮,景印文渊阁《四库全书》本

《絜斋家塾书钞》,(宋)袁燮,景印文渊阁《四库全书》本

《絜斋毛诗经筵讲义》，(宋)袁燮，景印文渊阁《四库全书》本

《经学历史》，(清)皮锡瑞，中华书局 1995 年版

《困学纪闻》，(宋)王应麟，上海古籍出版社 2008 年版

《孔丛子》，浙江古籍出版社 1998 年《百子全书》本

《陆九渊集》，(宋)陆九渊，中华书局 1980 年版

《鲁斋集》，(宋)王柏，商务印书馆 1936 年《丛书集成初编》本

《论语正义》，(清)刘宝楠，上海书店 1986 年诸子集成本

《毛诗正义》，(清)北京大学出版社 1999 年版

《渑水燕谈录》，(宋)王辟之，中华书局 1981 年版

《扪虱新话》，(宋)陈善，商务印书馆 1936 年《丛书集成初编》本

《孟子正义》，(清)焦循，上海书店 1986 年诸子集成本

《廿二史札记》，(清)赵翼，凤凰出版社 2008 年版

《欧阳修集编年笺注》，(宋)欧阳修，巴蜀书社 2009 年版

《清容居士集》，(元)袁桷，商务印书馆 1936 年《丛书集成初编》本

《全祖望集彙校集注》(三册)，(清)全祖望，上海古籍出版社 2000 年版

《日知录》，(清)顾炎武，上第古籍出版社 2006 年版

《史记》，(汉)司马迁，中华书局 1959 年版

《石林燕语》，(宋)叶梦得，大象出版社 2003 年《全宋笔记》本

《书经集传》，(宋)蔡沈，中国书店 1994 年版

《舒文靖集》，(宋)舒璘，景印文渊阁《四库全书》本

《四库全书总目》(上下册)，(清)永瑢等，中华书局 1997 年版

《司马温公集编年笺注》，(宋)司马光，巴蜀书社 2009 年版

《四明文献集》，(宋)王应麟，中华书局 2010 年版

《四书集注》，(宋)朱熹，北京出版社 1996 年《儒学精华》本

《宋大诏令集》，中华书局 1962 年版

《宋史》，(元)脱脱等，中华书局 1985 年版

《涑水记闻》，(宋)司马光，大象出版社 2003 年《全宋笔记》本

《谈薮》，(宋)庞元英，大象出版社 2006 年《全宋笔记》本

《通志二十略》(上下)，(宋)郑樵，中华书局 1995 年版

《王阳明全集》(上下册)，(明)王阳明，上海古籍出版社 1992 年版

《文史通义校注》，(清)章学诚，中华书局 1985 年版

《五诰解》，(宋)杨简，景印文渊阁《四库全书》本

《延祐四明志》,(元)马泽修、袁桷,中华书局 1990 年《宋元方志丛刊》本

《杨氏易传》,(宋)杨简,上海古籍出版社 1990 年版

《叶适集》,(宋)叶适,中华书局 1961 年版

《先圣大训》,(宋)杨简,景印文渊阁《四库全书》本

《新语》,(汉)陆贾,浙江古籍出版社 1998 年《百子全书》本

《续资治通鉴长编》,(宋)李焘,中华书局 1992 年版

《荀子集解》,(清)王先谦,上海书店 1986 年诸子集成本

《张子正蒙注》,(清)王夫之,中华书局 1975 年版

《周敦颐集》,(宋)周敦颐,岳麓书社 2002 年版

《周易本义》,(宋)朱熹,中国书店 1987 年版

《周易注疏》,(魏)王弼、(唐)孔颖达,北京出版社 1997 年《易学精华》本

《朱熹的历史世界:宋代士大夫政治文化的研究》(上下册),三联书店 2004 年版

《朱子全书》,(宋)朱熹,上海古籍出版社、安徽教育出版社 2002 年版

《朱子语类》(共八册),(宋)黎靖德,中华书局 1986 年版

《资志通鉴》(全二册),(宋)司马光,上海古籍出版社 1987 年版

《走向自然生命:中国文化精神的再生》,成复旺,中国人民大学出版社 2004 年版

一般参考文献

《蔡元培学术论著》,蔡元培,浙江人民出版社 1998 年版

《从陆象山到刘蕺山》,牟宗三,吉林出版集团有限责任公司 2010 年版

《董仲舒学说内在理路探析》,张实龙,浙江大学出版社 2007 年版

《20 世纪西方伦理学经典》(共四卷),万俊人,中国人民大学出版社 2004 年版

《弗洛姆文集》,[美]弗洛姆,团结出版社 1997 年版

《国史大纲》,钱穆,商务印书馆 1996 年版

《国史新论》,钱穆,三联书店 2001 年版

《金明馆丛编二编》,陈寅恪,三联书店 2001 年版

《康德文集》,[德]康德,改革出版社 1997 年版

《历史的起源与目标》,[德]卡尔·雅斯贝斯,华夏出版社 1989 年版

《两汉思想史》,徐复观,华东师范大学出版社 2001 年版

《陆王心学》，刘宗贤，山东人民出版社 1995 年版

《论道》，金岳霖，中国人民大学出版社 2010 年版

《论语译注》，杨伯峻，中华书局 1980 年版

《南宋陆学》，崔大华，中国社会科学出版社 1984 年版

《南宋儒学建构》，何俊，上海人民出版社 2004 年版

《南宋思想史》，何俊、范立舟，上海古籍出版社 2008 年版

《南宋"甬上四先生"研究》，於剑山，中国优秀硕士学位论文全文数据库 2007 年

《内圣外王的贯通——北宋易学的现代阐释》，余敦康，学林出版社 1997 年版

《宁波通史》（宋代卷），张伟、张如安、刑舒绪，宁波出版社 2009 年版

《诠释与过度诠释》，［意］安贝托·艾柯，三联书店 1997 年版

《人心与人生》，梁漱溟，广西师范大学出版社 2005 年版

《儒学复兴之路：梁漱溟文选》，梁漱溟，上海远东出版社 1994 年版

《〈诗经〉研究史》，戴维，湖南教育出版社 2001 年版

《十力语要》，熊十力，中华书局 1996 年版

《十一至十八世纪西欧各国哲学》，商务印书馆 1957 年版

《宋代地域文化》，程民生，河南大学出版社 1997 年版

《宋代经济史》，漆侠，上海人民出版社 1987 年版

《宋代疑经研究》，杨勋新，中华书局 2007 年版

《宋明理学》（第二版），陈来，华东师范大学出版社 2004 年版

《宋明理学概述》，钱穆，九州出版社 2010 年版

《宋明理学研究》，张立文，人民出版社 2002 年版

《万物简史》，［美］肯·威尔伯，中国人民大学出版社 2006 年版

《文化与哲学》，张岱年，中国人民大学出版社 2006 年版

《西方哲学原著选读》（上下册），商务印书馆 1983 年版

《形而上学导言》，［法］柏格森，商务印书馆 1963 年版

《心体与性体》，牟宗三，上海古籍出版社 1999 年版

《性、生态和灵性》，［美］肯·威尔伯，中国人民大学出版社 2009 年版

《新唯识论》，熊十力，中华书局 1985 年版

《杨简》，郑晓江、李承贵，台湾东大图书公司 1996 年版

《杨简哲学思想研究》，徐建勇，中国优秀硕士学位论文全文数据库

2002 年

《艺术哲学》,[法]丹纳,人民文学出版社 1981 年版

《易学基础教程》,朱伯崑,九洲出版社 2000 年版

《甬上宋明心学史》,潘起造,宁波出版社 2010 年版

《甬商、徽商、晋商文化比较研究》,张实龙,浙江大学出版社 2009 年版

《浙东文化概论》,曹屯裕,宁波出版社 1997 年版

《浙江通史》(宋代卷),沈冬梅、范立舟,浙江人民出版社 2006 年版

《浙江文化史》,滕复等,浙江人民出版社 1992 年版

《哲学解释学》,[德]加达默尔,上海译文出版社 1994 年版

《真理与方法》,[德]加达默尔,上海译文出版社 1999 年版

《中华人文精神》,张岂之,人民出版社 2011 年版

《中国航海史(古代航海史)》,人民交通出版社 1988 年版

《中国经学史的基础》,徐复观,台湾学生书局 1982 年版

《中国历史研究法》,梁启超,河北教育出版社 2000 年版

《中国民俗通史》(宋代卷),徐吉军等,上海文艺出版社 2001 年版

《中国人性论史》(先秦篇),徐复观,三联书店 2001 年版

《中国思想通俗讲话》,钱穆,三联书店 2002 年版

《中国通史》第七册,白寿彝,上海人民出版社 1999 年版

《中国文化史》(上下册),柳诒徵,东方出版中心 1988 年版

《中国文化十一讲》,庞朴,中华书局 2008 年版

《中国文化与世界文化》,许倬云,广西师范大学出版社 2006 年版

《中国文化之精神价值》,唐君毅,江苏教育出版社 2006 年版

《中国哲学大纲》,张岱年,中国社会科学出版社 1982 年版

《中国哲学史》(上下册),冯友兰,华东师范大学出版社 2000 年版

《中国知识分子的人文精神》,张岱年,河南人民出版社 1994 年版

《周易译注》,黄寿祺、张善文,上海古籍出版社 1989 年版

《朱子大传》(上下册),束景南,商务印书馆 2003 年版

图书在版编目(CIP)数据

杨简研究 / 张实龙著. —杭州：浙江大学出版社，
2012.4
ISBN 978-7-308-09810-6

Ⅰ.①杨… Ⅱ.①张… Ⅲ.①杨简(1141～1226)—
人物研究 Ⅳ.①B244.995

中国版本图书馆 CIP 数据核字(2012)第 058480 号

杨简研究

张实龙　著

责任编辑	吴伟伟 weiweiwu@zju.edu.cn
文字编辑	杨利军
封面设计	俞亚彤
出版发行	浙江大学出版社
	（杭州市天目山路 148 号　邮政编码 310007）
	（网址:http://www.zjupress.com）
排　　版	浙江时代出版服务有限公司
印　　刷	杭州日报报业集团盛元印务有限公司
开　　本	710mm×1000mm　1/16
印　　张	18.5
字　　数	313
版 印 次	2012 年 4 月第 1 版　2012 年 4 月第 1 次印刷
书　　号	ISBN 978-7-308-09810-6
定　　价	48.00 元
